rüffer & rub

Max Daetwyler – Der Friedensapostel
Mit der weißen Fahne um die Welt

Stephan Bosch

Erste Auflage Frühling 2007
Alle Rechte vorbehalten
Copyright © 2007 by rüffer&rub Sachbuchverlag, Zürich
info@ruefferundrub.ch
www.ruefferundrub.ch

Druck: WS Bookwell Oy, Finnland

ISBN: 978-3-907625-33-0

Inhalt

»Ohne Soldaten kein Krieg.« [7]

1. Der erste Dienstverweigerer [11]
2. Kegelbub und Kellner [42]
3. Straßenschlachten [71]
4. Der Stern seines Lebens [103]
5. Ein weißer Soldat [133]
6. In der Höhle des Löwen [171]
7. Herr Hitler bekommt Post [199]
8. Sokrates und Sisyphos [226]
9. Claras Tod [256]
10. Weiße Fahne, Roter Platz [287]
11. Tutti fratelli [314]

»Die weiße Fahne weht nicht mehr.« [343]

Anhang [369]

»Ohne Soldaten kein Krieg.«

Krieg und Gewaltherrschaft kosteten im 20. Jahrhundert über 160 Millionen Menschen das Leben. Der Friedensschluß des Ersten Weltkriegs [15 Millionen Tote] barg in sich schon den Keim für den Ausbruch des Zweiten [50 Millionen Tote]. Unter der Tyrannei Maos starben 40 Millionen, unter jener Stalins 20 Millionen. Seit dem Ende des Zweiten Weltkriegs 1945 kamen bis zur Jahrhundertwende in Bürgerkriegen und Massakern rund 40 Millionen Menschen um.[1] So schrecklich diese Opferzahlen sind: Kriege und Massenvernichtung erscheinen als eine unvermeidbare Kondition der menschlichen Existenz. In der bisherigen Menschheitsgeschichte können nur etwa 300 Jahre als frei von kriegerischen Ereignissen bezeichnet werden. Krieg gilt als der Vater aller Dinge, als Fortsetzung der Politik mit anderen Mitteln – als ein Naturgesetz.

In der Schweiz war es ein kleiner Mann mit Prophetenbart und weißer Friedensfahne, der sich sechs Jahrzehnte lang gegen diese vermeintliche Unabwendbarkeit des großen Tötens stemmte, gegen die vorherrschende Meinung, Kriegführen sei Teil der menschlichen Natur. Max Daetwyler war kein Politiker, er bekleidete kein hohes Amt, er besaß weder Geld, noch wurde seine Friedensmission von der Gesellschaft begrüßt, geschweige denn gewürdigt. Er arbeitete als Kellner und ernährte seine Familie mit dem Anbau von Gemüse. Anstatt ein Leben in den vorgespurten Bahnen einer bürgerlichen Existenz zu führen, setzte er sich Anfeindungen, Verfolgungen durch die Staatsorgane bis hin zu Zwangseinweisungen in die Psychiatrie aus. Das alles hielt er durch und nahm er in Kauf, weil er von einer großen Vision beseelt war: daß es einem einzelnen Menschen gelingen könnte, die

Ächtung des Kriegs und dessen Abschaffung herbeizuführen. Angetrieben wurde er von einer ebenso einfachen wie unbestreitbar richtigen Einsicht: Ohne Soldaten kein Krieg. Daetwyler war im 20. Jahrhundert der erste Schweizer, der diese Überzeugung durch die Tat bekräftigte: Bei Ausbruch des Ersten Weltkriegs verweigerte er den Militärdienst. Die Radikalität einer Dienstverweigerung im Jahr 1914 ist heute, da in den meisten westlichen Ländern Wehrpflichtige aus Gewissensgründen Zivil- statt Militärdienst leisten können, kaum mehr nachzuvollziehen. Für Daetwyler bedeutete die Verweigerung des Fahneneids den endgültigen Abschied von einer bürgerlichen Existenz. Damit hatte er sich selbst zum Ausgestoßenen gemacht, und das blieb er bis zu seinem Tod.

War Daetwyler verrückt? Die meisten Zeitgenossen hätten diese Frage wohl bejaht. Im Lauf seines langen Lebens wurde er mehrfach in Kliniken interniert und psychiatrisch begutachtet. Die Seelenärzte kamen einhellig zum Schluß, daß ihr Patient nicht alle Tassen im Schrank hatte. Aus heutiger Sicht kann man die damals erstellten Gutachten nur noch als Makulatur betrachten, als ein Zeichen der Zeit, in der verdammt wurde, was von den engen Bahnen bürgerlichen Wohlverhaltens abwich. Daetwylers Friedensmission war der alles prägende Lebensinhalt eines Utopisten; doch in seinem Denken war er durchaus logisch und auf radikale Weise auch rational. Denn: keine Soldaten, kein Krieg.

Seine Religiosität stellte einen Schlag ins Gesicht der Rechtgläubigen dar: Er beschimpfte die Kirchenvertreter als Heuchler und Verräter an der wahren Lehre Christi, wie er sie verstand. Auch das hat dazu beigetragen, daß er immer wieder enorm viel einstecken mußte. Erst in den 1970er Jahren, als alter Mann, widerfuhr ihm so etwas wie Achtung, Anerkennung und Wertschätzung. In den Nachrufen von 1976 wurde er als das größte Original der Schweiz gewürdigt, seine Konsequenz, seine Menschlichkeit und sein Streben nach dem Ideal einer Welt ohne Krieg hervorgehoben. Hat Daetwyler mit seiner Agitation für den Frieden etwas erreicht? Das ist nicht so eindeutig zu beantworten. Beurteilt man sein Wirken nach rein »meßbaren« Fakten, muß die Antwort eher nein lauten. Unablässig versuchte er zu den Mächtigen dieser Welt vorzudringen, um sie im Gespräch von seinen Friedensideen zu überzeugen, doch keiner hat ihn je empfangen. Und wenn man sein Endziel – Abschaffung des Kriegs – zum Maßstab nimmt, blieb Daetwyler tatsächlich erfolglos. Mit seinen Predigten und seinen oft spektakulären Auftritten in der Öffentlichkeit mag er den einen oder anderen Zuhörer zum Nachdenken über Krieg und Frieden gebracht haben, doch über eine relevante Gefolgschaft verfügte er nie; in seiner Friedensarmee marschierten im besten Fall einige Dutzend Soldaten; Daetwyler war und blieb ein Einzelkämpfer, der sich auch von anderen pazifistischen Strömungen nicht mittragen ließ. Und: Sein Friedenskampf hat nicht dazu geführt, daß auf der Welt nur ein einziger Schuß weniger abgefeuert und nur ein einziger Kombattant vom Tod verschont geblieben wäre.

Max Daetwyler wußte stets, daß er gegen Windmühlen kämpfte, doch das focht ihn nicht an. In selbstkritischen Momenten kam er durchaus zur Einsicht, daß angesichts der herkulischen Aufgabe, den Krieg abzuschaffen, die Kräfte eines einzelnen nie ausreichen konnten. Das hielt ihn aber nicht von seiner Friedensarbeit ab. Man mag ihm darum eine Naivität vorwerfen, mit seiner weißen Fahne und dem langen weißen Bart erinnerte er an einen modernen Don Quijote, der sich der Lächerlichkeit und dem Spott preisgab. Dabei kann man sich die Frage stellen, wer denn nun eigentlich verrückt war: dieser Mann, der sein Leben für eine friedliche Welt einsetzte, oder jene Machtpolitiker, die Weltbrände entfachten, in denen Abermillionen von Menschen den Tod fanden.

In seinem Kampf für den Frieden legte Daetwyler eine sagenhafte Zähigkeit an den Tag; er war mutig bis zur Tollkühnheit. Keine Handbreit wich er ab vom Weg, den ihm seine innere Stimme wies. Seine großen Ideale – Friede und Menschenliebe – verkündete er bis zum letzten Atemzug. Vielleicht war das seine beeindruckendste Eigenschaft: die unerschütterliche Treue zu seiner großen Idee einer friedlichen Welt. Und genau das ist es, was uns auch heute noch an Daetwylers Biographie bewegen und berühren sollte.

Nur wenige Menschen sind bereit, ihr ganzes Leben einem Ideal unterzuordnen. Der Friedensapostel wurde verfolgt, aber nicht besiegt.

Verzweifelt ist er nie, denn er wappnete sich mit Gottvertrauen und Mutterwitz, war schlagfertig und humorvoll.

Max Daetwyler stellt ein leuchtendes Vorbild für all diejenigen dar, die auf die Stimme des Gewissens vertrauen und unbeirrbar ihren eigenen Weg gehen. Er ist eine Symbolfigur geblieben, die für das Gute steht. In diesem Sinn ist sein Leben und sein Wirken nicht an eine Epoche gebunden: Seine Botschaft verdient es, auch in unseren Tagen gehört zu werden.

Stephan Bosch, im März 2007

1.
Der erste Dienstverweigerer

Im Sommer 1914 wurden die wehrtüchtigen Männer Europas zu den Waffen gerufen; mit patriotischer Begeisterung folgten die Soldaten den Fahnen ihrer Regimenter – endlich Krieg! Die Massen bejubelten den Auszug der Truppen ins Feld; viele Frauen warfen den ausrückenden Wehrmännern Blumen zu. Lachend und scherzend, als ginge es in die Sommerfrische, bestiegen die Soldaten die Züge, die sie an die Front transportierten. »Die Bevölkerung wurde vom Kriegsfieber gepackt«, schrieb der britische Premierminister David Lloyd George, »in sämtlichen Hauptstädten schrie sie nach dem Sieg.«

In einem wahren Taumel gegenseitiger Kriegserklärungen hatte sich das Verhängnis von Vernichtung und Tod angebahnt. Am 28. Juli erklärte Österreich-Ungarn Serbien den Krieg, zwei Tage später machte Rußland mobil. Anlaß für die österreichische Kriegserklärung war das tödliche Attentat eines serbischen Nationalisten auf das österreichische Thronfolgerpaar in Sarajewo. Am 1. August verkündete Kaiser Wilhelm II., daß sich das Reich mit Rußland im Krieg befände, am 3. August ereilte Frankreich das gleiche Schicksal. Einen Tag später trat England mit einer Kriegserklärung an Deutschland in den Ersten Weltkrieg ein, weil deutsche Truppen – ungeachtet der Neutralität – in Belgien einmarschiert waren. Am 6. August erfolgte die Kriegserklärung Österreich-Ungarns an Rußland. Kaum ein Tag verging, an dem nicht ein Land einem anderen den Krieg erklärte.

Die weltumspannende Katastrophe war nicht mehr abzuwenden; neue Kriegstechnologien trugen zum Massensterben bei: Schon 1914 setzte sich der Gebrauch der Handgranate durch. Flugzeuge dienten nicht mehr nur der Aufklärung, Soldaten feuerten nun auch aus der

Luft mit Maschinengewehren und warfen Bomben ab. 1915 versprühten die Deutschen bei Ypern zum ersten Mal Giftgas, woran 5000 alliierte Soldaten erstickten. Die Engländer ließen ab 1916 Tanks anrollen, »Big Willies« genannt; sie sollten vor MG-Beschuß schützen. Im Laufe des Kriegs erhöhte sich laufend die Feuerkraft der Artillerien, was zu entsprechend höheren Opferzahlen führte. Bei Kriegsende 1918 hatten rund 15 Millionen Menschen ihr Leben verloren, die beteiligten Länder waren verschuldet, die Währungen erschüttert, der Welthandel vernichtet.

Im Sommer 1914 fand sich die Schweiz von kriegführenden Nachbarländern umgeben. Am 31. Juli ordnete der Bundesrat deshalb die Mobilmachung der gesamten Armee an. 250 000 Soldaten wurden aufgeboten, um die Grenzen des Landes und seine Neutralität zu verteidigen. In den Gemeinden läuteten Sturmglocken die Mobilmachung ein. Ein Bericht auf der Frontseite der Berner Zeitung »Der Bund« über die Vereidigung der Truppen endet mit den Sätzen: »Einer für alle, alle für einen! Unserer wackeren Feldarmee aber rufen wir auf ihrem Marsche an die Grenze aus tiefster Seele unsere Glückwünsche zu. Das Herz des ganzen Volkes ist bei den Fahnen.« Alle Seiten glaubten, daß der Krieg nur von kurzer Dauer sein würde; das sollte sich bald als schwerer Irrtum herausstellen. Schon wenige Wochen nach Kriegsausbruch erstarrte die Front in einem zermürbenden Stellungskrieg – der Verlauf erstreckte sich von der Nordseeküste bis an die Schweizer Grenze.

Nur ganz wenigen Eidgenossen war die Welle vaterländischen Feuers, die auch die Schweiz erfaßte, zuwider. Einer, der aus dieser Haltung heraus auch die Konsequenzen zog, war ein 27jähriger Füsilier aus dem ostschweizerischen Arbon: der Hoteliersohn Max Daetwyler. Als erster Schweizer verweigerte er bei Ausbruch des Ersten Weltkriegs den Militärdienst.[1]

Am 5. August 1914 hatte das Füsilierbataillon 75 auf dem Kasernenhof in Frauenfeld zum Fahneneid anzutreten: 1263 Mann, davon 25 Offiziere. Vor der Vereidigung wurde den Wehrmännern das neue Infanteriegewehr »1911« und die Kriegsmunition – 120 scharfe Patronen – ausgegeben. Um 20 Minuten vor elf Uhr fand die Fahnenübergabe statt, 50 Minuten später stand das Regiment im inneren Kasernenhof zur Vereidigung durch den Chef des thurgauischen Militärdepartements, Regierungsrat Emil Hofmann, bereit.

In Reih und Glied mit den Kameraden war auch Max Daetwyler angetreten. Das elfte von zwölf Kindern einer angesehenen Arboner Familie arbeitete zu jener Zeit als Wirt im Restaurant Ratskeller in Bern. Die Rekrutenschule hatte er 1906 in St. Gallen absolviert und sechs Wiederholungskurse gemacht, wie sie im Schweizer Milizsystem üblich sind; er erfüllte seine Schießpflicht und nahm an mehreren Manövern teil. Die Vorgesetzten schätzten ihn als guten Soldaten, der ohne zu Murren seinen Pflichten nachkam.

Als aber an diesem 5. August auf dem Frauenfelder Kasernenhof das Kommando »Achtung steht!« über den Platz hallte, knallte Daetwyler die Absätze seiner Militärschuhe nicht zusammen. Er drückte sein Gewehr dem neben ihm stehenden Kameraden in die Hand und eilte im Laufschritt zur Kasernentreppe, auf der der Regimentskommandant, Oberst Konrad Held, und mehrere Offiziere standen. Der Truppe zugewandt rief Daetwyler mit lauter Stimme: »Ich bin gegen den Krieg! Ich werde den Eid nicht leisten!«

Was nach dieser Ungeheuerlichkeit mit ihm geschah, hält handschriftlich das Rapportbuch des Infanterieregiments 31 fest: »Der Mann wird sofort ins Arrestlokal der Kaserne abgeführt & dem Platzkommando zur Verfügung gestellt, zwecks Untersuchung auf den Geisteszustand u. ev. Stellung vor ein Kriegsgericht.« Von einem Sanitätsoffizier in blauer Uniform wurde Daetwyler einer Leibesvisitation unterzogen und eingesperrt. Dieser war, so schrieb er später, »ein dickleibiger, hochmütiger, materialistischer, von deutschen Siegen erfüllter Mensch, der gekommen war, einen überzeugten Kriegsgegner als einen Narren anzukreiden.«

Während er im Arrestlokal der Kaserne schmorte – die Epauletten waren ihm bereits von der Uniform gerissen worden –, hörte er von Ferne die Ansprache des Feldgeistlichen, in seinen Augen pure »Heuchelei«. Durch die Wände seiner Zelle drang die Stimme des Platzkommandanten: »Höret den Kriegseid!, es schwören die Offiziere, Unteroffiziere und Soldaten: Der Eidgenossenschaft Treue zu leisten, für die Verteidigung des Vaterlandes und seiner Verfassung Leib und Leben aufzuopfern, die Fahne niemals zu verlassen, die Militärgesetze getreulich zu befolgen, den Befehlen der Obern genauen und pünktlichen Gehorsam zu leisten, strenge Mannszucht zu beobachten und alles zu tun, was die Ehre und Freiheit des Vaterlandes erfordert. Ich fordere Euch auf, die drei Schwörfinger [sic] emporzuheben und zu sprechen – ›ich schwöre es‹.«

Es war dieser Schwur, den Daetwyler nicht leisten wollte. Fünf Jahre nach seiner Eidverweigerung schrieb er in sein Tagebuch, daß er damit gerechnet hatte, vor ein Kriegsgericht gestellt zu werden. Auf die der Fahnenflucht gleichgestellte Dienstverweigerung hätte theoretisch ein Todesurteil folgen können, er schien sich dessen bewußt gewesen zu sein: »Ich erwartete den Tod.«

Am Abend wurde er von Oberst Held und einigen anderen Offizieren in seiner Zelle vernommen. Kopfschüttelnd und ratlos standen sie vor dem Dienstverweigerer und gaben ihm zu bedenken, daß er doch kein Sozialist sei, aus guter Familie stamme, als vorbildlicher Soldat gelte. Doch Daetwyler war durch kein Argument von seiner Überzeugung abzubringen: »Meine Herren, ich weiß, daß die Lehre Christi großartig ist, und ich erinnere mich, daß es in der Schrift heißt, du sollst nicht schwören und du sollst nicht töten. Sie verlangen von mir das Gegenteil, daß ich schwören und daß ich töten soll. Ich berufe mich auf die Lehre Christi. Sie können mit mir machen, was Sie wollen, ich nehme keine Waffe in die Hände.«

Dieser mutige Auftritt gegenüber den Männern, die über sein Schicksal entscheiden würden, fand seinen Niederschlag in der 16seitigen Schrift »Daetwyler als Dienstverweigerer«, die er nach Kriegsende in einer Auflage von 10 000 Exemplaren veröffentlichte.[2] Als Form wählte er ein Streitgespräch zwischen einem Oberst und Dienstverweigerer Daetwyler.

Oberst: Daetwyler, wie kommen Sie dazu, so etwas zu tun? Das ist unerhört! Sie sind ein ruinierter Mann. Von Ihnen hätte man so etwas am wenigsten erwartet.

Daetwyler: Es ist mir selbst unangenehm, in eine solche Lage geraten zu sein. Aber ich mußte so handeln. Ich bin gegen den Krieg und will an keinem Krieg teilnehmen, der Krieg geht mich nichts an, ich kann nichts dafür, wenn mir unbekannte Regierungen einen Streit anfangen. Der Krieg hat von meinem Standpunkt aus keine Berechtigung […] der Krieg ist eine Machenschaft, an der kein anständiger Mensch teilnimmt. […]

Oberst: Man verlangt doch nur von Ihnen, daß Sie Ihr Vaterland verteidigen, wir wollen keinen Krieg, wir verteidigen doch nur unser Land.

Daetwyler: Ich kann nicht beurteilen, was die Regierung in Bern, in Berlin oder in Wien beabsichtigt. Ich kenne diese Männer nicht […]. Ich bin für gewöhnlich im Privatleben bereit, Schulden, die ich gemacht habe, zu bezahlen, kann aber niemals mich dafür hergeben, Schulden anderer, die ich nicht kenne, zu bezahlen. Sie verlangen aber das Ungeheuerliche von mir, daß ich mein Leben hingebe für eine Sache, die von Männern gemacht wird, die ich nicht kenne.

Oberst: […] Sie sind der einzige, der die Pflicht dem Vaterland gegenüber verweigert, Hunderttausende handeln als Männer und erfüllen ihre Pflicht, Sie allein tun das Gegenteil, einer gegen Hunderttausende, und glauben im Recht zu sein.

Daetwyler: Es ist möglich, daß ich nicht im Recht bin. Ich weiß nur, daß ich den Krieg für etwas Unvernünftiges halte, daß ich deshalb am Krieg nicht teilnehme […]. Als Soldat bin ich Teil des Krieges. Keine Soldaten, kein Krieg.

In einem der folgenden Abschnitte schrieb er über die Gefühle, die ihn, den bisher unbescholtenen Bürger, in der Zelle der Frauenfelder Kaserne quälten. Kaum hinter Gittern, ahnte Daetwyler schon, daß er sich mit der Verweigerung des Fahneneids von seiner bürgerlichen Existenz verabschiedet hatte: »Für jemanden, der zum ersten Mal in ein Gefängnis kommt, ist das eine sehr bedenkliche Sache. Er fühlt instinktiv, daß er von nun an zu der Klasse von Leuten gehört, deren Leben nicht normal verlaufen wird. […] In der Zelle von Daetwyler wars dunkel, ebenso dunkel anfänglich in seinem Herzen. Aber es wurde bald heller und immer heller. Wie komme ich in diese dunkle Zelle, als Sträfling behandelt? Noch vor wenigen Tagen frei, geachtet, und nun? Einzig weil ich niemandem etwas Böses antun wollte. Einzig weil ich mich weigere, ein Gewehr oder ein Bajonett in die Hand zu nehmen, weil ich niemandem zürne und selbstverständlich auch niemanden töten will. Leute, die niemandem etwas zuleide getan haben, niemanden schädigen, sperrt man ein. Anno 1914. Sonderbar.«

Daß Daetwyler den Dienst verweigerte, überraschte nicht nur seine Offiziere, sondern auch seine Familie und Freunde. Bevor er nach Frauenfeld fuhr, hatte er seiner Mutter Pauline erklärt, daß jeder anständige Mann eigentlich die Pflicht habe, den Fahneneid zu verweigern. Und obwohl er seinen Gang zur Truppe für die Tat eines »Feiglings« hielt, war er an diesem 5. August 1914 – zwei Tage nachdem die Deutschen ihre Westoffensive mit dem Einmarsch in Belgien begonnen hatten – eingerückt.

Kein Mensch hatte ihn davon reden hören, daß er in Frauenfeld eine Revolution plane. »Die Eidverweigerung«, schrieb er einige Jahre später, »kam ohne weiteres Besinnen. Als das Regiment auf den Kasernenplatz marschierte, um den Eid zu leisten, da war es mir wie angeworfen. Wie wenn von außen einem plötzlich etwas angeworfen wird. Mich überkam das unangenehme Gefühl, daß wir nun schwören sollten für eben das, was mir im Innersten so zuwider war. Jetzt muß es geschehen, dachte ich auf dem Kasernenplatz.«

Der Kriegsausbruch hatte Daetwyler enorm aufgewühlt. Er wollte und konnte nicht glauben, daß eine solche Menschheitskatastrophe möglich war, daß sich Menschen auf »Geheiß einiger gekrönter Häupter gegenseitig umbringen« sollten. Er wollte nicht töten, sondern vielmehr »den Wettlauf gegen den Krieg« aufnehmen und »für den Frieden arbeiten«. Doch wie er das anstellen sollte, wußte er damals noch nicht.

Seine Tat auf dem Kasernenplatz hatte seinen ganzen Mut gefordert. Die Autorität der Armee war unbestritten, ihren Befehlen wurde bedingungslos Gehorsam geleistet. In der »Thurgauer Zeitung« vom 7. August 1914 ist eine Meldung nachzulesen, die die machtvolle Stellung des Militärs in der Gesellschaft jener Tage verdeutlicht: »Kreuzlingen. Hier hat sich ein 21jähriger Jüngling, dem man in einfältiger Weise Angst gemacht hatte, er werde standrechtlich erschossen, weil er nicht eingerückt sei, im See ertränkt.« In der gleichen Zeitungsspalte finden sich auch die Zeilen über Daetwylers Eidverweigerung: »Der Soldat Dätwyler [sic], der bei der Beeidigung der Truppen in Frauenfeld den Eid verweigert hat, ist heute zur Beobachtung des Geisteszustandes in die Irrenanstalt nach Münsterlingen gebracht worden. Es scheint sich in der Tat um eine geistige Störung zu handeln, die aus großer Überreiztheit hervorgegangen ist. Diese Annahme drängt sich um so mehr auf, als Dätwyler bisher ein tadelloser Soldat und guter Patriot gewesen ist.«

Zwei Tage, vom 5. bis zum 6. August, saß er in einer Arrestzelle der Kaserne Frauenfeld. Dann wurde er mit einem Saurer-Fahrzeug des Militärs in die am Bodensee gelegene, thurgauische »Irrenanstalt« Münsterlingen verfrachtet. Die militärischen Instanzen sahen davon ab, Daetwyler vor ein Kriegsgericht zu stellen. Der mußte spinnen, anders konnten man sich sein skandalöses Verhalten nicht erklären; und das sollten die »Irrenärzte« nun gefälligst bestätigen. Als sich die großen Tore der Anstalt, die von hohen Mauern umgeben war und einige hundert Patienten beherbergte, hinter ihm schlossen, empfand er ein »furchtbar demütigendes Gefühl, ich war vor der Welt nur noch ein halber Mensch«.

Anstaltsdirektor Hermann Wille[3] empfing den Neuankömmling nachmittags um vier Uhr in seinem Büro und nahm den Bericht eines Sanitäts-Unteroffiziers entgegen, der Daetwyler von Frauenfeld nach Münsterlingen begleitet hatte. Nach diesem ersten Zusammentreffen mit dem Direktor ging der neue Patient durch den Garten zur Abteilung, in der er untergebracht war. Er fühlte auf diesem kurzen Weg »ein wonniges Gefühl: Wieder Sonnenlicht, wieder Wiese, Blumen, frische Luft [...]. Es war für mich wie eine Verheißung – du wirst.« An einem langen Tisch im Aufenthaltsraum bekam der Kriegsdienstverweigerer eine Tasse Kaffee und ein Stück Brot. Viele »gutmütige, oft armselige Gestalten« saßen mit ihm am Tisch. »Wiederum die Freiheit sehen«, machte er sich Mut, »wirst nicht zu Grunde gehen.«

Die ersten Nächte verbrachte er gemeinsam mit rund 40 Patienten in einem Krankensaal. Zur Verrichtung der Notdurft wurde nachts ein Abortkübel in die Mitte des Saales gestellt. Diese Umstände besserten sich merklich, als seine Mutter Pauline die Aufenthaltskosten in der Abteilung für private Patienten übernahm: sieben Franken pro Tag, wovon drei Franken von der Militärversicherung rückvergütet wurden. Nun erging es Daetwyler nicht allzu arg. Zusammen mit einem Basler Lehrer wurde er in einem Gebäude außerhalb des eigentlichen Anstaltstraktes untergebracht. Kurz vor seiner Entlassung sollte er am 4. Dezember 1914 in einem Brief an seinen Hausarzt Heinrich Bachmann in Arbon schreiben: »Ich bin 4 Monate, unter uns gesagt, wie im besten Hotel als Gast gehalten gewesen. Alles, was das Herz begehrt, war da und ich nahms von der besten Seite und hatte sogar meine Freude am Studium dieser verschiedenen Typen.« Allerdings bedrängten den Eingeschlossenen, der am 7. September 1914 28 Jahre alt wurde, »sexuelle Leidenschaften«. Mit Turnen suchte er diese zu bändigen: »Aber es wollte mir nicht gelingen, denselben Herr zu werden, so hatte ich unter solchen Phantasien viel zu leiden.« In Freiheit hatte Daetwyler offenbar nicht in völliger Enthaltsamkeit gelebt: »Geschlechtskrankheiten, die ich bei anderen Collegen in der Fremde antraf, haben mir so viel Furcht eingeflößt, daß ich wenig verbotene Früchte kostete. Andererseits wollte ich aber immer alles mitmachen.« Mögen die äußeren Umstände auch erträglich gewesen sein – nichts änderte sich an der Tatsache, daß er in einer Anstalt eingesperrt war.

Daetwyler las viel in Münsterlingen: Sokrates, Platon, Aristoteles, den »lieben Plutarch«, Goethes »Faust« und »Iphigenie«, Biographien über Gottfried Keller und Heinrich Pestalozzi. Er kegelte und spielte Schach, blieb aber »trotz aller Übung ein schlechter Schachspieler. Ein falscher Zug, und das ganze Spiel ist verloren, trotz aller Nebenfiguren.« In den Singstunden traf er »viele junge glückliche Menschen, die wohl kaum wissen, daß und warum sie glücklich sind«.

Anfang November hatte die Sanitarische Kommission des Territorialkreises VII in Daetwylers Dienstbüchlein den Vermerk »Dienstuntauglich« gestempelt. Am 16. November reiste er in Begleitung eines Soldaten und eines Pflegers nach Frauenfeld, um seine militärische Ausrüstung abzugeben. Nachdem damit seine militärische Laufbahn für immer erledigt war, kehrte er in die Anstalt zurück.

Während der Monate in der psychiatrischen Klinik Münsterlingen schrieb er in seiner schönen, sauberen Handschrift ein umfangreiches Tagebuch. In den ersten Wochen beschäftigte er sich vor allem mit Fragen der philosophischen Lebensführung im allgemeinen und seiner Situation in der Anstalt im besonderen: »Man kann den Menschen nur nach seiner Lebensweisheit beurteilen. Denn ein weiser Mann wird selbst in Verhältnissen glücklich und zufrieden sein, in denen ein Tor verzweifeln würde. Sokrates ist mir nur deshalb so verehrungswürdig, weil er es fertigbrachte, mit dem bösesten Weibe glücklich zu werden. Ist es etwas besonderes, mit einem Engel glücklich zu werden?«

Er selbst hoffte, mit »meiner lieben Anna« glücklich zu werden; nachts träumte er oft von ihr. Bei Anna handelte es sich um Anna Schneider, die im Restaurant Ratskeller als Serviertochter angestellt war. Für Daetwyler war es eine ernste Sache, er wollte Anna heiraten und hatte ihr auch einen Antrag gemacht: »Ich kann nicht umhin, mein Wort gegenüber diesem Mädchen zu halten. [...] Ich müßte nun glücklich sein, wenn ich meine Anna heimführen könnte und mich mit ihr etablieren könnte.« Anna erwiderte Daetwylers Zuneigung jedoch nicht, was diesem über Monate hinweg den größten Liebeskummer verursachte. Am 14. November hielt er verzweifelt fest: »Ich habe oft an meine liebe Anna gedacht. Ich kann nicht glauben, daß sie mich nicht liebt.« Anna kündigte schließlich, um dem lästigen Liebeswerben ihres Vorgesetzten nicht länger ausgesetzt zu sein.

Nur einmal, an einem Sonntag, hatte ihn die Angebetete in Münsterlingen besucht. Ein Hinweis darauf, warum es mit der jungen Frau nicht klappte, geht aus den Aufzeichnungen hervor, die er vor ihrem Besuch niederschrieb. Anna hatte sich offenbar bei ihm über seine »Geschwätzigkeit« beklagt. »Zu Recht«, wie Daetwyler notierte, um dann fortzufahren: »Was Politik anbelangt, so will ich über alles stillschweigen und mir meine Geschwätzigkeit abgewöhnen.« Ähnlich scheint es seiner Schwester Marie bei einem Besuch in Münsterlingen ergangen zu sein: »Sie war von meiner Conversation wenig angetan. Im alten Stil anhaltendes Reden und wozu? Um nichts zu sagen.«

Seinen Redefluß konnte er nur schwer bändigen, sein Temperament ging mit ihm durch »wie ein feuriges Pferd, ich kann nicht an mich halten, wenn es losgelassen wird«. Um sein oratorisches Feuer zu besänftigen, trug er darum bei einem Besuch seiner Schwester Gertrud ein Taschenmesser bei sich. Er nahm sich vor, dieses fest zu drücken, falls er zuviel reden sollte. Viel half es offenbar nicht: »Ich entwickelte meine alten Thesen des freien Mannes, des liebenden Christen, der es verabscheut, eine Waffe gegen seinen Feind zu führen.« Keine Sekunde bereute er seine Tat; nachdem der Besuch ihn verlassen hatte, notierte er: »Du hast recht gehandelt, Max. Sei nur zufrieden, du brauchst dich vor dir selber nicht zu schämen.« Doch je länger Daetwyler in Münsterlingen einsaß, desto drängender wurde sein Wunsch, die Anstalt zu verlassen. Mit der Zeit entwickelte sich ein veritabler Kleinkrieg zwischen ihm und Anstaltsdirektor Wille; diesen bezichtigte Daetwyler der Willkür und der Lüge. Wille ließ seinen Patienten völlig im dunkeln darüber, was weiter mit ihm geschehen sollte. Offenbar wurde Daetwyler von Wille nur ein einziges Mal untersucht und dies, so sah es jedenfalls Daetwyler, nur oberflächlich: »Statt daß nun aber der Herr Direktor mich auf meinen Geisteszustand geprüft hätte, wollte er offenbar dem Militär den von ihm erwarteten Dienst leisten, zumal er ja selbst mit den Anschauungen des Militärs vollkommen einigging. Ein ehrlicher Mann an seiner Stelle hätte ja sagen können, so ganz unrecht hat Daetwyler nicht, wenn er im Prinzip keine Waffe in die Hand nimmt. Vielleicht ist er der normale Mensch, und die übrige Welt mit den Millionen Menschen, die sich nun gegenseitig töten, die Irrenanstalt mit den Narren.« Vom Anstaltsgeistlichen, der ihm einmal in der Woche einen Besuch abstattete, durfte er auch kein Verständnis erwarten: »Man konnte den Mann nicht ernst nehmen. Die Deutschen haben in ihrem Land während ihrem siegreichen Vorrücken in Belgien keinen begeisterteren, glühenderen Siegverherrlicher gehabt. Ha, die werden's den Franzosen und Engländern noch zeigen, so tönte es schon unter der Tür, und dann ging's weiter im

Siegestaumel. Als ich mich einmal bei ihm über den Stand meiner Angelegenheit erkundigen wollte, da gab er mir die tröstliche Antwort, die Anordnungen des Direktors seien niemals zu verurteilen.« Auf die Kirche war Daetwyler zeit seines Lebens nie gut zu sprechen, er hielt sie für die »Hauptsünderin« am Ersten Weltkrieg, weil sie das Völkermorden gebilligt hatte. Tatsächlich hatten Geistliche die Truppen und ihre Kanonen vor dem Vorrücken an die Front jeweils gesegnet.

Unterdessen spitzte sich der Konflikt mit Anstaltsleiter Wille weiter zu: Dieser vertröstete Daetwyler das eine um das andere Mal, begründete seine Weigerung, ihn zu entlassen, mit noch ausstehenden Briefen von den Armeestellen, wobei unklar bleibt, was die Armee mit Daetwylers Entlassung zu tun gehabt haben könnte. Sie hatte ihn ja bereits für dienstuntauglich erklärt und abgeschrieben. Daetwyler klagte in einem Brief an seinen Hausarzt: »Ich erwartete nun, da ich mich immer tadellos aufgeführt und mich alle Leute hier gern haben, daß Herr Director Wille mich entlassen und ich mit den besten Eindrücken scheiden könne. Aber, was ich befürchtete, trat ein. Sobald ich nur vom Heimgehen sprach, war dieser Herr unzugänglich. Er fand es für notwendig, mich mit zum Teil unwahren Phrasen hinzuhalten, und ich kam ihm auf die Schliche. Ich beschloß, mir selbst zu helfen.«

Da abgehende Post in der Klinik der Zensur unterlag, mußte sich Daetwyler der List bedienen. Es gelang ihm, verschiedene Briefe aus der Anstalt zu schmuggeln, in denen er sich an seine Angehörigen, an seinen ehemaligen militärischen Vorgesetzten, Oberst Held, und an besagten Hausarzt Bachmann in Arbon mit der Bitte um Hilfe wandte. Sie möchten »für sein gutes Recht eintreten«. Der »lieben Mama« sandte er die folgenden Zeilen: »Ich bitte Dich inständig, dafür zu sorgen, daß ich hier herauskomme. […] Ich wünsche keinen Besuch mehr hier, denn ich will unbedingt hier fort. Sie halten mich hin, denn sie lieben hier gute Pensionäre, aber ich weiß, daß ich im Irrenhaus bin.«

Des öfteren hatte er darauf angespielt, daß er als gut zahlender Privatpatient erster Klasse einbehalten werde, damit der Klinik dieser rentable Patient nicht so schnell verlorengehe. Als nun der Direktor Daetwyler eröffnete, möglicherweise müsse ein weiteres Gutachten über ihn erstellt werden, war dieser mit seiner Geduld am Ende. Er fühlte sich als »gutmütiger Löl« [Trottel] behandelt und nicht wie »ein verständiger Mann«. Der Anstaltsleitung teilte er mit, er zöge es vor, in eine »Zwangsarbeitsanstalt« zu gehen. Oder ins Gefängnis, was er »tausendmal vorgezogen hätte, um als gerader Mann eine gerechte Behandlung zu erfahren«. Auf jeden Fall sei er nicht länger bereit, »den Irrenärzten als Versuchskaninchen« zu dienen. Er stellte gar einen Hungerstreik in Aussicht, »keinen Bissen« wolle er mehr essen. Daraufhin wurde dem Widerspenstigen angedroht, »ihn mit dem Schlauch zu füllen«, ihn also einer Zwangsernährung zu unterziehen. Schließlich schaffte man Daetwyler in eine Sonderabteilung und hielt ihn mehrere Tage in Einzelhaft in einer Abteilung fest, in der die »Blödsinnigen« versorgt wurden. Dorthin gehörte er nun wirklich nicht; in eine Irrenanstalt, und sei es nur vorübergehend, aber schon, befanden die Münsterlinger Seelenärzte.

Der Fall Daetwyler war von nationaler Tragweite, praktisch ein Angriff auf die patriotische Gesinnung des Landes, was diesem Gutachten – mit Datum des 8. Oktobers 1914 erstellt zuhanden des Militärdepartements des Kantons Thurgau – eine besondere Bedeutung verlieh. Mit Sicherheit wurde es darum von Anstaltsleiter Wille mitgetragen und für gut befunden. Wille hatte Daetwyler schon beim Eintritt in seine Anstalt die Leviten gelesen und aus seiner Mißbilligung für die Eidverweigerung nie einen Hehl gemacht. In diesem Licht – und in Anbetracht des Entwicklungsstandes der Psychiatrie des frühen 20. Jahrhunderts – muß es gelesen werden.

Zu Beginn des Gutachtens wurde festgestellt, daß Daetwyler nicht erblich belastet sei und über eine gute intellektuelle Befähigung verfüge. Dann heißt es, daß sich bei ihm »seit Jahren eine deutliche Selbstüberschätzung geltend machte, die zweifellos dann immer noch mehr genährt und unterhalten wurde durch seine Beschäftigung in den verschiedenen großen Hotelunternehmungen«[4]. Es ist schwer nachvollziehbar, was seine Arbeit als Hotelkellner mit der angeblichen Selbstüberschätzung zu tun gehabt haben soll. Trotzdem wurde sie als »eine ausgesprochen krankhafte Eigenschaft« bewertet. Bemerkenswert sei ferner, »daß er völlig von der Vorstellung beherrscht wird, daß sein Handeln ausschließlich im Interesse der andern sei und durchaus auf den Grundsätzen der christlichen Nächstenliebe beruhe, daß er sich immer in ganz uneigennütziger Weise für seine Leute aufopfere. Für den Fernerstehenden treten aber doch sehr deutlich seine egoistischen Motive hervor.« Was an Daetwylers Motiven egoistisch gewesen sein soll, wurde nicht weiter erläutert.

Kühn der Bogen, den die Psychiater daraus schwangen, an dessen Ende eine »dementia praecox« – eine Form der Schizophrenie – zuerst angedeutet, dann aber wieder verworfen wurde: »Wir lernen also D. als einen Schwärmer und Phantasten kennen, der ja im Grunde das Gute will, der aber in ausgesprochener Weise sein Wohl und sein Interesse allzusehr mit denen der Allgemeinheit identifiziert. Er ist unfähig, in jedem Falle die richtigen Assoziationen zu bilden, eine gegebene Situation in der richtigen Weise von seiner festen, realen Basis aus durchzudenken, sein Denken ist ein unscharfes, unlogisches.«

Bei näherem Hinsehen konnte aber bei Daetwyler von einem »unscharfen, unlogischen Denken« keine Rede sein. Zwar kann man seine Vision einer Welt ohne Krieg als utopisch betrachten, wie aber eine friedvolle Welt zu erreichen wäre, hatte er durchaus konsequent durchdacht. Seine Vorstellung gipfelte in der immer wiederholten Aussage: »Keine Soldaten, kein Krieg.« Nur folgerichtig also sein Handeln: Er verweigerte den Fahneneid, weil er »als Soldat zum Teil des Krieges« geworden wäre.

Auch seine Mutter Pauline, eine lebenstüchtige, intelligente Frau und Mutter von zwölf Kindern, wurde von den Seelenärzten konsultiert: »Aus den Mitteilungen, die wir von der Mutter des D. über seine geistige Entwicklung erhalten haben, scheint hervorzugehen, daß die besprochene krankhafte Eigentümlichkeit« – welche Eigentümlichkeit gemeint ist, wurde nicht weiter ausgeführt – »nicht bis in die frühe Jugend zurückverfolgt werden kann, sie wird erst in den späteren Jünglingsjahren deutlich.«

Seltsam, denn in den »späteren Jünglingsjahren« absolvierte Daetwyler ohne Probleme eine kaufmännische Lehre und die Rekrutenschule. Er hatte viele Freunde und war in seine große Familie bestens integriert. Ihm in der frühen Lebensphase krankhafte Charakterzüge zuzuschreiben, war völlig aus der Luft gegriffen. Die Untersuchenden sahen das anders: »Von dort an[5] sehen wir eine rasche Steigerung, eine absolute Unfähigkeit zur Korrektur, zur Anpassung trotz aller Mißfolge und peinlichen Erfahrungen.« Die Mißfolge, von denen der Untersuchungsbericht sprach, waren reine Erfindung, sieht man von Daetwylers gescheitertem Versuch der Gründung einer touristischen Zeitung 1910 in London ab, auf die der ärztliche Bericht unter anderem eingeht.[6] Und »peinliche Erfahrungen« machte der junge Max wohl nicht mehr und nicht weniger als seine Altersgenossen.

Der Befund führte weiter aus: »Das späte Auftreten dieser Charaktereigentümlichkeit ließe vermuten, daß man es hier mit den Erscheinungen der dementia praecox zu tun habe, einer Geisteskrankheit, die gerade in jener Altersperiode sehr häufig einsetzt. Allein das Fehlen der für jene Krankheit so charakteristischen Störungen im Gebiete des Gemütslebens, seine leichte gemütliche Ansprechbarkeit, seine ausgesprochene Teilnahme an allen Vorgängen seiner Umgebung sprechen gegen eine solche Annahme.« Im Kurzschluß fällten die Gutachter nun ohne weitere Begründungen ein Urteil, das für Daetwylers weiteres Leben schwerwiegende Folgen hatte, ihn als geisteskrank stigmatisierte und das, wie er später schrieb, »gleichbedeutend mit einem Todesurteil über das geistige, moralische Leben des Betreffenden« war. Das Verdikt der Ärzte lautete: »Wir haben es hier mit einer sog. Psychopathie zu tun, die sehr wahrscheinlich doch als angeboren aufzufassen ist. Es handelt sich hier um eine krankhafte Anlage einzelner Teile des Seelenlebens, die in der Folge dessen in einer einseitigen, übertriebenen Weise zur Funktion kommen.« Die Psychopathie ist eine meist angeborene, seelisch-charakterliche Normabweichung, die sich etwa in Fanatismus, Schwermut oder Geltungssucht manifestiert. Die Feststellung, daß Daetwyler an Psychopathie leide, war eine Verlegenheitsdiagnose, die zu Beginn des 20. Jahrhunderts sehr häufig Menschen zugeordnet wurde, aus denen man nicht richtig schlau werden konnte.

Das Untersuchungsergebnis sollte letztlich die Frage klären, ob Daetwyler für die Eidverweigerung bestraft werden könne oder nicht. Wäre er für seine Tat von den Psychiatern als verantwortlich erklärt worden, hätte sich ein Militärgericht mit ihm befassen müssen. Die Anklage hätte auf Fahnenflucht gelautet, weil die Eidverweigerung diesem Tatbestand gleichgesetzt wurde. Das Gutachten kam jedoch zum eindeutigen Schluß, daß Daetwyler »nicht für seine Tat verantwortlich gemacht werden« kann: »Eine ausgesprochene Geisteskrankheit konnten wir nicht nachweisen, der psychopathische Zustand ist aber in hohem Grade ausgesprochen und beeinflußt das Denken und Streben von D. in einer Weise, daß es nicht als ein freies, gewolltes aufgefaßt werden darf, er muß deshalb einer eigentlichen Psychose als gleichwertig taxiert werden.«

Das hieß nichts anderes, als daß sich Daetwyler an jenem 5. August 1914 auf dem Kasernenhof in Frauenfeld in einem psychotischen Zustand befand, als er sein Gewehr dem Nebenmann gab, vor die Truppe eilte und erklärte: »Ich bin gegen den Krieg. Ich schwöre nicht.« Doch Daetwyler litt keineswegs unter einer Psychose; sein Handeln war aber, das zeigten die weiteren Ausführungen der Ärzte, eindeutig spontan: »D. scheint schon mit einem gewissen Mißbehagen von Bern in den Dienst weggereist zu sein, und das ist ja leicht verständlich, wenn man seine Stellung als Leiter eines Hotels, das ganz auf den Fremdenverkehr angewiesen ist, berücksichtigt.[7] Seine Stimmung war ferner auch durch seine unglückliche Liebesgeschichte ungünstig beeinflußt.«[8] Weiter heißt es: »Bestimmend mag für ihn [...] ferner noch die Erinnerung an einen früheren Traum gewesen sein, in dem er sich selbst untergehen sah, und dessen Verwirklichung ihm nun gekommen schien. D. befand sich also dort in einem Erregungs- und einem Affektzustand, und die Tat geschah ohne Überlegung und durchaus unter dem Drang eines inneren Zwanges. Die Überzeugung, daß der Krieg, wie er es nennt, ein ›Blödsinn‹ sei, war so mächtig, daß er nicht anders konnte, als dagegen laut zu protestieren. Er ließ sich darauf ruhig abführen, und im Cachot[9] hat er gebetet und ist dann bald eingeschlafen, er hatte das lebhafte Gefühl, eine gute Tat getan zu haben, und die weiteren Folgen machten ihm deshalb keine schweren Sorgen.«

Im Widerspruch zur Feststellung, daß Daetwyler für seine Tat nicht verantwortlich war, bezeichnete der Bericht jedoch »sein Auftreten unter den gegenwärtigen Verhältnissen« als »ein Verbrechen«. Aber, so die »Irrenärzte«: »Wir hatten die größte Mühe, ihm dies klarzumachen.«

Dieses Münsterlinger Gutachten wurde darum so ausführlich gewürdigt, weil es einen der prägendsten Einschnitte für Daetwyler bedeutete. Insgesamt wurde er im Lauf seines Lebens siebenmal in einer psychiatrischen Klinik interniert: einmal in Münsterlingen, zweimal im Zürcher Burghölzli, zweimal in Paris, einmal in Wien und einmal in Bern. Er wurde dabei immer wieder mehr oder weniger gründlich auf seinen Geisteszustand hin untersucht; das unselige Gutachten diente den Psychiatern jeweils als Grundlage für die weitere Einschätzung. »Münsterlingen« hat Daetwyler sein ganzes Leben lang verfolgt: Bei seiner ersten Begegnung mit der Psychiatrie war er gewissermaßen amtlich als Verrückter gestempelt worden.

Nachdem Daetwyler 1918 im Burghölzli erneut eingesperrt worden war[10], hielt er unter dem Titel »Erlebnisse in der Irrenanstalt« seine Erfahrungen in der Psychiatrie fest. Das Traktat macht deutlich, daß er seine Situation klar einzuschätzen vermochte und daß sein Denken in keiner Weise »unscharf und unlogisch« war. Die »Erlebnisse in der Irrenanstalt« sind, über das Persönliche hinaus, ein Dokument einer Psychiatrie-Kritik des frühen 20. Jahrhunderts und nehmen die Forderungen der in den 1960er Jahren angestrebten Reformen vorweg.

> Schon gleich die erste Frage in der Anstalt, die Frage, die sich dann jeden Tag wiederholt, ist an diesem Ort nicht so harmlos, wie sie draußen wäre.
> Nun, wie geht's, wie gefällt es Ihnen?
> Sagt einer, es geht mir sehr gut, dann heißt es, der Mann ist krank, er bedenkt nicht, wo er ist.
> Sagt einer, es geht mir schlecht, dann heißt es, der Mensch ist krank, er sieht nicht ein, daß ihm der Aufenthalt in der Anstalt zum Nutzen ist. Sagt einer, ich will heim, will arbeiten gehen zu Hause, dann ist das ein Zeichen, daß er kein Vertrauen hat und sich fürchtet.

Zu bedauern aber ist ein Mensch, wenn er nicht alles hinnimmt wie ein Schaf. Wenn er sich ob einer Ungerechtigkeit empört. Der ist auf alle Fälle krank, und wird nur um so länger behalten. Kurz und gut. Schickt den normalsten Menschen in eine Irrenanstalt, so wird die Umgebung schon Zeugnis dafür ablegen, daß er eben doch krank sei.

Ist er nun einmal drin, und er wird zu Hause nicht vermißt, oder seine Lücke wird vergessen, anderseits aber kann man ihn zur Arbeit in der Anstalt gut gebrauchen, dann ist die Freiheit des Menschen für immer gefährdet.

Die öffentliche Meinung muß die Wahrheit über den Stand des Irrenwesens erfahren. Sie muß wissen, ich wiederhole es:

1. Es ist eine törichte Meinung, anzunehmen, ein Mensch sei in der Irrenanstalt stets einer gerechten Beurteilung seitens des Arztes ausgesetzt. Es gibt unter den Irrenärzten minderwertige Menschen, wie in allen Berufszweigen.

2. Die Wissenschaft über die Behandlung der Geisteskranken steht heute noch auf einer niedern Stufe. Ihre Vertreter sind unter sich selbst nicht im reinen, so daß sie über denselben Menschen verschiedene Gutachten abgeben, wie bei mir.

3. Es ist eine Ungerechtigkeit, es ist eine Gleichgültigkeit, es ist eine Fahrlässigkeit inbezug auf Menschenleben, einem einzelnen Menschen, einem Irrenarzte soviel Macht über einen Bruder einzuräumen, daß er ihn ganz eigenmächtig den Gerichten entziehen kann, daß er ihn beliebig lang der Freiheit berauben kann, ja, daß er ihn lebenslänglich als Kranken in einer Irrenanstalt behalten kann.

4. Es ist eine ganz verfehlte Methode, mit der die Kranken der Irrenanstalt behandelt werden. Der Name Heilanstalt ist oft ein Hohn auf den wahren Charakter der Anstalt. Wo heilt man körperlich Kranke dadurch, daß man sie zusammensperrt? Sollen geistig Kranke gesund werden, wenn man sie wie in den Anstalten in Abteilungen mit andern Kranken zusammensperrt? Oder wenn man solche, von deren Zustand man noch kein Urteil hat, zu den Kranken einsperrt?

5. Das Gutachten eines Irrenarztes darf nur für beschränkte Dauer Geltung haben. Es ist doch klar, daß ebenso wie bei einem körperlich Kranken ein Heilprozeß auch bei einem Geisteskranken einsetzen kann. Ist es dann nicht lächerlich, den Menschen auf Grund einer längst überwundenen Krankheit im Alltagsleben weiter unter dem Gesichtspunkte eines Geisteskranken zu behandeln? Hier im Irrenwesen schlagen die Ärzte aus der Krankheit des Patienten Kapital.

Einen Menschen als geisteskrank zu erklären, einen Menschen unter Vormundschaft zu stellen, ist gleichbedeutend mit einem Todesurteil über das geistige, moralische Leben des Betreffenden. Es sollte dem Betreffenden Gelegenheit zu seiner Rechtfertigung und zu seiner Verteidigung geboten werden.

Falsche Gutachten sollten als Betrug bekannt gemacht werden.

6. Der Verkehr des Kranken mit der Außenwelt sollte nicht verboten werden dürfen. Es ist eigentümlich, daß Briefe des Kranken einfach nicht spediert werden mit der Ausrede, die Direktion habe zu deren Prüfung keine Zeit. Wozu eine solche Zensur, wenn man ein gutes Gewissen hat? Warum verbietet man den Kranken die Korrespondenz selbst mit den nächsten Angehörigen? Ist der Mensch wirklich krank, nun, dann werden ja auch seine Briefe ein treffliches Urteil bilden, ist er aber gesund, warum ihm dann die Gelegenheit zu seiner Rechtfertigung rauben?

7. Wer einen Bruder oder eine Schwester in einer Anstalt weiß, dessen Menschenpflicht ist es, sie zu besuchen und sich selbst davon zu überzeugen, ob der Mensch wirklich an einen Ort hingehört, von dem es heißt, Anstalt für Irrenkranke.

Daetwylers Familie kam der eingeforderten »Menschenpflicht« nach. In regelmäßigen Abständen erhielt er von Mitgliedern seiner Familie Besuch in der Anstalt; sein um fünf Jahre älterer Bruder Theodor zeigte sich in den vier Monaten allerdings nur ein einziges Mal, was Max ihm ziemlich übelnahm. Überhaupt war Maxens Verhältnis zu seinen Brüdern Theodor und Alfred nicht frei von Spannungen. Max war der Ansicht, daß Theodor, der damals das elterliche Hotel Baer in

Arbon führte, der Aufgabe nicht gewachsen sei. Ob Theodor wirklich nicht in der Lage war, das Hotel gewinnbringend zu führen, oder ob sich Max übergangen fühlte, ist schwer abzuschätzen. Der Konflikt mit Theodor schwelte weiter; kurz nach seiner Entlassung aus Münsterlingen lamentierte Daetwyler: »Er läßt alles nur fahren wie es geht und dann steckt er die Schwierigkeit hinter Mama und erwartet, daß wir ihm das nötige Geld vorstrecken sollen! Damit er den Herrn spielen kann und von neuem rückwärts arbeitet.«

Zu seinem zwölf Jahre älteren Bruder Alfred war das Verhältnis auch nicht ungetrübt, obwohl sich Alfred, der Besitzer des Ratskeller in Bern, schriftlich bei der Anstaltsleitung für seinen Bruders eingesetzt hatte; möglicherweise gab dieser Brief sogar den Ausschlag dafür, daß Daetwyler am 14. Dezember 1914 schließlich in die Freiheit entlassen wurde. Alfred versicherte Direktor Wille, daß sein Bruder sofort bei ihm im Ratskeller eine Stellung antreten könne – allerdings nicht mehr als Gerant [Geschäftsführer], sondern als Küchengehilfe. Als Gerant, dem der unmittelbare Umgang mit den Gästen oblag, war er nach seiner aufsehenerregenden Eidverweigerung offenbar nicht mehr tragbar. Der Ratskeller, berühmt für seine exzellente Küche, wurde von Politikern aus dem nahen Bundeshaus und dem gehobenen Bürgertum frequentiert. Nach Daetwylers Dienstverweigerung mieden jedoch viele von ihnen das Lokal.

Am 8. Dezember 1914, sechs Tage vor seiner Entlassung, erhielt Daetwyler einen Brief von seinem Bruder Alfred, in dem dieser ihm mitteilte, daß Direktor Wille mit der Entlassung einverstanden sei, auch weil er, Alfred, ihm eine Anstellung anbiete. »Der Brief«, schrieb darauf Max, »erfreute mich in keiner Weise, denn ich wäre lieber ein armer Taglöhner, statt als geistig nicht normaler Herr angesprochen zu werden. Besonders Alfred fühlt sich von Gottes Gnaden seiner Familie gegenüber, obschon er für dieselbe gar nichts tut, als deren verfügbare Arbeitskräfte auszunutzen. Ich gehe ungern, aber ich gehe und will mich wacker halten, meiner Mutter zuliebe.«

Alfred spielte im Leben von Max eine wichtige Rolle. Max Daetwyler bewunderte wohl keinen anderen Menschen in seinem engeren Umfeld so sehr wie Alfred. Das Verhältnis war aber widersprüchlich:

Einerseits blickte er zum Bruder auf, andererseits verstrickte er sich mit Alfred immer wieder in Streitigkeiten, die von unterschiedlichen Ansichten der Geschäftsführung bis zu ideologischen Diskursen reichten. 1933 widmete er seinem inzwischen verstorbenen Bruder einen langen, maschinengeschriebenen Text: »Alfred hatte einen machtvollen Geist, der sich in einem sprühenden Humor zeigte so rein & klar wie die saubere Umgebung, wie das Milieu, das ihn im Restaurant oder in seiner Wohnung umgab. Er war ein Mensch der seiner Sache sicher war. Er hatte ein Wesen vollkommen, fertig, abgerundet, der Mann von Welt, der die Welt kannte, der die Menschen kannte, & der von Natur selbst mit reichen Gaben ausgestattet, wie ein Beobachter der Handlung auf der Bühne eines Theaters dem Treiben der Menschen zusah, & wo er selbst eingriff, es mit einer Überlegenheit und Ruhe tat, die ihm alles gelingen machte.« Ganz im Gegensatz zu dieser Einschätzung standen Maxens Klagen, daß sein Bruder ihn im Ratskeller schlecht oder gar nicht bezahle und daß Alfred für seine pazifistische Einstellung keinerlei Verständnis aufbringen könne. Alfreds Sympathien lagen beim Deutschen Reich, an dessen Sieg er glaubte; die Dienstverweigerung seines Bruders verurteilte er aus tiefstem Herzen. Sobald dieses Thema aufkam, war zwischen den Brüdern keine Verständigung mehr möglich.

Doch zurück nach Münsterlingen: Zwei Tage vor seiner ersehnten Entlassung teilte Direktor Wille seinem Patienten mit, daß er ihn nun nicht mehr länger in der Anstalt zurückbehalten wolle. Am Vorabend seiner Abreise litt Daetwyler an Magenbeschwerden; er führte diese auf »Enthalten von Nahrung« zurück. Vermutlich aß er nur wenig oder sogar gar nichts, um seiner Forderung nach Entlassung Nachdruck zu verleihen. Im Kontrollbuch der Klinik ist nach Daetwylers Abgang nachzulesen: »Psychopathie. Entlassen: als gebessert.«
    Es war ein denkwürdiger Tag für Daetwyler. Er verabschiedete sich an diesem Montag freundlich vom Oberwärter und fuhr nach Romanshorn, wo er seine Mutter traf. Diese setzte ihre Reise nach Zürich fort, er selbst reiste mit der Bahn weiter nach Bern. Mit Bangen blickte er der Begegnung im Ratskeller mit seinem Bruder Alfred

und den Angestellten, deren Chef er gewesen war, entgegen: »Ich war gefaßt, spöttische und unfreundliche Gesichter zu sehen. Das war alles, was mir durch den Kopf ging.« Doch schließlich setzten sich jene Eigenschaften durch, die ihn während seines ganzes Lebens nicht verlassen sollten: ein schier grenzenloses Selbstbewußtsein und das untrügliche Gefühl, daß seine auf den Frieden gerichtete Gesinnung die richtige war.

Vom Berner Bahnhof, wo ihn seine Schwägerin Hedwig abholen wollte, ihn aber verpaßte, ging er unter der Laubenpassage hindurch zum Ratskeller: »Ich schritt wieder im alten Bewußtsein meiner persönlichen Kraft ruhig und sicher dahin, als ob meine ganze Person sagen wollte, kommt nur alle gegen mich, ich fürchte mich vor niemand, denn nichts Schlechtes steht in meinem Sinn.« Seine anfänglichen Befürchtungen erwiesen sich als unberechtigt. Er wurde freundlich aufgenommen, aß im Ratskeller nach vier Monaten Klinikkost das erste Mittagessen in Freiheit: eine Hafersuppe und ein Kalbskotelett mit Blumenkohlgratin.

Nach dem Mittagessen unternahm Max mit Alfred einen langen Spaziergang. Viele anstehende Probleme kamen zur Sprache, darunter auch Bruder Theodor. Die Mutter hatte diesem aus ihrem Privatfonds immer wieder Geld vorgestreckt, das Theodor aber jeweils schnell aufgebraucht hatte. »Man kann gegenwärtig in Arbon nichts machen, als es kommen lassen, wie es muß«, notierte Daetwyler in sein Tagebuch. Und was Alfred betraf, stellte er fest: »Es freut mich sehr, Alfred so wohlauf und vertrauensvoll in die Zukunft blicken zu sehen. Und das hat wohl seinen Grund darin, weil er sich durch rechte Arbeit seine geschäftliche Stellung errungen hat. Theodor dagegen sieht den Erfolg in äußeren Dingen.«

Es bekümmerte Daetwyler, daß einige Stammgäste und Nationalräte den Ratskeller mieden, und er wußte natürlich, daß seine Eidverweigerung der Grund dafür war. Er war entschlossen, vor allem die abtrünnigen Nationalräte wieder als Gäste zu gewinnen: »Es wird meine erste Sorge sein, diesen Gegenstand zu behandeln.« Und so erklärte er sich bereit, sich bei den Nationalräten für seine »scheinbar unpatriotische Handlung« zu entschuldigen.[11]

Einige Jahre lang hatte Daetwyler den Ratskeller geführt, und er war als Vorgesetzter sehr beliebt gewesen. Daß er den Gästen vom Alkoholgenuß abriet, mag diesem und dem Servierpersonal schrullig vorgekommen sein, gleichzeitig hatte es die fürsorgliche Art ihres Geranten immer geschätzt: »Ich sorgte ihnen für gute Logis und für tadellose Verköstigung, hatte ich doch selbst als Hotel-Angestellter darunter gelitten, daß die Hotel-Paläste nur für die Gäste gut sorgten, die Angestellten aber sehr schlecht gehalten waren.« Er führte gewissenhaft Buch über den Geschäftsgang, die Kenntnisse in der Buchführung hatte er während seiner kaufmännischen Lehre in Wattwil erworben; zudem legte er den Monatsabschluß für seine Angestellten offen und beteiligte sie prozentual am Geschäftsgewinn.

Am zweiten Tag nach seiner Entlassung trat Daetwyler seine Arbeit an: »Ich kam in die Küche.« Dort schätzte er sich selbst »mit meinen 30 Jahren als ungeschickten Kochlehrling« ein. Der berufliche Abstieg brachte es mit sich, daß zu seinen Aufgaben als Küchengehilfe auch das Putzen und Aufräumen gehörte. Gewiß bedeutete dies für ihn einen Gesichtsverlust, aber anmerken ließ er sich nichts. Er war fleißig und arbeitsam, obwohl man ihn in die Küche versenkt hatte, wo die Gäste ihn nicht zu Gesicht bekamen. Die strenge Arbeit scheute er nicht: »Ein Tag der körperlichen Arbeit ist zugleich Erholung, denn die Arbeit fördert alles Gute. Sie hält Gesundheit und frohen Mut zusammen, zerstreut alle überflüssigen Gedanken.«

Akribisch hielt Daetwyler fest, was den Gästen aufgetischt wurde. Als ehemaliger Kellner in Luxushotels bewies er viel Verstand für die Künste einer exquisiten Küche, indem er sich Rezepte notierte und da und dort Verfeinerungsvorschläge anbrachte. Daetwyler wäre nicht Daetwyler gewesen, wenn er sich zu den Nahrungsmitteln, die er als Zurüster und Hilfskoch täglich verarbeitete, keine Gedanken gemacht hätte. Die Art der Ernährung und die fachgerechte Zubereitung der Speisen waren für ihn entscheidend für das geistige und körperliche Wohlbefinden: »Es war oft meine Idee, einem Zweige meine Aufmerksamkeit zu widmen, der viel zu wenig beachtet wird, nämlich der Nahrungsmittelzubereitung oder der Kochkunst, denn ich erfahre jeden Tag an meinem eigenen Körper die Wohltat einer normalen

Ernährung oder aber den großen Schaden einer falschen Ernährungsweise und ich gehe so weit, alle meine Fehler, die ich begehe, zum großen Teile dem Zweige meiner Ernährungsweise zuzuschreiben. [...] Es ist wohl bezeichnend für meine persönliche Stellung und für meine Lebensweise, daß es mir noch keine Minute an Lebensmut, Lebensenergie, Lebensfreudigkeit, Tatendrang und Drang zu sinnlicher Betätigung fehlte, also mein Weg dahin zielen müßte, meinen Körper möglichst knapp zu halten.« Daß im Ratskeller geschlemmt wurde, während an der Schweizer Grenze die Soldaten »Spatz aus der Gamelle« [Eintopfgericht aus dem Eßgeschirr der einfachen Soldaten] mampften, schien ihn nicht weiter zu beschäftigen, zumindest finden sich in seinen Schriften dazu keine kritischen Bemerkungen.

Im Ratskeller war von diesen kriegsbedingten Versorgungsengpässen nichts zu spüren; die Passanten konnten durch ein Schaufenster sogar lebende Hummer im Aquarium betrachten. Es kamen Sole au vin blanc auf den Tisch, Rindsfilet mit Gänseleber oder Trüffeln, Kalbsschnitzel, Hasenpfeffer, Schnecken, Forellen, Sorbets und was der feinen Dinge mehr sind. »Die Haushaltung«, das Personal, wurde selbstredend nicht mit solchen Köstlichkeiten versorgt, doch das Essen – Ragout, Nudeln mit Käse oder eine nahrhafte Suppe –, das die Angestellten erhielten, war gut und reichhaltig. Als Küchenmitarbeiter hatte Daetwyler keine großen Schwierigkeiten, sich vegetarisch zu ernähren; bis zu seinem 80 Lebensjahr blieb er Vegetarier und Abstinenzler. Alkohol hielt er für verheerend, in einem undatierten Manuskript schrieb er: »Alkoholgenuß beeinflußt das Verhalten der jüngeren Männer zum weiblichen Geschlecht in entscheidender Weise. Ohne Alkohol keine Prostitution. Das Einschläfern des Pflichtgefühls, das Ersticken des Ekels vor einem Weibe, das sich für Geld jedem beliebigen preisgibt, das wird von den geistigen Getränken besorgt. Drei Viertel aller Ansteckungen mit Geschlechtskrankheiten werden unter dem Einfluß geistiger Getränke erworben. [...] Jeder, der die Trinksitten mitmacht, wirkt dadurch an ihrer Entfaltung & Verbreitung mit! Das Volk aber hat darunter mehr zu leiden, als unter jeder andern Seuche.« Im gleichen Text äußerte er sich über den Vegetarismus: »Betrachten Sie einen Fleischerladen. Und diese Stükke Fleisch, die einen widerlichen Todesgeruch von sich geben, essen Menschen. Statt Weizen zu bauen, verwendet der Bauer das Land für Viehzucht & der gleiche Boden kann bedeutend weniger Menschen ernähren. Wenn ich um die Mittagszeit selbst in die ärmste Hütte komme, da wird [Fleisch] gekocht, gebraten, gesotten. Wie einfach & gut aber lebt der, der die Früchte genießt, wie die Natur sie ihm gegeben in unverminderter Kraft! Genieße mit frohem Mut & dankbarem Herzen die einfachen Gaben & Du wirst Dich gesund & wohl fühlen. Fleischgenuß aber ist unvereinbar selbst mit den primitivsten Forderungen an echtes Menschentum!«

Seine Landsleute hatten aber ganz andere Dinge im Kopf, als über die Vorzüge einer vegetarischen Lebensführung nachzudenken. In der Schweiz gab es in den ersten Kriegsjahren durchaus das Problem der Unterernährung, nämlich in den armen Schichten der Bevölkerung, das wußte auch Daetwyler. Aber er war überzeugt, daß »ein Mensch, der an üblem Humor und Schlechtaufgelegtsein leidet« diesem Zustand durch eine gesunde, am besten vegetarische Ernährung abhelfen konnte. Das war im Krieg nicht anders als in Friedenszeiten. In Europa herrschte Ende 1914, als Daetwyler in die Küche des Ratskeller kam, seit fünf Monaten Krieg. Von der Kriegsbegeisterung in den Sommerwochen war nicht mehr viel übriggeblieben. Die Schweizer begannen sich zu fragen, wie lange man noch durchhalten müßte, wobei die unmittelbare Gefahr eines Blutvergießens im eigenen Land nachgelassen hatte.

Daetwylers Schicksalsjahr 1914 endete in glücklicher Stimmung. Davon zeugen seine Tagebucheinträge; so schreibt er am 29. Dezember: »Ein schöner Tag der Arbeit.« Am 30. Dezember: »Es war wieder ein Prachtstag voll Arbeit und gesundem Humor.« Und am 31. Dezember: »Ich verbrachte den ganzen Tag mit Arbeiten. Also war es ein schöner Tag. Ein gesunder Humor, Liebe zum Beruf und zu meinen Leuten öffnen mir überall die Türen so weit, daß es mir wohl ums Herz wird.« Der glückliche Ausklang stand jedoch in scharfem Kontrast zu den Ereignissen, die das nächste Jahr für ihn bereithielt: 1915 vollzog sich das Ende seiner bürgerlichen Existenz, er zerstritt sich mit seinem Bruder Alfred und verlor seine Stelle, weil Alfred nichts über »die Lohnfrage« verlauten ließ und einen neuen Chefkoch anstellte, der in Maxens Augen »die dümmste Figur« machte. Unheil drohte zudem von behördlicher Seite: Dem Regierungsrat des Kantons Thurgau war der Umstand ein Dorn im Auge, daß Daetwyler so glimpflich davonkommen sollte. Wenn er schon nicht formell von einem Militärgericht verurteilt worden war, sollte wenigstens sein »Irresein« der Öffentlichkeit bekanntgemacht werden. Es ist schwer nachzuvollziehen, wem eine weitere Verfolgung Daetwylers nützen konnte. Die Thurgauer Regierung hegte aber ohne Zweifel einen tiefen Groll gegen den Dienstverweigerer. Offenbar war sie der Ansicht, daß er mit seiner Tat auf dem Kasernenplatz in Frauenfeld dem Ansehen des Kantons Thurgau landesweit geschadet hatte. Nur so läßt sich die Gehäßigkeit des Schreibens erklären, das am 9. März 1915 im Militärdepartement der Schweizerischen Eidgenossenschaft in Bern einging: »Hochgeachteter Herr Bundesrat! Da es dem herwärtigen Militärdepartement bis jetzt nicht gelungen ist, eine korrekte Erledigung der durch Dätwyler [sic], Max, Füslier II/75, am 5. August begangenen Eidverweigerung herbeizuführen, ersuchen wir Sie für korrekte Sistierung der Angelegenheit im Sinne der nachstehenden Ausführungen zu sorgen.

Die Unterlassung der Einreichung einer förmlichen Klage gegen Dätwyler, Max, war ein Fehler, wobei nicht untersucht werden soll, ob an demselben das Platzkommando oder das Bataillonskommando oder beide zusammen die Schuld tragen. Diese beiden Stellen hätten wissen sollen, daß die peinliches Aufsehen erregende, vor aller Öffentlichkeit erfolgte Eidverweigerung ein schweres Vergehen bedeutete, das bei den zuständigen Organen zur Anzeige zu bringen war. Statt dessen begnügte sich das Bataillonskommando mit der Inhaftierung des Schuldigen, ohne sich um den Handel weiter zu kümmern, wie wenigstens aus den Akten geschlossen werden muß, während sich das Platzkommando von Anfang an auf den durchaus falschen Standpunkt stellte, daß der Mann wahrscheinlich geisteskrank sei und deshalb eine Klage nicht nötig sei. [...] Dätwyler ist wegen Geisteskrankheit dienstuntauglich erklärt worden. Diese Geisteskrankheit ist die Ursache, daß sein Vergehen strafrechtlich nicht geahndet werden kann. Die Ursache dieser Straflosigkeit sollte öffentlich dokumentiert werden.

Die Öffentlichkeit dieses Verfahrens hat aber auch noch einen anderen Zweck. Die Mitbürger Dätwylers sollen wenigstens in ökonomischer Beziehung vor schädigenden Handlungen dieses Mannes möglichst bewahrt bleiben und das geschieht dadurch, daß die zuständige Kantonsregierung auf Grund des Entscheides der zuständigen Stelle das Entmündigungsverfahren gegen Dätwyler einleiten kann. Dätwyler soll die Handlungsfähigkeit durch die Bestellung eines Vormundes verlieren. Die Leute, welche geschäftlich mit ihm zu verkehren haben, sollen wissen, woran sie mit ihm sind.«

Für die Schweizer Armee war der Fall Daetwyler jedoch abgeschlossen; nur wenn er in der Klinik Münsterlingen für zurechnungsfähig erklärt worden wäre, hätte das Militärdepartement handeln und ihn vor ein Kriegsgericht stellen müssen. Entsprechend fiel die Antwort vom 22. März aus: »Mit Ihrem Schreiben vom 5. März 1915 ersuchen Sie uns, eine korrekte Erledigung im Falle der durch Dätwyler [sic] Max, Füs.-Bat. II/75 am 5. August begangenen Eidverweigerung herbeizuführen, und zwar auf dem Wege eines militärgerichtlichen Strafverfahrens. Wir beehren uns darauf Folgendes zu antworten: Dätwyler ist durch psychiatrisches Gutachten als für seine Tat nicht verantwortlich erklärt und gestützt darauf von der U.C.[12] als dienstuntauglich ausgemustert worden. Ein Befehl zu einer Strafuntersuchung gegen ihn ist nie erteilt worden. Nachträglich jetzt noch ein Verfahren einzuleiten, wo auf Grund des psychiatrischen Gutachtens von vorneherein ein Freispruch zu erwarten ist, ist nicht anhängig und bedeutete für die Militärbehörde einen vollständig zwecklosen Aufwand von Zeit und Kosten. […] Die Verfügung der U.C. rechtfertigt seine Straflosigkeit der Truppe gegenüber genügend. Inwiefern aber die Nichtverfolgung des Dätwyler auf dem Strafwege dessen Bevormundung durch die zuständige bürgerliche Behörde verhindern sollte, vermögen wir nicht einzusehen, da doch ein psychiatrisches Gutachten vorliegt.«

Die Thurgauer Regierung gab sich damit nicht zufrieden. Sie beantragte, die Bevormundung Daetwylers mit einem Schreiben an den

Regierungsrat des Kantons Bern durchzusetzen. Dieses beantwortete der Regierungsrat am 11. Mai 1915 wie folgt: »Getreue, liebe Eidgenossen. Unter Bezugnahme auf Eure Zuschrift vom 3. April 1915 betreffend die Bevormundung des Max Dätwyler [sic], gew.[13] Wirt zum Ratskeller in Bern, beehren wir uns, Euch in Abschrift einen sachbezüglichen Bericht der Vormundschaftskommission der Stadt Bern zu übermitteln. Wie Ihr aus demselben ersehen wollt, erachtet diese Behörde zur Zeit wenigstens eine Bevormundung des Genannten nicht für geboten. [...] Wir empfehlen Euch, getreue, liebe Eidgenossen, samt uns in Gottes Wachtschutz.«

Daetwyler hatte vermutlich keine Kenntnis davon, daß der Kanton, in dem er aufgewachsen war, seine Bevormundung betrieb. Ein tiefere Kränkung wäre für ihn auch kaum vorstellbar gewesen. Man wollte ihm die Handlungsfreiheit nehmen, ihn seiner Rechte und Pflichten als Staatsbürger berauben; in diese Richtung zielten jedenfalls die Maßnahmen der Behörden, die ihm jedoch noch einen Aufschub gewährten: »Zur Zeit wenigstens«, hatte der Regierungsrat des Kantons Bern seine Amtskollegen im Thurgau wissen lassen, sei eine Bevormundung Daetwylers nicht angezeigt. Doch schon ein Jahr später drohte ihm erneut die Bevormundung, diesmal von den Bernern. Um das Verfahren zu vereinfachen, wurde er von der Berner Vormundschaftsbehörde großzügig eingeladen, selbst einen Vormund zu bestimmen. Daetwyler notierte: »Da war in Bern ein schneidiger Polizei-Inspektor, der wollte mit diesem Querkopf Daetwyler einmal aufgeräumt wissen, damit er sich nicht länger erdreisten könne, öffentlich vor aller Welt die Politik der Behörden usw. anzugreifen. Seinem Drängen gab die Vormundschaftsbehörde in Bern nach.«

Daetwyler antwortete dem mit seinem Fall befaßten Fürsprecher Dr. Heller am 29. April 1916 und begründete noch einmal seine Eidverweigerung. Er habe den Eid nicht geleistet, »weil es mir als überzeugtem Anhänger des humanen Prinzips nach der Lehre Christus unmöglich war, für die Militärgewalt öffentlich einzustehen«. Aber er sei gewillt gewesen, die Konsequenzen seines Handelns zu tragen: »Denn ich wußte zum Voraus, daß meine Handlung mit dem Gesetze in Widerspruch stand, und daß ich eine Gefängnis- im Ernstfalle Todesstrafe zu gewärtigen haben werde.« Dann beklagte er sich, daß in Münsterlingen »der Arzt ein falsches Zeugnis ausstellte, wenn er mich nicht als normalen Mann taxitierte«. Weiter verwahrte er sich dagegen, als Verrückter hingestellt zu werden: »Da man mich nun aber nachträglich öffentlich als nicht normal hinstellen will, so kann ich das Unrecht, das man meiner Überzeugung antut, nicht hinnehmen. Ich erkläre, daß ich heute wie damals gerne die Konsequenzen meiner Handlung tragen will, daß ich aber energisch gegen eine Anmaßung auftrete, als ob ich nicht aus normaler Überlegung handle. […] Ich lasse mich nicht vogten [unterdrücken], ich bin so normal wie irgend ein Mensch.« Mit einer Unterschriftensammlung setzten sich in der Folge eine Reihe von Leuten für Daetwyler ein, so seine Mitarbeiter im Ratskeller wie auch einige Gäste. Auch der zitierte Brief an den Fürsprecher schien seine Wirkung getan zu haben: Daetwyler entging der Bevormundung.

Im Frühling 1915 hatten sich in seinem Familienkreis ganz andere Schwierigkeiten angebahnt. Sein Bruder Alfred drängte ihn, zu heiraten und sich eine bürgerliche Existenz aufzubauen. Das war auch der Wunsch seiner Mutter, der er offenbar versprochen hatte, fortan ein arbeitsames und bürgerliches Leben zu führen. Hin und her gerissen zwischen seiner inneren Berufung, die immer machtvoller wurde, und den Ansprüchen, die die bürgerliche Gesellschaft an ihn stellte, bekümmerte es ihn, daß er »mit Mißgeschick einen Heiratsversuch« gemacht hatte. Ob es sich um den bereits erwähnten Antrag an »die liebe Anna« handelte, oder ob er auch um ein Fräulein B. warb, das ebenfalls in seinem Tagebuch auftaucht, ist unsicher. Und wovon sollte er eine Familie ernähren, wenn er sich für seine Arbeit schlecht bezahlt fühlte: »Seit meinem Antritt im Oktober 1912 bis heute März 1915[14] habe ich von meinem Bruder keinerlei fixen Lohn bezogen. Ich konnte nur meine Auslagen decken und dessen Politik geht darauf aus, mich als seinen Knecht auszunutzen. […] Da machen aber diese Leute Anspruch darauf, man soll heiraten, während man das Geld zum Haareschneiden nicht aufbringen kann. Genug. Ich suche mir eine unabhängige Existenz.«

Ins gleiche Horn hatte er schon im Januar 1914 gestoßen. Dreieinhalb Jahre hatte er vor seinem Wechsel in den Ratskeller im familieneigenen Hotel Baer in Arbon gearbeitet. Aus seiner Sicht war man ihm für diese Zeit immer noch den Lohn schuldig, nämlich 8900 Franken. Und für die Zeit vom 1. Oktober 1912 bis zum 31. März 1915 im Berner Ratskeller rechnete er 3750 Franken hoch, bei einem monatlichen Salär von 250 Franken. Die Brüder schuldeten ihm somit eine beträchtliche Summe.

Dies trug zu einer weiteren Vergiftung seiner Beziehung zu Alfred bei. Immer häufiger gerieten die beiden in Streit. Am 16. Juli 1914 schrieb Daetwyler: »Differenzen mit Alfred. Alfred machte mir Vorwürfe, daß ich zu wenig arbeite. Ich sagte ihm, er solle nur sagen, wenn es ihm nicht passe, ohne Salär könne ich überall arbeiten. Wir waren hart aneinander. Alfred hielt mir vor, daß ich mich nicht selbständig mache; nun ist die Zeit da. Nachdem ich mich mit der Militärsache compromittiert habe, so kann ich nur eine Stelle bekleiden, die mich nicht zu stark ans Licht bringt.« Und am 22. Juli: »Wir hatten wieder Differenzen im Geschäft. Es ist eine grenzenlose Leichtfertigkeit meinerseits, wenn ich nur einen Tag vorbeigehen lasse, ohne mich um eine andere Existenz umzusehen. Ich bin fest entschlossen, alles daranzusetzen, um so bald als möglich von meinen Verwandten überhaupt wegzukommen.«

Während Daetwyler seine Zukunft plante, erstarrten im Ersten Weltkrieg die Fronten in West und Ost endgültig, die Kriegsgegner lagen sich in den Schützengräben im nervenaufreibenden Stellungskrieg gegenüber. Diese Ereignisse fanden aber kaum Eingang in sein Tagebuch, lediglich einmal berichtete er von einem Gespräch mit einem Deutschen, der prahlte, wie die kaiserlichen Soldaten nun die Schlachtlinie in Frankreich aufrollen wollten, um dann England und Japan anzugreifen. Und wie man vor allem die Russen wegen ihrer Grausamkeit fürchten müßte.

Daß Daetwyler in seinem Tagebuch das Kriegsgeschehen nicht kommentierte, bedeutete nicht, daß ihn das Massentöten nicht aufwühlte. Es sollte nicht mehr lange dauern, bis er alle seine Energien für seine »Friedensarmee« mobilisierte. Im Sommer 1915 standen aber die existentiellen Probleme im Vordergrund. Am 27. Juli machte Alfred Max das Angebot, ihn wieder im Ratskeller als Geschäftsleiter für einen Monatslohn von 150 Franken zu beschäftigen, bei einer Verheiratung würde das Gehalt auf 200 Franken steigen. Anfänglich schien Daetwyler darüber sehr erfreut: »Es kommt nun alles zusammen und das Glück bietet mir zum wiederholten Mal die Hand und ich greife herzhaft zu.« Aber es kam anders. Vielleicht ging das Zerwürfnis doch tiefer, und Daetwyler wollte, was er ja des öfteren erwähnt hatte, von seinem Bruder und seiner ganzen Familie Abstand gewinnen und auf eigenen Beinen stehen. Vielleicht hatte es sich Alfred auch wieder anders überlegt und schreckte davor zurück, den Dienstverweigerer und aktenkundigen Verrückten auf seine Gäste loszulassen. Am naheliegendsten ist jedoch, daß Daetwyler einer bürgerlichen Laufbahn den Rücken kehrte, weil er seiner Berufung folgen wollte, der Welt den Frieden und die Verbrüderung zu verkünden. Dieser, seiner inneren Stimme sollte er für den Rest seines langen Lebens folgen.

Max Daetwyler war im Sommer 1915 knapp 29 Jahre alt, ledig, ohne Stelle und ohne Geld. Er wanderte ziellos durch die Straßen Berns, las viel, so zum Beispiel über den Reformator Savonarola und über die französische Nationalheilige Jeanne d'Arc. Auch das Buch »Die Pflicht« des englischen Moralisten Samuel Smiles beeindruckte ihn tief, weil Smiles' »starker Wille auf das Gute gerichtet« war und dessen Denken »die Geister und Gewissen anderer erregt und entflammt«. Diese Lektüre entfachte in ihm das Bedürfnis, wie er in den 1930er Jahren einmal schrieb, »ein Held zu sein & der Schmach des Krieges entgegenzutreten«.

»Über Nacht« kam ihm dann »ein sonderbarer Einfall: Es wäre möglich, es müßte einem einzigen Manne gelingen, den Frieden in Europa wiederherzustellen, wenn es ein gottesfürchtiger Mann wäre […]. Und komisch, als sollte mir eine solche Aufgabe gestellt sein.« Hier tritt erstmals Daetwylers tiefes Sendungsbewußtsein in Erscheinung; dabei war es ihm völlig bewußt, daß seine innere Gewißheit allein nicht genügen konnte, um den Krieg zu beenden. Er mußte versuchen, dieses Credo in die Köpfe der weltlichen Autoritäten zu hämmern. So schickte er am 28. September 1915 ein Telegramm an den Präsidenten des Schweizerischen Nationalrats: »die schweizerische friedensarmee wuenscht der bundesversammlung bekannt zu geben, dass in versammlungen von vielen tausend personen die ansicht vertreten wird, die schweiz soll die initiative ergreifen zum zusammenschluss der neutralen staaten zu einer foederation heute schon auch wenn eine friedensvermittlung noch zwecklos waere. die welt soll auf diese weise oeffentlich erfahren dass das endziel aller voelker zusammenschluss gemeinsamer interessen u nicht weitere zersplitterung sein soll = namens der friedensarmee: max daetwyler.«[15]

In diesem Telegramm tauchte zum ersten Mal die »Friedensarmee« auf. In »Der Bund« ließ Daetwyler am 22. Oktober 1915 sein erstes Inserat erscheinen. Es trug den Titel »Mitarbeit zur Förderung des Friedens«; der Text lautete: »Die Erfahrung lehrt, daß der Krieg gegen das Interesse der beteiligten Völker ist, und daß die Staaten Europas wie die Glieder eines Körpers durch Kräftigung des einzelnen insgesamt gewinnen. Diese Wahrheit ist der Weg zum Frieden und die Notwendigkeit zwingt dazu.

Alle Leute aber, die es verspüren, daß die Unschuldigen mit den Schuldigen leiden müssen, sollen ihre Gleichgültigkeit der Katastrophe gegenüber ablegen, das Gewicht des Fatalismus von sich abschütteln. Selbst wenn man annimmt, daß die Anstrengung des einzelnen keinen erheblichen Erfolg bringen kann, so ist doch gewiß, daß die Energien, die zielbewußt auf eine gute Sache gerichtet sind, nicht verloren gehen können […].

Jedermann soll zur Beförderung der Sache beitragen, die Vorschläge des einzelnen werden entgegengenommen und die erhaltenen Beiträge bestens verdankt.

Max Daetwyler, Bern, Gerechtigkeitsgasse 28.«

Der Anfang war gemacht, Daetwyler war nun von Beruf Friedensapostel.

2.
Kegelbub und Kellner

»Hoch vom Säntis an, wo der Adler haust, wo tief unten im Tal die hellen Wasser des Bodensees, des schwäbischen Meeres, sich ausbreiten, an der herrlichen Bucht mit dem alten Römerturm, im alten Städtchen Arbor Felix, lag meine Wiege. Dort wurde ich am 7. September 1886 in dem großen Gasthaus Hotel Baer zu einer großen Schar von Kindern […] hinzugeboren, und es scheint, daß große Freude über meine Anwesenheit herrschte, hatte man mich doch mit dem stolzen Namen meines Göttis Max Vinassa, eines Herrenbauern aus Horn, Max getauft. Maximilian, was wohl etwas zu tun hat mit dem Ausdruck Maximum. Wenigstens habe ich mich schon in der Jugendzeit keines geringen Hochgefühls gefreut, das mich durch mein ganzes Leben begleitet hat, und mich so zu einem glücklichen Menschenkinde stempelte, das durch das eigene Glücksgefühl das Glücksgefühl in den anderen weckte.«

Mit diesen Worten schilderte Max Daetwyler 1957 seine Herkunft. In einer weiteren autobiographischen Skizze über seine Kindheit schrieb er in den 1930er Jahren: »Ich bin geboren in einem kleinen Städtlein an einem großen blauen See. Vor mir hatten schon manche Geschwister das Licht der Welt erblickt. So waren wir stets eine große Haushaltung, um so mehr, als noch viele Dienstboten dazukamen, wie es in einem größeren Gasthof der Fall ist. Ich fühlte es in meiner Jugend, daß ich einer geachteten Familie angehörte und als Teil derselben überall einer freundlichen Aufnahme begegnete.«

Daetwylers Mutter Pauline, eine geborene Indermühle, kam am 14. September 1850 als Tochter eines Berner Notars in Interlaken zur Welt. Sie wuchs zusammen mit einem Bruder und einer Schwester an der Höhestraße in Interlaken auf. Als Pauline fünf Jahre alt war, übersiedelte die Familie nach Thun. Mit 16 Jahren trat sie in Auvernier in ein Pensionat für Mädchen ein. Zwei Jahre später reiste Pauline mit ihrer Mutter zur Kur nach Bad Laufen am Rheinfall und begegnete dort ihrem zukünftigen Mann, der im Kurhotel Bad Laufen als Küchenchef tätig war. Gottlieb Daetwyler stammte, im Gegensatz zu seiner Frau Pauline, nicht aus einer gutsituierten, bürgerlichen Familie. Er kam am 4. Oktober 1838 in Unter-Entfelden im Kanton Aargau als fünftes Kind armer Eltern zur Welt. Sein Vater war Maurer und besaß einen kleinen Steinbruch. Im Alter von zwölf Jahren fand Gottlieb seine erste Stelle als Küchenbursche in einem Hotel in Aarau, wo er nach Kräften ausgebeutet und wie ein Sklave gehalten wurde. Er war tüchtig und avancierte bereits mit 17 Jahren zum Küchenchef im Zürcher Hotel Hecht. In Straßburg erlernte er das Pastetenbacken und nahm danach in Genf für zehn Jahre eine Stelle im Hotel Métropole an; die Sommermonate verbrachte er jeweils als Küchenchef in Nizza.

Das Paar heiratete 1870, im Laufe der Jahre gebar Pauline 13 Kinder. Eines davon starb als Kleinkind, der 1886 geborene Max war das zweitjüngste. Nach der Heirat pachteten Gottlieb und Pauline Daetwyler das am Bodensee zwischen Arbon und Rorschach gelegene, heruntergekommene Hotel Bad Horn. Als die beiden 14 Jahre später mit ihrer großen Kinderschar nach Arbon zogen, genoß das Bad Horn einen ausgezeichneten Ruf. Das Wirtepaar Daetwyler ergänzte sich auf ideale Weise. Pauline war der Kopf des Unternehmens, sie besorgte die Geschäftsleitung und die Buchhaltung. Die Familienstammbäume ihrer Kundschaft kannte sie auswendig, und wenn ein Gast einen Sonderwunsch hatte oder ein Geschäftsreisender etwas vorzeigen wollte, dann hörte man die Stimme des Vaters durchs ganze Haus nach seiner Frau rufen, weil bloß sie wußte, was zu tun war. Nur schon am Geräusch, das eine ankommende Droschke auf dem Kiesplatz verursachte, konnte Pauline erraten, wer bald durch die Türe der Gaststube treten würde. Gottlieb war mit seinen praktischen Kenntnissen in der Küche und seinem »köstlichen Humor«, wie es in einem Nachruf hieß, das Gemüt und der fröhliche Geist des Familienunternehmens.

Max Daetwyler liebte seine Eltern. Vater Gottlieb war selbstlos, gütig, gefühlsbetont, bei einem Mißgeschick konnte er gar in Tränen ausbrechen. »Sein ganzes Denken & Trachten«, schrieb Max als erwachsener Mann, »ging nur darauf aus, wie er anderen helfen konnte.« Als Vater Gottlieb einmal wegen einer Herzschwäche dem Tode nahe war, versammelten sich die Kinder »um sein Bett herum in Tränen aufgelöst«. Der Vater habe »all das Schwere, das er in seiner Jugend durchgemacht hatte«, seinen Kindern ersparen wollen. Gottlieb starb 1912 an einem Magenleiden, er wurde 73 Jahre alt.

Auch mit Mutter Pauline war Max tief verbunden: »Meine Mutter war eine wirkliche Mutter, besorgt um unser Wohl. Wenn es am Abend noch am Kasten klirrte, dann wußten wir es, daß Mama noch mit einem Bettmümpfeli kommen werde. Sie war die Seele des Hauses.« Pauline Daetwyler, zwölf Jahre jünger als ihr Mann, überlebte diesen um 18 Jahre, sie starb 1931 im 81. Lebensjahr.

1884 mußten die Daetwylers mit ihrer Kinderschar das Bad Horn verlassen. Der Besitzer verlangte mehr und mehr Zins, was bei aller Tüchtigkeit von Gottlieb und Pauline nicht zu erwirtschaften war. Im Bodenseestädtchen Arbon fanden sie ein neues Zuhause und kauften das Hotel Baer.

Dieses Haus war 1869 von dem damaligen Gemeindeammann Jean Baer erbaut worden. Baer war ein weitsichtiger Mann, er sah voraus, daß mit der Bahnlinie Rorschach-Romanshorn-Konstanz viele Ausflügler und Feriengäste an den Bodensee kommen würden. Tatsächlich blühte der Tourismus auf, und das Hotel Baer erwarb sich bald den Ruf als bestes Haus am Platz. Max Daetwyler erinnerte sich in den 1950er Jahren an sein Vaterhaus: »Die Gebäulichkeiten des Hotels waren gut unterhalten. Da war alles ganz und wie neu. Sauber und solid. Das Haus lag da, als ob es alle Tage Sonntag hätte. Oben auf der Dachspitze wehte eine währschafte Schweizerfahne aus gutem Tuch. Unten auf den Treppen lagen saubere, solide Teppiche.«

Ab 1892 legten in dem neuerbauten Arboner Hafen Dampfschiffe an, die Besucher aus Baden, Schwaben und Österreich über den Bodensee brachten. Der Hafen war im Sommer beflaggt und bekränzt, und im Garten des Hotels Baer spielte an den Sonntagen die Regimentsmusik aus Konstanz unter der Leitung des Dirigenten Konstantin Handloser. Einmal wurde der kleine Max sogar dazu auserkoren, einen großen Strauß Alpenrosen im Friedrichshafener Schloß zu überreichen, den die Arboner als Zeichen der Freundschaft zwischen zwei Seegemeinden verschiedener Länder – Deutschland und die Schweiz – mit einem Extra-Schiff über den See brachten.

Das Hotel, direkt am Wasser gelegen und von Platanen umsäumt, zog auch adelige Gäste an. Der König von Württemberg, der in der Nähe zwei Chalets [Holzhäuser] besaß, und seine Gefolgschaft wurden Stammgäste. Durchlaucht beliebte zu kegeln, und der kleine Max stellte die Kegel auf. Er bezeichnete später den Nukleus seiner Kindheit und Jugend, das Hotel Baer und seine Umgebung, als »ein Paradies«. Bis ins hohe Alter war er fast stolz darauf, daß er in diesem »Garten Eden« als Schüler die Hausaufgaben meistens links liegen ließ: »Ich hatte zu Hause Wichtigeres zu tun: Fischen, Schiffli fahren, Küngeli [Kaninchen] und Enten halten, Gläser waschen, überall im Stall bei den Pferden, in der Küche, im Keller, in der Gaststube, überall da zu sein, wo man an einem lebensfrohen Buben Freude empfand: Es war eine herrliche Zeit, im Kleinen wie im Großen. Nicht nur gedieh das Hotel Baer damals zu immer größerer Blüte, auch ein ungeahnter Aufschwung ergriff das Städtlein am See und die ganze Ostschweiz. [...] So tüchtig als meine Eltern ihr Wirtfach verstanden, so tüchtig legten sich auch die anderen Leute ins Zeug.«[1] Im ausgehenden 19. Jahrhundert erlebte die Ostschweiz einen wirtschaftlichen Aufschwung. Zum einen boomte die Textilindustrie, St. Galler Stickereien waren weltweit gefragt, die Arboner Stickereiwerke Heine & Co gehörten zu den Großen der Branche. Bedeutend auch die Maschinenindustrie; in Arbon war es der Industrielle Adolf Saurer, der mit den Saurer-Werken Hunderte von Arbeitsplätzen schuf.[2]

Der Knabe Max war ein guter Schüler. Er lernte gern und leicht. Mit einer Lehrerin, die in der Primarschule unterrichtete, hatten er und einige andere Schüler »eigentlich ein Liebesverhältnis, das unsere Herzen mit dem ihrigen verband [...]. Wir jungen Seelen hingen an ihr wie an unserem allerliebsten.« Dieses Fräulein Bopp, eine Pfarrerstochter, war »für den Lehrerberuf wie geschaffen«. Die geliebte Lehrerin vergaß Daetwyler sein ganzes Leben nicht, als junger Mann stellte er sich eine Lebensgefährtin vor, die dem Fräulein Bopp ähnlich sein sollte.

Max besaß viele Freunde, ein Eigenbrötler war er in keiner Weise. Er lernte früh, sich gegen seine Brüder und Schwestern durchzusetzen. Das war auch angezeigt, denn die zwölf Geschwister stritten sich ständig. Später schrieb er darüber: »Wir Kinder hatten viel Streit untereinander, trotzdem unsere Eltern uns ein Beispiel von friedlichem Nebeneinander gegeben haben. Das hinterste Stüblein des großen Hauses war die Kinderstube, und wir hatten als Stühle harthölzerne Höckerli, denen man es ansah, daß sie oft als Werkzeug dienten, wenn Streit im Stüblein war. Also wir Kinder waren nichts weniger als lieb gegeneinander und wir taten uns mehr zu leide als zu liebe.«

In der Sekundarschule stellte er sich gegenüber den Lehrern auf den Standpunkt, daß der Mensch auf der Welt sei, »um es schön zu haben«. Diesem Anspruch lief die Pflicht, Hausaufgaben zu machen, naturgemäß zuwider. Zwei Stunden Nachsitzen waren jeweils die Quittung für fehlende Pflichterfüllung. Doch war der Klassenlehrer nicht allzu streng mit Max; kaum waren die anderen Schüler außer Sichtweite, hieß es: »Daetwyler, kannst jetzt auch gehen.«

Sein Verhältnis zum Pfarrer, der das Fach Religion unterrichtete, war lange ausgezeichnet. Doch als dieser erzählte, Jesus sei auf dem Wasser gegangen, glaubte ihm Daetwyler fortan nichts mehr: »Ich besaß ja ein eigenes Boot und wußte aus eigener Erfahrung, wie es sich mit dem Gehen auf dem Wasser verhält. So wurde ich der Religion gegenüber kritisch, obwohl ich die Person Christi und seine Lehre als etwas Großartiges verehrte.« Mit wachem Sinn verfolgte der Schüler die weltgeschichtlichen Ereignisse jener Tage und bildete sich schon früh seine Meinung zur Politik. So löste der Burenkrieg in Südafrika [1899 bis 1902] in ihm flammende Empörung aus. Die Engländer unterwarfen damals die Buren, die Nachfahren der holländischen, niederdeutschen und hugenottischen Siedler, die erst 1910 in der Südafrikanischen Union die politische Führung zurückerrangen. Im Rückblick auf seine Jugendzeit schrieb Daetwyler 1957: »Das Burenvolk hatte keinen begeisterteren Freund als den Arboner Sekundarschüler, der mit heißem Kopf es nicht verstehen konnte, daß nicht Europa sich erhob und diesem ungerechten Krieg ein Ende machte.« In seiner engeren Heimat träumte er von einer »Bodensee-Republik«, von einem gesonderten Staat, der Baden, Württemberg und Bayern umfassen sollte; ein Staat, der sich nach der Schweiz orientierte und nicht nach Preußen mit seiner Hauptstadt Berlin: »Waren doch die Leute am Bodensee vom gleichen Schlag wie wir, selbst ihre deutsche Sprache gegenüber dem Schweizer-Dialekt störte mich nicht im geringsten. Im Gegenteil!«

Nach der Schulzeit trat Max Daetwyler 1901 im toggenburgischen Wattwil eine Lehrstelle als Textilkaufmann an. Die Wahl erfolgte offensichtlich eher zufällig, denn der knapp 15jährige Bursche hatte bis anhin keinen bestimmten Berufswunsch geäußert. Auf das Lehrstellenangebot waren er oder seine Eltern durch ein Zeitungsinserat aufmerksam gemacht worden: »Kaufmännischer Lehrling gesucht in Tuchwarengeschäft nach Wattwil.« Gewiß sprachen die Eltern bei der Entscheidung ein gewichtiges Wort mit. Zu dieser Zeit mußte nämlich für einen Stift [Auszubildender] Lehrgeld bezahlt werden, auch für Unterkunft und Verpflegung hatten die Eltern aufzukommen. Der junge Daetwyler stellte sich geschickt an, bald besorgte er für den Patron die Korrespondenz und die Buchhaltung. Am Ende der Lehrzeit bot ihm der Geschäftsinhaber eine feste Anstellung, doch er lehnte ab. Später begründete er dies damit, daß er »gegen die Stiftenausbeuterei« habe protestieren wollen.

Mit einem Dienstmädchen machte Daetwyler in Wattwil seine erste sexuelle Erfahrung. Das Ganze sei für ihn nur »ein Spiel« gewesen, das aber offenbar nicht ohne Folgen blieb. Die junge Frau kreuzte eines Tages bei seinen Eltern in Arbon auf und erklärte, von Max schwanger zu sein. Die Eltern bezahlten eine Abfindung, wobei sie auch auf das Sparheft des Sohnes zurückgriffen. Max Daetwyler bezweifelte seine Vaterschaft, habe doch das Dienstmädchen auch dem Knecht schöne Augen gemacht, der seinem Lehrmeister jeweils das Brennholz brachte.

1904 kehrte er nach der Lehre in den Familienbetrieb zurück. Hier lag nun vieles im argen. 1899 hatten die Eltern dem Hotel einen großen Konzertsaal angegliedert, dessen Architektur der zwischen 1893 und 1895 erbauten neuen Tonhalle in Zürich nachempfunden war. Er diente vor allem dem Männerchor Arbon zu Proben und regelmäßigen Konzerten mit namhaften Solisten. Der Bau wurde allerdings viel teurer als erwartet: Eindringendes Seewasser erschwerte die Errichtung das Gebäudefundaments, um dieses zu stabilisieren, mußten Tonnen von teurem Beton eingegossen werden. »Händeringend« stand Vater Gottlieb an der Baustelle und mußte zusehen, wie immer mehr Beton im Schlund des Baugrunds versank und den Daetwylers einen riesigen Schuldenberg hinterließ.

1915 erinnerte sich Daetwyler an die geschäftlichen Schwierigkeiten und notierte in sein Tagebuch: »So war nun während meiner Abwesenheit von 3 Jahren eine Minderbilanz oder ein buchmäßiger Verlust von 30 milles [Tausend] entstanden, während aber in Wirklichkeit das Doppelte am Geschäfte eingebüßt wurde, da dasselbe statt 115 milles nur noch 65 milles Umsatz aufweist.« Das Restaurant des Hotels Baer war zwar meistens gut besucht, doch viele der Gäste waren Gläubiger, und als solche bezahlten sie ihre Rechnungen für Speis und Trank nicht.

Sohn Max machte sich mit Feuereifer daran, seine neuerworbenen Kenntnisse als Kaufmann in das elterliche Geschäft einfließen zu lassen. In einer Serie über ihn in der Zeitschrift »Die Woche« erzählte er 1963: »Als noch nicht 20jähriger Schnaufer [junger Kerl] gelang es mir, diese ausweglos scheinende Lage zu meistern. Zuerst erstellte ich eine genaue Bilanz und fuhr damit zu einem berühmten St.Galler Anwalt, der mir einige Sanierungsratschläge gab. Dann schrieb ich, zwecks Erhöhung der ersten Hypothek, an einen reichen Freund der Familie sowie an zwei Banken. Der reiche Freund gab mir zu Bescheid, für die Alten würde er schon Geld zur Verfügung stellen, hingegen für die Jungen nicht, denn die seien nichts wert. Und die eine Bank behauptete, sie könne aus statutarischen Gründen nicht helfen, doch die andere Bank kündigte das Erscheinen einer Spezialkommission an. Das ist für einen schlauen Hotelier eine gute Chance, die höchstens durch einen schlechten Küchenchef vertan werden kann. So war es auch bei uns. Die Kommission erschien, ließ sich von der Qualität in

Küche und Keller überzeugen und erklärte sich bereit, die Sanierung auf gesunder Basis vorzunehmen. So kam alles wieder gut, und ich war stolz, meinen Eltern schwere Sorgen erspart zu haben.«

Doch es war Max selbst, der seinen Eltern die nächsten Sorgen bereitete. Das beschauliche Arbon seiner Kindertage wurde dem unternehmungslustigen jungen Mann bald einmal zu eng. Vom Fernweh gepackt, wollte er in die weite Welt hinaus; der Brief eines Freundes bot den idealen Anlaß, der Heimat den Rücken zu kehren. Dieser Freund arbeitete als Kellner in Paris, und dies schien Daetwyler eine erstrebenswertere Existenz als das Dasein als Buchhalter in der Schweiz. Das Problem bestand nur darin, daß er den Kellnerberuf nicht erlernt hatte. Wohl mochte er sich beim Personal im elterlichen Hotel diese oder jene Kniffe abgeschaut haben, doch das reichte wohl kaum aus, um als Kellner durchzugehen. Die Eltern versuchten ihren Sohn vom Wechsel in ein anderes Metier abzubringen, schließlich hatten sie für seine Ausbildung zum Kaufmann viel Geld ausgegeben. Vergeblich, alles gute Zureden half nichts: Daetwyler erwarb die angemessene Berufskleidung – einen schwarzen Frack mit steifer, weißer Hemdbrust von einem Schneider in St. Gallen.

Seine ersten Erfahrungen als Kellner wollte er dann aber doch lieber nicht im Ausland machen. Im Berner Oberland, in Grindelwald, trat er seine erste Stelle in einem Erstklaßhotel an, das vor allem eine reiche englische Klientel beherbergte. Es hieß zufälligerweise wie das elterliche Anwesen in Arbon Bär. Das Gletscherdorf war 1892 völlig abgebrannt – die Holzhäuser boten dem Feuer reichlich Nahrung –, inzwischen aber wieder aufgebaut worden. Wie in den meisten Bergregionen der Schweiz waren auch in Grindelwald vermögende Engländer die ersten Touristen. Schon 1860 zog es die Briten in die Bergwelt, und es war auch ein Brite, der 1891 in Grindelwald als erster mit Skiern auftauchte.

Nun stand Daetwyler vor »einer der größten Schwierigkeiten meines ganzen Lebens: als Saalkellner arbeiten zu müssen, ohne servieren zu können […]. Da passierten mir furchtbare Dinge. Es gab da, um nur ein Beispiel zu nennen, eines Abends eine riesige Platte mit Roastbeef und eine ebenso riesige mit feinem Spinat herumzutragen.

Als ich zu meinem zwölften Gast kam – es war eine Engländerin, die sich etwas umständlich und lange mit den auf meinen Händen liegenden Platten beschäftigte –, bekam ich plötzlich den Krampf in den Armen. Ein routinierter Kellner hätte nun die Platten irgendwo abgestellt und sich erholt. Mir kam diese geniale Idee nicht; dafür aber kam der Spinat aus der Platte und auf das Kleid meiner Lady. Solches konnte jedoch meine neuen beruflichen Ambitionen keineswegs ersticken. Im Gegenteil, ich schaute meinen Kollegen nun so genau auf die Finger, daß ich die Sache doch bald einigermaßen los hatte.«

Daetwyler mußte sich in der Tat schnell zu einem ausgezeichneten Kellner gemausert haben: Bis 1912, als er Geschäftsleiter im Berner Ratskeller wurde, arbeitete er als Kellner in den feudalsten Hotels von Rom, Paris und London. In den 1930er Jahren schrieb er einen Text über seine Zeit als Kellner in Grindelwald. Wenn er sich denn richtig erinnerte, führte er in dieser Zeit ein äußerst tugendhaftes Leben: »Ich ging nie aus, die bösen Buben konnten mich nicht locken, sie lachten mich aus, aber ich ging den steilen Weg der Tugend.« Dem braven Kellner stellte die Hoteldirektion ein hervorragendes Zeugnis aus: »sehr zuvorkommend, liebenswürdig, fleißig« – eine einzige Lobeshymne, selbst für Daetwyler »unbegreiflich gut«.

Er äußerte sich in diesem Text auch über das Trinkgeld: »Da war eine ältere english Lady, mit großen, gutmütigen Pferdeaugen. […] Wie viel wird sie wert sein? An Trinkgeld nämlich, als Anerkennung dafür, daß ich sie wochenlang mit aller Sorgfalt bediente. […] Über die anderen Gäste stellte ich mir die gleiche Frage. Nun, die große Lösung des für mich wichtigsten Rätsels trat ein, als ich nach dem Süden verreisen mußte & es meinen Gästen ans Herz legte, morgen werde ich sie zum letzten Male bedienen.[3] Einen Franken erhielt ich von der gnädigen Lady, von anderen 2 Franken, es gab also etwa 20 Franken zusammen. Und ich war damit sehr zufrieden, weil ich noch weniger erwartet hatte.«

Sein nächstes Ziel hieß Rom, das Hotel Quirinal suchte einen Kellner. Eine Zeitungsannonce hatte ihn auf die freie Stelle aufmerksam gemacht. Obwohl er auf seine ersten beiden Bewerbungsschreiben zwei Absagen erhielt, ließ er nicht locker, sandte einen dritten

Brief nach Rom und wurde – sehr zum Erstaunen seiner Grindelwalder Kellnerkollegen – eingestellt: »Sie waren nämlich der Ansicht, ich sei nicht recht im Kopf, denn ein Kellner, der in Grindelwald nicht servieren könne, könne auch in Rom nicht servieren. Das mit dem ›Nicht-recht-im-Kopf-sein‹ mußte ich im Verlaufe meines Lebens noch etliche Male hören. In Grindelwald war es das erstemal. Hinsichtlich des nicht existierenden Unterschiedes zwischen Grindelwald und Rom hatten meine Kollegen recht. Ich konnte auch in der Ewigen Stadt anfänglich nicht besser servieren als im Gletscherdorf.«

Es erwies sich im Quirinal als Vorteil, daß Daetwylers Vorgesetzter ein Schweizer war. Dieser drückte bei dessen Unbeholfenheiten ein Auge zu und half seinem Landsmann. Das sollte er nicht bereuen; bald bekam Daetwyler die besten Trinkgelder, und er konnte zum Commis de rang [Kellner im ersten und zweiten Praxisjahr] befördert werden. Es war aber nicht Daetwylers makelloser Service, der ihn bei den Gästen so beliebt machte, ganz im Gegenteil: »Daß ich am meisten Trinkgelder kassierte, wußte ich. Ich wußte aber auch warum. Weil ich so ungeschickt und ›spannend‹ servierte, bildete ich für die exklusiven Gäste des Hotels so etwas wie eine Attraktion, die während der langweiligen Essenszeit doppelt geschätzt wurde. Besonders angetan hatte ich es zwei alten Damen vom Wiener Kaiserhof. Wo und wann immer es ging, ergriffen meine Kollegen die Flucht vor ihnen. Mir hingegen imponierten die Ansprüche, welche die Damen zu stellen beliebten. Die eine wünschte das eine Mal weiches, das andere Mal hartes Brot, die andere das eine Mal hartes und das andere Mal weiches Brot. Solche Launen fand ich bei so gut zahlenden Gästen am Platze, und ich bediente die beiden Wienerinnen mit besonderer Zuvorkommenheit. Das trug mir […] königliche Trinkgelder ein.«

Es dauerte nicht lange, bis Daetwyler, dessen gutes Aussehen und eleganter Frack natürlich nicht ohne Wirkung auf seine Umgebung blieben, die besondere Aufmerksamkeit des Hoteldirektors erweckte. Als dieser erfuhr, daß sein Schweizer Kellner eigentlich von Beruf Kaufmann war, bot er ihm eine Stelle im Hotelbüro an. Das Angebot war um so attraktiver, als Daetwyler ein Auge auf die hübsche Tochter des Direktors geworfen hatte. Aus der neuen Stelle und einem Flirt mit dem hübschen Mädchen wurde indessen nichts: Daetwyler erhielt das Aufgebot, in die Infanterie-Rekrutenschule in St. Gallen einzurücken.

Bereits am 1. August 1905 hatte Daetwyler zur medizinischen Untersuchung des Divisionskreises VII, Rekrutierungskreis 3, antreten müssen. Er wurde vermessen – Körperlänge 174 cm, Oberarm 27 cm, Brustumfang 86 cm – und einer Prüfung der Schulkenntnisse unterzogen, die er mit Bravour und den höchsten Noten, eine 1 in Lesen, Aufsatz und Rechnen, bestand. Im Fach Vaterlandskunde bekam er die zweitbeste Note, eine 2. Am 28. Juni 1906 rückte Daetwyler in Frauenfeld in die Rekrutenschule ein und faßte seine Ausrüstung: das Käppi mit Pompon, die Feldmütze, den Waffenrock, die Marschschuhe, den Tornister, den Brotsack, die Feldflasche, das Einzelkochgeschirr, das Mannsputzzeug, das Soldatenmesser, den Laufspiegel, den Leibgurt, die Bajonettscheidentasche, die Patrontaschen, die Ladeschlaufen und – als Füsilier – natürlich das Gewehr.

Das Gewehr sollte ihm zu Beginn der Rekrutenschule »schlaflose Nächte« bereiten. Keineswegs aber darum, weil er sich etwa aus pazifistischen Gründen schwertat, scharfe Munition abzufeuern – er war einfach ein miserabler Schütze. Es nützte nichts, daß der Schütze Daetwyler vom Instruktionsoffizier gedrillt wurde und Nachhilfeunterricht bekam: Er traf einfach nicht ins Schwarze. »Das muß ein Erbstück meines Vaters gewesen sein, der technisch vollkommen unbegabt und während seiner Dienstzeit nicht imstande gewesen war, sein Gewehr auseinanderzunehmen und es wieder zusammenzusetzen«, lautete seine Schlußfolgerung.

Nach der Rekrutenschule war Daetwyler eifrig bemüht, seine Fähigkeiten als Schütze zu verbessern; er trainierte monatelang im Schießverein in Arbon und avancierte schließlich zu einem der besten Schützen. Bis Kriegsausbruch 1914 erfüllte er ohne Probleme seine in der Schweizer Armee vorgeschriebene Schießpflicht. Zweimal, 1908 und 1912, nahm er auch an Korpsmanövern teil.

Damit hatten sich seine militärischen Ambitionen jedoch erschöpft, zum Offizier wollte er sich keinesfalls ausbilden lassen. Die Rekrutenschule und die anschließenden jährlichen Wiederholungskurse empfand er als eine Art Sportverein. »Mit Freude und Elan« hatte er die Rekrutenschule absolviert: »So ging meine Dienstzeit als leichte, frohe Episode in meinen Lebenslauf ein.« Ob Daetwyler auch den Anhang in seinem Dienstbüchlein kannte, ist ungewiß. Auf Seite 46 hätte er unter Artikel 1 lesen können: »Die Offiziere, Unteroffiziere und Soldaten der schweizerischen Armee sind dem Vaterlande unverbrüchliche Treue und Hingebung schuldig.« Bei ihm heißt es: »Ich hatte einen flotten Korporal, gute Kameraden und Geld, um ihnen in den Wirtschaften ab und zu ein Gläslein bezahlen zu können. Pazifistische Ideen lagen mir damals noch fern, ferner als das Lied ›Soldatenleben, ei das heißt lustig sein!‹« Das bei den Truppen damals populäre Lied »Soldatenleben« pflegte Daetwyler mit den Kameraden lauthals zu singen. Erst 1914 hörte er in sich die Stimme, die seine Hingabe und Treue in weit höherem Masse als das Vaterland forderte, nämlich das christliche Gebot »Du sollst nicht töten«.

Bald nach Beendigung der Rekrutenschule besuchte er seinen in Paris ansässigen Schwager. Er bat diesen, ihm auf französisch ein Bewerbungsschreiben aufzusetzen, um es an einige noble Pariser Hotels zu schicken. Daetwyler schrieb diesen Brief ab und sandte ihn an verschiedene namhafte Luxusherbergen in der Stadt an der Seine. Der Brief verfehlte seine Wirkung nicht, Daetwyler wurde aufgefordert, sich im Hotel Continental vorzustellen, und bekam einen Posten im Empfangsbüro. Eine seiner Aufgaben bestand darin, die Namen der ankommenden und abreisenden Gäste im Hoteljournal einzutragen. An und für sich kein Problem, doch sobald er den Telephonhörer abnahm, wurde es schwierig, weil er nur das Französisch beherrschte, das er in der Sekundarschule in Arbon gelernt hatte. Er löste das Problem auf einfache, aber unzureichende Weise. Meldete sich auf der anderen Seite eine französisch sprechende Stimme, hängte er den Hörer einfach ein. Ziemlich schnell wurde er darum ins Büro des Direktors zitiert. Dieser fragte ihn erstaunt, wie er dazu komme, eine solche Stelle anzunehmen, ohne die Landessprache wenigstens in Ansätzen zu beherrschen. Daetwyler antwortete, daß er eben gerade darum nach Paris gekommen sei, weil er die französische Sprache gründlich lernen wolle. Der Direktor war wenig beeindruckt, nannte ihn zwar

»einen anständigen Kerl«, entließ ihn aber auf der Stelle. Am nächsten Morgen stand dieser jedoch wieder in der Hotelhalle und wartete auf das Erscheinen des Vorgesetzten. Auf die Frage, was er denn hier noch wolle, er sei doch entlassen, antwortete Daetwyler, der Direktor habe gesagt, daß er ein anständiger Kerl sei, und deshalb möchte der anständige Kerl im Hotel Continental bleiben, auf irgendeinem Posten. Belustigt über seine Beharrlichkeit, stellte ihn der Direktor ein, und zwar wieder im Empfangsbüro. In kurzer Zeit hatte Daetwyler seine Sprachkenntnisse so weit verbessert, daß sein Französisch kein Hemmnis mehr im Umgang mit den Gästen darstellte.

Ein halbes Jahr arbeitete Daetwyler in Paris. Vermutlich sprach er auch bei César Ritz vor, dem Gründer der gleichnamigen Hoteldynastie, offenbar fand er im Ritz aber keine Anstellung. 1958 sollte er der Witwe Marie L. Ritz in Paris einen Besuch abstatten. Sie schenkte ihm eine Biographie ihres Ehemanns, die aus ihrer Feder stammte. Das Buch enthält die handschriftliche Widmung: »A Monsieur Max Daetwyler avec toute ma sympathie à souvenir de mon mari César Ritz.«

Von Paris reiste Daetwyler nach London, wo er in den Ostertagen des Jahres 1907 eintraf. In der britischen Metropole wollte er Englisch lernen, und zwar im feudalen Hotel Carlton. Mit einem Empfehlungsschreiben vom Hotel Continental marschierte Daetwyler geradewegs zum General Manager. Er mußte allerdings auf der untersten Stufe der Hierarchie einsteigen: als Commis-débarrasseur, dem es obliegt, das schmutzige Geschirr wegzuräumen. Nach kurzer Zeit war Daetwyler im Carlton, was er schon in Grindelwald gewesen war: Kellner im großen Speisesaal. Lange blieb er es allerdings nicht, er flog in hohem Bogen raus, und das kam so: Eines Tages bemerkte er, daß er über kein frisches Frackhemd mehr verfügte und auch gerade kein Geld hatte, sich ein neues zu kaufen. Also schnitt er sich aus Pappe ein Frackhemd zurecht. Die Gäste merkten davon offenbar nichts, wohl aber die Kellnerkollegen. Sie verpfiffen ihn, und er wurde entlassen.

In London wählte er die gleiche Taktik, die schon in Paris zum Erfolg geführt hatte. Am nächsten Tag stand er bereits wieder im Carlton. Dort geriet er aber zuerst an den Oberkellner, der ihn böse anherrschte, sich aus dem Staub zu machen. Das lasse er sich nur vom

General Manager sagen, gab Daetwyler zurück. Kurz und gut: Man einigte sich und Daetwyler war wieder eingestellt. Und zwar auf einem Posten, der ihm durchaus zusagte: »Ich war ohne feste Aufgabe in dem piekfeinen Restaurant des Hotels tätig, hatte gutes Essen, rechten Lohn und half jenen Kollegen, mit denen ich mich am besten verstand.« Dem Oberkellner paßte es aber nicht, daß der in seinen Augen so aufsässige Schweizer nun wieder das Vertrauen des Chefs genoß. Er machte ihn zum Commis Nummer 1 [beaufsichtigt die commis de rang], der schwerste Job im Lokal. Doch Max meisterte auch diese Aufgabe und lernte, ganz nebenbei, noch Englisch.

Es macht ganz den Anschein, als wäre Daetwyler jetzt etwas übermütig geworden. Er entschloß sich nämlich, eine Zeitung zu gründen. Die Idee: Er wollte einen viersprachigen Touristenführer für London herausbringen mit ihm als Verleger, Redaktor und Inserateakquisiteur in Personalunion. Das war gleichzeitig eine sehr gute und eine sehr schlechte Idee: Gut, weil 1907 in London die große »Franco-British Exhibition« stattfand, die Touristen in Scharen in die Stadt brachte. Schlecht, weil zu dieser Zeit alle Betten wegen der Ausstellung belegt waren und kein Hotel es nötig hatte, sich in Daetwylers Zeitung »The Visitor« anzupreisen. Daraufhin kam Daetwyler auf einen nicht ganz koscheren Gedanken: Ohne Auftrag rückte er eigenmächtig das Inserat eines großen Londoner Hotels in die Spalten seines Hefts, in der Hoffnung, dieses Inserat würde gewissermaßen als Lockvogel dienen, um die Annoncen weiterer Hotels zu ergattern. Seine List funktionierte aber überhaupt nicht, und das Erscheinen des »The Visitor« wurde sang- und klanglos eingestellt. Dieses mißratene Intermezzo als Verleger wurde von den Ärzten der Anstalt Münsterlingen wieder ausgegraben, als er dort im Sommer 1914 nach seiner Fahneneidverweigerung einsaß. Direktor Wille drehte ihm insofern einen Strick daraus, als er das leidige Unternehmen als Beweis dafür anführte, daß Daetwyler jeder Bezug zur Realität fehle, kurz, daß nur ein Verrückter sich auf ein solches Geschäft einlassen könne. Im Grunde war »The Visitor« keine schlechte Idee, sie kam nur zum falschen Zeitpunkt.

1908 kehrte Daetwyler nach Arbon zurück, nachdem er sich zuvor in London bei einem Trödler ganz nach feiner englischer Art ausstaffiert hatte. Anfänglich waren die Eltern froh, den Sohn, der jetzt etwas von der Welt gesehen und Erfahrung im Gastgewerbe gesammelt hatte, im Betrieb zu wissen. Doch schon bald kam es zum Streit mit seinem Bruder Theodor, der damals als Koch im elterlichen Hotel Baer arbeitete und es später als Geschäftsführer übernehmen sollte. Vermutlich lag der Grund für dieses Zerwürfnis nicht allein bei Theodor. Es ist eher wahrscheinlich, daß Daetwyler nach seinen Erfahrungen in Grindelwald, Rom, Paris und London nun immer und überall seine Ideen durchsetzen wollte und Theodor und seine Mannschaft für Hinterwäldler hielt, während er doch die Luft der großen weiten Welt geatmet hatte. Wie auch immer: Er mußte sich nach einer neuen Anstellung umsehen.

In der Folge half ihm Bruder Alfred aus der Patsche. Bevor Alfred den Ratskeller in Bern kaufte, betrieb er in Bern ein Traiteurgeschäft und arbeitete als Koch im Ratskeller. Alfred stellte seinen Bruder Max zunächst im Traiteurladen ein; als er den Ratskeller übernahm, engagierte er Max als Geranten. Dort war Daetwyler in seinem Element, jedenfalls behauptete er später: »Die Art, wie ich als junger, feuriger Idealist wirtete, war bestimmt einmalig.« Ihm unterstanden vier Serviertöchter, eine Buffetdame, ein Schankbursche, eine Kochbrigade, ein Portier und ein Zimmermädchen. Der Umgang mit den Gästen machte ihn bald stadtbekannt, er verfügte ohne Zweifel über ein offenes, gewinnendes Wesen, es fiel ihm leicht, mit den Leuten ins Gespräch zu kommen. Allerdings pflegte er von Tisch zu Tisch zu gehen, um den Gästen vom Alkoholgenuß abzuraten: »Trinken Sie keinen Alkohol, das ist schädlich!« Das trug ihm nun wieder mit Alfred Ärger ein, weil die Brauerei, die den Ratskeller belieferte, an einem solchen Geranten naturgemäß keine Freude haben konnte.[4]

Auch was die Speisekarte betraf, beschritt der junge Geschäftsführer ungewöhnliche Pfade. Eine Zeitlang gab er die Menüs zum Einheitspreis ab: Jede Bestellung kostete einen Franken, Beefsteak, Koteletts, Forellen – alles für einen Franken. Die Portionen waren hingegen sehr klein, was dazu führte, daß »die meisten Gäste gleich fünf Portionen nacheinander aßen, was schließlich auch einen Fünfliber [Fünffranken-Stück] ausmachte«.

Der Ratskeller war das wohl beste Speiselokal der Bundeshauptstadt und wurde während des Kriegs vom schweizerischen General Ulrich Wille und seiner Entourage häufig besucht. Wille leitete von 1914 bis 1918 die Grenzbesetzung. 1916 empfing der General, der von preußischem Korpsgeist erfüllt war und dem man Sympathien für Deutschland nachsagte, den Dienstverweigerer im Berner Hotel Bellevue. Schriftlich um eine Audienz zu ersuchen, was das angezeigte Vorgehen gewesen wäre, unterließ Daetwyler, er marschierte geradewegs zum Büro des Generals und erklärte dem Adjutanten: »Meine Name ist Max Daetwyler, Dienstverweigerer. Ich möchte den General sprechen.« Ohne Zweifel kannte Wille die Geschichte von Daetwylers Eidverweigerung, und er wußte sicherlich auch, daß Daetwyler in Münsterlingen interniert gewesen war. Der Fall mußte ihn zudem aufgrund juristischer Überlegungen interessiert haben; als Student der Rechte hatte Wille ein Exposé zu einer Disseration verfaßt, das den Titel »Rechtsschutz des Irren« trug; Wille forderte darin eine richterliche Beurteilung jeder unfreiwilligen Hospitalisierung.

Einmal vorgelassen, appellierte Daetwyler an Wille: »Herr General, wir zwei haben die gleiche Aufgabe. Wir wollen unser Land beschützen. Sie mit den Waffen, ich mit dem Geist Gottes. Ich habe nichts gegen überzeugtes Soldatentum, nur, lassen Sie bitte die Religion auf der Seite.« Seine Worte waren jedoch widersprüchlich, denn sie entsprachen eigentlich nicht seiner wahren Überzeugung: Er war sehr wohl gegen das Soldatentum, und waffentragende Männer waren ihm ein Greuel. Vermutlich war er selbst am meisten erstaunt, daß der General ihn empfing, und ganz offensichtlich wollte er Wille nicht mit einer Breitseite gegen das Militär vor den Kopf stoßen. Der Hinweis auf die Religion entsprach hingegen sehr wohl seiner Überzeugung: Für Daetwyler war es ein Skandal, daß die Kirchen, die sich auf die Lehre Christi berufen, sich nicht klar und deutlich vom Krieg distanzierten.

Im gleichen Jahr wurde Daetwyler eine Unterredung mit Bundesrat Arthur Hoffmann gewährt. Diesen hatte er am 3. Februar schriftlich um ein Empfehlungsschreiben gebeten, das ihm die Türen zu maßgeblichen Kreisen öffnen sollte, in denen er für seine Friedensideen werben wollte. Er wurde freundlich empfangen und machte den Vorschlag: »Herr Bundesrat, ich glaube, es wäre gut, wenn der amerikanische Präsident Wilson von einer Schweizer Friedensdelegation aufgesucht würde, die ihm darlegen sollte, wie wir hier in der Schweiz und in Europa die Weltlage sehen. Das kann Präsident Wilson nämlich gar nicht wissen, man muß es ihm sagen. Nicht wahr, Herr Bundesrat, für Geschäftszwecke könnte man wohl eine Delegation nach Amerika entsenden, für eine wirklich notwendige und politische Friedensmission aber fehlt das Geld.« Der demokratische Präsident Woodrow Wilson hatte mehrfach versucht, die europäischen Kriegsparteien zu einem Friedensschluß zu bewegen. Im April 1917 sahen sich die USA schließlich selbst zum Kriegseintritt gezwungen, deutsche U-Boote gefährdeten nun auch amerikanische Handelsschiffe. Bundesrat Hoffmann habe, so erinnerte sich auf jeden Fall Daetwyler, lange überlegt und schließlich geantwortet: »Herr Daetwyler, wenn Sie wüßten, was ich weiß, dann wäre Ihnen der Idealismus längstens vergangen.« Trotz der offensichtlichen Resignation des Politikers fühlte sich Daetwyler geradezu beflügelt. Nach dem Treffen mit Hoffmann schrieb er am 21. Januar 1916 in sein Tagebuch, daß diese Begegnung der Höhepunkt seiner bisherigen Friedensarbeit gewesen sei: »Der glücklichste Tag für mich. Herr Bundesrat Hoffmann empfing mich in Audienz & ich durfte ihm meine Ansichten kundgeben. Vor einem Jahr, da war ich noch ein unbekanntes Etwas.«

Bereits im September 1915 hatte Daetwyler in einem Brief an Bundespräsident Giuseppe Motta angeregt, »die moralische Größe« der Schweiz zu nutzen und »die verschiedenen Staatsvertreter zur Unterredung unter einem aufs allgemeine Beste gerichteten Willen zu veranlassen«, und so zu »prüfen, welchen Weg man einzuschlagen hätte, um eine Versöhnung zwischen den Staaten Europas herbeizuführen«. Doch Motta ging nicht weiter auf diesen Vorschlag ein.

Immer wieder wandte er sich an die Regierung in Bern. Am 8. Oktober 1915 hatte er eine Eingabe an die Bundesversammlung gemacht. In ihr wurde der Bundesrat aufgefordert, sich »zum Zwecke der Einleitung von Friedensunterhandlungen mit den übrigen neutralen Regierungen zu verständigen«. Ein halbes Jahr später, am 16.

März 1916, erregte er Aufsehen mit einem Auftritt im Nationalrat, der gerade das Tierseuchengesetz behandelte. Daetwyler erhob sich von seinem Sitz auf der Galerie und rief, »mit hoher Tenorstimme« wie die »Neue Zürcher Zeitung« berichtete: »Hochverehrte Anwesende! Auch ich bin ein Volksvertreter, ein Mann der Friedensarmee!« Mehr konnte er nicht mehr sagen, Ordner schafften ihn aus dem Saal.

Solche Aktionen führten dazu, daß Daetwyler im zweiten Kriegsjahr in der Schweiz sicher der auffälligste und rührigste Missionar für den Frieden war, aber er war keineswegs der einzige im Land, der auf Verhandlungen drängte. Friedensbewegungen, die bereits seit dem Ende des 19. Jahrhunderts in der Oberschicht verbreitet waren, begannen in den Kriegsjahren ihre Stimme zu erheben. Die Schweizerische Friedensgesellschaft, die reformierte Kirchenkonferenz, fünf Bischöfe, verschiedene Hochschulen und Berufsverbände forderten im März 1915 vom Bundesrat, für die Einberufung einer internationalen Konferenz der neutralen Staaten zu sorgen. Doch dieses »Initiativkomitee Pax« fand kein Gehör bei der Bundesregierung. Auch politisch aktive Frauenverbände setzten sich »für Frieden und Freiheit« ein, so ein im Entstehen begriffener Ableger der Internationalen Frauenliga.

Über das Verhältnis der Friedensbewegungen zu Einzelkämpfern wie Daetwyler schrieben Ruedi Brassel und Simone Chiquet 1996 in einer Publikation zu einer Daetwyler-Ausstellung im Schweizerischen Bundesarchiv in Bern:[5] »Von den Vertretern der traditionellen, organisierten Friedensbewegung wurden die Auftritte solcher Individualpazifisten mit gemischten Gefühlen verfolgt. Einerseits freute man sich über die Unterstützung des gemeinsamen Anliegens. Andererseits fürchtete man um die eigene Glaubwürdigkeit angesichts der bisweilen allzu großen Unbekümmertheit. ›Was nun Ihren Antimilitarismus anbetrifft, bin ich der Meinung, daß Sie zu weit gehen‹, schrieb der Redaktor des Organs des Schweizerischen Friedensvereins an Max Daetwyler. Und der in die Schweiz emigrierte deutsche Pazifist und Publizist Alfred H. Fried zeigte sich erschrocken über das ›Maß von Dilettantismus‹ jener Friedensbewegten, ›die, ohne Rücksicht auf das, was die Bewegung bisher geleistet hat […] aus sich selbst heraus die wunderbarsten Theorien erbauen […] und tagtäglich Amerika von neuem zu entdecken suchen.‹ Daß damit wohl auch Max Daetwyler gemeint war, geht aus einem Schreiben hervor, das zusammen mit Texten von Alfred H. Fried an die Vorstandsmitglieder der Zürcher Sektion des Schweizerischen Friedensvereins vom 8. Mai 1916 gesandt wurde. Es wurde darin auch die Frage aufgeworfen, wie man sich einem Intiativbegehren der schweizerischen Friedensarmee gegenüber verhalten solle, deren Initiant ›Dättwyler [sic] sich auf zum mindesten sehr komische und unangebrachte Weise in der Bundesversammlung‹ eingeführt habe.

Max Daetwyler hielt von den Bestrebungen der traditionellen Friedensbewegung wenig: ›Ich habe Friedensvereine unterstützt, einmal und nicht wieder, weil von dieser Seite nichts geleistet wird.‹ Es handle sich dabei um Leute, die die Friedenssache nur unterstützen, ›weil sie glauben, es gehöre zum guten Ton, weil sie damit ihr Gewissen beruhigen wollen‹. Er selber nahm zwar die finanzielle Unterstützung durch Dritte gerne in Anspruch und half damit, deren Gewissen zu beruhigen. Doch ließ er es nicht darauf beruhen. Gemäß seinem Grundsatz, ›was man von anderen gern getan sehen möchte, muß man selber tun‹, verstand sich Max Daetwyler als einer der ›aktiven Pazifisten‹. So hielt er in seiner Ansprache vom 1. August 1916, die er in der ersten Nummer seiner ›Schweizerischen Friedens-Zeitung‹ veröffentlichte, jenen entgegen, die sich damit abfanden, daß die Voraussetzungen für eine Friedensvermittlungsaktion noch nicht gegeben seien: ›Wenn man uns sagt, der Moment zur Vermittlung sei noch nicht da, so sagen wir, daß wir diesen Moment selber schaffen wollen.‹«

In den Herbstwochen des Jahres 1915 nahm das Leben des 29 jährigen Daetwyler eine entscheidende Wende. Er begann mit missionarischem Eifer nach Frieden zu rufen, seine ganze Energie war auf das Ziel gerichtet, den Krieg zu beenden. Am 15. September notierte er in sein Tagebuch: »Ich nehme Abschied vom Alltagsleben & wähle eine Zukunft, die mir viel Kummer und Sorgen bringen wird. Es ist nicht wahrscheinlich, daß ich m. Zweck erreichen werde, aber es ist meine Aufgabe, zu tun, was in m. Kräften steht.« Und an anderer Stelle: »Es muß gelingen die versch. Interessen unter einem einzigen Ziele zu vereinen & dieses Ziel muß Friede sein.« Er selbst war offenbar vor Anfechtungen und Versuchungen nicht verschont: »Es ist lächerlich, wie meine Natur sich ans Vergnügen klammern will & versucht, von neuem über m. Geist Herr zu werden. Es darf nicht gelingen, es heißt, ohne seitwärts achten einzig & allein mein Ziel verfolgen & wenn es mir Stellung und Ansehen kostet.«

Immer häufiger sah sich Max von Alfred bedrängt, sich eine eigene Existenz aufzubauen und ein bürgerliches Leben zu führen. Zumindest in Bern war Daetwyler durch seine ersten Friedensappell-Inserate in »Der Bund« vom Oktober 1915 – die Kosten für die Anzeigen muß er sich vom Munde abgespart haben – eine bekannte Figur geworden. Und Alfred schien sich wegen Max offenbar zu schämen; viele Berner wußten, daß man versucht hatte, den Dienstverweigerer zu bevormunden – nebst den ständigen Streitereien um den Lohn mit ein Grund, ihn aus dem Ratskeller zu entlassen, was Alfred im September auch tat. Zu allem Elend mußte sich Daetwyler eine neue Bleibe suchen, weil ihm der Mietvertrag für sein Zimmer gekündigt worden war.

Keine Arbeit, kein Geld, keine Unterkunft: Daetwyler stand in den letzten Monaten des Jahres 1915, wie er später sagte, »am Berg«. Zuflucht fand er im Gebet; sein Beten hatte aber nichts zu tun »mit dem sinnlosen Geplapper, das sie einem in der Kirche beibringen«. Das Gebet war für ihn Geistesarbeit – »Beten heißt Nachdenken«. Und er kam ziemlich schnell auf des Pudels Kern: Was ihm fehlte, war vor allem Geld. Dieses mußte beschafft werden, um seine Friedensarbeit weiterführen zu können: »So muß ich nun an die Wohltätigkeit von fremden Leuten appellieren, um etwas erreichen zu können, & mich zu diesem Zweck unterwegs machen.«

50 Jahre später schilderte er, wie die Geldbeschaffung im Detail vor sich ging: »›Max‹, sagte ich mir, ›dir fehlt es lediglich am Geld. Also gehe zu jenen Leuten, die welches haben.‹ Zuerst klopfte ich bei einer Frau Nationalrat an und eröffnete ihr: ›Mein Name ist Max Daetwyler. Ich möchte für den Frieden arbeiten, aber ich habe kein Geld. Sie werden sicher so freundlich sein und mir etwas geben.‹ Um mich wieder

los zu sein, gab sie mir einen Fünfliber. Ich erstellte eine Sammelliste: ›Max Daetwyler, Friedensarbeit, freiwillige Beiträge.‹ Zuoberst auf der Liste standen der Name der Frau Nationalrat und der Betrag von Fr. 5.– Da gab auch Frau Meier Fr. 5.–, und Frau Müller gab Fr. 5.– und Frau Tanner. Dann begann ich die Geschäftswelt abzuklopfen. Und als ich den Stempel der Firma x auf der Liste und einen entsprechenden Betrag in der Tasche hatte, drückte auch die Firma y ihren Stempel darunter und die Firma z, so daß ich bald einiges Betriebskapital beisammen hatte. Ich machte Propaganda für meine Friedensarbeit, führte Versammlungen im Vereinshaus in Bern und später sogar im ehrwürdigen bürgerlichen Casino durch. Soweit klappte alles tadellos. Die Bundesstadt wurde mein eigentliches Sprungbrett.«

In Bern gründete Daetwyler auch seine Friedensarmee, die lebenslang die Organisation blieb, mit der er seine Friedensziele durchzusetzen suchte. Dabei ist es nicht ganz klar, wie der Friedensmann auf die Idee kam, eine »Armee« ins Leben zu rufen. Naheliegend ist der Gedanke, daß er zu den ihm verhaßten eigentlichen Armeen der Nationen einen starken Kontrapunkt setzen wollte. Bewaffneten Truppen standen so »Soldaten« des Friedens gegenüber, die in seinen Träumen unter der weißen Friedensfahne die Welt erobern sollten. Die drei gemeinnützigen Hauptziele der Friedensarmee waren die Beförderung eines Friedenschlusses, die Aufklärung der Völker zur Vermeidung künftiger Kriege und die Unterstützung der durch den Krieg entstandenen »Krüppel, Witwen und Waisenkinder«.

Die Friedensarmee mußte mit Spenden alimentiert werden; bei diesen Sammlungen kamen stattliche Beträge zusammen. In einem Rechnungsauszug der Friedensarmee, datiert vom 1. Januar 1920, ist die Summe von Fr. 6367.40 für 1916 – das erste Jahr einer ganzjährigen Sammeltätigkeit – ausgewiesen. So viel verdiente ein Arbeiter damals in zwei Jahren nicht. Dieses Geld wurde vollständig wieder ausgegeben für »Bureau, Löhne, Verwaltung, Vorträge, Drucksachen, Inserate«. Vermutlich zahlte sich Daetwyler schon zu diesem Zeitpunkt selbst einen kleinen Lohn aus, der ihm in bescheidenstem Rahmen das Überleben sicherte. Oft war diese Sammeltätigkeit aber mühsam und wenig ergiebig, was ein Tagebucheintrag von 1920 deutlich macht: »War heute morgen in der Stadt zum Sammeln. Ein Minimum nach 3 Std. 6 Fr. Wo fehlts?« Und an anderer Stelle: »Montag um 6 Uhr aufgestanden. Im Tram Geld gesammelt. Ich ging ungern nach Sankt Gallen zum Sammeln. Aber Gott hat mir wunderbar geholfen.«

Die Berner Behörden beobachteten den sammelnden Daetwyler mit Argwohn und schritten schließlich ein. Er wurde aufs Büro des Statthalters vorgeladen, der ihm erklärte, daß seine Sammlungen als Bettelei taxiert würden, und die sei in der Stadt Bern verboten. Daetwyler verwies darauf, daß sowohl die Heilsarmee wie auch das Rote Kreuz sammelten, also dürfe er das auch. Und er nahm für sich in Anspruch, die bessere Legitimation zum Sammeln zu besitzen, denn: »Der grundsätzliche Unterschied zwischen meiner Friedensarmee und der Heilsarmee bestand darin, daß ich jede staatliche und militärische Autorität ablehnte und Mahatma Gandhis Weg des gewaltlosen Widerstands propagierte.«[6]

Nach der Belehrung durch den Statthalter zog Daetwyler von dannen – und sammelte weiter. Doch kurz darauf erreichte ihn unerfreuliche Post: Ein Brief der Berner Vormundschaftsbehörde drohte ihm wie schon im Frühling 1915 die Bevormundung an, wenn er nicht sofort wieder einer geregelten Arbeit nachgehe. Daetwyler wurde das Pflaster in Bern eindeutig zu heiß; er mußte ein neues Wirkungsgebiet finden und entschied sich für Zürich, wo er im Frühling 1916 mit zwei Franken im Portemonnaie ankam.

Bei allen Schwierigkeiten unterließ es Daetwyler nicht, seine sogenannte Charakterbuchhaltung zu führen. In einem kleinen schwarzen Büchlein, das er für zwei Franken in Arbon gekauft hatte, trug er ab 1911 fast täglich selbstkritische Beobachtungen ein. In den schwierigen Jahren 1915 und 1916 betrieb er diese Seelenspiegelung besonders fleißig. Ein Dutzend Tugenden führte er auf: von Reinlichkeit und Aufrichtigkeit bis zu Genügsamkeit und Schweigsamkeit, von Ordnung bis zu Entschlossenheit. Zur Mäßigkeit notierte er zum Beispiel: »Iß nicht bis zum Stumpfsinn, trinke nicht bis zur Berauschung.« Über das Schweigen: »Sprich nur, was anderen und dir selbst nützen kann, vermeide unbedeutende Unterhaltung.« Zur Demut: »Ahme

Jesus und Sokrates nach.« Über den Fleiß: »Verliere keine Zeit, sei immer mit etwas Nützlichem beschäftigt, entsage aller unnützen Tätigkeit.« Auch die Keuschheit fehlte nicht: »Übe geschlechtlichen Umgang selten, nur um der Gesundheit oder der Nachkommenschaft willen, niemals bis zur Stumpfheit und Schwäche oder zur Schädigung deines eigenen oder fremden Lebensfriedens oder guten Rufs.« Hatte er nach einer dieser Selbstprüfungen seinen hohen moralischen Ansprüchen nicht genügt, vermerkte er das mit einem Kreuz. Das Kreuz stand für »Fehler, welche ich mir nach genauer Prüfung meinerseits an jenem Tag hinsichtlich der betr. Tugend hatte zu Schulden kommen lassen«. Die meisten Kreuze mußte er in den Rubriken Ordnung und Schweigsamkeit anbringen. In seinem Tagebuch erklärte er den Sinn einer solchen »Charakterbuchhaltung«: »Nicht nur über das Geld, auch über den ethischen Wert der menschlichen Persönlichkeit sollte man Buch führen. Denn nicht nur das materielle Besitztum ist wertvoll, sondern vor allem der Besitz an geistigen Werten. Denn am Anfang aller äußeren Begebenheiten stehen die Gedanken. […] Gute und schlechte Gedanken müssen kontrolliert werden. Denn jeder schlechte Gedanke ist wie schlechte Nahrung für den Leib. Es gibt auch eine Gesundheit der Seele, wie es eine Gesundheit des Leibes gibt.«

Anstoß zur »Charakterbuchhaltung« war eines seiner großen Vorbilder, das für seine geistige Entwicklung so bedeutend war wie Jesus, Tolstoi oder Gandhi: der amerikanische Politiker und Schriftsteller Benjamin Franklin. Franklin war 1776 an der Abfassung der amerikanischen Unabhängigkeitserklärung beteiligt und nahm bei Verhandlungen in Paris die Schlüsselposition eines Gesandten ein. In Paris erreichte Franklin den kriegsentscheidenden Eintritt Frankreichs in den Unabhängigkeitskampf und spielte eine Hauptrolle in den Friedensverhandlungen. Er war Autor von »Poor Richard's Almanack«, eines nicht nur in Amerika weitverbreiteten Jahrbuchs, das eine hausbackene Philosophie des einfachen Lebens und des Erfolgs durch Fleiß, Rechtschaffenheit, Selbstdisziplin und Sparsamkeit vertrat. Als die 13 Kolonien 1776 ihre Unabhängigkeit erklärten, war Franklin der in der Alten und der Neuen Welt bekannteste, geachtetste und populärste Bürger des neuen Staatenverbunds. Er verkörperte als Demokrat und »Naturmensch« die Ideale der Aufklärung.

Immer wieder finden sich in Daetwylers Tagebuch Hinweise auf Franklin, so am 8. Januar 1915: »Um 7 Uhr stand ich auf und las im Benjamin Franklin.« Zwei Tage später: »Ich stand um 7 Uhr auf und hatte Zeit, um im Benjamin Franklin zu lesen und dessen gute Grundsätze mein Vorbild werden zu lassen. Mit gutem Geist beging ich mein Tagwerk.« Die Franklin-Lektüre veranlaßte Daetwyler zu einem Seitenhieb gegen die Presse. Diese bringe, anders als Franklin, der auch eine Druckerei betrieb, gewissenlos Zeitungsaufsätze, die nicht der Wahrheit entsprächen, sondern mit Geld erkauft worden seien. Er schrieb der Presse eine wesentliche Mitschuld am Weltkrieg zu; die Zeitungen müßten dazu dienen, das Gute zu verbreiten, doch sie hätten nur dazu beigetragen, das Böse in der Welt zu säen.

In diese Zeit der intensiven »Charakterbuchhaltung« fiel sein Entschluß, auf Fleisch und Alkohol endgültig zu verzichten. Die Gesundheit des Leibes war für ihn kein leeres Wort, er begann seinen Körper durch Gymnastik zu stählen. 1916 ließ er eine Broschüre drucken, die den Titel trug: »Kein Reichtum gleicht Dir, o Gesundheit! Körperkraft durch Gesundheits-Turnen.« Mit einem kleinen Inserat im Zürcher »Tages-Anzeiger« warb er für die einen Franken teure Schrift: »Turnen für Alle!« Seine »Körperkultur« verhelfe zu »Schönheit, Kraft u. Gesundheit, Lebensmut, Lebensfreude und Lust zur Arbeit, Stärkung d. physischen und geistigen Kräfte, der Nerven«.

Im Winter 1916 räumte er ein, daß es ihm nicht immer leichtfiel, seinen hohen Idealen nachzuleben: »Während dem ich in m. Turnbuche Körperkraft durch Gesundheitsturnen wohl mit Recht behaupten konnte, daß viele Menschen ihren Körper durch einige Übungen jeden Tag besser heranbilden können, muß ich bei vorliegendem Buche vorab erwähnen, daß ich hier einem Übel abhelfen will, das ebenso gut auf mich bezogen werden kann wie auf andere. Ich habe oft erfahren, daß es mir nicht immer möglich ist, so zu leben, wie es zu m. eigenen Vorteile wäre. Das ist wohl kein gutes Zeugnis für mich, aber es ist tatsächlich der Fall. Oft schon habe ich Vergleiche angestellt über m. Lebensgenuß an verschiedenen Tagen

& gefunden, daß derselbe sehr verschieden war. Ich habe herausgefunden, daß ich an Tagen, wo ich irgend in einer Sache den Geist über das Fleisch triumphieren ließ, mich dieser Sieg glücklich wie ein Kind stimmen konnte. Und so sei es gleich Anfangs bemerkt, schon beim Erwachen des Morgens beginnt dieser Kampf zwischen Geist & Fleisch. Die FleischesStimme sagt mir jeden Morgen, ach, das wird dich nur kräftigen, wenn du noch eine Weile im Bette bleibst. […] Aufwachen, aus dem Bette springen, den Tag retten! Und siehe da, die Überwindung wird reichlich belohnt. Nun habe ich Zeit, meine Turnübungen zu machen, ich wasche mich vollständig, den ganzen Körper nach Herzenslust; ich lese ein Kapitel in der Bibel; ich mache mir meinen Tagesplan […]«

Er bedauerte, daß er für die körperliche Ertüchtigung, die er in seinem Zimmer betrieb, nur wenig Zeit übrig habe: »Man möge bedenken, daß mir nur jeden Tag kurze Zeit zur Verfügung stand und dieselbe nur auf Kosten meines Geschäfts ging. Rechnet man noch dazu, die Unregelmäßigkeit in diesem Berufe, der mich viele Jahre nie vor 1 Uhr die Bettruhe finden ließ, so muß man bedenken, wie viel leichter andere, besser gestellte Leute sich ihrer Körperpflege annehmen können.«[7] Immerhin konnte er nach etwa einem Jahr, in dem er regelmäßig seine zwölf Übungen turnte, festhalten: »Ich bin heute am Ziel, ich verfüge über eine Kraft und ein Wohlbefinden, das mir jegliche Arbeit und Anstrengung zum Vergnügen macht.«

Zu Beginn des Jahres 1916 ließ er sich bei der Ausführung seiner Turnübungen in einem Photostudio ablichten. Zur Figur 1 notierte er: »Langsames, abwechslungsweises Armbeugen und -strecken mit Anspannung der Oberarmmuskeln und geballter Faust durch Anwendung der Holzgriffe. Stärkung der Oberarm-Vorderarm- und Schultermuskeln. [Die Anfertigung von Holzgriffen war bei der Aufnahme der Photographie noch nicht erdacht, sie werden gute Dienste leisten, wenn ich auch selbst ohne jegliches Instrument meine Muskulatur entwickeln konnte.]«

Auf den Aufnahmen trägt Daetwyler nur eine knappe Turnhose – der lebende Beweis dafür, daß seine Übungen Resultate zeigten, denn zu sehen ist ein muskulöser Mann, durchtrainiert, geradezu athletisch.

Die Satirezeitschrift »Der Nebelspalter« veröffentlichte daraufhin eine Karikatur des Turners Daetwyler und nannte ihn in Assoziation zu »Gesundheitsapostel« »Friedensapostel«. Den Begriff des Friedensapostels nahm die »Neue Zürcher Zeitung« am 17. März 1916 in einem Bericht über seinen bereits erwähnten Auftritt im Nationalrat auf. Von da an wurde aus dem friedensbewegten Daetwyler der Friedensapostel, eine Bezeichnung, die sein ganzes Leben lang an ihm haftenblieb und zu seinem Markenzeichen wurde. Er scheint sich an dem leicht ins Lächerliche zielenden Wort nicht gestoßen zu haben, verwendete er es in Reden und Schriften doch häufig selbst. Der Begriff »Apostel« ist ja auch nicht falsch; das Wort hat seine Wurzel im Griechischen und bedeutet »Sendebote«.

Dieser gutaussehende Mann mit den unglaublich blauen Augen, seiner offenen und humorvollen Art, verfehlte seine Wirkung auf das weibliche Geschlecht nicht. Ab 1915 – er war bald 30 Jahre alt – beschäftigte ihn seine Ehelosigkeit immer stärker. Dazu kam, daß seine Familienangehörigen, besonders sein Bruder Alfred, ihm sein Dasein als Junggeselle regelmäßig unter die Nase rieben. Am 4. März 1915 berichtete er in seinem Tagebuch von einer Unterredung mit seinem Bruder. Alfred sagte, daß jeder Mann, der seiner Braut nicht schon vor der Ehe »den Meister« zeige, »Prügel« verdiene. Während der Brautzeit würden viele Männer den Fehler machen, ihre Zukünftige zu sehr zu verhätscheln und zu verwöhnen. Daetwyler kommentierte diese Aussage nicht weiter und fuhr dann fort: »Ich bin selbst nun noch ledig und habe mit Mißgeschick einen Heiratsversuch gemacht.[8] Ich ließ mich von meinem Gefühl regieren und wollte mehr dem anderen Teile statt mir durch eine Verbindung Glück bringen. Es gelang mir nicht, aber es will wenig heißen, wenn eine Sache das erste Mal mißlingt, und ich könnte mich dafür verwenden, wenn nicht gemachte Erfahrungen mich von m. Plan abhalten.«

Seine Sehnsucht nach einer Beziehung ließ ihn gelegentlich in Konflikt mit seiner »Charakterbuchhaltung«, Rubrik Keuschheit, kommen: »So mußte ich auch in dieser Beziehung, nämlich was den wohltätigen Einfluß eines geliebten Wesens auf den Charakter eines jungen Mannes ausübt, entbehren und zudem der in diesem Alter stark auftretenden Leidenschaft immer wieder begegnen und sie bekämpfen.« Dieser Kampf war nicht immer erfolgreich; Daetwyler schilderte, wie er während eines Spaziergangs die Bekanntschaft einer jungen Frau macht, die einem sexuellen Abenteuer nicht abgeneigt schien. Anfänglich widerstand er der Versuchung, dann aber traf er die Frau wieder und erlag ihr. Er bereute umgehend, das hätte ihm nie passieren dürfen; schließlich suchte er nicht die flüchtige Bekanntschaft »mit einem losen Mädchen«, sondern die Frau fürs Leben. Dabei war er von hohen Gefühlen beseelt. Einmal vertraute er seinem Tagebuch an: »Es fällt schwer, sich für ein Frauenideal ganz zu opfern. Wenn man älter wird, verliert man die Elastizität. Z.B. ist ein Fräulein vis à vis von unserem Laden, das mir ausnehmend gut gefällt.[9] Dann kommt wieder ein anderes Frl. in den Laden, die ein wahres Bijou ist. Da ist es schwer, sich zu entscheiden. Für mich kann aber nur folgendes in Betracht kommen: Ich heirate vor allem, um Kinder zu zeugen, & muß eine gesunde & wohlgebaute Frau haben. Um den Kindern das Höchste zu geben, was man kann, gerade Glieder, einen guten Namen.«

Offensichtlich machte Daetwyler in seiner Junggesellenzeit eine ganze Reihe von Heiratsanträgen, doch seine ungesicherten Lebensverhältnisse und seine Friedenspassion waren seinem Werben bestimmt nicht förderlich: »So war es mit dem Heiraten. Ich nahm mir jemand vor und faßte Zuneigung und als ich mit negativem Erfolge meinen Antrag machte, da gab ich nicht nach, sondern erneuerte immer wieder meine Hoffnung, verlor meine schönste Zeit, statt [mich] anderswo umzusehen. Nun ist es an der Zeit, daß ich diesen Fehler ablege. Besser ein Spatz in der Hand als eine Taube auf dem Dach.«

Die Umworbenen machten es ihm offenbar nicht einfach. Viele Mädchen hätten ihm gegenüber ohne Gefühl gehandelt und sich aufgeführt, »als ob wirklich Liebe vorhanden wäre«. Wollte er dann aber ernst machen, »dann tun sie erstaunt und sagen, sie hätten das nicht so gemeint«.

Im Juli 1915 schlug in seinem Herzen wieder einmal die Liebe ein: »Ich hatte heute das Glück, Fräulein M. zu begegnen, und wünsche nur, es wäre mir dasselbe jeden Tag zuteil. Oh, du mein höchstes und holdseligstes Wesen, wir müssen uns fern bleiben, aber der Gedanke an Dich allein ist etwas Göttliches.«

Fräulein M. blieb eine Episode, die Frau fürs Leben hatte Daetwyler schon vorher, im Mai 1915, bei einem Spaziergang entlang der Aare getroffen. Nur war ihm das damals nicht bewußt geworden. Sie hieß Clara Brechbühl und gefiel ihm auf den ersten Blick. Die beiden tauschten ihre Adressen aus, schrieben sich Briefe, und es kam zu gelegentlichen Treffen. Am 24. Mai notierte er: »Es war mir nicht möglich, Fräulein Brechbühl zu treffen, & nur der Brief von gestern abend, in dessen Besitz sie sein dürfte, beruhigt mich, daß diese treue Seele nicht wegen mir sich Sorgen machen werde.« Ganz sicher war er sich ihrer Zuneigung aber nicht: »Es ist mir nun schon so oft passiert, daß mich Fräuleins verlassen haben, wenn ich einen ersten Schritt zu tun im Begriffe war, daß ich nun bei obigem Fräulein auf alles gefaßt bin. Was an mir liegt, will ich für sie tun, kommt dann wieder Undank, so nehme ich es wieder an in Gottes Namen.« Daetwyler war es ernst mit dem Fräulein Brechbühl: »Ich muß nun danach trachten, mir Geld zu verdienen, damit ich in der Lage bin, einmal einen eigenen Hausstand zu gründen. Auf welche Weise kann ich noch nicht sagen, aber an Kenntnissen fehlt es nicht.« Was er nicht wußte: Clara Brechbühl hatte noch einen weiteren Verehrer. Daetwyler erhielt eines Tages einen Brief von einem ihm unbekannten Mann. Dieser nannte ihn einen »gemeinen, unverschämten Kerl«, weil er es wage, mit Clara auszugehen, die seine Braut sei. Der friedenserfüllte Freier fiel aus allen Wolken, verzichtete aber auf ein weiteres Werben um Clara. Dabei war er mittlerweile überzeugt, daß sie die richtige Frau für ihn war. Nicht ohne eine Portion Selbstmitleid schrieb er: »Aber komme es, wie es wolle, ich mache mir wenig daraus, denn wenn vorher kein Fräulein zu mir gestanden ist, wie kann ich es jetzt erwarten, nachdem man mich geächtet hat. Komme, was wolle, ich kann ebensogut allein durchs Leben wandern.«

Die Wege von Max Daetwyler und Clara Brechbühl sollten sich aber schon bald wieder kreuzen, und zwar in Zürich. Dorthin waren beide 1916 gezogen, ohne es voneinander zu wissen. Clara nahm eine Stelle als Dienstmädchen an, Max sammelte, unbeeindruckt von den schlechten Erfahrungen mit den Behörden in Bern, auch in Zürich Geld und arbeitete unbeirrt für den Frieden weiter. So rief er mit einem Flugblatt, das sich ganz gezielt an die Zürcher Bevölkerung wandte, zu einer Kundgebung am Sonntag, dem 27. August 1916, auf: »Stadt Zürich! Ein Appell an Dich! Erinnere Dich Deiner führenden Stelle im alten Bund der Eidgenossen und werde heute aufs neue uns Eidgenossen eines neuen Bundes der Menschheit zur Führerin! Die Luft ist schwül. Sie ist geschwängert mit Friedenssehnsucht. Ein Windhauch bewegt den Schnee, er kommt ins Rollen, ein winziger Ball wird zur riesigen, alle Hindernisse begrabenden Lawine! [...] Zürich! Sende eine Abordnung Deiner würdigsten Männer im Namen der Stadt an unsere Bundesväter. Deine Stimme wird gehört werden!« Und fett gedruckt: »Die kleine Friedensarmee appelliert an die Großmut der Bevölkerung Zürichs, sie möge [...] am See zusammenkommen, um Beschluß zu fassen!«

Nach diesem Aufruf sollte es noch gut zwei Jahre dauern, bis Max und Clara in Zürich wieder zueinanderfanden. Clara war es gewesen, die in Zürich wieder Kontakt mit Daetwyler aufgenommen hatte. Eine unabhängige und unbestechliche Gesinnung bewies diese Frau, als sie sich mit dem umstrittenen, mittellosen Friedensmissionar einließ. Denn sie gesellte sich an die Seite eines Mannes, der nach seiner Ankunft in Zürich bald als Staatsfeind galt. Der Grund dafür waren die sogenannten November-Unruhen des Jahres 1917, bei denen Tote und Verletzte zu beklagen waren. An vorderster Front stand Max Daetwyler: der Aufrührer, Drahtzieher und Rädelsführer. Als er am 22. Juli 1918 mit seiner Braut am Arm zum Standesamt ins Zürcher Stadthaus schritt, kam er gerade aus dem Gefängnis, respektive aus der psychiatrischen Klinik, wo er nach den schweren Krawallen insgesamt sechs Monate eingesperrt gewesen war.

3.
Straßenschlachten

Im dritten Kriegsjahr 1916 waren die Nachbeben, die die revolutionären Ereignisse in Rußland verursachten, auch in der Schweiz zu spüren. In Moskau kam es im Februar 1917 zum Aufstand oppositioneller Kräfte gegen das Regime des Zaren, die Zarenfamilie wurde gefangengenommen und die Republik ausgerufen. Lenin lebte zu diesem Zeitpunkt im Exil in Zürich. Mit dem Hintergedanken, daß Lenin in Moskau die Verhältnisse beim Kriegsgegner weiter destabilisieren würde, erlaubte Deutschland Lenin – in einem versiegelten Zug –, nach Moskau zurückzukehren. Das Kalkül der Achsenmächte ging auf: Lenin setzte in der Oktoberrevolution sein radikales Programm gegen die gemäßigte, aber in sich uneinige Mehrheit gewaltsam durch. Die Bolschewiken stellten in der Folge die russischen Kriegshandlungen ein, was Daetwyler zu folgender Behauptung veranlaßte: »Lenin bringt den Frieden im Osten. Daetwyler im Westen.« Wenn es um seine Rolle als Vorkämpfer des Friedens ging, gehörte Bescheidenheit nicht zu seinen Tugenden.

Stärker als die behäbige Bundeshauptstadt Bern wurde Zürich zu einem Zufluchtsort kommunistischer und linkssozialistischer Kräfte. Diese fanden in den sozialen Verhältnissen in der Schweiz eine breite Angriffsfläche. Die wirtschaftliche Situation hatte sich während des Kriegs zunehmend verschlechtert; weite Teile der Bevölkerung, vor allem die unteren Schichten, litten schwere Not, viele kämpften um das tägliche Brot. Die Lebensmittelpreise – auch eine Folge der kriegsbedingten Wirtschaftsblockaden der kriegführenden Länder – hatten sich zwischen 1914 und 1917 fast verdoppelt. Die Löhne konnten mit dieser Preisexplosion in keiner Weise mithalten; ein Arbeiterhaushalt mußte fast die Hälfte des Einkommens für Lebensmittel ausgeben. In der sozialdemokratischen Presse war in diesen Tagen von der »darbenden Arbeiterklasse« zu lesen, vom »langmütigen Gewährenlassen der Schieber, Wucherer und Hamsterer«. Der Zürcher Stadtrat und Polizeivorstand Jakob Vogelsanger, ein Sozialdemokrat, sprach von einer großen Zahl »unorganisierter, radaulustiger, selbst anarchistischer Elemente, für deren dunkles Treiben die Großstadt Zürich und die herrschende Not nur ein allzu guter Nährboden« seien. Allenthalben war in der Bevölkerung eine unterschwellige Erregung spürbar, die Arbeiter waren latent und ständig zu Streiks und Demonstrationen bereit. Der Unmut sollte sich schließlich in den November-Unruhen des Jahres 1917 gewaltsam entladen.

Die Sozialdemokratische Partei der Schweiz war bei Kriegsausbruch 1914 mit dem Bürgertum einen »Burgfrieden« eingegangen. Radikale Kräfte sprachen sich aber schon bald gegen dieses Stillhalten aus und forderten den »Kampf gegen die besitzende Klasse«. Daetwylers Sympathien lagen bei den Linken, obwohl seine Anschauungen weit über deren Ansichten und das Parteiengezänk hinaus zielten und sich auf ein ideales Christentum und die Gedankenwelt Leo Tolstois und Sokrates' beriefen. Trotzdem stellte er ein Gesuch um Aufnahme in die Kreispartei 7 der Sozialdemokraten. Diese wiesen sein Gesuch im Oktober ab – Daetwylers schwärmerische Weltsicht vertrug sich wohl nur schlecht mit den radikalen politischen Forderungen der Sozialdemokraten –, nahmen ihn aber dann am 3. November 1917 auf.

In Zürich angekommen, machte sich Daetwyler mit Elan und Tatkraft an die Arbeit. Er sammelte wie schon in Bern Geld für die Friedensarbeit, ließ Inserate drucken, sprach auf öffentlichen Plätzen und organisierte Versammlungen. So hielt er auch an einer von ihm einberufenen Versammlung im Zunfthaus zur Saffran eine Rede. Die »Neue Zürcher Zeitung« rückte 50 Zeilen darüber ins Blatt. Der Berichterstatter schrieb unter anderem, Daetwyler zitierend: »Die Arbeit aber, die für eine so große Sache geleistet wird, muß immer und immer wieder in die Öffentlichkeit dringen, bis diese […] vom Friedensbazillus durchseucht sei. Gerade heute, wo sich in allen Staaten die Kriegsmüdigkeit zeigt, wo alle Völker um den Frieden flehen, soll und muß der Friedensgedanken vom Volke gehört werden. Aber erst, wenn das Volk selbst seine Macht erkennt und für den Frieden einsteht, werden auch die Regierungen dafür eintreten müssen.« Der tiefe Friedenswunsch der Schweizer Bevölkerung kam natürlich der Sammeltätigkeit Daetwylers entgegen. Er engagierte dafür einige Helfer, was sich aber bald als schlechte Idee herausstellte, denn die so bereitwilligen »Unterstützer« entpuppten sich allesamt als »Schlufi« [Ganoven]. Sie steckten das gesammelte Geld in die eigenen Taschen, was Daetwyler eine Anzeige wegen Betrugs eintrug. Eine polizeiliche Untersuchung ergab dann allerdings, daß nicht er sich unrechtmäßig bereichert hatte, sondern seine unehrlichen Helfer.

Die Spendenwilligkeit der Bevölkerung war durchaus vorhanden, aber nicht grenzenlos, weil die meisten Leute selbst knapp bei Kasse waren. Daetwyler sah es naturgemäß nicht gerne, wenn der Spendenfluß in eine andere Richtung als die seinige abgeleitet wurde. Geriet ihm ein anderer Friedensbewegter ins Gehege, konnte der Friedensapostel äußerst ungehalten werden. 1917 erwuchs ihm zum Beispiel vorübergehend Konkurrenz in der Organisation »In Terra Pax«, die der Sprachlehrer Henri Gibert gegründet hatte. Diese »Vereinigung für die Gründung eines Internationalen Monumental-Institutes für Soziale Reformen« forderte ebenfalls eine sofortige Einstellung der Kriegshandlungen. Am 20. März 1917 richtete Max Daetwyler ein Schreiben an die Zürcher Polizeidirektion: »Wir ersuchen Sie im Interesse der Friedenssache, darüber zu wachen, ob diese Mittel[1] richtig angewendet werden.« Ein Detektiv Walder nahm sich in der Folge der Sache an und beschied Daetwyler, daß »In Terra Pax« kein Geld sammle, sondern sich von Mitgliederbeiträgen alimentiere. Schlau, wie er war, merkte sich der Friedensmann diese Begründung: Fünf Jahre später, als die Polizeidirektion Daetwyler das Spendensammeln verbot, deklarierte er kurzerhand Spendenbeiträge als Mitgliederbeiträge. Unter dem Briefkopf »Friedensarmee Verein zur Beseitigung des Krieges« argumentierte er: »Da die Friedens-Armee die Abschaffung jeden Militärs bezweckt, so ist ihre Arbeit nach dem heutigen Sinne staatsfeindlich. Somit wird keine behördliche Bewilligung für unsere Sammlung mehr nachgesucht. Die Beiträge gelten von nun an als Mitglieder-Beiträge. Hoch! die Idee der Liebe, der Gewaltlosigkeit, der Weltverbrüderung gegen Militarismus & Krieg!«

Schon in Bern hatte er 1915 mit einem Inserat in »Der Bund« die Gründung seiner Friedensarmee öffentlich bekanntgemacht und um Mitglieder geworben. Die erste Versammlung des Vereins wurde auf den nächsten Tag um acht Uhr abends im »Palmensaal« in Bern angekündigt: »Mitgliedbeitrag von Fr. 5.– gilt als Aufnahme in den Verein.« Außer Max Daetwyler zeichneten zwölf Personen das Inserat, unter ihnen auch Dr. phil. O. Wohnlich aus dem appenzellischen Trogen, ein Schwager Daetwylers, der sich am 5. November in einer Anzeige, ebenfalls in »Der Bund«, empört von der Verwendung seines Namens distanzierte: »Ich fühle mich verpflichtet, hiemit öffentlich gegen den Mißbrauch meines Namens im Inserat der Friedensarmee […] zu protestieren. Ich habe niemals und in keiner Form den Beitritt zu dieser Gesellschaft von unpraktischen Idealisten und Schwärmern erklärt.« Offensichtlich hatte Daetwyler in seinem Eifer den Schwager ungefragt zu einem Unterzeichner des Inserats gemacht. In die Kasse des Vereins kamen 288 Franken, die sich aus zum Teil anonymen Beiträgen ergaben, wobei Daetwylers Einsatz von 150 Franken der bei weitem höchste war.

In Zürich bestätigte am 25. Mai 1917 das Handelsregister-Bureau des Kantons Zürich schriftlich, daß die Ortsgruppe Zürich der Schweizerischen Friedensarmee – Präsident war Max Daetwyler – als Genossenschaft ins Handelsregister eingetragen worden war. Als Genossenschaft waren deren Mitglieder von einer persönlichen oder solidaren Haftbarkeit gegenüber Verbindlichkeiten ausgeschlossen. Das Büro wurde im Zürcher Kreis 1 an der Löwenstraße 51 eingerichtet. Eine am 28. November 1917 erstellte Inventarliste vermittelt einen Eindruck, wie es in dieser Geschäftsstelle ausgesehen hat. Ein Arbeitsplatz bestand demzufolge für nur eine Person: 1 Maschinenschreibtisch, 1 Schreibmaschinenstuhl, 1 großer Tisch, 3 Sessel, 1 Gestell, 1 Verfielfältigungsapparat, 2 Kisten Briketts, 1 Blumenvase, verschiedene Kisten mit Broschüren, 10 Stempel, Tinte und Gefäß, 1 Flasche mit

2 Gläsern. Für die Büroeinrichtung hatte Daetwyler 1602 Franken und fünf Rappen bezahlt. Zu diesem Zeitpunkt waren durch Beiträge und Sammeltätigkeit rund 30 000 Franken in die Kasse geflossen, eine beträchtliche Summe in einer Zeit, in der ein gelernter Arbeiter keine 200 Franken im Monat verdiente.

An der gleichen Adresse begann Daetwyler einen Buchhandel aufzuziehen. Nach seinem Antrag nahm ihn der Börsenverein des Deutschen Buchhandels in Leipzig am 4. August 1917 als Mitglied Nummer 10 122 auf. Das Büro war kein eigentliches Ladengeschäft, Daetwyler trug die Bücher in seiner Ledermappe mit sich und versuchte sie zu verkaufen, wenn er wieder einmal auf Sammeltour war – eine harte und ermüdende Arbeit. Mit der schweren Mappe voller Schriften ging Daetwyler von Haus zu Haus, von Stockwerk zu Stockwerk, von Tür zu Tür, die ihm wohl meistens vor der Nase wieder zugeschlagen wurde. Die Hausfrauen, die er tagsüber ansprach, wollten Kartoffeln schälen und nicht von Buddha erleuchtet werden.

Für sein Sortiment wählte er Bücher ganz unterschiedlicher Thematik aus; einige Titel seien hier erwähnt, weil sie das breitgefächerte Spektrum seiner Interessen verdeutlichen: »Visuddhi-Magga, der Weg zur Reinheit; die größte und älteste systematische Darstellung des Buddhismus«, »Die Stadt im Taumel – Zeitbilder«, »Gute Sportliteratur«, »Körperkultur der Frau«, »Der Sinn der Heiligen Schrift«, »Im Todesrachen – Die deutsche Seele im Weltkriege«, »Die Brüder Karamasov«. Der Umsatz aus dem Buchhandel machte in den kommenden Jahrzehnten einen nicht unbedeutenden Teil seiner Einkünfte aus.

Daetwyler kam im Frühling 1916 in eine Stadt, in der es hinter der bürgerlichen Fassade brodelte. In jenem November marschierten auf Zürichs Straßen Armee-Einheiten auf; schon anläßlich einer Demonstration am 1. August 1916 gegen den Krieg und die Kriegsgewinnler waren erstmals Truppen für den Ordnungsdienst herbeigerufen worden. Wucherer und Schmarotzer empörten die Arbeiterschaft; in den 1935 veröffentlichten »Erinnerungen eines simplen Eidgenossen« schrieb Jacob Lorenz: »Die bürgerliche Gesellschaft zeigte sich von ihrer ekelhaftesten Seite. Unerschüttert durch den Krieg, profitierte sie von ihm auf dem friedlichen Boden der Schweiz. Damals wurde der Grund gelegt zum Großhansentum, zur Protzenart [...]. Jeder Idiot kam zu Geltung, wenn er nur kaufte und verkaufte. Man sah Leute, die gestern kaum anständige Hosen und noch den Kopf voller Läuse gehabt hatten, am andern Tag mit schweren Pelzen und kostspieligen Mätressen am Arm. Es hagelte Wucherprozesse [...]«

Im Zürcher Sihlhölzli fand an diesem Augusttag besagte Kundgebung der sozialdemokratischen Jungburschen gegen diese Auswüchse statt. Die Jungburschen standen weiter links und äußerten radikalere Ansichten als ihre älteren Parteigenossen. Nach Abschluß der offiziellen Demonstration unternahmen die Jungburschen einen nicht bewilligten Zug durch die Bahnhofstraße. Bei der Urania-Sternwarte versuchte die Polizei, ihnen Transparente und Fahnen zu entreißen, was in eine Schlägerei ausartete. Die Polizei konnte sich nicht durchsetzen, zog sich zurück und ersuchte um Unterstützung beim Militär, das in der Tat mit etwa 40 Mann anrückte, aber nicht weiter in Zusammenstöße verwickelt wurde. Es ist davon auszugehen, daß Daetwyler, zumindest an der bewilligten Demonstration, teilgenommen hat. Denn bei ähnlichen Kundgebungen, die vor und nach diesem 1. August 1916 stattfanden, wurden jeweils die Teuerung und das Kriegsgewinnlertum angeprangert – Mißstände, mit denen Daetwyler in Brandreden an verschiedenen Orten in Zürich hart ins Gericht ging.

Das tat er auch am Abend des 27. August in einer Ansprache auf dem Utoquai am Zürichsee. In diesem Zusammenhang ist ein handschriftlicher Rapport eines Polizisten an das Polizeikommissariat Zürich 1 erhalten, der hier in vollem Wortlaut wiedergegeben wird, weil er sehr gut die Stimmung einfängt, die bei Daetwylers Reden die Menge erfassen konnte. Der Bericht entstand noch in der gleichen Nacht:

»Heute, den 27. August 1916 machte ich abends von 6½ bis 8 Uhr Stationsdienst [...]. In dem Utoquai war eine öffentliche Versammlung, geleitet von dem Friedensredner Dättwyler [sic]. Die Menschenansammlung war derart groß, daß das Utoquai für den Verkehr total gesperrt war. Da ich von mehreren Personen, darunter auch Automobilfahrern, gebeten wurde, ich solle doch dafür sorgen, daß der Verkehr am Utoquai nicht total gestört bleibe, begab ich mich 6.45 Uhr an Ort und Stelle. Bei meiner Ankunft konstatierte ich, daß wirklich das Utoquai durch die Menschenansammlung total abgesperrt war und um meiner Pflicht als Polizeimann nachzukommen, ersuchte ich die Zuhörer, Platz zu machen, damit der Verkehr, der in diesem Moment ein reger war, nicht allzustark beeinträchtigt werde.

Da mein Reden nicht fruchtete, winkte ich dem Redner, der sich auf einem Auto befand, in der Meinung ihm sagen zu können, daß er ein wenig abseits gehe. Dieser hat offenbar geglaubt, weil ich ihm winkte, ich wolle ihn abführen, denn ich hörte, wie er zu der Menschenmenge sagte, die Polizei will mich, soll ich Folge leisten oder weiter sprechen. Auf diese Worte hin wurde sofort aus der Volksmenge geschrien, wo ist die Polizei, was will sie und im Nu war ich von einigen hundert Personen umringt und das Publikum nahm gegen mich eine drohende Haltung an, indem ich glaube wenig zu sagen über 200 Personen, die Stöcke zum Schlagen bereit gegen mich hielten. Dabei wurde ich aufs ärgste beschimpft, man titulierte mich Halunke, Kosak, Kapitalhund und trauriger elender Cheib [schlechter Kerl] und der Säuhund ist am 1. August auch dabei gewesen, vertrampeten zu einem Treck [Dreck].² Auch wurde aus der Menge gerufen, das ist einer, der sich am 1. August auch beteiligt hat, nieder mit dem Saucheib, vertretet ihn, den Schuft, und ich wurde von allen Seiten gepufft. Von der Menschenmenge verfolgt konnte ich mich allmählich zurückziehen.«

Dann brachte der Polizist die Aussage eines Zeugen zu Papier, die gegenüber einem anderen Polizisten gemacht worden war: »Gallmann Gottlieb, alt Dachdeckermeister, wohnhaft Klosbachstraße 84, Zürich 7. Der Betreffende hat Polizeimann Denzler auf dem Posten Hufgasse erklärt, er habe gehört wie die Burschen zueinander gesagt haben, hast Steine ins Nastuch gewickelt, auch seien die Worte gefallen, wenn einmal die richtigen Führer an der Spitze seien, so werden einige der Kosakenbande kaputt gemacht, denen wollen wir schon zeigen, wer Meister ist.

Es ist anzunehmen, daß die Burschen der sozialistischen Jugendorganisation angehören [...] und sich mit Knüttel [Knüppel] etc. bewaffnet zu dieser Versammlung begeben haben, um bei ev. Gelegen-

heit die Polizei schlagen zu können, denn bei der Leibesvisitation des wegen Eigentumsschädigung verhafteten Müller Eduard von Langnau a/A., Hilfsarbeiter, geb. 1900, wohnhaft Gasometerstrasse No 26, Zürich 3, stellte sich heraus, daß er auch einen Knüttel auf sich trug. Dieser Knüttel liegt dem Rapporte bei, ebenso die Zeitung[3], die er auf sich trug betitelt freie Jugend.
Wüthrich, Polizeimann.«

Zwei Tage nach diesem Tumult verbot der Polizeivorstand von Zürich Max Daetwyler die »Abhaltung von Ansprachen und Vorträgen auf den öffentlichen Straßen und Plätzen«, weil sein Auftritt auf dem Utoquai den Verkehr gestört hatte. Ein knappes Jahr später, am 25. Juli 1917, untersagte der Zürcher Stadtrat »ohne besondere behördliche Bewilligung auf Straßen, öffentlichen Plätzen, in städtischen Anlagen oder Promenaden öffentliche Kundgebungen, Ansprachen und Versammlungen« durchzuführen. Die Begründung: »Bei der Gereiztheit, die die Gemüter beherrscht, läßt sich dies nicht weiter dulden.«

Die behördlichen Verbote richteten sich in diesen Tagen auch gegen einen Mitstreiter Daetwylers: Max Rotter. Rotter, 1881 in Mähren geboren, wurde während des Ersten Weltkrieges als österreichischer Flüchtling in Zürich eingebürgert; der Architekt gründete 1915 den »Weltfriedensbund«. In zahlreichen Schriften, die er in seinem eigenen Verlag herausbrachte, schrieb Rotter gegen den Krieg an: »Siehst bluten du des Bruders Herz, so ruft Gewissen dich, zu stillen seine Not! [...] Ihr Weisen mit dem Rechenschieber, ihr großen alle mit dem vollen Bauch, glaubt ihr, daß Rechnen und ein gutes Essen wegwaschen kann das Blut, das an der Hand euch klebt?« Anders als Daetwyler, ein Pazifist reinster Prägung, war der friedensbewegte Rotter von kommunistischem Gedankengut beeinflußt.

Es konnte nicht ausbleiben, daß Daetwyler und Rotter sich kennenlernten und bei verschiedenen Demonstrationen auch zusammenspannten. Im Sommer 1917 veranstalteten die beiden jede Woche mindestens eine Aktion, wofür sie von der Polizei wieder und wieder gebüßt wurden. Im Spätherbst 1917 entschlossen sich Daetwyler und Rotter, zu denen sich noch der Schriftsteller Otto Volkart gesellte, im Zürcher Volkshaus eine große Versammlung zu organisieren. Ihr

Ziel: eine Bewegung auf breiter Volksbasis für den Frieden ins Leben zu rufen. Diese Kundgebung fand am 15. November 1917 statt und mündete in die Zürcher November-Unruhen, die drei Tage lang die Stadt Zürich erschütterten, zu einem massiven Militäreinsatz führten und am Ende vier Tote und rund 40 teilweise Schwerverletzte forderten, die Auslöser waren ohne Zweifel die Pazifisten Daetwyler und Rotter.[4] Doch als die Situation eskalierte, heizten Linksradikale die Stimmung weiter an; vor allem die am 1. September 1917 gegründete Gruppe »Forderung« tat sich dabei hervor. Die radikalen Sozialisten gaben eine Zeitung mit dem Titel »Die Forderung« heraus und machten aus ihrer sozialistischen, gewaltbereiten Gesinnung kein Geheimnis: »Unser Kampf ist der Kampf ums Ganze. Er ist revolutionär in seinen Zielen, und nur von den Feinden hängt es ab, ob er auch revolutionär werde in seinen Formen. Alle Mittel sind uns gut. Den prinzipiellen Feinden zur Rechten sagen wir, daß wir weder von Kerkermauern noch Gewehrschlünden uns irre machen lassen. [...] Unser einziger Wunsch ist, den Sozialismus noch selber zu erleben.«

Man muß sich dabei vor Augen führen, daß die Kommunisten und Sozialisten außerhalb der russischen Grenzen durch Lenins erfolgreiche Oktoberrevolution 1917 gewaltig Rückenwind bekamen. Revolutionäre Gruppen in ganz Europa, von russischen Agenten infiltriert, hielten den Zeitpunkt für einen Umsturz der bestehenden gesellschaftlichen Verhältnisse für gekommen. Am Donnerstag, den 15. November, dem ersten Tag der Unruhen, erschienen in »Volksrecht« und »Tagblatt« zwei Inserate mit gleichlautendem Text: »Menschen, Brüder, Sozialisten! Heraus! Der Waffenstillstand muß her! In feierlicher Kundgebung demonstrieren wir für den Frieden [...] gelber Saal, Volkshaus. Vortrag: ›Das Schweizer Volk für den sofortigen Waffenstillstand‹. Wir dürfen nicht nur zusehen, wie unsere Brüder verbluten [...] wir müssen als älteste Demokratie, als Brüder der Blutenden, vor allem aber als wahre Sozialisten [...] vor allem fordern, daß unser Bundesrat für den Waffenstillstand sofort und energisch eintritt. [...]« Gezeichnet war der Aufruf durch »die radikalen Sozialisten der Schweiz«. Drei Tage vor diesen Inseraten war im »Tagblatt« ein von Daetwyler formulierter Aufruf im Namen der Friedensarmee erfolgt.

Dieser Text verfolgt zwar das gleiche Ziel – den Waffenstillstand –, ist aber in seiner Diktion deutlich unterscheidbar von jenem der Sozialisten: »Das Rote Kreuz einst: Zur Linderung des Krieges. Die Friedensarmee: Jetzt zur Beseitigung des Krieges. […] Öffentliche Besprechung einer Volksinitiative. Zur Beendigung des Krieges trägt jede positive Forderung bei. Das Schweizervolk sollte durch eine Volksinitiative der Regierung den Willen kundtun, daß es das Risiko für eine Einladung aller Regierungen zu einem Schiedsgericht auf sich nehmen will, weil eine solche Tat allen Völkern zum Segen gereichen würde.«

Allein schon das Wort »Segen« beweist die geistige Kluft zwischen den radikalen Sozialisten und Daetwyler; dieser christlich besetzte Ausdruck hätte in einen Aufruf der radikalen Linken niemals Eingang gefunden. Um so erstaunlicher mutet es an, daß Daetwyler das Inserat der Sozialisten beim »Volksrecht« aufgegeben hatte, wie polizeiliche Abklärungen ergaben. Laut Rapport wurde er von den Angestellten der Inseraten-Annahmestelle als »verrückter Kerl« bezeichnet. Offenbar war ihm jeder Bundesgenosse recht, wenn es nur der Sache des Friedens diente.

Zur Kundgebung an diesem Donnerstag erschien Daetwyler etwas verspätet im Volkshaus, wo sich im Gelben Saal etwa 100 Personen eingefunden hatten.[5] Mehrere 100 Personen warteten auf dem Helvetiaplatz. Als Daetwyler eintraf, hielt Rotter drinnen eine Rede, in der er Lenin pries und eine Resolution zwecks Waffenstillstand an den Bundesrat forderte. Nach Rotters Rede rief Daetwyler in den Saal: »Genossen, Genossinnen, Arbeiter! Die Zeit ist vorbei, wo man solche Demonstrationen in einem Saal abhält, hinaus auf die Straße!«

Und hinaus ging es. Gegen 21 Uhr stieg Daetwyler auf einen Brunnenrand und hielt eine feurige Rede; er nannte die Schweizer Regierung »imperialistisch und bis in die Knochen hinein verfault«. Die Sozialdemokraten beschränkten sich aufs Palavern im Parlament, es genüge nicht, daß man die russische Revolution anstaune. Nun müsse man selber zur Tat schreiten, das Militär revolutionieren und die Soldaten zur Massen-Dienstverweigerung aufrufen. Ein Zwischenruf unterbrach seinen Appell: Was er denn da vom Frieden rede, während ganz in der Nähe in zwei Fabriken Munition für die kriegführenden Armeen hergestellt werde. Daetwyler reagierte umgehend und rief zur sofortigen »Kaltstellung« dieser Munitionsfabriken auf, bei diesen Firmen handelte es sich um Scholer & Co. an der Zentralstraße 47 und Bamberger, Leroi & Co. am Stauffacherquai 42/44 – vom Helvetiaplatz aus zu Fuß in wenigen Minuten erreichbar.

Die Herstellung von Munitionsteilen für die kriegführenden Parteien war für die Schweizer Industrie ein einträgliches Geschäft. In seiner »Geschichte der Schweizerischen Neutralität« schrieb der Historiker Edgar Bonjour: »Anfang 1915 besaß man Anhaltspunkte dafür, daß eine Reihe schweizerischer Fabriken nach dem Auslande Munitionsbestandteile unter harmlosen Namen sandten. Alle an die Schweiz grenzenden kriegführenden Staaten machten sehr bedeutende Bestellungen bei zahlreichen Firmen der Metallindustrie. Das Politische Departement hielt es nicht für gerechtfertigt, der Schweizer Industrie diese große Verdienstquelle zu verschließen und eine Gelegenheit für die Bekämpfung der Arbeitslosigkeit sowie für den Ausgleich von Exportverlusten zu verpassen. […] Vorausgesetzt wurde, daß die exportierten Munitionsteile und Werkzeugmaschinen in der Schweiz und aus dem vom Besteller zur Verfügung gestellten Rohmaterial fabriziert waren. […] Völkerrechtlich war die Sache nach Artikel 7 der Haager Konvention in Ordnung. Die in Artikel 9 der gleichen Konvention vorgesehenen Beschränkungen der Lieferung von Kriegsmaterial sollten auf die Kriegführenden gleichmäßig angewendet werden. Die Schweiz gab sich denn auch große Mühe, alle Kriegführenden möglichst gleich zu behandeln. Als Italien Gewehre in der Schweiz bestellte, wurde die Annahme dieses großen Auftrages nur unter der Bedingung gestattet, daß Österreich ebensoviel Gewehre geliefert würden.«

Angeführt von Daetwyler, zog eine etwa 1000köpfige Menge, die Internationale singend, zur Munitionsfabrik Scholer & Co. Während Daetwyler und Rotter im Fabrikhof zornige Worte an die Menge richteten, forderte die Fabrikleitung von der Polizeistation Wiedikon Polizeikräfte an. Daetwyler rief der Menge zu, den Fabrikhof nicht eher zu verlassen, bis die Munitionsfabrik gewaltsam geschlossen sei.

Mehrere Demonstranten warfen Steine gegen das Gebäude, wobei einige Scheiben zu Bruch gingen. Daetwyler schleuderte seine braune Ledermappe gegen die Fabrikmauer und schrie: »Vorwärts! Holt die Arbeiter heraus!« Die Demonstranten waren in der Zwischenzeit von der Polizei aus dem Fabrikhof gedrängt worden, kehrten aber nach Daetwylers Aufruf wieder zurück. Die Ordnungskräfte rieten dem Fabrikbesitzer, alle Lichter zu löschen und die Arbeiter für einige Stunden zu entlassen. Der Besitzer folgte dem klugen Rat; kaum hatte sich die Situation etwas beruhigt, versuchte die Polizei, Daetwyler zu verhaften. Dazu war sie aufgrund der Verfügung des Stadtrates vom 25. Juli 1917 befugt, die Daetwyler und Rotter jegliche Kundgebungen verboten hatte. Die Verhaftung gelang nicht, weil sich Daetwyler, so der Polizeirapport, »wie ein Tier« gegen die Festnahme wehrte.

Nachdem die Demonstranten an der Zentralstraße ihr Ziel erreicht hatten, zogen sie weiter zur Munitionsfabrik Bamberger, Leroi & Co. am Stauffacherquai. Auch dort drangen rund 300 Demonstranten in den Hof ein und verlangten die Niederlegung der Arbeit. Eine Handvoll Polizisten bemühte sich, den Eingang abzusperren, doch beim Gerangel um die Tür erhielt ein Polizist mit einer Holzlatte einen Schlag auf den Kopf, wobei sein Käppi gemäß Rapport beschädigt wurde. Die Anführer der Demonstration wiegelten die Menge immer weiter auf. Erst nach Verhandlungen mit der Polizei schloß die Fabrikleitung am Stauffacher gegen 23 Uhr den Betrieb und entließ die Arbeiter der Nachtschicht nach Hause.

Die Schließung der Betriebe verfolgten die Anwohner beider Munitionsfabriken mit Genugtuung, auch wenn sie nicht auf der Seite der Demonstranten standen. Die Fabriken verursachten Tag und Nacht einen schier unerträglichen Lärm, der die Nachbarn um ihre Nachtruhe brachte. Die Kundgebung war fürs erste vorbei, die Menge verzog sich, nachdem Rotter und Daetwyler zu einer neuen Demonstration auf dem Helvetiaplatz für den nächsten Tag aufgerufen hatten.

Beide mußten an diesem Abend von revolutionärem Feuer beflügelt gewesen sein: Die, wenn auch nur vorübergehende Schließung der Munitionsfabriken konnten sie zu Recht als großen Erfolg verbuchen. Um Mitternacht trafen sie Willi Münzenberg in dessen Wohnung an der Stauffacherstraße, wo sie die Texte für ein Flugblatt und ein Inserat verfaßten. Münzenberg, der Emigrant und Zentralsekretär der Jugendorganisation der sozialdemokratischen Partei, bestritt bei späteren Verhören durch die Polizei, daß an diesem Abend ein weiteres gewalttätiges Vorgehen besprochen worden sei. Sicher ist, daß Münzenberg das Flugblatt am nächsten Morgen in die Druckerei Hochuli brachte.

5000 Flugblätter wurden am zweiten Tag der Unruhen, am Freitag, dem 16. November, verteilt: »Arbeiter, Sozialisten! Heraus! Marschiert auf wie ein Mann: Es gilt die Tat! Die Internationale Aktion der Arbeiter, der Munitionsarbeiterstreik muß her! […] Wer nicht kommt, ist ein Verräter am Sozialismus.« Die Munitionsarbeiter dachten aber keineswegs an einen Streik. Satt dessen bestürmten und beschimpften sie Daetwyler, weil er ihre Arbeitsplätze gefährdete, und verlangten für den entstandenen Lohnausfall, verursacht durch die Fabrikschließungen, Geld von ihm.

In seiner Berichterstattung schrieb das »Volksrecht« über die Ereignisse vom Vorabend: »Die ganze Demonstration muß als spontaner Ausdruck der wachsenden antimilitaristischen Abscheu vor dem Kriegshandwerk […] gelten, und wenn sie […] Nachahmung fände, wäre sie sicher nur zu begrüßen.« Ganz anders wertete die »Neue Zürcher Zeitung«, die auf der Seite der Bürgerlichen stand, den Aufruhr. Vor allem Daetwyler bekam sein Fett ab: »Daetwyler, der schon vielfach wegen grober Mißachtung aller polizeilichen Verbote gebüßt werden mußte, beginnt nachgerade durch diese neueste Art der ›Friedenspropaganda‹ gemeingefährlich zu werden. Man kann sich des Eindrucks nicht erwehren, daß die Behörden ihre Langmut mit dem Burschen allzu lange üben. Ihn unschädlich zu machen, heischt das Interesse unseres Staatswesens.«

In der gleichen Ausgabe, in der das »Volksrecht« sein Inserat mit dem Demonstrationsaufruf druckte, erschien auf der ersten Seite unter dem Titel »Friedenskundgebung aus Stockholm« das Manifest, das die Sozialistenkonferenz in Stockholm bereits im September verfaßt hatte. Darin wurde der Frieden, herbeigeführt durch das sozialistische Proletariat, gefordert. In den Jahren 1915 und 1916 hielten in den bernischen Dörfern Zimmerwald und Kienthal sozialistische Kreise Konferenzen ab, in denen die Grundsätze einer revolutionären Politik beschlossen wurden. Die sozialdemokratische Partei sollte in eine militante Revolutionspartei umgewandelt werden. Es wurde sogar von der Bewaffnung der Arbeiter zum Kampf gegen das Bürgertum gesprochen. Viele Teilnehmer kamen aus dem Ausland, einige genossen in der Schweiz Asyl. In der 1938 fertiggestellten »Geschichte der Schweiz«[6] ist denn auch zu lesen: »Die Anmaßung einzelner Asylgenössiger ging so weit, daß sie gegen die gleiche schweizerische Armee wühlten, der sie ihre Sicherheit verdankten.« Des weiteren stellten die Autoren die Stimmungslage des Bürgertums mit den folgenden Worten dar: »Angst erfaßte das Bürgertum. War dieser Aufstand der vorausgleitende Schatten des Bürgerkriegs?«

Einen Bürgerkrieg wollte der Pazifist Daetwyler nicht, wohl aber die Einstellung der Munitionsfabrikation. Am Abend des zweiten Tages der Unruhen rief er auf dem gleichen Brunnen, auf dem er schon am Vortag gestanden hatte, zur offenen Revolution auf. Mitten in Daetwylers flammender Rede rückten einige Dutzend Polizisten an, die die Versammlung von einigen hundert Menschen »ohne Verwendung des Säbels«, wie ein Bericht des Stadtrats kommentierte, auflösten. Was am Vorabend nicht gelungen war, gelang jetzt: Daetwyler wurde verhaftet. Während er durch die obere Langstraße zur Polizeiwache gezerrt wurde, versuchten einige Demonstranten, ihn zu befreien. Dies mißlang aber, weil ein Polizist mit gezogenem Säbel zwei Kollegen abschirmte, die den Rädelsführer in ihre Mitte genommen hatten.

Auf dem Weg zur Polizeiwache im Kreisgebäude 4 wurden die Polizisten mit Steinen beworfen. Inzwischen war die Menge auf einige Tausend angeschwollen. Die bedrängten Stadtpolizisten riefen ihre Kollegen von der Kantonspolizei zu Hilfe. Von allen Seiten flogen Steine, und die Polizisten zogen blank, um die Demonstranten zu vertreiben, einige wurden verhaftet. Die Zusammenrottung verlangte die sofortige Freilassung der Verhafteten, namentlich jene von Daetwyler. In diesem Chaos begann sich nun die Gewichtung innerhalb der Aufrührer zu verschieben. Die Pazifisten gerieten eher in den Hintergrund, während die radikalen Sozialisten stärker in Erscheinung traten.

Zusammen mit 26 weiteren Verhafteten wurde Daetwyler im Keller des Bezirksgefängnisses eingesperrt. »Mit meiner Verhaftung war den Demonstranten ein neues Ziel und ein neuer Slogan gegeben – ›Befreit Daetwyler!‹ Bis in die Morgenstunden des nächsten Tages blieben die Leute vor dem Bezirksgefängnis, schrien, protestierten und warfen Scheiben ein«, erinnerte sich Daetwyler in den 1960er Jahren. Am nächsten Morgen wurde er dem Untersuchungsrichter vorgeführt. Der Verhaftete ersuchte diesen, ihn auf freien Fuß zu setzen, weil damit eine weitere Eskalation möglicherweise verhindert werden könnte. Der Untersuchungsrichter lehnte den Vorschlag ab: »Herr Daetwyler, Sie haben hier mich vor sich, und nicht den Pöbel.«

Das Bezirksgefängnis liegt in unmittelbarer Nähe des Helvetiaplatzes – das Epizentrum des Aufruhrs. Wohl aus diesem Grund wurde Daetwyler in die Polizeikaserne in der Nähe des Hauptbahnhofs verlegt. Der Drahtzieher der Unruhen war nun aus dem Verkehr gezogen, die Krawalle hörten deswegen aber nicht auf. An verschiedenen Orten kam es immer wieder zu zum Teil heftigen Scharmützeln, bei denen die Polizei mit gezogenem Säbel agierte. Auf dem Helvetiaplatz forderten Scharfmacher aus dem Umfeld der radikalsozialistischen Vereinigung »Die Forderung« die Freilassung Daetwylers. Ein Redner rief die Protestierenden dazu auf, am nächsten Tag bewaffnet wieder auf dem Helvetiaplatz zu erscheinen. Es wurde ein Flugblatt verteilt, das eine Revolution nach dem Vorbild der russischen Oktoberrevolution propagierte: »Was können die Kapitalisten gegen euch aufbieten? Das Militär? Sie mögen es probieren! Auch die Soldaten sind Proletarier, und ihre Stimmung ist so erbittert wie noch nie.« Das stellte sich als kapitale Fehleinschätzung heraus. Zwar wurde während den November-Unruhen tatsächlich die Armee eingesetzt, die Soldaten dachten aber nicht im Traum daran, sich den Befehlen ihrer Offiziere zu widersetzen.

Gegen Mitternacht an diesem zweiten Tag des Aufruhrs ebbten die Proteste schließlich ab. Zuvor waren einige hundert Demonstranten noch vor das Bezirksgefängnis gezogen, wo sie die »Internationale« sangen. Die Inhaftierten in ihren Zellen stimmten in das kommunistische Kampflied ein. Daetwyler bekam diesen Chor der Solidarischen nicht mit, er saß in dieser Nacht bereits in der Polizeikaserne ein.

Der nächste Tag geriet zum blutigen Höhepunkt: Vier Menschen fanden den Tod, Dutzende wurden zum Teil schwer verletzt. An diesem Samstag morgen konnten die Umstürzler im »Volksrecht« lesen, daß ihre Proteste zumindest die Anwohner der Munitionsfabriken freue; diese kamen wenigstens zwei Nächte zu ungestörtem Schlaf, weil die Arbeiten eingestellt worden waren. Daraufhin wandte sich der Polizeivorstand an den Regierungsrat mit der Bitte, die Nachtarbeit in den Munitionsfabriken in Zukunft zu verbieten: »Die jüngsten Ausschreitungen der Friedensfanatiker sind ein Fingerzeig, wessen wir uns zu versehen haben, wenn diese Munitionsfabriken weiterhin nachts die Ruhe der Nachbarschaft stören können. Die Gewalttätigkeit der Fanatiker löst dann selbst bei Leuten, die mit letzteren nichts zu tun haben, eine geheime Befriedigung aus, nur weil sie hoffen, nun von der Plage der Nachtruhestörung befreit zu werden.«

Die angegriffenen Fabriken wurden mittlerweile von der Polizei bewacht. Sowohl die Stadt- als auch die Kantonspolizei kamen zum Schluß, daß ihnen weitere, möglicherweise noch massivere Proteste über den Kopf zu wachsen drohten. Sie nahmen Kontakt auf mit dem Platzkommandanten, Oberst Hermann Reiser, um einen Truppeneinsatz in Erwägung zu ziehen. Doch in der Kaserne standen nur rund 100 Mann einer Landsturmkompanie und 80 Mann der Mitrailleurkompanie der Zürcher Infanterie-Rekrutenschule zur Verfügung. Die übrigen Soldaten waren in den Urlaub entlassen worden.

Mit Daetwyler im Gefängnis wurde nun Hans Heinrich Itschner zur treibenden Kraft der Umstürzler. Itschner, ein Zürcher und gelernter Schriftsetzer, Anarchist und Redaktor der anarchistischen Zeitschrift »Revoluzzer«, war mit einer Polin verheiratet, auch sie von anarchistischer Gesinnung, weshalb sie aus Bayern ausgewiesen worden war. Itschner hatte die Flugblätter verfaßt und vertrieben, die zu neuen Kundgebungen aufriefen. Die Polizei wollte ihn in seiner Wohnung verhaften, traf ihn dort aber nicht an, und seine Frau gab an, sie wisse nicht, wo ihr Mann sich gegenwärtig aufhalte.

Gegen 19 Uhr strömten die Demonstranten wiederum dem Helvetiaplatz zu. Daetwyler saß derweil in der Zelle. Eine Stunde später hatten sich etwa 5000 Personen auf dem Helvetiaplatz versammelt; Beobachter glaubten, einen Zustand gesteigerter Erregung feststellen zu können. Die Redner trugen freilich nicht dazu bei, die Erregung zu dämpfen, sie verlangten nichts weniger als den Sturz der Regierung, priesen die russische Revolution und beschimpften die Polizei als »Bluthunde der Bourgeoisie«. Der letzte Redner forderte dazu auf, vor das Druckereigebäude der »Neuen Zürcher Zeitung« zu ziehen. Diese hatte mit ihrer Berichterstattung die Wut der Linken auf sich gelenkt. Etwa 1000 Personen standen schließlich johlend und Steine werfend vor dem »NZZ«-Gebäude. Ein großer Teil des Protestzuges war vorher vor der Kreiswache 4 stehengeblieben; es flogen Steine, Fenster und Rolläden wurden demoliert. Um sich zu schützen, lehnten die Polizisten, die sich jeglicher Provokation enthielten, Matratzen an die Fensteröffnungen. Am späteren Abend unternahmen sie mit gezogenem Säbel einen Ausfall, wobei sie von Einheiten der herbeigeeilten Kantonspolizei unterstützt wurden. Die Menge zerstreute sich daraufhin in den umliegenden Straßen.

Die Demonstrationsteilnehmer setzten sich aus jungen Burschen zusammen, zahlreichen Frauen, die sich im Beschimpfen der Polizei besonders hervortaten, und vielen Halbwüchsigen und Kindern, von denen die jüngsten zehn Jahre alt waren. Ein großer Teil bestand aus passiven Zuschauern. Später sollten die radikalen Linken in der Presse verbreiten, die Polizei und das Militär hätten auf wehrlose Frauen und Kinder die Säbel niedersausen lassen und Schüsse abgefeuert. Nichts lag der Wahrheit ferner. Die ersten Schüsse fielen gegen 22 Uhr aus den Reihen der Demonstranten, die Polizei war zu diesem Zeitpunkt gar nicht mit Schußwaffen ausgerüstet. Erst nachdem diese Schüsse gefallen waren, gab die Kreiswache 4 insgesamt sieben Pistolen an die Polizeikräfte ab.

Der erste Schuß wurde nachweislich vom Demonstranten Peter abgegeben. Dieser war von Polizist Rüssli aufgefordert worden, zurückzuweichen; fast gleichzeitig zog der Polizist den Säbel und der Demonstrant feuerte. Der Polizist wurde in der linken Brusthälfte getroffen, aber nicht lebensgefährlich verletzt. Peter wurde von herbeieilenden Polizisten mit Säbelhieben überwältigt; er mußte ins Kantonsspital eingeliefert werden. Für Rüssli genügte ein Notverband.

Gegen 21.30 Uhr wurde die Lage der Polizei immer prekärer. Die Demonstranten, die vor dem »NZZ«-Gebäude randaliert hatten, waren zu den Protestierenden gestoßen, die sich auf der Badenerstraße formiert hatten. Immer häufiger fielen aus der wütenden Menge Schüsse in Richtung der Polizei. In dieser Situation begann die Polizei das Feuer zu erwidern. Sie wollte damit verhindern, daß die Aufrührer die Polizeiwache stürmten, was ihr auch gelang.

Viele Jahre später betrachtete es Daetwyler als glückliche Fügung, daß er bereits verhaftet worden und nicht mehr auf der Straße war, als die Schüsse krachten. Nicht um seine persönliche Sicherheit wäre er besorgt gewesen – er war in einem Ausmaß von seiner Friedensmission durchdrungen, daß er für die Sache wohl sein Leben eingesetzt hätte. Und er hatte ja schon bei der Fahneneidverweigerung 1914 die Todesstrafe in Kauf genommen. Doch daß nun Menschen aufeinander schossen, widersprach vollkommen seiner pazifistischen Überzeugung. Als alter Mann meinte er zur Eskalation während der Zürcher November-Unruhen: »Gewisse politische Kreise, vor allem die Kommunisten, mißbrauchten meine guten Ideen schändlich, und brachen mit Waffengewalt Unruhen vom Zaun. Diese dunkle Episode, die gegen meinen Willen war, wurde dann unter anderem auch von den Sozialisten dem ›Idioten‹ Daetwyler angelastet. […] In der Untersuchungshaft sagte ich mir damals, wäre ich mit meinem Friedensplan durchgedrungen, dann hätten Tausende von Menschenleben auf den Schlachtfeldern gerettet werden können. So aber ist alles schiefgegangen. Ja, hätte die Schweizer Armee nicht rigoros eingegriffen, wäre es durch den schändlichen Verrat der Kommunisten an meiner Friedensarmee sogar zu einem Umsturz gekommen. In anderen Landen wäre ich wahrscheinlich an die Wand gestellt worden.«

Kurz vor 22 Uhr, am dritten Tag der Unruhen, starb das erste von vier Todesopfern. Robert Naegeli, Mitglied der Holzarbeitergewerkschaft, war im Begriff, von den Reihen der Polizei in Richtung der Demonstranten zu rennen, als ihn ein Schuß von vorn in den Unterleib traf. Aller Wahrscheinlichkeit wurde er von einer Kugel seiner eigenen Leute getroffen. Unmittelbar neben einem Kantonspolizisten brach Naegeli auf dem Trottoir zusammen, in der Hand hielt er noch immer einen Stein. Er wurde auf die Kreiswache gebracht, wo er bald an inneren Blutungen starb.

Im Gegensatz zu Naegeli war das nächste Opfer eine an den Krawallen unbeteiligte Frau. Um ihren kleinen Sohn in die Sicherheit des Wohnzimmers zu ziehen, war Frau Wolf auf den Balkon ihrer Wohnung an der Badenerstraße getreten. Genau in diesem Moment gaben Kantonspolizisten Warnschüsse über die Köpfe der Demonstranten ab; sie wurde von einer Kugel getroffen und starb drei Tage später im Kantonsspital. Das dritte Todesopfer war vermutlich ebenfalls kein Demonstrant. Der 19jährige Liniger hatte an der Badenerstraße eine Kinovorstellung besucht und befand sich auf dem Heimweg nach Altstetten. Ein Kopfschuß hatte seinen sofortigen Tod zur Folge. Ob der Schuß von den Demonstranten oder der Polizei abgegeben worden war, konnte nicht geklärt werden.

Der Polizist W. Kaufmann wurde dagegen von einem Demonstranten mit einem Schuß ins Herz kaltblütig ermordet. Zu diesem Zeitpunkt befanden sich nur noch vereinzelte Gruppen von Demonstranten auf der Straße. Eine hatte sich mit Zaunlatten bewaffnet und stand gegenüber der Kreiswache. Dieser Gruppe näherten sich einige Passanten, die sich offenbar auf dem Heimweg befanden. Die Passanten und die Demonstranten gerieten aneinander, es entstand ein Streit, bei dem einer der Passanten einem Burschen die Zaunlatte entriß und ihm eine Ohrfeige verpaßte. Die Demonstranten deckten darauf die Passanten mit Steinen ein, woraufhin diese sich in den Schutz einer in der Nähe stehenden Gruppe von Polizisten begaben. Ein Augenzeuge beobachtete, wie sich eine Figur aus der Ansammlung der Demonstranten löste, über den Zaun einer Baustelle kletterte und hinter einem Bretterverschlag verschwand. Inzwischen flammte der Streit zwischen den Heimkehrern und den jugendlichen Protestierern neu auf. Das veranlaßte einige Polizisten, unter ihnen Kaufmann, auf die Gruppe zuzugehen, um sie zu zerstreuen. In diesem Moment wurde von der Bretterwand her ein Schuß abgefeuert, der Kaufmann ins Herz traf. Als die Demonstranten das sahen, flohen sie nach einigen Bravorufen in Richtung Kalkbreitestraße. Wegen des Mordes an Polizist Kaufmann wurde im Februar 1919 ein Mann vor ein Schwurgericht gestellt, aber mangels Beweisen freigesprochen. Zeugenaussagen waren widersprüchlich und unsicher. Die trübe Straßenbeleuchtung erschwerte später ganz allgemein die Ermittlungen der Polizei und der Untersuchungsrichter.

Neben den vier Todesopfern wurden während des Aufruhrs über drei Dutzend Personen zum Teil schwer verletzt, darunter elf Polizisten. 19 Personen mußten ins Spital eingeliefert, bei insgesamt 16 wurden Schußverletzungen festgestellt. Ein Mann wurde von einem Geschoß in die Brust getroffen, das von der Polizei abgegeben worden war; ein Knabe, der über die Badenerstraße seinen Kameraden entgegenrannte, wurde durch einen Bauchschuß verletzt.

Gegen 22 Uhr in der Nacht vom Samstag auf den Sonntag begann der Truppeneinsatz. Aufgrund der kritischen Situation vor der Kreiswache begab sich Hauptmann Kunz von der Kantonspolizei zu Platzkommandant Oberst Reiser und bat diesen um Hilfe. In der Kaserne versetzte Reiser daraufhin die ihm zur Verfügung stehenden Soldaten in Alarmbereitschaft, wartete vorerst aber noch ab. Erst als etwa eine halbe Stunde später telephonisch die Meldung eintraf, die Polizei sei nicht mehr in der Lage, die Ordnung aufrechtzuerhalten und die Lage allein zu bewältigen, rückte er aus.

Die Soldaten bildeten eine Front in Richtung Sihlbrücke. Die Mitrailleurkompanie war mit vier Maschinengewehren ausgerüstet. 60 Mann der Landsturmkompanie II/57 marschierten mit aufgepflanztem Bajonett gegen die Demonstranten vor, wobei ihnen die Polizei Flankenschutz gab. Die Badenerstraße konnte so bis zum St. Jakobsplatz geräumt werden. In dieser Phase fielen etwa 30 Schüsse, teils aus Richtung der Demonstranten, teils von der Polizei abgegeben. Die Soldaten gaben keinen einzigen Schuß ab.

Auf dem St. Jakobsplatz ließ Oberst Reiser zwei Maschinengewehre aufstellen. Das tat seine Wirkung. Die Schießereien hörten auf, und es wurden nur noch vereinzelt Steine geworfen. Die Wut der Demonstranten richtete sich nun gegen das Militär, die Soldaten mußten sich üble Beschimpfungen gefallen lassen. Einige Frauen suchten das Gespräch mit den Soldaten und forderten sie auf, von der Waffe keinen Gebrauch zu machen.

Reiser, der auch das Kommando über die Polizei übernommen hatte, befahl den Polizeieinheiten, sich wieder in die Kreiswache zurückzuziehen. Er suchte nun, nachdem eine Barrikade weggeräumt worden war, das Gespräch mit der aufgebrachten Menge. Zwei Unterhändler verhandelten mit Reiser, er brachte diese dazu, begütigend auf die Demonstranten einzuwirken, worauf sich die meisten Manifestanten verzogen. Reiser konnte daraufhin die Badenerstraße für die Fußgänger und den Tramverkehr wieder freigeben. Allerdings erteilte er den Befehl, niemand dürfe stehenbleiben. Die Demonstranten strömten die Badenerstraße hinunter, besahen sich die Schäden an der Kreiswache, einige pfiffen, aber im allgemeinen blieb es ruhig.

Inzwischen war Hauptmann Sennhäuser mit seinen Rekruten durch die Ankerstraße gegen den Helvetiaplatz vorgerückt. Sennhäuser ließ wie schon Oberst Reiser zwei Maschinengewehre aufstellen, um ein Vorgehen der Menge gegen das Kreisgebäude zu verhindern. Die Maschinengewehre wurden über den Helvetiaplatz in Richtung des Postgebäudes in Stellung gebracht. In der Schußlinie der Maschinengewehre entstand eine etwa 15 Meter breite Schneise. Sennhäuser ließ nun eine Serie von 50 scharfen Schüssen gegen die Mauer des Postgebäudes abgeben, um die Leute einzuschüchtern.

Mittlerweile war Platzkommandant Reiser auf dem Helvetiaplatz eingetroffen, und er war auch hier bereit, mit den Manifestanten zu verhandeln. Von der Langstraße her drängten immer mehr Menschen zum Helvetiaplatz. Hauptmann Sennhäuser ließ zur Warnung noch einmal 17 Schüsse auf das Postgebäude abgeben. Durch abprallende Geschoßsplitter wurde dabei ein Mann verletzt, woraufhin Reiser befahl, die Maschinengewehre abzuräumen. Die Versammelten forderten den Abzug der Polizei, was schließlich angeordnet wurde.

Reiser hatte von den Unterhändlern die Zusicherung erhalten, man werde sich zerstreuen, sobald das Militär abgezogen sei. Inzwischen war fast überall Ruhe eingetreten, was Reiser veranlaßte, um halb zwölf Uhr mit seinen Soldaten in die Kaserne zurückzumarschieren. Doch kaum waren die Soldaten weg, drängte sich eine Masse vom Helvetiaplatz durch die Ankerstraße auf den Platz vor das Gerichtsgebäude und forderte in Sprechchören die sofortige Freilassung Daetwylers. Offenbar wähnte sie ihren Anführer noch immer im Bezirksgefängnis. »Daetwyler frei, Daetwyler frei«, schrien sie, was von vielen mißverstanden wurde: Sie glaubten, Daetwyler sei tatsächlich freigelassen worden; doch der Friedensapostel wurde für geraume Zeit nicht freigelassen.

Um Mitternacht war fast überall vorübergehend Ruhe eingekehrt. Doch eine halbe Stunde nach Mitternacht versammelten sich erneut gewaltbereite Unruhestifter vor der Kreiswache und warfen Steine und Holzlatten gegen das Gebäude. Kurz vor ein Uhr wurde darum wieder das Militär alarmiert, die Truppe zog vor die Polizeiwache und hielt dort die ganze Nacht die Stellung.

An diesem Samstag und am darauffolgenden Sonntag, dem 18. November, wurden in Zürich 112 Personen verhaftet, 68 davon nach Feststellung ihrer Personalien wieder entlassen. Die Krawalle waren den Behörden gehörig in die Knochen gefahren. Sie waren der Ansicht, daß die Ordnung durch die Polizei und die geringen Armeekräfte, die sich zu diesem Zeitpunkt in Zürich aufhielten, auf Dauer nicht gewährleistet werden könne. Aus diesem Grund erbat der Regierungsrat des Kantons Zürich noch in der Nacht auf den Sonntag von der Armeeleitung weitere Truppen. Die obersten Militärs willigten ein und entsandten im Laufe des Sonntags drei Bataillone. Auch zwei Schwadronen des Dragonerregiments 6 rückten am Sonntag abend in die Stadt ein. In unterschiedlicher Truppenstärke sorgte nun die Armee in den nächsten Wochen und Monaten für die öffentliche Ordnung in Zürich, in den Tagen unmittelbar nach den Unruhen patrouillierten Soldaten durch Zürichs Straßen; Versammlungen unter freiem Himmel wurden von den Behörden verboten.

Die Instruktionen wurden dem Platzkommandanten durch den Ordonnanzoffizier General Willes mitgeteilt. Der General plädierte von Anfang an für ein hartes Durchgreifen. Oberstleutnant Eduard Goumoens, ein Generalstabsoffizier, der sich am Montag, dem 19. November, privat in Luzern aufhielt, hatte am Vormittag den Befehl erhalten, wieder in den Aktivdienst einzurücken. Er sollte von Luzern über Zürich nach Bern fahren, um in Zürich mit dem General zu sprechen. Goumoens schrieb in seinem Bericht an den Generalsstabschef, der General habe ihm folgendes mitgeteilt: »Er [der General] sei heute früh nach Zürich gefahren und habe die Sache dort selbst in die Finger genommen. Ursache sei das schlappe Verhalten der Regierung und des Oberst Reiser. So hätten gestern abend die Manifestanten zuerst verlangt, die Polizei müsse weg, und sie sei weggegangen. Dann habe die Menge den Rückzug aufmarschierter Reiserscher Streitkräfte verlangt. Sie seien daraufhin zurückgezogen worden. Hierauf habe die Menge die Freilassung Daetwylers verlangt, was die Wahrer der Ordnung von Zürich doch nicht gewähren konnten.«

Wille verlangte, daß die Untersuchung der Krawalle von militärischen Untersuchungsrichtern durchgeführt und die Übeltäter vor ein Militärgericht gestellt werden sollten; das war aber gesetzwidrig, denn die Demonstranten waren Zivilisten und konnten als solche nicht von einem Militärtribunal angeklagt werden. Die Untersuchung gegen Daetwyler und 27 Mitangeklagte wurde von der Staats- und Bezirksanwaltschaft Zürich geleitet, wobei sich die Staatsanwaltschaft um den politischen Teil, die Bezirksanwaltschaft um die Vergehen gegen Leib und Leben zu kümmern hatte. Es dauerte schließlich fast drei Jahre, bis die Gerichtsverhandlungen durchgeführt wurden. Am 24. Februar 1920 wurde Daetwyler freigesprochen, Tätlichkeiten gegen die Polizei und Sachbeschädigungen hatte er ja nicht begangen. Was die politische Dimension betraf, führte Staatsanwalt Brunner die Untersuchung gegen Daetwyler. Gestützt auf ein psychiatrisches Gutachten, kam er zum Schluß, daß der Beschuldigte zwar zurechnungsfähig, aber ein »geistig nicht normaler Mensch« sei. Seine politische Haltung und seine diesbezüglichen Äußerungen sollten nicht zum Gegenstand eines Prozesses gemacht werden. Er beantragte, das Verfahren einzustellen. Der Regierungsrat schloß sich diesem Antrag an, wodurch Daetwyler einem weiteren Gerichtsverfahren entging.

In der Untersuchungshaft in der Polizeikaserne Zürich hatte Daetwyler einen ebenso umfangreichen wie außergewöhnlichen Text geschrieben. In ihm benannte er neben seiner ethischen Überzeugung, den Waffendienst zu verweigern, auch noch andere, ganz profane Gründe. Es war eine Rechtfertigung seiner Teilnahme an den November-Unruhen im besonderen und seiner Friedensmission im allgemeinen, die er vermutlich aus eigenem Antrieb verfaßte, wohl kaum auf Veranlassung einer Behördenstelle, denn einmal heißt es da: »So weiß ich heute nicht, wer meine Zeilen zum Lesen bekommen wird.«

Zu Beginn führte er noch einmal seine Beweggründe für die Fahneneidverweigerung von 1914 und die Stimmung bei den Offizieren und Kameraden in der Armee aus: »Ich erinnerte mich der Sozialdemokraten, die immer sagten, sie würden nicht mitmachen, und ich kam zu dem Schluß, das sei der richtige Standpunkt. Mit Erstaunen bemerkte ich die Stimmung meiner Kameraden und Offiziere, die das ganze Treiben der Mobilisation als etwas Selbstverständliches betrachteten. Ja, die mit Interesse sich über den Vormarsch der deutschen Truppen unterhielten und mitteilten, daß auch für die Schweiz allein 3 Armeecorps reserviert seien, für den Fall, daß die Franzosen in den Jura eindringen sollten. Daß es eine Sünde sei, so wie wir alle mit Waffen ausgerüstet waren, auszuziehen, um Menschen zu töten, davon sprach niemand ein Wort. Ein weiteres Moment kam dazu. Ich hatte im Sommer 1914 eine Bekanntschaft gemacht, wollte die Dinge weiter verfolgen.[7] Sollte ich nun ohne Nachkommen als Lediger im besten Alter sterben, weil einige verrückte Diplomaten Krieg erklärten, was ging mich das Geschäft der Regierungen und Diplomaten an?«

Er schrieb, daß nur er selbst über sein Schicksal entscheide. Dann nannte er den vielleicht verständlichsten Grund, warum er nicht in den Krieg ziehen wollte: »Dann kam auch Furcht dazu. Von jeher war ich ein Feigling, wenn es galt, Verwundeten zu helfen […] und warum sollte ich mich der Gefahr des verwundet und getötet Werdens aussetzen, nein, niemals.«

Geradezu komisch mutet die folgende Passage an: »Als Hotelier erwarteten die Offizier von mir, daß ich kochen könne, mein Leutnant sagte mir, daß ich der Offizierküche zugeteilt werde, respektive für die Offiziere des Bataillons hie und da etwas Gutes verschaffen sollte. Ich mußte mir zu dem Zweck eine Pfanne kaufen, und doch verstand ich von der Küche so gut wie nichts, weil ich Kaufmann und Kellner gelernt hatte. Abweisen konnte ich nicht gut, war also auch in dieser Beziehung alarmiert. Auch dieser Umstand machte meine Entrüstung gegen den Dienst größer. Als dann die Truppe zur Eidleistung auf den Kasernenplatz marschierte, da erreichte meine Entrüstung den Höhepunkt. Ich wollte nun selbst mein Schicksal in die Hand nehmen, auch wenn es das Leben kosten sollte.«

Dann kam er noch einmal auf seine christliche Moral zu sprechen, die ihm das Töten verbiete, und er bedauerte, daß er nicht vor einem Kriegsgericht einen »flammenden Protest« hatte äußern können. Es folgt eine lange Passage, in der er gegen die Anstaltsleitung von Münsterlingen vom Leder zieht, erst dann kommt er auf seine gegenwärtige Situation zu sprechen. »Zur Verteidigung bereit«, formulierte er in Bezug auf die Anklage wegen Aufruhrs: »Hier nun muß ich vor allem betonen, daß die Verteidigung meiner Person nicht von Belang sein kann. Denn seitdem ich im August 1914 die wahren Beweggründe des Friedens & des Krieges von meinem Standpunkt aus glaube erfaßt zu haben, seitdem ich von mir aus mich bereit erklärte für die Aufklärung dieser Fragen meine Person in den Kampf zu stellen, kann für mich nur die Durchdringung meiner Ideen [und nicht meine Person] als Hauptsache [gelten] und dabei mag ich selbst zugrunde gehen.«

Mit keinem einzigen Wort äußerte Daetwyler in diesem langen Text kommunistisches oder sozialistisches Gedankengut, geschweige denn Sympathien dafür. Vielmehr argumentierte er: »Darum möchte ich vor allem betonen, daß wie dem Gerechten alle Dinge zum Guten gereichen, sicher auch dasselbe einem gerechten Volke widerfahren müßte. Ich betrachte nun als gerecht, wenn man so handelt, wie das Gewissen es vorschreibt & wie es zum Beispiel ein Menschenfreund wie Christus die Menschen deutlich lehrte. […] Das heißt wir sollten unsere Mitmenschen lieben & zwar selbstredend ohne Unterschied von Nationalität und Rang. Denn diese Unterschiede sind nur von Menschen künstlich errichtet worden, während dem das Gewissen von Gott kommt. Man soll aber Gott, seiner inneren Erkenntnis, mehr gehorchen als den Menschen. Ich bin glücklich hier in meiner Zelle, zufrieden. Und doch nach dem Urteil der Menschen müßte es mir wohler zumute sein als bekannter & geachteter Hotelier mit Reichtum und Familie. Die Leute urteilen aber falsch. Mehr als alles äußere Glück, mehr als alle Dinge der Welt befriedigen den Menschen ein gutes Gewissen und die Überzeugung, Gott wohlgefällig zu leben. Dieses Gefühl habe ich und darum bin ich so glücklich. Und bereit alles zu ertragen, zu leiden & in allem eine weise Vorsehung zu erblicken, die alles zum guten Ende führt. Darum muß ich auch danach trachten, wenn ich mit anderen Menschen in Berührung komme, sie ebenso zu diesem Standpunkt hinzubringen. Das war der Zweck meines öffentlichen Wirkens.«

Hier wird, nicht zum ersten und nicht zum letzten Mal, Daetwylers ausgeprägtes Sendungsbewußtsein deutlich. So hielt er im Januar 1917 in seinem Tagebuch den euphorischen Eintrag fest: »Ich weiß nicht, ob ich die Wahrheit erkenne, aber ich weiß, daß ich einen Zustand der Freude, der Glückseligkeit mein eigen nenne, & ich kann nicht anders […] als dies verkünden, was mich glücklich macht.«

Auch in dem in der Polizeikaserne geschriebenen Text drang dieser missionarische Eifer durch: »Ich wollte unser Volk dazu bringen, daß es vor allem dem gerechten Wege nachdenke & nach Gottes Gesetz handle.« Hart ging er mit dem Schweizer Volk, das eben nicht auf ihn hören wollte, ins Gericht: »Weil aber das Volk den Weg der Gerechtigkeit nicht betreten wollte, sondern nur sein eigenes, gegenwärtiges, weltliches Interesse im Auge hatte, so wird es gerade das Gegenteil von dem erreichen, was es bezweckte. Es bezweckte, ohne Opfer möglichst unbeschadet die Katastrophe zu passieren; ein christliches Volk hätte vor allem vor aller Welt den Standpunkt der Gerechtigkeit angenommen & einmütig gegenüber dem Verbrechen des Krieges protestiert. Das Schweizer Volk tat nichts Derartiges. Ein christliches Volk hätte die Waffen zum Brudermord als erstes beiseite gelegt, denn ein

Kampf zwischen Menschen ist nie etwas anderes als ein Brudermord, weil wir alle Brüder sind.«

Und Daetwyler urteilte unmißverständlich über die Schweizer, die Munition herstellten und diese den kriegführenden Ländern lieferte: »[…] geht dieses Volk hin und liefert seinen Brüdervölkern […] Millionen Mordwaffen in Gestalt von Munition. Und aus dieser gemeinsten aller Handlungen heraus, diesem Meuchelmord im großen, diesem Verbrechen an den einfachsten Gesetzen der Menschlichkeit, erwartet man statt Fluch und Verderben Verhütung des Krieges im eigenen Land. […] Seht ihr nicht, wie diejenigen, die dem Volk als Leuchten vorangehen sollten, im Judasblut schwimmen, wie sie die Todesnot von Millionen Brüdern dazu ausnutzen, ihre Säcke zu füllen.«

Erst im letzten Teil kam er auf den eigentlichen Grund seiner Verhaftung zu sprechen: »Und nun klagt man mich an, ich hätte Aufruhr gestiftet, weil ich hineindrang in diese Verbrecherbuden der Munitionsfabrikation & sie hinaustrieb. Ich sei gemeingefährlich, sagte man, statt diese Verbrecher als gemeingefährlich hinzustellen. Und noch immer findet man den Weg zur Wahrheit nicht. Man sagt dem Volke nicht, dieser Mann predigt Menschenliebe, Ablehnung der brutalen Gewalt, Niederlegung der Waffen, Verbrüderung der Menschen & und deshalb Vermeidung all dessen, was zum Streite dient, so Munitionserzeugung, nein, als gemeinen Aufrührer behandeln Christen einen Volksgenossen, der ihnen die Lehre Christi predigen wollte. Wer aber hat dann bei dem Auflauf des Volkes Menschen getötet, Volksgenossen gemordet? Wohl nur diejenigen, die dazu Waffen trugen. Ich brauche keine Waffen, ich krümme keinem Menschen ein Haar.« Daetwyler wußte offenbar nicht, oder wollte es nicht wissen, daß nicht nur die staatlichen Ordnungskräfte, sondern auch die Demonstranten zur Waffe gegriffen hatten.

Dann schilderte er die Ereignisse auf dem Helvetiaplatz und im Kreis 4 aus seiner Sicht: »Aber es läßt mir keine Ruhe, so viele Volksgenossen, mit Mordwaffen ausgerüstet, jeder Zeit fällig für die Schlachtbank zu wissen. Und noch einmal: am Freitag dem 16. Nov. wollte ich das Volk aufmuntern, die Ketten der Unterdrückung, des Zwanges zum Morde im Militärdienst abzuschütteln.«

Er blendete hier völlig die Tatsache aus, daß das Schweizer Militär nirgends in den Schützengräben lag. Die Armee erfüllte lediglich den Auftrag, die Grenzen des Landes zu schützen. Dann fuhr er fort: »Ohne Waffe selbstverständlich, ohne Anhang, allein mit einem Freunde[8], bin ich auf den Helvetiaplatz gegangen & habe angefangen den Leuten zu sagen, wie kommt's, das Christentum verbietet das Töten, euer Staat aber zwingt euch zum Militär. Ist nicht der Krieg ein Kampf zur Vernichtung & ihr liefert dazu die Waffen, statt gegen den Krieg zu protestieren. Und dann sah man eine Colonne von 20 oder 30 Mann bewaffneter Polizei heranmarschieren, um den Sprecher abzufassen. Also so weit sind wir in der vielgepriesenen Demokratie. Wohlan, Reolution gegen die Unterdrücker der Wahrheit. Ja, es ist ein gefährliches Wort, wie oft habe ich in m. Vorträgen betont, keine Revolution, ja, aber Revolution des Geistes. Aber ist es nicht besser, diese heilige Ordnung, die täglich Tausenden mit Munitionslieferung zum Tode verhilft, die täglich Hunderttausende der Gefahr des Krieges bewaffnet ausliefert, zu stören, eine Bewegung in diesen stinkenden Sumpf zu bringen, um noch einmal, vielleicht zum letzten Mal, den Leuten zum Bewußtsein zu bringen: Bedenkt, was ihr tut! [...] Die Empörung des Volkes wuchs & ich erbebte, als ich die Säbel der Polizei in der Luft schwirren sah. Da habt ihr Siebenmalgescheiten den logischen Ausgang einer jeden bewaffneten Intervention, jede Waffe ist gefährlich. [...] Und nun sind sie los, die Geister. Klar muß jedem Menschen heute vor Augen treten, die Polizei, das Militär trägt Waffen, um Menschen zu töten. Ob Volksgenossen, es ist dasselbe. Feinde über der Grenze sind auch Volksgenossen. Eine Tat gegen die Munitionsfabrikation, eine unterbrochene Rede, hat einen Sturm im ruhigen Zürcher Volk hervorgerufen, ein Mann, ein Bataillon, ein Zwischenfall morgen an der Grenze kann den Krieg herbeiführen. Regierende, wollt ihr dann die Verantwortung für die Opfer übernehmen?«

Als Daetwyler diese Zeilen verfaßte, hatte sich der europäische Krieg zum Weltkrieg ausgeweitet: Die Vereinigten Staaten von Amerika hatten am 6. April 1917 dem Deutschen Reich den Krieg erklärt. Grund für den Kriegseintritt der USA war der verstärkte Unterseebootkrieg der Deutschen, der sich auch gegen die Schiffe neutraler

Staaten richtete, wenn Handelsware für die Entente an Bord vermutet wurde. Der U-Bootkrieg wirkte sich auch in der Schweiz negativ auf die Versorgung mit Gütern des täglichen Bedarfs aus. In einem riesigen Grabensystem, das von Flandern bis zur Schweizer Grenze reichte, lagen sich Millionenheere gegenüber. Die Mobilmachungsanleihen der Schweiz wurden zum größten Teil mit ausländischem, namentlich amerikanischem Kapital finanziert. Zwar wurden die Truppen, deren Mannstärke sich im August 1914 auf 250 000 Mann mit über 45 000 Pferden belief, im Laufe der folgenden Kriegsjahre bis auf 70 000 Soldaten gesenkt. Doch die Belastung für die Schweizer Bundesregierung blieb groß. Groß war die Belastung auch für den einzelnen Wehrmann; Lohnfortzahlung oder Verdienstausgleich gab es nicht. Und wer aus dem Aktivdienst entlassen wurde, mußte häufig feststellen, daß nun ein anderer die frühere Stelle eingenommen hatte.

Vor diesem Hintergrund muß Daetwylers Text aus der Polizeikaserne gelesen werden. Es ist nicht bekannt, wie gut er in seiner Zelle über den Gang der Dinge informiert war, was er vielleicht von seinen Wärtern erfuhr, oder ob er Zeitungen lesen durfte. Wohl eher nicht, denn sonst hätte er die folgende Feststellung nicht getroffen, als er über die Zürcher Unruhen schrieb: »Hier eine unbewaffnete Volksmenge, unsere Anhänger ohne Waffen, gewillt, niemand zu töten [...]«, an dieser Stelle sei an die Ermordung des Polizisten Kaufmann erinnert, »auf der anderen Seite die Regierung mit Säbeln & Gewehren, dort aber an der Grenze, auf beiden Seiten bewaffnete Horden, Tausende bewaffneter Brüder gegeneinander. 4 Tote & Verwundete, ich habe gebebt bei diesem Bericht, ein Menschenleben ist das höchste, das heiligste, mehr wert als alles & im Gedanken an die bevorstehenden Dinge, im Gedanken an den Meuchelmord von Tausenden durch Munition aus unseren Fabriken, bleiben wir kühl, weil uns die Folgen nicht vor Augen treten.«

Daetwyler erforschte sein Gewissen, in welchem Ausmaß ihn selbst eine Schuld an den Toten und Verletzten traf: »Ich trauere & suche mich anzuklagen. Aber die innere Stimme, die sich bei mir stets bemerkbar macht, bleibt still, mein Gewissen ist ruhig, ich habe das Gefühl, daß ich alles verantworten kann & daß ich heute, nach langer ruhiger Überlegung, ebenso handeln würde wie ich gehandelt habe. 4 Tote, Verwundete, warum, wozu. Ein Irrtum, ein Mißverständnis. Weil die Behörden glauben, bei einem Aufstand des Volkes, dieses sei ein wildes Tier, es ist aber lahm & läßt sich gerne führen, weil der Herr Stadtrat, der Herr Regierungsrat zwar ein gebildeter Mann ist, aber das Leben nicht kennt, weil er zu Hause hinterm Ofen sitzt & Befehle an andere erteilt, wo ein mutiger Volksvater selbst zum Volke gehen würde & mit ihm sprechen würde, statt mit Gewalt Öl ins Feuer zu gießen. Ein Irrtum, ein Mißverständnis, Feigheit der Regierung, das ist auch der Krieg & heute noch sind auch in der Schweiz Hunderttausende sonst vernünftiger Menschen bereit, für eine solche Sache töten zu lassen & andere zu töten statt an der Christuslehre festzuhalten, ihr sollt einander lieben.«

Für seine Rolle während der November-Unruhen zahlte Daetwyler einen hohen Preis: Drei Monate saß er in Untersuchungshaft, anschließend wurde er drei Monate lang in der psychiatrischen Klinik Burghölzli untersucht. Dort bekam er es mit dem Psychiater Eugen Bleuler und seiner Ärzteschaft zu tun.[9] Auch im Burghölzli glaubten die Seelendoktoren eine Geistesgestörtheit bei ihm feststellen zu müssen. Der Psychiater hielt wohl nicht viel von seinem Patient: Bleuler, so erinnerte sich Daetwyler, unterließ es, seinen ehemaligen Patienten auch nur zu grüßen, wenn sie sich auf der Straße begegneten.

In einer Serie über Daetwyler in der Zeitschrift »Die Woche« sprach er 1963 davon, daß er noch lange unter den seelischen und materiellen Nachwirkungen des November-Aufruhrs gelitten hatte. Vor allem das Blutvergießen, die Toten und Verwundeten ließen ihn nicht zur Ruhe kommen: »Als Soldat habe ich den Dienst und das Blutvergießen verweigert. Als Friedensapostel bin ich selber an einem Blutvergießen schuldig geworden.« Dann machte er eine für ihn ganz untypische Bemerkung: »Vielleicht braucht es im Grunde genommen doch mehr Mut, als Schweizer Soldat seine Pflicht zu tun, denn als Friedensapostel aufzutreten.« Als fast genau ein Jahr nach den Zürcher November-Unruhen am 11. November 1918 der Generalstreik ausgerufen wurde, verstärkten sich seine Schuldgefühle. Er betrachtete die von ihm mitverursachten Zürcher Unruhen gewissermaßen als Vorläufer des Generalstreiks.[10] Das Land wurde für drei Tage lahmgelegt, die Fabriken standen still, ebenso der öffentliche Verkehr und die meisten öffentlichen Dienste. In die Bresche sprang die Armee, die der Bundesrat aufgeboten hatte. Klaglos, ohne auch nur einen Hauch von Meuterei leisteten die Soldaten den Ordnungsdienst; mit aufgepflanzten Bajonetten bewachten sie das Bundeshaus in Bern. In der Nacht vom 13. auf den 14. November 1918 war der Generalstreik auch schon wieder vorbei.

Nach Untersuchungshaft und Internierung in der »Irrenanstalt« war Daetwylers Ruf schwer angeschlagen, man ließ keinen guten Faden an ihm. Doch als er sich »vollends erledigt & am Boden glaubte«, trat eine glückliche Wendung in seinem Leben ein. Bereits wieder in Freiheit, erhielt er im Frühling 1918 einen Brief, der bei der Polizei deponiert worden war. Offensichtlich durfte er weder in der Untersuchungshaft noch in der Klinik Burghölzli Briefe empfangen. Zuerst glaubte er, der Brief komme von einer Serviertochter, mit der er in Zürich kurz vor den Unruhen Bekanntschaft geschlossen hatte. Den Brief hatte jedoch jene Clara Brechbühl verfaßt, die er 1915 in Bern kennengelernt, einige wenige Male getroffen und dann aus den Augen verloren hatte.[11]

Clara schrieb, sie glaube, er sei zu Unrecht eingesperrt worden. Mit dieser Meinung stand sie allerdings ziemlich alleine da. Die meisten Leute dachten nämlich, daß es diesem Spinner Daetwyler ganz recht geschehen sei, daß man ihn hinter Schloß und Riegel gebracht hatte. Sie hatte auch versucht, Max im Gefängnis zu besuchen, konnte aber nicht bis zu ihm vordringen. Es war nicht selbstverständlich, daß Clara erneut Kontakt mit Daetwyler suchte, denn die meisten Leute zerrissen sich das Maul über den als Irren gebrandmarkten Aufrührer. Daß sich das Berner Bauernmädchen an der Seite des Umstürzlers blicken ließ, war ein Beweis ihrer Zivilcourage. Aber ganz offensichtlich hatte sie der junge Mann, dem sie in Bern begegnet war, tief beeindruckt, seine Wohnadresse brachte sie bei der Zürcher Stadtpolizei in Erfahrung.

Max und Clara trafen sich in Zürich wieder und unternahmen Spaziergänge auf den Zürichberg. Bei einem dieser Ausflüge sagte

Max zu Clara: »Hören Sie, Fräulein, wir wollen nicht mehr zusammenkommen, sonst verlieben wir uns noch ineinander und das hat keinen Spitz, ich habe kein Geld, ich bin verfolgt.« Worauf Clara antwortete: »Das macht doch nichts, ich kann ja auch schaffen.« Daetwyler: »Gut, wenn es Ihnen recht ist, mir ist es auch recht.« Am Tag darauf ging er auf das Zivilstandsamt und erkundigte sich, welche Papiere er und seine Braut beibringen müßten, und erfuhr, daß lediglich die Geburtsscheine nötig seien.

Einige Wochen nach der Wanderung auf den Zürichberg heirateten Max Daetwyler und Clara Brechbühl am 22. Juli 1918 auf dem Standesamt in Zürich. Daetwyler hatte die Frau fürs Leben gefunden.

4.
Der Stern seines Lebens

Die Hochzeitsreise der Frischvermählten dauerte einen Tag und führte das Paar auf den Zürcher Uetliberg. Dort gab Max seiner Clara den ersten Kuß. Der Friedensapostel und die 1897 als Tochter eines Landwirts und Melkers in Courtepin im Kanton Freiburg geborene, elf Jahre jüngere Berner Bauerntochter liebten sich aufrichtig und ohne Vorbehalte. Daetwyler schrieb 1933 in sein Tagebuch: »Als ich mit meiner jetzigen lieben Frau bekannt wurde, als es soweit kam, daß wir uns für den Lebensbund zusammenschließen wollten, auch da kam mir Gott entgegen & half mir, diesen schwersten Lebensschritt mit einer solchen Leichtigkeit zu machen, wie wenn man hingeht, um eine Tasse Café zu trinken. Es kam im Verlaufe eines Gesprächs dazu, daß ich sagte, daß ich nicht ans Heiraten denken dürfe, weil ich als Friedensapostel keine sichere Existenz habe, ja so oft eingesperrt & verfolgt werde. Und als mir Clairli antwortete, das mache nichts, sie könne auch arbeiten, & als ich sagte, daß es mir dann auch recht sei, da war es für mich nachher so leicht, so leicht. Es kamen noch einmal Zweifel über mich, aber sie bekamen keinen Einfluß, denn ich hatte ja mein Wort gegeben. Ich konnte aber mein Wort nicht brechen, ohne untreu zu sein gegen Gott. So war es eine Freude, wie mein liebes Clairli & ich wie zwei einfältige Kinderlein den Schritt wagten. Der Schritt, der mir so großes Lebensglück, so viel Segen, so viel Freude brachte & erst den ganzen Mann in mir machte.«

Die Zweifel, die Daetwyler plagten, waren nicht unberechtigt: Als die beiden heirateten, besaßen sie zusammen 360 Franken für die Gründung eines Hausstandes – auch für die damaligen Verhältnisse äußerst wenig. 200 Franken hatte sich Daetwyler von Freunden geliehen, 160 Franken hatte Clara gespart: viel Geld für sie; als Dienstmädchen und Köchin hatte sie in Anstellungen in Bern und Zürich nebst Kost und Logis 20 Franken im Monat verdient. Die Aussteuer und den nötigsten Hausrat erstanden sie für 230 Franken bei einem Trödler. Nur schon die bescheidensten Anschaffungen wie ein Milchkrug, ein Nachttopf, eine Pfanne oder ein Kerzenständer kosteten nebst anderen Haushaltutensilien bei Kisling & Cie. nach Abzug von drei Prozent Skonto Fr. 37.35. Und einen Kerzenstock und einen Nachttopf brauchten sie, denn ihre erste gemeinsame Bleibe an der Küsnachterstraße in der Züricher Gemeinde Zumikon verfügte weder über einen elektrischen Anschluß noch über fließend Wasser.

Clara schlug vor, daß sie sich am besten eine Wohnstätte auf dem Lande suchen sollten. Dort seien die Mieten günstiger als in der Stadt, und es bestand die Möglichkeit, die Grundbedürfnisse mit einem Garten zu decken. Daetwyler machte sich auf Wohnungssuche, doch etwas Passendes zu finden erwies sich als schwierig. Nach tagelangen Besichtigungen setzte er sich, schon ganz entmutigt, in ein Tea-Room und klagte einem Gast sein Problem. Dieser empfahl ihm, sich in der Gegend um die Forch herum umzusehen.[1] Der Ratschlag erwies sich als Glückstreffer: Im Weiler Gössikon bei Zumikon, hoch über dem Zürichsee gelegen, fand Daetwyler schließlich ein kleines, baufälliges Haus, das er für einen Jahreszins von 220 Franken mieten konnte. Später erinnerte er sich: »Ich weiß nicht, wer mehr Freude an wem oder was hatte: Clara und ich an dem Häuschen, an welchem zwar recht viel reparaturbedürftig war, oder der Vermieter, ein alter Zimmermann, an meiner jungen Frau.«

Mit Feuereifer begannen die beiden, zwei Aren Pflanzland, die zu dem Haus gehörten, zu bebauen. Bald konnten sie über den eigenen Bedarf hinaus die Früchte ihrer Arbeit verkaufen: Erdbeeren, die besonders gut gediehen und für die sie innert weniger Tage beträchtliche 1000 Franken einnahmen, dazu Rhabarber, verschiedene Sorten Salat, Bohnen, Radieschen und Spinat. Im Februar 1921 hatten sie genügend Geld beisammen, um eine Anzahlung an das Häuschen zu leisten. Es kostete mit dem Land 5000 Franken. Max und Clara bezahlten 1000 Franken aus eigenem Ersparten, 2000 Franken lieh ihnen Claras Vater Hans Brechbühl und weitere 2000 Franken Claras Onkel Alfred Brechbühl.

Im Laufe der Jahre erwarb das Ehepaar Daetwyler weiteres Land dazu, so am 28. Februar 1922 für 800 Franken 14 Aren, am 26. März 1925 drei Aren für 200 Franken und 1949 nochmals 14 Aren für 2499 Franken. Am 20. Februar 1934 veranlaßte Max, daß seine Ehefrau Clara als Alleineigentümerin von Haus und Boden im Grundbuchamt eingetragen wurde. Der Grund waren seine Schulden, und durch den Besitzerwechsel war die Gefahr abgewendet, daß Gläubiger zwecks Schuldtilgung auf das Haus zugreifen konnten. Er hatte dies allerdings nicht gern getan, »weil es so aussah, als ob ich ein Schlaumeier sei, der durch eine Hintertüre sich schützen wolle«.

Es war gutes Land, einst Rebland, auf dem sonnigsten Boden der Gemeinde Zumikon gelegen, und es bildete in den kommenden Jahrzehnten die Existenzgrundlage der Familie Daetwyler. Mit großen Körben voll frischen Gemüses zog Daetwyler in die Stadt Zürich hinunter. »Dä Gmüeschabis chunt« [»Der Gemüsekohl kommt«], riefen die Hausfrauen, wenn Daetwyler nahte, und sie bezahlten die Preise, die er forderte. Er war offensichtlich ein Verkaufstalent. »Mein Mann kann einfach alles verkaufen«, sagte Clara Daetwyler einmal.

Die Hausfrauen schätzten sein Gemüse: »Meine Ware war immer frisch und erstklassig. Ich fragte die Hausfrauen nie, was sie wünschten, sondern erzog sie so, daß sie meinen Spinat kauften, wenn ich ihnen Spinat anbot, und meinen Rhabarber kauften, wenn ich Rhabarber bei mir hatte.« Aus der von Gottlieb Duttweiler 1925 gegründeten Migros erwuchs ihm jedoch Konkurrenz: »Wenn die guten Frauen den Franken für meine Erdbeeren zu teuer fanden und sagten, in der Migros kosteten sie nur 50 Rappen, dann antwortete ich: ›Der Duttweiler ist eben fleißiger als der Daetwyler. Ich muß einen Franken dafür haben.‹«

Als Duttweiler die Migros gründete, steckte die Schweiz in einer schweren Wirtschaftskrise. Die Lebensmittel waren viel zu teuer, der Detailhandel auf seinen Vorteil bedacht, und Kartelle und Monopole beuteten die Konsumenten aus. Duttweiler trat an, diese Strukturen zu zerschlagen. Sein Sortiment umfaßte zu Beginn nur sechs Artikel des täglichen Bedarfs: Teigwaren, Reis, Zucker, Kaffee, Kokusnußfett und Seife. Diese sogenannten »Schnelldreher« wurden nicht in Läden, sondern vorerst mit Verkaufswagen abgesetzt. Der geniale Kaufmann Duttweiler, den das Volk »Dutti« nannte, besaß das Temperament eines Diktators, aber die Gesinnung eines Demokraten. Mit seinen unternehmerischen Ideen veränderte der kämpferische Detailhandelspionier die Schweiz wie nur wenige andere Persönlichkeiten des 20. Jahrhunderts. Obwohl die Migros für den Gemüsebauern Daetwyler einen Rivalen darstellte, stand er der Geschäftsidee dahinter von Anfang an positiv gegenüber. In Briefen suchte er den Kontakt zu Duttweiler und bat ihn um Spenden für seine Friedensarbeit. Während Jahrzehnten gehörte Duttweiler zu den Gönnern des Friedensapostels. Verschiedentlich sprach Daetwyler auch unaufgefordert an politischen Versammlungen des Landesrings der Unabhängigen, einer von Duttweiler gegründeten politischen Partei. In den 1950er Jahren, als die Migros aus dem Schweizer Alltag nicht mehr wegzudenken war, sollte Daetwyler für die Satire-Zeitschrift »Nebelspalter« ein Manuskript verfassen, in dem unter anderem zu lesen ist: »Wenn Dutti in Zürich redet, ist der größte Saal zu klein, wenn Dätti redet, der kleinste Saal zu groß! Merkwürdig. Dätti und Dutti sind reiche Leute: Dutti hat viel Geld, Dätti hat viel Zeit. Dutti sorgt für den Leib, Dätti für die Seele des Volkes.«

Als die Gärtnerei florierte, begannen die Daetwylers mit einer Hühnerzucht. Zuerst waren es zwölf Hühner, jedem gab Clara einen Namen; bald gackerten über 100 in den Ställen. Es gab Jahre, in denen Daetwyler 12 000 Eier zu Markte tragen konnte. Sie erzielten einen guten Preis, weil das Federvieh sorgfältig mit gehäckselten Gemüseabfällen und Körnern gefüttert wurde und seine Eier qualitativ besser waren als die Eier anderer Produzenten. Einziges Problem: Das Schlachten der Hühner und ihr Verkauf als Bratpoulet bereiteten ihm große Mühe, schließlich war er schon seit einigen Jahren Vegetarier; und das Töten der Tiere konnte er mit seinem Gewissen nicht mehr vereinbaren. Also gab man die Hühnerhaltung wieder auf.

Statt dessen legte sich das Ehepaar nun Bienenvölker zu. Der Honig wurde bald zu einer wichtigen Einnahmequelle, wie auch Blumen und die Produkte, die Clara an einer Strickmaschine herstellte. Claras Onkel Alfred hatte ihnen für den Kauf der Strickmaschine 1000 Franken vorgestreckt. Clara war geschickt und lieferte unter anderem Socken an das renommierte Zürcher Geschäft Wollen-Keller. Im Rückblick hielt Daetwyler den Kauf der Strickmaschine für einen der großen Fehler seines Lebens. Sie führte offenbar zu einigem Unfrieden im Haus, weil Clara praktisch Tag und Nacht an der Maschine saß und ihrem Mann vorwarf, »daß sie selbst so viel tun müsse, um für das Brot der Familie zu sorgen«, während der Mann sich darin gefiele, über den Weltfrieden zu philosophieren.

Während Clara nur gelegentlich ihrem bisweilen auftretenden Unmut über ihren Mann Ausdruck verlieh, war ihr Vater Hans Brechbühl – ein Berner Bauer, der es in seinem Leben durch harte Arbeit zu einigem Wohlstand gebracht hatte – eindeutig nicht gut auf seinen Schwiegersohn zu sprechen: »Als ich meine liebe Clara heiratete, da fragte ich nicht nach ihrer Verwandtschaft. So sehr war ich damals mit meiner Liebe zu meiner Frau beglückt, daß ihr Vater eigentlich nicht zählte. Er hatte wohl das Gefühl, daß wir einander nicht verstehen werden. So ging es lange, bis ich etwas von ihm hörte, & bis ich ihn sah. […] Als ich ihn einmal besuchte, da war er mit seinem Meisterbauern am Grasmähen. Er fuhr fort zu mähen, ohne mich zu grüßen. Und es war etwas Feindseliges, etwas Fremdes in seiner Haltung. Er hatte sich über mich durch umlaufende Gerüchte orientiert, die mich in einem schlechten Licht erscheinen ließen. Es war nach der Zeit, da ich in Bern viel unternommen hatte und bekannt geworden war im guten und im schlechten Sinne. Also alles, was an Tradition festhielt, & dazu gehörten vor allem die Bauern, sahen in mir einen Umstürzler, einen Revolutionär & Sonderling.«

Trotzdem waren diese ersten Ehejahre für Daetwyler »eine grandige [großartige] Zeit«. Seine Tätigkeit als Hühnerzüchter, Gärtner und Imker verschaffte ihm »die unumgängliche Selbständigkeit und Unabhängigkeit für meinen Hauptberuf als Friedensapostel«. Mit seiner Friedensarbeit hielt er sich in den ersten zwei Jahren seiner Ehe zwar eher zurück, ganz verzichten auf die Verkündigung seiner Wahrheit konnte er aber nicht. So schickte er am 15. Mai 1920 folgendes Telegramm an Clara: »Liebes Clärli wegen meiner Ansprache am See bis unbestimmt in Haft sonst gesund. Gute Nacht Max.«

Für sein vergleichsweise gebremstes Auftreten in der Öffentlichkeit gab es drei Gründe. Erstens hing immer noch das Damoklesschwert einer angedrohten Bevormundung über ihm. Zweitens war die Stimmung in der Arbeiterschaft angespannt und gereizt. »Jede größere Versammlung hätte Anlaß zur Auslösung der Revolution geben können. Das mußte vermieden werden«, schrieb er am 27. Mai 1919 ins Protokollbuch seiner Friedensarmee. Und drittens grassierte in den Jahren 1918 und 1919 auch in der Schweiz die Spanische Grippe, die in der Welt mehr Todesopfer forderte als der Erste Weltkrieg.[2] Die Grippe war 1917 aus der Mandschurei durch Auswanderer in die USA verschleppt worden, und der Virus gelangte in der Folge mit amerikanischen Truppen nach Europa. Allein in der Schweiz starben fast 25 000 Menschen.[3]

Was Max und Clara zu ihrem Glück noch fehlten, waren Kinder. Als eigener Nachwuchs ausblieb, nahmen sie ein Kind in Pflege. Das ging aber nicht gut, weil es zu ständigen Reibereien mit den leiblichen Eltern kam, zu denen der Pflegling schließlich wieder zurückkehrte. Doch dann stellte sich 1920 Tochter Klara ein, 1928 folgte Sohn Max. Die Eltern waren liebevoll im Umgang mit ihren zwei Kindern. In den 1960er Jahren sagte Vater Daetwyler über seine Erziehungsmethode: »Es waren gute Kinder, die immer gehorchten, weil ich ihnen nie etwas befahl. Im Garten mußten sie kaum jemals Hand anlegen. Zwar hätten sie uns schon geholfen, aber nur widerwillig. Und ein Mensch, der nicht mit Freude arbeitet, soll auch nicht arbeiten.« Und an anderer Stelle meinte er: »Zweifellos war es auch für meine Kinder nicht immer leicht, den Friedensapostel zum Vater zu haben. Aber Kameraden, Nachbarn und Lehrer waren immer anständig zu ihnen, so daß sie unter dem seltsamen Beruf ihres Vaters nicht zu leiden hatten. Hauptverantwortlich für ihre Erziehung war allerdings meine Frau Clara. Vor ihr hatten sie einen Heidenrespekt, waren ihr aber sehr zugetan.«

Tochter Klara heiratete nach einer Lehre in einem Bekleidungsgeschäft im Alter von 20 Jahren einen um einige Jahre älteren Landwirt und brachte fünf Kinder zur Welt. Sohn Max absolvierte die Kantonale Handelsschule, bildete sich in Genf und in Kalifornien weiter und arbeitete viele Jahre im Ausland, unter anderem für den Inspektions- und Prüfungskonzern SGS. Als Kinder hatten Klara und Max unter dem missionarischen Friedenseifer ihres Vaters nicht zu leiden. Tochter Klara – sie starb im Frühjahr 2006 – führte dies vor allem auf das behütende Wirken der Mutter zurück. 1996 erklärte sie dem Autor: »Unsere Mutter hat dafür gesorgt, daß für die Familie Zumikon eine Art Schutzgebiet blieb, in der Vaters Passion nichts verloren hatte. Ich habe meinen Vater als gütigen Menschen in Erinnerung. Nie hätte er uns geschlagen. Papa hat mich das Gebet ›Vater unser‹ gelehrt, aber sonst hat er uns Kinder in keiner Weise mit seinen Ideen traktiert.«

Daetwyler junior hat in seinem Erwachsenenleben die Friedensagitation seines Vaters mit kritischer Distanz beobachtet und ihn finanziell unterstützt. In späteren Jahren setzte er sich dafür ein, den äußerst umfangreichen Nachlaß seines Vaters zu erfassen und zu sichern.[4]

Einen vertiefenden Einblick in das Familienleben gibt ein handgeschriebener Text von Tochter Klara mit dem Titel »Erinnerung an unsere herzlich geliebten Eltern«, den sie als verheiratete Frau und Mutter schrieb: »Sie stehen mir oft vor meinen innern Augen, und ich habe meine Kinder- und Jugendzeit in bester Erinnerung. Mein jüngerer Bruder und ich, wir hatten einige gleichaltrige Kameraden in nächster Nähe, und ich hatte immer das Gefühl, daß wir es von allen am besten hatten: viele gute Spielsachen, die Mama z.T. in guten Zürcher Privathäusern kaufen konnte, z.B. einen sehr gut erhaltenen Puppenwagen mit Inhalt, einen Kochherd, mit dem man richtig kochen konnte, ein Trottinett, Bälle und viel anderes mehr. Ich spielte viel im Freien mit den Altersgenossen, durfte aber nicht in die Häuser. Wir durften auch nicht lügen. Unser Essen war gut und reichlich, aber sehr einfach, wir hatten eigene Eier, dann und wann auch ein Poulet, viel Salat, Gemüse und Obst aus dem Land im Tobel; Papa hatte zwei große Körbe, die er im Sommer mit diesen Gaben füllte und mit dem Wägeli zur Forchbahn brachte und dann im Kreuzplatzquartier in

Zürich seinen Kundinnen verkaufte. Es gab auch Honig aus Mamas Bienenzucht.«

In den ersten beiden Ehejahren führten Max und Clara, allerdings in unregelmäßigen Abständen, ein gemeinsames Tagebuch, in das sie abwechselnd ihre Gedanken und Empfindungen eintrugen. Das schwarze Wachstuchheft zeugt von der tiefen, Zuneigung, die die beiden füreinander hegten. Es sind kleine Begebenheiten des Alltags, die ein Licht auf das glückliche Zusammenleben werfen. So schrieb Clara am 22. Juli 1919, also genau ein Jahr nach der Eheschließung: »Tag unserer Hochzeit 1918. Morgens Haushalt. Büsi gestraft, da das arme Tier einen Spatz gefangen. Es liegt eben in der Natur der Katze, aber mit aller Energie werde ich es ihr abgewöhnen. Auch die Tiere haben einen kolossalen Kampf ums Dasein.«

Neben ihrem großen Herz für Tiere hatte Clara eine Vorliebe für Musik: Am 14. Januar 1919 erstanden die Daetwylers ein schwarzes Klavier aus Ebenholz, Marke Bourquin. Der Kaufpreis betrug 900 Franken, doch soviel Geld auf einen Schlag aufzubringen war ihnen unmöglich. Zum Glück reichten 100 Franken Anzahlung und sie konnten die Restsumme bis im Oktober 1920 abstottern. Clara notierte: »Nachmittags Klavierstunde. Muß noch besser üben, wenn ich zu meinem Ziele, welches ich mir gestellt habe, gelangen will.« Dann berichtete sie von einem Spaziergang mit ihrem Mann, der von ihrem Schagi – einer handzahmen Krähe – begleitet wurde. Es gibt ein Photo aus dieser Zeit, auf dem Clara Schagi in den Armen hält. Sie versuchte den Vogel zurück ins Haus zu scheuchen, was aber mißlang: »Abends Schagi noch nicht zu Hause. Vorwürfe unserer Bequemlichkeit wegen, dem Tier, welches uns so viel Freude macht, nicht dankbarer zu sein und es bei unserem Weggehen nicht versorgt zu haben.« [Schagi sollte sich am nächsten Tag wieder einfinden.] Die Daetwylers hielten stets Haustiere, neben Kanarienvögeln und Katzen wachte auch ein Hund über die Familie; zudem besaßen sie Schafe, Gänse und Tauben. Um die Tiere kümmerte sich vor allem Clara. »Wie konnte sie sich freuen«, schrieb Daetwyler, »an den lieben Tieren, die sie alle pflegte.«

Über ihre junge Ehe hielt Clara fest: »Ein Jahr schon, seit wir unseren Bund geschlossen, wie eine Woche kommts mir vor. Gott segne uns und gebe uns auch in diesem Jahr die Kraft, ihm treu zu dienen.« Am nächsten Tag ist von ihr zu lesen: »Habe wegen dem spärlichen Nachtessen und der Abwesenheit Schagis schlecht geschlafen. […] Bin heute abend zu wenig lieb gewesen mit Max und habe überhaupt nichts Gutes getan. Gute Nacht, liebe Welt, ich verschwinde.«

Im Oktober 1919 steuerte Max den folgenden Eintrag bei: »Friedensarmee Korrespondenzen & Drucksachen fort gesandt. Geld gesammelt, 21. Okt. Fr. 39.–, 23. Okt. Fr. 27.– Ich bin spät aufgestanden. Immer noch zu viel Rücksicht aufs Fleisch. Immer noch zu wenig Geisteskämpfer. Am Morgen an der Broschüre Irrenanstalt gearbeitet, am Nachmittag gesammelt mit viel Erfolg & großer Demut.«

Clara formulierte am 30. Oktober den nachstehenden Text, den ihr Mann am kommenden Tag zu Gesicht bekommen sollte: »Max ging wieder vor mir schlafen. Er war eben müde, und ich begreife es auch ganz gut nach solcher Arbeit.[5] Er wird staunen, wenn ich schon Tagebuch begonnen habe.« Dann an Max gerichtet: »Ich wünsche Dir auch morgen recht viel Glück und Erfolg in Deiner so heiklen Arbeit. Soeben hat er mich gerufen, der Schatzenmax, und ich werde nun auch ins Bett gehen, die Rugle ist ja auch schon oben. Leb wohl, Dein Clärly.«[6]

Das eheliche Leben war in sexueller Hinsicht harmonisch und durch ethische Grundsätze gezügelt. Dies macht ein Eintrag des Ehemanns in einer Agenda vom Jahr 1926 deutlich: »Das Sexualleben muß dem Geiste untergeordnet sein. Der Geist muß absoluter Herr sein über das Fleisch. Aber es gibt auch da kein äußeres Gesetz, keine Moral, nur das innere Geistgesetz, & wo dieses die Sanction erteilt, ist die Auswirkung des Triebes etwas Gegebenes. Die Wahrheit wird euch frei machen gilt auch hier, denn sie wird mir sagen, was ich tun soll. Das Sexualleben kann in voller Reinheit stattfinden, ohne jede Entwürdigung oder unreine Gesinnung als heiligste Handlung vor sich gehen. Wie ich zur Wahrheit kam? Ganz einfach. Nur die Beherrschung meiner Triebe & Leidenschaften machten mich glücklich.« Er fuhr fort: »Und so kam in mir der Wunsch, ein geistig starker Mensch zu sein & das gar an mir zu verwirklichen, was Jesus vor mir vollbracht hatte. Denn jede Zügellosigkeit machte mich unglücklich, jeder Sieg glücklich. Es herrscht die Meinung vor, der Sexualtrieb könne nicht beherrscht werden. Die Meinung ist falsch. Ich selbst habe jahrelang vor meiner Ehe den Trieb so beherrschen können, daß ich in dieser Beziehung vollkommen freier Herr war über mich & rein lebte & dieserthalb keine Ehe hätte eingehen müssen. Und nur diese Selbstbeherrschung gab mir das Mittel in die Hand, die Ehe harmonisch zu gestalten, trotzdem materielle Einschränkungen, Verfolgung die Harmonie erschweren. Der Mensch muß darauf trachten, Herr über den Trieb zu sein. Ohne Kampf kein Sieg.«[7]

Es käme jedoch einem Trugschluß gleich, sähe man in der Ehe von Max und Clara nur eitel Sonnenschein und ungetrübte Harmonie. Es gab Tage, da flogen die Fetzen. Die Schwierigkeiten, denen sich die Hausfrau und Mutter Clara gegenübersah, mußten ihr zeitweise als geradezu unüberwindlich vorgekommen sein. Das Geld reichte häufig hinten und vorn nicht – oft fehlte das vereinbarte Haushaltsgeld von 200 Franken im Monat. Die Situation wurde in den 1920er Jahren durch die Wirtschaftskrise noch verschärft. Viele Familienväter verloren ihren Arbeitsplatz und damit ihr Einkommen, und Daetwylers Kunden mußten jeden Franken zweimal umdrehen. Diese schwierigen Verhältnisse trafen die Familie besonders hart, flossen doch viele Mittel in Daetwylers Friedensarbeit. Es mußten Reisespesen, Saalmieten für Vorträge, Inserate, Flugblätter und regelmäßig Bußgelder – etwa für unerlaubtes Sammeln oder nicht bewilligte Veranstaltungen – bezahlt werden. Gelegentlich kamen die Daetwylers nicht umhin, bei Verwandten und Freunden Darlehen aufzunehmen, um über die Runden zu kommen, und die Rückzahlung gestaltete sich in der Regel schwierig. 1932 schrieb Clara: »Es ist schrecklich, immer im Ungewissen zu leben, ich hätte mir von Anfang an für ein eigenes Einkommen sorgen sollen, dann wäre vieles anders.«

Wie sollte diese Frau auch nicht ihren unzweifelhaft guten Willen ab und zu verlieren, wenn sie den Satz hörte, den ihr Mann mündlich und schriftlich des öfteren von sich zu geben pflegte: »Ich gehöre zuerst Gott, dann der Menschheit, dann meinem Volke, dann meiner Familie.« So hatten die Eheleute auch an einem Abend im Januar 1926 einen handfesten Krach, der dazu führte, daß Max seinem Haus den Rücken kehrte, eine Samstagnacht auf einer Parkbank verbrachte, in einer Kirche lauthals protestierte, von einer Köchin ein Kotelett vorgesetzt bekam und schließlich wieder glücklich zu Hause landete.

Alles begann damit, daß Clara ihren Mann anfuhr: »Zuerst kommt die Familie und dann dein Blödsinn.« Worauf Max zurückgab: »Nein, das haben wir von Anfang an so abgemacht, zuerst kommt das, was ich für gut halte. Und jetzt gehe ich.«

Noch immer in Arbeitskleidern, wanderte Daetwyler nach Zürich. Auf dem Paradeplatz legte er sich wie ein Clochard auf einer Bank zum Schlafen nieder, doch die Polizei verjagte ihn von seinem frostigen Nachtlager. Er marschierte zur Universität hinauf und ruhte dort auf einer Bank bis in die frühen Morgenstunden. Dann schritt er wieder in die Stadt hinunter und gelangte zur Kirche Fraumünster an der Limmat. Dort eilten eben die Gläubigen zum Sonntagsgottesdienst, und Daetwyler schloß sich ihnen an. Die Predigt von Pfarrer Zimmermann mißfiel ihm so sehr, daß er vor die Gemeinde trat und die Predigt lauthals kritisierte. Ein Freund der Kirchen und der Kleriker war er ja nie gewesen, ganz im Gegenteil.

Als er nach dieser Störaktion die Kirche verließ, trat eine Frau an ihn heran. Wie sich bald herausstellte, war sie Dienstmädchen und Köchin bei einer Herrschaft am Zürcher Utoquai. Sie lud ihn auf ihr Zimmer ein und servierte ihrer neuen Bekanntschaft, nachdem die Herrschaft bedient war, ein halbes Kotelett mit Beilagen. Ob Daetwyler, der Vegetarier, das Kotelett verspeiste, ist ungewiß. In ihrer Zimmerstunde setzte sie sich zu ihm und gab ihrer Überraschung Ausdruck, daß er es gewagt hatte, den Pfarrer offen zu maßregeln, so was sei ihr noch nie untergekommen, und deshalb habe sie ihn kennenlernen wollen. Sie forschte ihn dann über seine Bekannten und Verwandten in Zürich aus und erfuhr den Namen eines mit ihm bekannten Arztes, ein Doktor Roth, mit dem Daetwyler entfernt verwandt war. Ohne daß es Daetwyler merkte, rief sie Roth an. Der Doktor kam ans Utoquai und sorgte dafür, daß Daetwyler wieder nach Zumikon zottelte. »Wenn du nicht augenblicklich heimkehrst«, drohte der Arzt, »lasse ich dich ins Burghölzli einweisen.« Das wirkte. Zu Hause erwartete ihn Clara mit verweintem Gesicht und rief: »Da kommt der Vater wieder, Gott sei Dank! Jetzt kannst du tun und lassen, was du willst, wenn du nach deinen Eskapaden nur wieder zurückkommst.«

Einen weiteren Grund für Auseinandersetzungen lieferte Daetwylers Bart, den er sich gegen Ende der 1920er Jahre wachsen ließ – für Clara ein ständiges Ärgernis.[8] Sie protestierte: »Ich dulde das nicht, ich habe einen glattrasierten Mann geheiratet und will ihn weiterhin so haben.« Doch der Bart wuchs und wuchs und wurde im Lauf der Jahrzehnte so weiß wie seine Friedensfahne, die ab Anfang der 1940er Jahre mit zu seinem Erscheinungsbild gehören würde. Bis zu seinem Tode blieb Daetwyler ein Bärtiger, was zu seinem Beruf als Friedensapostel und seiner Mission als Prophet des Friedens ja auch sehr gut paßte.

Wenn Clara glaubte, daß die Zurückhaltung in der Friedensarbeit, die sich ihr Mann am Anfang ihrer Ehe auferlegt hatte, andauern würde, sah sie sich getäuscht. Daetwyler widmete sich trotz behördlicher Versuche, ihn aufzuhalten, mit großem Eifer seiner Mission. In einer handschriftlichen Erfassung der Behörden über seine Straftatbestände finden sich allein vom 15. Mai bis zum 22. Juni 1922 nicht weniger als 15 Einträge, im Durchschnitt also etwa eine Verfügung, ein Urteil oder eine Strafe alle zwei, drei Tage. Es liegt auf der Hand, daß es vor allem Clara war, die zu Hause das Kleinkind Klara versorgen mußte und der die meiste Arbeit in Haus und Garten oblag. Wegen »antimilitaristischer Propaganda« geriet Daetwyler in Bern mit den Behörden in Konflikt, in St. Gallen und Basel wegen unbefugten Kollektierens, in Zürich wegen Widersetzung gegen Beamte, wegen »des Haltens von Vorträgen auf öffentlichen Straßen und Plätzen, verbotenen Verteilens von Reklamezeddln [sic], Gabensammelns ohne Bewilligung etc.« Das Schweizerische Militärdepartement warf ihm gar »Meuterei« vor, so nach einer Rede im Anschluß an die offizielle 1. Mai-Kundgebung in Bern. Gradmesser seiner Aktivitäten waren die Bußen, die gegen ihn ausgesprochen wurden. Am 10. September 1919 flatterte zum Beispiel eine Buße von 100 Franken ins Haus, auferlegt von der Polizeistrafkommission der Stadt St. Gallen wegen unbefugten Kollektierens. Eine weitere folgte gut zwei Wochen später, ebenfalls aus

St. Gallen und wiederum wegen des gleichen Tatbestands, 150 Franken diesmal. In Basel war die Strafe wegen unerlaubter Sammeltätigkeit günstiger als in St. Gallen, am 15. September 1921 waren 80 Franken fällig. Die Zahlungsaufforderungen wurden jeweils in einem gelben Kuvert verschickt. Max und Clara wußten natürlich beide, was ein solcher Umschlag enthielt. Jedesmal, wenn »gelbe« Post im Briefkasten steckte, scherzte er: »Endlich kommt es – das Ehrenbürgerrecht.« Seine Frau fand dies vermutlich nur mäßig lustig.

Daetwyler war verständlicherweise nicht gerade erpicht darauf, dem Staat das Bußgeld abzuliefern; im Laufe der Jahre sollten die Mahnungen ganze Aktenordner füllen. Naturgemäß bezahlte er mit schöner Regelmäßigkeit die Militärsteuer nicht. Dieser aus tiefstem Herzen überzeugte Anti-Militarist weigerte sich sein Leben lang, die Wehrsteuer abzuliefern, und wenn er es tat, dann nur nach Androhung einer Betreibung. Wegen fortgesetzter schuldhafter Nichtbezahlung der Militärsteuer wurde er am 8. Januar 1920 vom Bezirksgericht Meilen zu vier Tagen Gefängnis und einem Jahr Einstellung in seinen Bürgerrechten verurteilt. Das Meilener Bezirksgericht befreite ihn drei Jahre später in einem Revisionsverfahren von einer weiteren Anklage wegen schuldhafter Nichtbezahlung der Militärsteuer. Dabei berief sich das Bezirksgericht auf ein im Dezember 1922 verfaßtes Gutachten, das auf Veranlassung der Justizdirektion Zürich von der Zürcher Universitäts-Poliklinik ausgestellt worden war. Man kam zum Schluß, daß Daetwyler an einer unheilbaren Krankheit, an Schizophrenie und Paranoia litt, und daß ihm bei der Begehung seiner Delikte – wie zum Beispiel der Nichtbezahlung der Wehrsteuer – die Fähigkeit der Selbstbestimmung fehlte.

Argumentierte ein Beamter, mit dem Ende des Ersten Weltkriegs sei seine Friedensarmee nun überflüssig geworden, ließ er dies nicht gelten: »Oh, daß sie recht hätten. Oh, daß eine FA[9] auf der Welt unnütz geworden wäre, weil ihre Mission erfüllt war. Aber es konnte dies nur für oberflächliche Beurteiler der Fall sein. Eine Welt von Millionen Menschentötern anno 1914 wird nicht durch einen äußeren Vertrag eine Welt von Friedfertigen«, trug er ins Protokollbuch der Friedensarmee ein.[10]

Die ernsthafteste Anschuldigung brachte die Zürcher Bezirksanwaltschaft vor, die Daetwyler im Zusammenhang mit seiner Sammeltätigkeit den Tatbestand des Betrugs vorwarf. Bei diesen Sammlungen ging es durchwegs um kleine und kleinste Beträge. Die meisten Privatpersonen oder Firmen gaben einen oder zwei Franken, ein Fünfliber war für Daetwyler schon das höchste der Gefühle. Geldauftreiben war Knochenarbeit, er klapperte Straßenzug um Straßenzug in den größeren Deutschschweizer Städten ab und trug auf seinen Listen ein, in welchem Haus er etwas bekommen hatte. Meistens ersuchte er um eine Bewilligung für diese Sammelaktionen; diese konnte ihm aber auch willkürlich wieder entzogen werden, was zum Beispiel am 2. Mai 1921 geschah: »Bewilligung entzogen. In Bern sind die Sammlungen verboten.« Gestempelt war dieses Verdikt von der Städtischen Polizei-Direktion Bern auf einer Sammelliste, die oben links das Signet der Friedensarmee, des »Verein zur Abschaffung des Krieges«, trug. An diesem Tag hatte er von 34 Spendern total 61 Franken bekommen.

Bereits im Mai 1920 hatte sich das Statthalteramt Zürich mit Daetwylers Geldsammlungen befaßt. Ermittelt wurde, ob seine Kollekten den Tatbestand verbotenen Hausbettelns oder des unerlaubten Hausiererhandels erfüllten. Das Statthalteramt hielt diese Tatbestände für nicht gegeben; die Akten wurden aber an die Bezirksanwaltschaft weitergeleitet, die nun wegen des »Verbrechens des Betrugs gegenüber den Geldgebern« ermittelte. Die Staatsanwaltschaft erachtete es dann aber für unnötig, eine Untersuchung wegen Betrugs einzuleiten: »[…] von einem Betruge kann sicherlich bei dem Treiben des Angeschuldigten noch weit weniger gesprochen werden, als von einer Übertretung des Hausierergesetzes oder vom Hausbettel. […] Die Persönlichkeit des Angeschuldigten ist der Staatsanwaltschaft aus den früheren Untersuchungen hinreichend genug bekannt, um feststellen zu können, daß ihm beim Kollektieren die vorsätzliche Schädigung fremder Rechte durch Täuschung in der Absicht, einen rechtswidrigen Vorteil zu erlangen, ferne liegt. Es handelt sich bei dem Angeschuldigten um einen von seiner Mission überzeugten Schwärmer, der für sich nicht in der Weise des Betrügers Vorteile oder Gewinne sucht, aber glaubt, sich seinem Prophetenberuf erhalten zu müssen, und daher aus dem Ertrag seiner Kollekten neben der Beschaffung der Propagandamittel auch seine recht kümmerliche Existenz fristet.«

Hier wäre anzumerken, daß Daetwyler vor allem vom Verkauf der Produkte seiner kleinen Landwirtschaft und vom Buchhandel lebte. Freilich flossen auch Mittel aus den Kollekten in seinen Lebensunterhalt, was nur logisch war: Leben und Mission dieses Mannes waren nicht voneinander zu trennen.

Zu dieser Erkenntnis kam auch der Staatsanwalt: »Dabei war die Friedensarmee von Anfang an so völlig mit der Person ihres Propheten verbunden und ging in dieser auf, daß sie mit ihm steht und fällt, und daß es nicht verwunderlich ist, wenn der wirre Kopf des Angeschuldigten seine Friedensarmee ganz und gar mit seiner Person identifiziert. Es kommt deshalb bei der Frage nach dem subjektiven Verschulden des Angeschuldigten nicht wesentlich darauf an, ob dessen Gründung[11] auch heute noch in der rechtlichen Form eines Vereins wirksam tätig sei: Er jedenfalls glaubt daran. – Betrachtet man aber den Tatbestand vom Standpunkt der Beitraggeber aus, so darf man die Frage nach deren Täuschung nicht dahin stellen, ob sie gewußt haben, daß aus dem Ertrage der Beiträge auch der Angeschuldigte sein Leben friste, eine Frage, die er übrigens kaum verneint haben würde, sondern man muß sich fragen, ob die Beiträge zur Unterstützung einer Idee geleistet wurden, die der Angeschuldigte vertrat. Man wird dann zweifellos annehmen müssen, daß dies geschah und daß die Spender hierin auch nicht getäuscht worden sind, denn dem Angeschuldigten war es ernsthaft um die Verwirklichung seiner Berufung zu tun, so gut er sie verstand und in die Tat umsetzen konnte oder durfte. […] Die Staatsanwaltschaft sieht deshalb davon ab, die Durchführung einer Betrugsuntersuchung gegen den Angeschuldigten zu verfügen, ganz abgesehen davon, daß dieser bereits durch den Strafrichter als ein strafrechtlich nicht zurechnungsfähiger Mensch erklärt worden ist. Der 1. Staatsanwalt.«

Kein Zweifel: Die Beurteilung ist einleuchtend; doch erneut wird am Ende die Unzurechnungsfähigkeit Daetwylers festgestellt, zum einen gestützt auf das Münsterlinger Gutachten. Zum andern berief sich der Gesetzesvertreter auf das Gutachten der Zürcher Heilanstalt Burghölzli vom 27. Februar 1918. Beide Gutachten erklärten Daetwyler zum Psychopathen, doch es bestand ein wesentlicher Unterschied: Die Ärzte in Münsterlingen kamen zum Schluß, Daetwyler trage aufgrund einer Psychopathie keine Verantwortung für seine Handlungen; die Kollegen vom Burghölzli stellten die gleiche Diagnose, die Psychopathie sei jedoch nicht so ausgeprägt, daß er in einer gegebenen Situation nicht die Fähigkeit der Selbstbestimmung und die Erkenntnis der Strafbarkeit der deliktischen Handlungen besessen hätte. Diese beiden Gutachten – weitere psychiatrische Untersuchungen sollten in den nächsten Jahren noch folgen – versetzten die Behörden in die Lage, Daetwyler gewissermaßen nach Lust und Laune für zurechnungsfähig [Burghölzli] oder eben für nicht zurechnungsfähig [Münsterlingen] für sein Handeln zu befinden.

So berief sich nach den November-Unruhen 1917 der mit der Untersuchung der Krawalle befaßte Staatsanwalt Brunner sowohl auf das Gutachten von Münsterlingen als auch auf den Burghölzli-Befund. In dem 1919 gedruckten, umfangreichen Bericht heißt es unter anderem: »Das neue, in der Aufruhruntersuchung eingezogene Gutachten der Anstalt Burghölzli bestätigte zwar, daß Dättwyler [sic] Psychopath sei, erklärte aber seine Anomalie als nicht so hochgradig, daß er als unzurechnungsfähig erklärt werden könne. Dättwyler ist, so weit seine geistige Schwäche nicht von Dritten ausgenützt und mißbraucht wird, ein Feind jeder Gewalt, ein christlicher Entsager nach dem Vorbild Tolstois, worüber auch die Heftigkeit der Reden dieses geistig nicht normalen Menschen nicht täuschen darf. Es wäre vielleicht richtig gewesen, ihm angesichts seiner Tätigkeit in Zürich, gestützt auf das Münsterlinger Gutachten, die Aufenthaltsbewilligung schon lange vor dem November 1917 zu entziehen und ihn der heimatlichen Behörde zur Versorgung zuzuführen. Jetzt hat er geheiratet und lebt in der Umgebung von Zürich weltfremd und unter Verhältnissen, die mutmaßlich ein weiteres Fortschreiten seiner krankhaften Veranlagung bedeuten.«

Staatsanwalt Brunner attestierte Daetwyler Weltfremdheit und krankhafte Veranlagung, ja, er sprach sogar von einer Geistesschwäche, was eine absurde Fehleinschätzung dieses so hellwachen, belesenen und intelligenten Menschen darstellt. Der Gärtner aus Zumikon war nicht geistesschwach, nicht weltfremd, nicht verrückt. Er war nur ungeheuer zäh und unbeirrbar bis zur Selbstaufgabe, wenn es um die Förderung des Weltfriedens ging. Wenn man ihm schon unbedingt ein negatives Attribut verpassen wollte, dann wäre Besessenheit eher angebracht gewesen, aber keinesfalls Psychopathie, Schizophrenie, Paranoia oder Größenwahn.

Größenwahn glaubte der Berner Stadtarzt ad interim Schärer am 2. Mai 1922 bei Daetwyler diagnostizieren zu können; ein einziges Gespräch mit dem Friedensapostel reichte ihm dafür aus. Vorausgegangen war dieser weiteren Untersuchung der 1. Mai-Umzug 1922 in Bern, an dem Daetwyler teilgenommen hatte. Nach dem offiziellen Umzug der Berner Arbeiterschaft war er auf dem Bundesplatz auf einen Kandelaber geklettert, von wo aus er forderte, die Wehrpflichtigen in der Menge sollten den Waffenrock zerreißen, das Gewehr zerschmettern und die Bruchstücke fortwerfen. Kurz darauf wurde er verhaftet und in der Polizeizelle von besagtem Doktor Schärer untersucht. Schon am Tag danach erstattete Schärer Bericht: »Dätwyler [sic] äußert sich, er sei ein Prophet. Er sei von Gott berufen. Diese Berufung habe er das erste Mal verspürt, als er 1914 den Fahneneid hätte schwören sollen. Er spürt beständig göttliche Stimmen in seinem Innern. Er sei mit Gott verbunden und lasse sich von ihm leiten. Aus ihm spricht Gott. Er selbst ist unsterblich und vollkommen. Er sei hier, um die Leute auch vollkommen zu machen. Er fühle sich nicht verfolgt. Er habe überhaupt eine Kraft in sich, die jeder Verfolgung widerstehe und trotze. Aus den Äußerungen Dätwylers geht zur Genüge hervor, daß dieser an Größenwahn leidet. Dätwyler wird durch seine wahnhafte göttliche Berufung zur Weltverbesserung durch Vorträge immer wieder die öffentliche Ordnung stören und mit der Polizei in Konflikt kommen. Ich halte Dätwyler für ausgesprochen geisteskrank und beantrage dessen Beobachtung in einer Irrenanstalt.«

Daetwyler schilderte in einer Agenda vom Mai 1922 seine Sicht dieses Zusammentreffens: »In Bern auf dem Bundesplatz hielt ich eine Rede von einem Kandelaber aus an viel Publikum. Nachher, als ich einen Café trinken wollte, kam die Verhaftung liebenswürdig & freundlich. Im Gefängnis besuchte mich der Stadtarzt! Kein Kirchenlicht. Zum voraus bestimmt, was er mit mir beginnen wolle. Ich wollte ihm eins versetzen & fragte ihn: Wissen Sie übrigens, wer ich bin? Nein. Ich bin ein Prophet! Da sehen Sie, wir müssen Sie vorläufig in der Irrenanstalt Waldau internieren. Ich frage: Ja wissen Sie denn, was ein Prophet ist? Nein. Wieso nennen Sie das einen Grund, mich zu internieren, es gibt ja auch Wetterpropheten! Es gibt ja auch große & kleine Propheten, so wollen wir annehmen, Jesus war ein ganz großer, ich ein ganz kleiner. Ein Prophet ist ein Mensch, der von innen heraus die Weisheit schöpft, dem es von Gott gegeben wird.« Die Ironie schien dem Berner Stadtarzt entgangen zu sein.

Am 3. Mai wurde Daetwyler aus der Haft im Berner Polizeigefängnis entlassen, nachdem er durch das Regierungsstatthalteramt des Amtsbezirkes I wegen seiner antimilitaristischen Propaganda verwarnt worden war. Naturgemäß dachte er nicht daran, seine Friedenspropaganda einzustellen oder seine Friedensarmee aufzulösen. Das Wort Armee impliziert ja eine große Anzahl von Menschen, doch die Friedensarmee bestand immer nur aus einem kleinen Trüppchen Friedensbewegter, im besten Fall bekannten sich einige Dutzend Menschen in der Schweiz zu ihr. Auch das Kapital der Organisation war vergleichsweise gering. Am Dienstag, dem 27. Juni 1922, berief er die Getreuen zu einer Hauptversammlung im 2. Stock des Restaurants Olivenbaum in Zürich ein, um Bericht und Abnahme der Jahresrechnung pro 1921 zu präsentieren. Demnach wurden Fr. 6328.94 eingenommen; die Summe setzte sich aus freiwilligen Beiträgen [Fr. 5182.15], Kreditoren [Fr. 590.15] und Kapital-Konto [Fr. 556.40] zusammen. Das Geld wurde unter anderem für Bücher und Broschüren [Fr. 1199.98], Inserate [Fr. 159.90] und Drucksachen [Fr. 194.–] ausgegeben. Die weitaus größten Posten stellten Büroauslagen [Fr. 1317.08] und Max Daetwylers Lohn [Fr. 3377.10] dar. Die erwähnte Untersuchung der Zürcher Staatsanwaltschaft gegen Daetwyler wegen angeblichen Betrugs hatte schon darum keine Berechtigung, weil der Chef der Friedensarmee seinen Lohn in den Jahresabrechnungen ja ganz offen deklarierte.

Trotzdem wurde immer wieder versucht, Daetwylers Mittelbeschaffung für die Friedensarmee als Betrug oder Bettelei zu verunglimpfen. Drei Wochen nach der Hauptversammlung im Olivenbaum veröffentlichte die »Züricher Post« am 20. Juli 1922 in der Rubrik Kantonale Polizeinachrichten die folgenden Zeilen: »Nachdem der bekannte Friedensapostel Max Dätwyler [sic] sein Wirkungsfeld eine Zeitlang außerhalb des Kantons Zürich verlegt hatte und an verschiedenen Orten wegen unbefugten Kollektierens mit Buße bestraft worden war, hat er seine Tätigkeit in Zürich und in der Umgebung der Stadt wieder aufgenommen. Das Publikum wird aufmerksam gemacht, daß Dätwyler als unzurechnungsfähiger Psychopath erklärt worden ist, als einen von seiner Mission überzeugten Schwärmer, der glaubt, sich seinem Prophetenberuf erhalten zu müssen. Mit ihm steht und fällt seine Gründung, die ›Friedensarmee‹. Zur Deckung der Kosten für den Druck und Vertrieb seiner Schriften, Broschüren und Zeichnungen und namentlich zu seinem persönlichen Unterhalt sammelt Dätwyler in den Häusern herum freiwillige Beiträge und gibt dafür eine seiner Schriften ab, in jüngster Zeit allerdings nur noch ein Verzeichnis der Reclam-Universal-Bibliothek. Seine Tätigkeit ist daher nichts anderes als gewöhnliche Bettelei.«

Die »Züricher Post«, die gesamte Presse überhaupt, die Psychiater, die Staatsanwälte, die Polizisten und Beamten und wohl auch viele Spender, die einen Obolus entrichteten, nur um den lästigen Friedensmahner vor der Wohnungstür wieder loszuwerden, setzten sich mit Daetwylers Philosophie nicht einmal ansatzweise auseinander. Es erstaunt immer wieder, daß er angesichts dieser Gleichgültigkeit und Ignoranz seinen Ideen gegenüber die Flinte nicht ins Korn warf, sondern unverzagt und gegen alle äußeren Widerstände seinen Idealen treu blieb und sie unverdrossen weiterpredigte.

Darum sollen hier in Auszügen zwei zeugnishafte Beispiele seines Denkens wiedergegeben werden, die eine Vorstellung davon vermitteln, wonach Daetwyler strebte. Das eine Bekenntnis schrieb er in Zumikon am 26. April 1922. Es umreißt Sinn und Zweck der Friedensarmee, das andere Dokument wurde in der Friedenszeitung vom 7. Juli 1920 veröffentlicht. Es ist der ungefähre Wortlaut einer Rede, die Daetwyler zuvor in St. Gallen gehalten hatte; sie vermittelt einen Eindruck von den Inhalten, die er seinen Zuhörern nahebringen wollte. »Liebe St. Galler! Ihr habt gestern abend auf dem Klosterplatz einen Mann zu Euch reden gehört. Er sagte: Als Durchreisender möchte ich Euch für die Freude danken, die ich beim Anblick eines so zahlreich versammelten glücklichen Volkes empfinde. Ich möchte Euch Glück und Segen wünschen, ich möchte wünschen, daß ihr auch sonst so glücklich seid wie heute abend. Und darum möchte ich Euch einen Rat geben, den Weg zeigen, wie Ihr es machen sollt. Ihr sollt nicht nur dann zusammenkommen, wenn es gilt, eine Freude zu teilen, sondern auch dann, wenn Not unter Euch ist, dann sollt ihr Euch finden und Gutes tun. Laßt einen brüderlichen Geist unter Euch wohnen, St. Galler. Es war ein großer Mann, der zuerst hier auf diesem Platze eine Hütte aufgeschlagen hat. Gallus kam mit Gott hierher, mit der GottesIdee begründete er den Flecken. Ihr sollt auch heute wiederum mit Gott zusammen geeint sein, Ihr sollt die GottesIdee, so wie wir sie heute verstehen, von hier aus in die ganze Welt hinaustragen.[12]

Die GottesIdee, die Wahrheit, wie wir sie heute empfinden, braucht zu ihrer Offenbarung keine äußere Kirche von Stein, kein Buch, keine Bibel, sie braucht auch keinen Führer, keinen Christus, wie ihn die heutigen Christen auffassen; auch keinen Redner braucht sie, wie mich, sondern jeder kann sie inwendig in seinem Innern vernehmen. Liebet die Wahrheit, liebet Gott über alles und die Menschen mehr als Euch selbst. Das ist des Gesetzes Erfüllung. Wir brauchen nur ein Gesetz, das ewige, unsterbliche, innere GottesGesetz. Die Gesetze der Menschen können nur dann befolgt werden, wenn sie mit dem GottesGesetz, mit der Wahrheit, übereinstimmen. Die GottesIdee von heute heißt: ein Vaterland – die Welt, ein Volk – die Menschheit, ein Gesetz – das GottesGesetz der lebendigen Liebe.

Die Welt schreit nach Erlösung, hier ist sie. Es kommt nicht darauf an, was einer glaubt, es kommt nicht darauf an, ob einer ein Christ sei, ein Mohammedaner, ein Heide. Wir haben alle Ursachen, den Hochmut auf unser ScheinChristentum abzulegen! Nur darauf kommt es an, daß der Mensch so handelt, wie er es in seinem Innern als recht empfindet. Dann ist er in Übereinstimmung mit der Wahrheit, mit Gott. Wir haben auch heute noch Propheten, jeder ist ein Prophet, der nach der Wahrheit lebt. Es ist in unserer Hand, brav, gut, liebevoll zu sein, dann wird auch unser Leben gut und voll Liebe sein. Denn es wird der Mensch ernten das, was er säet. Haarscharf wird ihm mit dem Maße gemessen, mit dem er selbst ausmißt. Darum trachtet nur nach dem einen, selbst gut zu sein, dann wird alles andere gut werden.

St. Galler! Ihr wißt das alles schon, aber warum macht die Wahrheit aus dem Munde eines Menschen immer wieder von neuem Eindruck? Weil es wenige gibt, die sich selbst verleugnen und demütigen zum Wohle der andern, weil es das Größte und das Höchste ist, das die Welt kennt, einen Menschen nach dem ewigen GottesGesetz handeln zu sehen. Ich bin ein solcher Mensch. Ich bin der Weg, die Wahrheit und das Leben. Folget mir nach, dann werden auch von Euch Ströme lebendigen Wassers fließen.«

Der letzte Absatz dieses Textes macht aber auch klar, daß Daetwyler, mitgerissen von seiner gottbewegten Begeisterung, jedes Maß verlieren konnte: Er zitierte den biblischen Christus – und setzte sich kurzerhand mit ihm gleich. Solche Sätze waren natürlich »Ströme lebendigen Wassers« auf die Mühlen der Seelenärzte, für die Daetwylers Wirken und seine Friedensarmee einem spanischen Dorf gleichkamen. Dabei war alles doch ganz einfach, wie er am 26. April 1920 zum Sinn und Zweck der Friedensarmee erläuterte: »Die FriedensArmee bezweckt die Beseitigung des Krieges durch die Ausbreitung des Reiches Gottes.

Die FriedensArmee stellt dem Prinzip der Gewalt das Prinzip der Liebe entgegen, dem Prinzip des Militarismus & der Rüstung, des Krieges & der Revolution das Prinzip der Dienstverweigerung, der unbedingten allgemeinen Abrüstung, der Menschenverbrüderung & der Weltbruderschaft. […] Die Beseitigung des Krieges ist keine Utopie, sie ist heute schon verwirklicht für alle jene Menschen, die im Sinne der Friedensarmee handeln & bewußt das Böse durch Gutes, die Gewalt durch Liebe überwinden & alles vermeiden, was zum Unfrieden unter den Menschen führt.

Die Erkenntnis dieser Menschen den Volksmassen, ja der ganzen Welt zu übermitteln, das Reich Gottes ausbreiten zu helfen, das ist die Aufgabe der FriedensArmee. Durch das Beispiel ihrer Anhänger, durch Aufklärung von Mensch zu Mensch, durch Verbreitung guter Schriften, durch Vorträge & Versammlungen, überhaupt durch mutiges Eintreten für die Wahrheit kämpft die FriedensArmee für ihr Ideal.«

Wie aus der oben zitierten Rede an die St. Galler deutlich wird, hielt Daetwyler überhaupt nichts von den etablierten Kirchen, weil er die reine Lehre Christi, so wie er sie verstand, durch die Kirchen und ihre Geistlichen verraten fand. Ein Greuel war ihm vor allem die Verquickung von Religion und Militär. Dagegen konnte er mit geradezu alttestamentarischem Zorn wettern.

Der Friedensrufer sprach eben stets Klartext – ohne Rücksicht darauf, welche Folgen das für ihn oder seine Familie haben konnte. Und die Behörden zögerten nicht, den Unbequemen mit allen ihnen zur Verfügung stehenden Mitteln in die Schranken zu weisen. Genügten Bußgelder nicht mehr, griffen sie zu »vormundschaftlichen« Maßnahmen. Wenn es etwas gab, das Daetwyler fürchtete, dann seine Bevormundung. Eine solche hätte schwerwiegende Konsequenzen gehabt und wohl das Ende seiner Friedensarmee bedeutet. Als Bevormundeter wäre er in allen Bereichen des öffentlichen Lebens praktisch handlungsunfähig geworden. Er hatte Glück, daß er trotz unzähliger Anläufe der Behörden in seinem Leben nie bevormundet wurde, doch er entging dieser verhaßten Maßnahme manchmal nur in letzter Sekunde. Seine diesbezügliche Korrespondenz mit den Behörden füllt ganze Aktenordner.

Elf Tage nach besagter Drohung schrieb er an die Zürcher Justizdirektion: »Es gab einmal in Zürich eine Regierung, die einen Gottfried Keller unterstützte und sein Lebenswerk förderte. Ihre Verfügung gegen mich ist ein Schandfleck nicht für mich, sondern für eine Regierung, die für das Wohl des Volkes besorgt sein sollte und statt dessen moralische Kräfte verfolgt! Ich gebe Ihnen mein Versprechen, so viel an mir liegt zu tun, um durch mein Wirken Ihre Verfügung ins rechte Licht zu setzen. Ihre Verfügung, Maßnahmen zur Bevormundung eines Mannes zu treffen, der nach seiner Art Gott und die Wahrheit vertritt.«

Dabei hatte er, wenn auch unbeabsichtigt, selbst seinen Teil zum erneuten Eingreifen der Zürcher Justiz beigetragen. Es begann damit, daß er am Abend des 17. Juni 1922 an der Wohnungstür des Polizei-Oberleutnants Müller läutete und diesen um einen Beitrag für seine Friedensarmee bat. Bei Müller war er allerdings an den Falschen geraten, der Polizist wollte nämlich umgehend die amtliche Bewilligung für die Haus-zu-Haus-Sammlung sehen. Da er kein amtliches Schreiben vorweisen konnte, beschlagnahmte Müller auf der Stelle Daetwylers Ledermappe. Sie enthielt verschiedene Broschüren, 35 Kataloge der Reclam-Universal-Bibliothek, denen jeweils ein gedruckter »Bettelbrief« beigelegt war und eine Sammelliste. Aus dieser ging hervor, daß er seit geraumer Zeit in der Stadt Zürich und ihren Vororten ohne Bewilligung der zuständigen Behörde Geld gesammelt hatte. Unverzüglich zeigte Polizeimann Müller Daetwyler beim Polizeirichteramt wegen unbefugten Kollektierens an. Das Polzeirichteramt nahm jedoch Abstand von einer unmittelbaren Bestrafung; zuerst wolle man den Antrag der Berner Behörden prüfen, die zuhanden der Zürcher Justizdirektion eine Untersuchung von Daetwylers Geisteszustand und allfällige fürsorgliche Maßnahmen vorschlug. Die Justizdirektion kam diesem Antrag nach, was schließlich zur Verfügung vom 3. Juli 1922 und der Androhung vormundschaftlicher Maßnahmen führte.

Daetwyler versuchte, das drohende Unheil mit einem Brief an den Vorsteher des Zürcher Polizeidepartements abzuwenden: »Sehr geehrter Herr Regierungsrat! [...] Nachdem nun neuerdings von Seite der KantonsPolizei Verfolgungen gegen mich im Gange sind, man [Herr Oberl. Müller] drohte mir mit Kantonsausweisung, so möchte ich Sie fragen, ob das in Ihrem Einverständnis geschieht. Denn ich finde, man dürfte wenigstens eine FriedensPropaganda meiner Art ruhig gewähren lassen, wo doch alles über den Krieg und seine Folgen jammert, denn ich baue auf einer Grundlage, die niemandem schaden kann. Herr Regierungsrat Schöpfer in Solothurn, Herr Regierungsrat Walter in Luzern haben mir selbst die Bewilligung für Collekten für die Friedensarmee erteilt. Wenn ich von Ihnen keine Bewilligung erwarte, so erwarte ich doch, daß Sie auch die FriedensArmee tolerieren so gut als andere ideelle Bewegungen.

Sie finden halt nirgends in einer GesetzesSammlung Akten, die auf einen Daetwyler passen, weil ich ein individueller Mensch bin & gebe Gott, es hätte vieler solcher wie ich. Das muß einmal aufhören mit Ihnen, hat Oberl. Müller gemeint, weil er mein Wesen & Treiben in keine Rubrik einteilen kann, aber ich glaube, daß es bei ihm vorher aufhören wird als bei mir. Ich meine, daß meine Arbeit mehr Berechtigung hat als die seine. […] Ich schließe mit der Hoffnung, daß auch im Kanton Zürich langsam, aber sicher eine FriedensArmee gedeihen möge – zum Segen aller!«

Die Prüfung vormundschaftlicher Maßnahmen konnte dieser Brief indessen nicht mehr abwenden. In der Verfügung stand unter anderem: »Während Daetwyler in früheren Jahren den Spendern freiwilliger Gaben als eine Art Gegenleistung eine oder mehrere Druckschriften pazifistischen Inhalts überreichte, gibt er heute einfach einen Bücherkatalog ab, in dem Literatur der mannigfaltigsten Art empfohlen wird, und zwar in der Hauptsache solche, die mit Friedensbestrebungen rein nichts zu tun hat, vielleicht eher noch das Gegenteil zu bewirken vermag.« Wie der letzte Nebensatz gemeint war, ist unergründlich. Daetwyler empfahl Bücher der Weltliteratur, die griechischen und lateinischen Philosophen, die großen russischen Erzähler, vorab Tolstoi, und die Schweizer Dichter Gottfried Keller und Jeremias Gotthelf, dem er besonders zugetan war.

Dann hieß es: Aus der Sammelliste »geht hervor, daß Max Dätwyler [sic] die ihm vom Publikum übergebenen Geldbeträge in der Hauptsache für seine eigenen Bedürfnisse verwendet und daß es sich bei seiner Sammeltätigkeit heute nur noch um eine reine Bettelei handelt. Diese Tatsache sowie der Umstand, daß Dätwyler wie bereits während der Kriegszeit wieder antimilitaristische Propaganda treibt, welch' letztere die innere und äußere Sicherheit des Landes gefährden könnte und, so lange als der Staat die obligatorische Wehrpflicht kennt, nicht geduldet werden darf, lassen es als angezeigt erscheinen, dem Antrag der bernischen Behörden auf Anordnung einer neuen irrenärztlichen Untersuchung des Dätwyler, der seit mehr als 4 Jahren nicht mehr psychiatrisch begutachtet wurde, Folge zu geben und je nach Ergebnis [...] entsprechende Maßnahmen gegen den Genannten durchzuführen.«[13]

Nun lag der Ball beim Waisenamt Zumikon, der zuständigen Vormundschaftsbehörde. Das Amt konnte aber nichts Nachteiliges über ihr Gemeindemitglied sagen und sah von einer Bevormundung ab. Ganz ungeschoren kam Daetwyler allerdings nicht davon: Er wurde auf Weisung der Justizdirektion der Aufsicht der Klinik Burghölzli unterstellt. Dadurch oblag es der Klinikleitung, ob sie es für angezeigt hielt, Daetwyler wieder zu internieren. Mitarbeiter der Klinik konnten Daetwyler jederzeit und unangemeldet zu Hause besuchen oder ihn nach Gutdünken in die Anstalt zitieren – was auch geschah. Meistens weigerte er sich, vor den Ärzten anzutraben, denn er betrachtete sich eben nicht als Kranken, sondern wenn schon als Rechtsbrecher. Als solcher sei er aber von einem Richter nach dem Gesetz zu bestrafen. Den Psychiatern würde er nur unter Zwang gehorchen, und eine Rechtfertigung ihnen gegenüber käme ihm schon gar nicht in den Sinn. Wenn er aber einmal bei den »Irrenärzten« saß, verhielt er sich durchaus freundlich, war jedoch in der Friedenssache zu keinem Kompromiß zu bewegen. Vielmehr warf er ihnen vor, daß sie ihre ärztliche Pflicht verletzten, indem sie sich willfährig in den Dienst des Staates stellten.

Die Berner Behörden hatten sich mittlerweile regelrecht in den Fall Daetwyler verbissen. Als er im Sommer 1923 zehn Tage lang in der Bundeshauptstadt in Sachen Friedensarmee unterwegs war, schickte die Polizeidirektion Bern an die Justizdirektion des Kantons Zürich ein weiteres Schreiben, in dem sinngemäß stand, man solle den Bernern diesen Querulanten gefälligst vom Halse halten. Die Zürcher Justizdirektion wandte sich in der Sache an das Kantonale Inspektorat für Irrenpflege. Die Direktion des Burghölzli antwortete: »Im übrigen denkt Daetwyler nicht daran, nach Bern überzusiedeln, sondern betreibt nach wie vor in Gössikon/Zumikon bei Zürich seinen Eierhandel auf seinem kleinen Heimwesen. Es sind uns, seit er unserer Aufsicht unterstellt ist, nie Klagen über ihn bekannt geworden; er hat sich auch uns gegenüber nie derart verhalten, daß wir von unserem Rechte, ihn in die Irrenanstalt einzuweisen, Gebrauch machen mußten. Wir werden aber nicht ermangeln, ihn auf die Konsequenzen von neuem aufmerksam zu machen, welche neue Störungen nach sich ziehen könnten. Im übrigen kann sich der Kanton Bern vielleicht dadurch vor neuen unangenehmen Besuchen Dätwylers [sic] schützen, daß er ihn des Kantons verweist.«

Besonders arg war für Daetwyler, daß er für diese Aufsicht auch noch bezahlen mußte: 40 Franken pro Jahr. Das Inspektorat für Irrenpflege ermahnte ihn am 10. Januar 1924: »In der Beilage senden wir Ihnen die Rechnung der Überwachungsgebühren pro 2. Halbjahr 1923 und bitten Sie auch diejenigen für das erste Halbjahr so bald als möglich bezahlen zu wollen. Wenn Sie Ihren Verpflichtungen ohne Vormund nicht nachkommen, so bleibt uns nichts anderes übrig, als zu schauen, daß Sie einen Vormund bekommen. Wir würden es sehr bedauern, diese Maßregel ergreifen zu müssen, könnten aber nichts dagegen tun, und auch Sie würden nichts dagegen machen können.« Daetwyler zahlte die Kosten für die Überwachung seiner eigenen Person nicht, sie wurden ihm schließlich gnädig erlassen. Wie dieser Schuldenerlaß zustande kam, läßt sich heute nicht mehr nachweisen. Sicher saßen in den Amtsstuben nicht nur gefühlskalte Pfennigfuchser, der eine oder andere empfand für den Friedensapostel wohl auch eine gewisse Sympathie und drückte darum ein Auge zu. Das war aber eine Ausnahme und nicht die Regel, denn in den 1920er Jahren wurde Daetwyler fast unausgesetzt von den Behörden in der einen oder anderen Art verfolgt. Einzig in den Jahren 1924 und 1925 trat eine Beruhigung ein, weil er sich im großen und ganzen still verhielt – vermutlich aus Rücksicht auf Clara. Das Irreninspektorat zitierte einmal eine Aussage von Daetwyler, wonach ihm seine Frau die Scheidung angedroht habe, falls er tatsächlich interniert würde.

Verkannt sah er sich aber nicht nur durch den Staat und seine Organe, sondern auch durch ein Buch von Jakob Bosshart[14], das 1923 erschienen war. Der Schweizer Schriftsteller veröffentlichte im Verlag Grethlein & Co. »Neben der Heerstraße«, eine Sammlung von sechs Erzählungen mit Illustrationen von Ernst Ludwig Kirchner. Die letzte Erzählung trug den Titel »Der Friedensapostel« und hatte ganz klar Max Daetwyler zum Vorbild. Mit expressionistischen Stilmitteln schilderte Bosshart einen Friedensapostel namens Werner Gütikofer, der allerdings kaum etwas gemeinsam hatte mit dem echten Max Daetwyler. Inspiriert wurde Bosshart aber durch ein Ereignis, das Daetwyler an vorderster Front miterlebt hatte: die November-Unruhen von 1917. Bossharts Friedensapostel sollte ein »psychologischer Erklärungsversuch« dieser Geschehnisse sein, seine Hauptquelle war die »Neue Zürcher Zeitung«. Zu Beginn der Erzählung ist der Friedensapostel ein harmloser kleiner Büroangestellter, der sich im Verlauf der Handlung in den krankhaften Wahn steigert, zu einer Friedensmission berufen zu sein, und dadurch zum Außenseiter wird. Nach den Zürcher Krawallen schwört er aber seinen Überzeugungen ab, stellt sich freiwillig der Polizei und will Buße tun. Die Schlußworte lauten: »Ein paar Minuten später trat er in den Polizeiposten ein und gab sich in Haft. Verwundert betrachteten die Polizisten den verwahrlosten, offenbar zerrütteten Mann und seinen leuchtenden Blumenstrauß.« Der Blumenstrauß war Gütikofer kurz zuvor von einem Bauernkind geschenkt worden; vor den Unruhen hatte ein Aufrührer ihm eine Pistole aufgedrängt, von der der Titelheld schließlich auch Gebrauch machte und einen Polizisten erschoß.

Daetwylers Ablehnung, ja seine Empörung über Bossharts Erzählung ist leicht nachzuvollziehen, denn der echte Friedensapostel hätte nie und nimmer eine Waffe mit sich getragen, geschweige denn auf einen Menschen gefeuert: »Es ist kein Zweifel, daß Bosshard [sic] mit dem Friedensapostel Max Daetwyler gemeint hat, also mich selbst. Es muß dem Dichter aber sehr wenig darum zu tun sein, in einer sich in Wirklichkeit abgespielten Begebenheit sich auch nur im geringsten Mühe zu geben, der Wahrheit nahe zu kommen, denn selbst die allereinfachsten Grundlagen seiner Betrachtung stimmen mit der Wirklichkeit nicht überein. Wir erhalten also in dieser Erzählung das Bild des Friedens-Apostels Bosshard, nicht aber des wirklichen Friedens-Apostels. […] Der Friedensapostel Bosshard entwickelt sich so grundverschieden von mir, er ist eine unwahre Persönlichkeit, daß ich ihm gegenüber nur eines tun kann, das wahre Gesicht & die Wahrheit zu zeigen, wie ein Mensch meines Kalibers zu einem Friedens-Apostel wird. Ferner will ich zeigen, wie wenig ernst die Dichter zu nehmen sind, weil sie nur Gebilde ihrer Phantasie in die Welt zu setzen vermögen, ohne auch nur eine Hand zu rühren, das auszuleben, was sie den Lesern als Wirklichkeit vorsetzen!« kommentierte Daetwyler den Roman.

Es gibt kaum Stimmen, die Daetwyler in dieser Zeit ohne Vorurteile beleuchten. Eine Quelle aber läßt sich finden, und sie ist besonders wertvoll, weil in ihr der Wanderer in Sachen Weltfrieden unvoreingenommen beschrieben wird, und zwar von Thea Sternheim – einer intellektuellen Frau von Welt. Sie besaß Reichtum und Bildung und war zeit ihres Lebens an gesellschaftspolitischen und kulturellen Ereignissen interessiert.

Thea Sternheim wurde 1883 in Deutschland in ein großbürgerliches Milieu hineingeboren und war in zweiter Ehe mit dem Dramatiker Carl Sternheim verheiratet. Sie verkehrte in Schrifsteller- und Künstlerkreisen der Belle Epoque und gehörte zu den ersten Van-Gogh-Sammlern Deutschlands. Nach Krieg und Inflation zerbrach ihre Ehe mit Sternheim. Auf sich allein gestellt, emigrierte sie 1932 nach Paris, wo sie dank ihrer Freundschaft mit dem Romancier André Gide als eine der ganz wenigen deutschen Emigrantinnen Zugang zu den französischen Intellektuellenkreisen fand. Sie blieb, langsam verarmend, 30 Jahre in Paris – nur unterbrochen von der Internierung im französischen Lager Gurs während des Zweiten Weltkriegs. Mit 80 Jahren zog sie nach Basel in die Nähe der einzigen noch lebenden Tochter, wo sie 1971 starb.

Ihre Tagebücher von 1903 bis 1971 wurden 2002 veröffentlicht, aus ihnen stammt der Eintrag vom 13. Dezember 1919, in dem sie ihre Begegnung mit Max Daetwyler – damals 33 Jahre alt – auf der Eisenbahnfahrt von Basel nach Zürich schildert: »Gegen Abend nach Zürich. Da tritt in unser Abteil (unser Gepäck nimmt mehr als den uns zugewiesenen Platz ein) der junge blonde ärmlich gekleidete Mensch mit dem überaus kindlichen Ausdruck in seinen blauen Augen. Er setzt sich neben Christine und mir gegenüber. Beim Angebot, meine Tasche fortzunehmen, sagt er mir (leider vergaß ich den Wortlaut) etwas so menschlich Freundliches, daß ich zum wievielten Mal auf der Fahrt konstatiere, wie vor allen Nationen sanft und gütig der Schweizer ist.

Ein anderer Mann kommt hinzu. Ein Arbeiter. Ähnlichkeit mit Einstein, aber nur Ähnlichkeit mit seinen großmütigen Absichten. Der beginnt ein Gespräch mit dem Jüngling. Nämlich meint der Junge: Es werde keinen Segen bringen, jetzt in Valuta zu spekulieren, um eines niederliegenden Volkes Notlage zu eigener Bereicherung auszunützen. Und davon ausgehend entwickelt er klar und mit der Sicherheit einer vollkommenen Überzeugung die reine evangelische Lehre und Tolstois Aufruf, auch das Tier nicht zu töten und alle Bedürfnisse auf ein Minimum zu beschränken. Denn nur so sei dem Übel zu wehren.

›Sind Sie der Dättwyler [sic], der den Dienst verweigert hat und der eingesperrt worden ist?‹ – ›Der. Jetzt aber will ich, weil das rote Kreuz gar veraltet ist, des weißen Kreuzes Gemeinschaft gründen, die Friedensarmee der Jünger Christi sammeln. Krieg dem Kriege durch Brüderlichkeit!‹ Von den gegenüberliegenden Bänken sind alle herangerückt. Dättwiler [sic] meint: ›Wir müssen selbst, auch wenn wir deshalb leiden, den Dienst verweigern.‹ Und verteilt Flugschriften. An den Schaffner, an die Soldaten. Keiner lacht. Ein verknöcherter Greis verläßt böse das Abteil. Christine sagt: ›Vous avez beau prêcher la fraternité en Suisse. Mais en France, mais en Belgique […]‹ Darauf er: ›Ma chère dame, il n'y a que la croyance qui importe. Nous la possédons! Nous parviendrons.‹ […][15]

Ich sage ihm: ›Ich bewundere Ihren Mut. Sie haben keine Angst vor der Lächerlichkeit.‹ […] Er gibt mir von seinen Schriften, was er bei sich hat.«

Offensichtlich hinterließ Daetwyler Thea Sternheim seine Zumikoner Adresse, denn vier Tage nach der Begegnung im Zug schrieb sie ihm von St. Moritz diese Zeilen: »[…] ist es mir ein Bedürfnis, Ihnen zu sagen, wie froh ich bin, Sie nun zu kennen. Daß ich Sie wiedersehen werde, steht für mich fest. Daß Ihre Frau sowie Sie mich um unserer gemeinsamen Hoffnung wegen brüderlich empfangen werden, ebenso. Freitag abend im Zug Basel-Zürich (ich hatte meine belgische Freundin an der Grenze abgeholt) wurde mir durch Sie eine unendliche geistige Freude zuteil und die Versicherung einer Gemeinschaft, die ich immer vorhanden wußte, der zu nähern sich mir nie Gelegenheit bot. Begreifen Sie also meine Freude. […]

Ich will, was Sie wollen. Mehr von Tag zu Tag. So sehr, daß ich gar nichts anderes zu wollen vermag. Und danke Ihnen darum für das, was Sie sagen, was Sie schreiben, weil es so sehr Gottes Wille ist und nichts, nichts auf der Welt dem gleichkommt, als einen Menschen nach ewigen Gesetzen handeln zu sehen.«

Es ist nicht mehr feststellbar, ob Thea Sternheim die Daetwylers in Zumikon besuchte. Ganz sicher aber machte diese Begegnung und dieser Brief Max Daetwyler glücklich, sie bestärkte ihn in seiner Gewißheit, das Richtige zu tun. Wie sehr mußte er sich nach solch moralischer Unterstützung gesehnt haben, denn er ließ auch in den 1930er Jahren nicht von seiner Friedensarbeit ab. Ungeachtet der schwerwiegenden Folgen, die das mit sich brachte.

5.
Ein weißer Soldat

Gott, Wahrheit, Friede, Menschenliebe: Das waren die ethischen Begriffe, von denen Max Daetwylers Lebensinhalt bestimmt wurde und die er durch Nachdenken und Schreiben in ihrem innersten Wesen zu ergründen suchte. Sein Gott war nicht jener »liebe Gott« der christlichen Religion, und weder die katholische noch die reformierte Kirche boten ihm eine spirituelle Heimat. Gott war für ihn das moralische Gesetz, das jeder Mensch in seinem Inneren trägt. Friede war der Wille dieses Gottes, und wenn der Mensch auf seine innere Stimme hörte und danach handelte, dann konnte er nichts anderes als Frieden wollen. Die Wahrheit wiederum ließ sich herleiten aus dem Gottesbegriff und dem Friedenswillen.

Sein Gottesbegriff hatte nichts mit jenem zu tun, den die Kirchen ihren Gläubigen vermitteln; trotzdem trat er erst im Sommer 1950 aus der zürcherichen Landeskirche aus. 1932 schrieb er in einem längeren Text, den er nach seinem Friedensmarsch von Zürich nach Genf verfaßte: »Das Volk hat ein kurzes Gedächtnis. Es sitzt heute wieder zu Füßen der lügnerischen Priester, die anno 1914 die Waffen gesegnet & die unschuldigen Menschen in den Krieg hineingehetzt haben. Obschon diese Verräter an der einfachen Lehre des Jesus – rühmliche Ausnahmen ausgenommen – auch heute die gleiche Staatsreligion vertreten wie damals.«

Für Kleriker hatte er nichts als Verachtung übrig; mehr als einmal beschimpfte er in späteren Jahren den Vatikan als »die Hure Babylon«. In der Institution Kirche sah der als Protestant Erzogene eine für das Geschick der Menschheit verhängnisvolle Einrichtung: »Der andere

Feind der Menschheit, der sie am Aufstieg verhindert, ist die Kirche, wie sie sich heute dem Volk darstellt. Welch eine lächerliche Geistesverfassung finden wir dort. Da wird dem Volke vorgemacht, es habe einmal einen ganz außerordentlichen Menschen gegeben. Derselbe sei nicht durch natürliche Zeugung auf die Welt gekommen, sondern eine Jungfrau sei vom heiligen Geist schwanger geworden. Dieser Mensch sei nun Gott selbst gewesen. Und das sei notwendig gewesen, daß er komme, weil sonst die Menschen nicht wußten, wie sie leben sollten. Auch sei es notwendig gewesen, daß dieser Mensch auf eine traurige Art ermordet wurde, damit ein rachsüchtiger Gott durch dieses Opfer mit den Gemeinheiten der anderen Menschen sich aussöhne. Das sei nun also der Heiland, der Erlöser der Welt – wozu der Weltkrieg die beste Illustration abgibt.

Alle anderen Menschen, ausgenommen den genannten einzelnen Menschen, der Tote auferweckte, selbst vom Tod wieder auferstanden sei, seien ganz traurige, unvollkommene Subjekte, sündhaft von Geburt aus, unfähig, vollkommen anständig zu sein, wenn sie nicht alles glauben, was die Priester von diesem einzelnen Gottmenschen erzählen. Auch könne ein Mensch nur durch die Vermittlung dieses Einzelnen die Wahrheit, Gott erkennen, & daß nun die heutigen lügnerischen Priester, die das Volk in den Krieg hetzten, die direkten Vertreter dieses Gottmenschen seien & daß sie das Volk zu belehren von Gott eingesetzt seien. Und die Leute glauben das alles noch im Zeitalter der Technik. Die Kirche ist darum der schlimmste Feind der Menschheit, weil sie sich ausgibt, der Vertreter Gottes zu sein, in Wirklichkeit aber ist sie der Vertreter des Teufels, an ihren Früchten zu beurteilen. Verdummung des Volkes, Dienst am Staate um den nackten Mammon.

Wenn [die Kirche] Gott vertreten würde, käme sie mit der Welt in Konflikt, so aber geht sie der Verfolgung aus dem Weg. Es gibt keine schauderhaftere Geschichte in bezug auf menschliche Gemeinheit als die Geschichte der Kirche mit Folterwerkzeugen & Scheiterhaufen!«

Konsequenterweise besuchte Daetwyler keine Gottesdienste, wenn er es tat, dann nur, um lauthals gegen die Predigt zu protestieren. Immer wieder brachte er sich in Schwierigkeiten, weil er in

Kirchen den Prediger unterbrach und selbst das Wort ergriff oder religiöse Vorträge störte. Der bereits erwähnte Vorfall in der Zürcher Fraumünsterkirche im Januar 1926 blieb kein Einzelfall; im gleichen Monat wurde er wegen Zwischenbemerkungen bei einem Vortrag eines Pfarrers aus dem Rathaussaal in Zürich entfernt. Am 11. März störte er den Vortrag »Jesu Kampf und Tod« des Theologieprofessors Ludwig Köhler in der Neumünsterkirche. Daetwyler war während Köhlers Vortrag auf eine Bank gestiegen und hatte gerufen: »Der da oben soll jetzt einmal ruhig sein mit seiner Heuchelei. Wir wollen Anderes, Besseres hören! Was würde Christus sagen?« Zwei anwesende Polizeidetektive und zwei Kirchenpfleger waren nötig, um ihn aus der Kirche zu schaffen, was einige Gegenwehr von seiner Seite vermuten läßt. Beim Hinausgehen lamentierte er noch mit lauter Stimme: »In dieser Kirche ist kein einziger rechter Christ anwesend!« Daetwyler verbrachte die folgende Nacht in einer Polizeizelle und wurde dann dem Bezirksrichter vorgeführt.

Am 3. September 1922 hielt Daetwyler in der protestantischen Kirche Aarau im Anschluß an die Predigt in leidenschaftlichem Ton eine Propagandarede für seine Friedensbestrebungen. Soldaten führten ihn aus der Kirche, und das Bezirksamt Aarau leitete eine Strafuntersuchung gegen ihn wegen Störung eines öffentlichen Gottesdienstes ein. Die Untersuchung wurde dann aber eingestellt, als im Dezember die Aarauer Behörden vom Gutachten der Zürcher Poliklinik Kenntnis erhielten. Dieses Gutachten war, auch auf Empfehlung der Berner Behörden, in einer Verfügung der Direktion der Justiz des Kantons Zürich vom 3. Juli 1922 angefordert worden. Die Verfügung zog »vormundschaftliche Maßnahmen« in Erwägung, darum sollte er wieder einmal auf seinen Geisteszustand hin überprüft werden.

Wenn Daetwyler eine Kirche betrat, so geschah dies, um in der Stille des Gotteshauses zu beten. Das »Vater unser« kam als einziges Gebet über seine Lippen; die ganze Liturgie mit ihren formelhaften Texten erschien ihm bloß leeres »Geplapper«, für ihn bedeutete Beten nichts anderes als Nachdenken. Besonders schlecht zu sprechen war er auf den Papst: »Betrachten wir die Uniform des Papstes, der sich als Oberhaupt der christlichen Kirche ausgibt, mit einer dreifachen, goldenen Krone mit Edelsteinen geschmückt, mit einem farbigen Rock angezogen, so ergibt uns schon die äußere Aufmachung das Schwindelhafte seiner Person, wenn wir den Vergleich mit Jesus anstellen, der bei jedem Wetter im Lande herumgezogen ist, alle Strapazen auf sich genommen hat, besonders auch die Armut, so daß er sagte, ich weiß nicht, wo ich mein Haupt hinlegen soll. Dazu der Palast des Papstes & Millionen Reichtum, das reinste Theater, das sie Gottesdienst nennen, hat das eine Bewandtnis mit der Lehre des großen Nazareners? Dann die Organisation der Kirche, wo einer über den andern herrscht & wo der Papst sich als der Vater der Christenheit ausgibt, wo Jesus sagte, einer sei euer Vater, der geistige Urquell. So ist das Christentum nichts anderes als ein Götzentum mit dem Unterschied, daß die Heiden Götzen aus Holz anbeten, die Christen den zum Götzen erniedrigten Jesus. Beichte, Taufe, Messe, Abendmahl, alles dient dazu, daß man vor lauter Oberflächlichkeiten die Hauptsache nicht sehen sollte, nämlich den großen Betrug, den die Kirche an den Völkern begeht, indem sie die Wahrheit in den Staub zieht.«

Diese radikale Kritik vertrat Daetwyler bis an sein Lebensende, und er scheute nicht davor zurück, sie in aller Öffentlichkeit kundzutun. Das trug ihm am 5. März 1950 eine Strafanzeige wegen Störung der Glaubens- und Kultusfreiheit ein. Zwei Katholiken hatten ihn bei der Bezirksanwaltschaft Zürich angezeigt; Daetwyler habe auf dem Bellevueplatz in Zürich »in gemeiner Weise den Papst und die Katholiken beschimpft, indem er z. B. erklärte, das Papsttum sei ein Hurentum und ähnliches«. In einer Verfügung vom 25. April 1950 sah der Untersuchungsrichter von einer strafrechtlichen Verfolgung ab: »Der Angeschuldigte ist eine stadtbekannte Erscheinung. Seine Vorträge werden nirgends ernst genommen und wären an und für sich harmlos, wenn er sich nicht von Zeit zu Zeit zu direkten Beschimpfungen Andersgläubiger hinreißen lassen würde. Für den vorliegenden Vorfall kann er strafrechtlich aber nicht zur Verantwortung gezogen werden. Er wurde in seinem Leben schon mehrfach begutachtet, und es wurde dabei festgestellt, daß er völlig unzurechnungsfähig […] ist.« Allerdings wurden ihm die Verfahrenskosten von 20 Franken aufgebrummt.

Am 12. Mai rechtfertigte er sich in einem Brief an den Staatsanwalt: »Die zwei Katholiken haben ihr gutes Recht, wenn sie mich wegen Beleidigung des Pabstes [sic] einklagen, wenn ich mich auch anständigerer Ausdrücke bediente, als der Ankläger erwähnte! Denn es ist wohl eine Kleinigkeit, den Verrat an der Lehre Christi nachzuweisen, den das Pabsttum [sic] & die katholische Kirche begeht. […] Wenn man also im Schweizerlande, zumal in der Zwinglistadt Zürich, nicht mehr die Wahrheit sagen kann, ohne straffällig zu werden, dann ist es allerdings böse bestellt. Ich werde jederzeit mit Freude mich verantworten für Alles, was ich denke, rede und tue.«

Daetwyler nahm nie ein Blatt vor den Mund. Ein Film zeigt ihn Mitte der 1960er Jahre, wie er auf dem Zürcher Utoquai eine Ansprache hält.[1] Darin bezeichnete er Christi Himmelfahrt und die unbefleckte Empfängnis als Unsinn und Schwindel. Darauf rief ihm eine Frau aus der Menge zu, Gott werde ihn dereinst strafen für das, was er soeben gesagt habe. Worauf er schlagfertig erwiderte, ganz im Gegenteil, Gott werde ihn belohnen, weil er, der Daetwyler, die Wahrheit spräche.

Über die Wahrheit, wie er sie verstand und verkündete, schrieb er 1927: »Die Wahrheit ist zeitlos. Ohne Anfang & ohne Ende. Ich war, bevor Abraham war, ich werde sein bis ans Ende der Welt. Ich, die Wahrheit in mir. Im Zuge glaubt der Mensch, die Dinge fliegen an ihm vorbei, Häuser, Straßen, Bäume. Er fliegt. Die Wahrheit bleibt, das Vorbeifliegende ist das vergängliche Materielle. So ist das Unvergängliche größer, wichtiger als das Vergängliche. Verliere nicht das Größere ans Kleinere. Der Geist ist der Felsen, auf dem ich stehe. Ich betrachte meine Person wie einen Fremdkörper, wie andere Leute. Ich habe die Welt überwunden. Es kann mir nichts mehr passieren. Ich suche & finde meine Ruhe im Jenseits des Persönlichen. Also hat das Persönliche keine Gewalt über mich.«

Kein Wunder also, daß er sich in vollkommener Übereinstimmung mit der Weltsicht des deutschen Philosophen Immanuel Kant und jener des Physikers Albert Einstein wiederfand. Was Kant betraf, machte Daetwyler das in einer Rede am 10. Februar 1935 deutlich: »Es gibt zwei große Dinge im Weltall, sagte einst ein großer Denker,

Immanuel Kant – das Firmament, der Sternenhimmel über mir, und das geistige Gesetz in mir. Es kann nicht genug gesagt werden, daß das Fundament aller Wahrheit, aller Religion, inwendig im Menschen liegt und daß daher jeder Mensch die Belehrung nicht von außen suchen muß, sondern von innen her.« Daetwyler bezog sich auf einen Satz aus »Allgemeine Naturgeschichte und Theorie des Himmels« von 1755. Da heißt es im genauen Wortlaut: »Zwei Dinge erfüllen das Gemüt mit immer neuer und zunehmender Bewunderung und Ehrfurcht, je öfter und anhaltender sich das Nachdenken damit beschäftigt: Der bestirnte Himmel über mir und das moralische Gesetz in mir.«

Seelenverwandtschaft bestand auch mit Albert Einstein – wie Daetwyler ein eingefleischter Pazifist. Bei Ausbruch des Ersten Weltkriegs kommentierte der Begründer der Relativitätstheorie das patriotische Getöse mit den Worten: »In solcher Zeit sieht man, welch trauriger Viehgattung man angehört. Ich döse ruhig hin in meinen Grübeleien und empfinde nur eine Mischung aus Mitleid und Abscheu.«

Ein anderes Zitat Einsteins ließ ein Freund Daetwylers auf ein postkartengroßes Flugblatt drucken: »Militär und Krieg: Dieses Thema bringt mich zum gemeinsten Erzeugnis der Herdengesinnung, dem widerwärtigen Militarismus. Einen Mann, dem es Freude macht, in Reih und Glied nach den Klängen der Marschmusik zu marschieren, kann ich nicht einmal mehr verachten. Er hat nur durch einen Irrtum sein Großhirn bekommen, das Rückenmark hätte ihm völlig genügt! Dieses Heldentum auf Befehl, diese sinnlose Gewalttätigkeit, diese peinlich genaue patriotische Prahlerei – wie sehr ist das alles geistlos und widerwärtig.«

Den Flugblättern dieses Zitats drückte Daetwyler seinen roten Stempel auf, der seine Zumiker Adresse wiedergab, verteilen mochte er sie indessen nicht. In einem Text warf er dem großen Physiker vor, mit seiner Forschung die Entwicklung der Atombombe begünstigt zu haben. Er bezichtigte Einstein absurderweise, um Judaslohn die Wissenschaft an den Staat verraten zu haben, deshalb könne er nicht mit ihm hausieren gehen.

Wenn Daetwyler 1927 behauptete, daß er die Welt überwunden habe, und daß das Persönliche keine Gewalt mehr über ihn besitze, mag das für ihn richtig gewesen sein. Doch diese Einsicht konnten seine Mitmenschen nicht nachvollziehen, besonders, wenn er sich in gnadenloser Konsequenz mit den Behörden anlegte. Der Begriff »Kompromiß« war und blieb für ihn ein Fremdwort, was seine Frau immer wieder in Rage versetzte. So war zum Beispiel die Provokation des Kreiskommandos Horgen völlig unnötig, für Daetwyler aber etwas, das einfach getan werden mußte, wenn er seinen Ideen treu bleiben wollte. Am 2. Januar 1931 schickte er sein Dienstbüchlein mit folgendem Schreiben nach Horgen: »Als überzeugter Friedensfreund & Anhänger der geistigen Freiheitsbewegung für Europa sende ich Jhnen mein Dienstbüchlein zurück, da dasselbe für mich gegenstandslos geworden ist. In der Hoffnung, daß sich auch das Schweizervolk bald zur Abschaffung der allgemeinen Wehrpflicht als eines Gebotes der Sittlichkeit eines Volkes durchringen wird, begrüße ich Sie Hochachtend: Max Daetwyler.« Ein handschriftlicher Vermerk eines Angestellten des Kreiskommandos ziert Daetwylers Brief: »D.B.[2] an die Sektion Zumikon zur Zustellung an den Eigentümer, will es der Friedensfreund nicht mehr zu Handen nehmen, behalten Sie es bei der Militärsektion, da dieser Apostel der militärischen Pflichten enthoben ist.«

In regelmäßigen Abständen wurde Daetwyler mit Bußen belegt, unter anderem wegen »Belästigung von Personen«, »Hausieren ohne Patent und Benutzung des öffentlichen Grundes o. Bewilligung« oder »Verursachen einer verkehrshemmenden Personenansammlung«. Die Buße für den Tatbestand der »Belästigung von Personen«, ausgestellt am 15. Dezember 1931, verdankt er einem Herbergsverwalter: Daetwyler hatte gegen zwölf Uhr mittags am 19. November 1931 in der Herberge zur Heimat an der Geigergasse in Zürich ohne Erlaubnis des Verwalters den anwesenden Clochards einen religiös geprägten Vortrag gehalten. Als ihn der Verwalter aufforderte, seinen Vortrag abzubrechen, titulierte Daetwyler den Mann als »Pfaffen« und weigerte sich, die Herberge zu verlassen. Der zornige Verwalter mußte die Polizei zu Hilfe rufen, die den unerwünschten Prediger schließlich aus dem Gebäude schaffte. Damit, so die Begründung der Bußen-Verfügung über fünf Franken, habe Daetwyler »Personen belästigt«.

Fünf Franken waren damals viel mehr wert als heute, und die Bußbeträge läpperten sich im Laufe der Zeit zu erklecklichen Summen zusammen. Geld, das die Daetwylersche Familie sehr gut hätte gebrauchen können, denn sie lebten auf ihrem Anwesen mit sehr knappen Mitteln und in großer Genügsamkeit. Am 8. Mai 1931 mußten sie bei der Zürcher Kantonalbank ein Schuldbrief-Darlehen in Höhe von 5000 Franken aufnehmen. Der Gemüseanbau, der Honigverkauf und der Buchhandel hielten die inzwischen vierköpfige Familie mehr schlecht als recht über Wasser; Bußgelder waren nun wirklich das Letzte, was Clara Daetwyler, inzwischen Mutter von zwei Kindern, gebrauchen konnte.

Anfang März 1930 jagte Clara ihren Mann aus dem Haus – der Grund könnte eines dieser gelben Kuverts gewesen sein, in denen die Bußforderungen zu stecken pflegten. Am 7. März notierte der Vertriebene in eines seiner Tagebücher: »Ich sitze im Rüden als ein vom Heim Ausgestoßener. Ich leide dafür, daß ich mich für das Leiden anderer einsetze. Leicht war mein Fortgang von zu Hause. Hinausgewiesen als ein Bettler von der eigenen Frau. Leicht war es mir. Und es wird mir leicht bleiben, wenn ich, von der Welt verhöhnt, meine Straße gehe gehobenen Hauptes. Als ein Bettler. […] Wie eine Unsinnige sehe ich meine Frau vor mir, wie sie tobt. Weil ich meinen Weg gehen muß! Sie sieht nicht ihre blühenden Kinder, sie sieht nur ihre Wut wegen meinem Wege. Möge kommen, was kommen muß, ich bin bereit. Wenn meine Frau heute das Haus verkauft, so bleibt ihr genügend Geld für kommende Tage. Sie wird sich ohne mich verbessern in ihrer wirtschaftlichen Lage, dann kann sie ein Geschäft anfangen! Wie Gott will. Ich halte still. Gehe meinen Weg auf einem engen Steg. Immer gerade, brav, komme was kommen mag. Es fehlt die Liebe zu mir. Sie liebt das richtige Leben. Das sichere Leben, das sichere Einkommen. Und das findet man nicht bei mir. Und doch kann ich sie nicht allein lassen. Sie ist ein schwaches Weib! Ich predige den Weltfrieden & kann Frieden im eigenen Haus nicht verwirklichen. Weil es mir fehlt, ohne Kampf den Sieg zu erringen. Es ist ja vielleicht trotzdem unnütz, wenn man sich bemüht, FriedensJdeen auszubreiten, es wird doch kommen, wie es muß. Wenn aber alle so denken, was dann? Wenn alle Menschen die Flinte ins Korn werfen, was dann? [...] Überall ist das Volk in Not, aber niemand hilft auf eine große Art durch Hingabe seiner selbst.«

Es waren in der Tat schwere Zeiten für breite Schichten der Bevölkerung. Nach dem fatalen Börsencrash in New York im Herbst 1929 wurde auch die Schweizer Wirtschaft von einer Depression erfaßt. Die Arbeitslosenzahl schwoll an, die Löhne sanken, die Exportindustrie erlebte massive Einbrüche. Im September wurde der Franken um 30 Prozent abgewertet, doch die Maßnahme kam zu spät, um wirtschaftliche Impulse zeitig genug auszulösen.

In diesen Jahren ging ein Riß durch die Schweizer Bevölkerung. Radikale Elemente der Sozialdemokraten spalteten sich von der Mutterpartei ab und gründeten die Kommunistische Partei nach dem Vorbild der jungen Sowjetunion. Doch auch die gemäßigten Sozialdemokraten begegneten dem bürgerlichen Staat mit Mißtrauen und Ablehnung. In Städten wie Zürich oder Biel, die über einen relativ hohen Arbeiteranteil verfügten, erreichten die Linken in den Parlamenten Mehrheiten. Im Gegenzug bewegten sich große Teile des Bürgertums nach rechts, Italiens Diktator Benito Mussolini fand in gehobenen Kreisen viel Bewunderung; die Universität Lausanne verlieh ihm 1937 sogar den Ehrendoktor.

Nach der Machtergreifung durch Hitler 1933 schwappte faschistisches Gedankengut auch in die Schweiz über. Die »Fröntler« genannten Schweizer Hitler-Sympathisanten genossen einigen Zulauf, waren aber unter sich zerstritten und blieben nur eine marginale politische Kraft. Blutig ging es auf den Straßen zu: 1932 zettelten Kommunisten in Zürich-Aussersihl eine Straßenschlacht an, die ein Todesopfer und 30 Verletzte forderte und an die Zürcher November-Unruhen von 1917 erinnern. In Genf geschah im gleichen Jahr noch Schlimmeres: Dort gerieten Sozialisten und Kommunisten mit den Faschisten der »Union nationale« aneinander. Unglücklicherweise bot die Armeeleitung Rekruten auf, um die Ordnung wiederherzustellen. Die jungen Männer in Uniform verloren die Nerven und feuerten in die Menge. Das Fazit: zwölf Tote und über 60 Verletzte.

In dieser rastlosen und unruhigen Zeit blieb Daetwyler unbeirrbar bei seiner Friedensarbeit. Wohl lagen seine Sympathien eher links denn rechts, doch gemeinsame Sache machte er weder mit der einen noch mit der anderen Seite. Er ließ sich von niemandem vereinnahmen und kannte nur einen Gegner: den Krieg, oder besser, die ungebrochene Kriegsbereitschaft der Nationen. Darin erblickte er die Wurzel allen Übels. Den geeigneten Weg, den Frieden zumindest in Europa sicherzustellen, sah er in der Gründung eines Vereinigten Europas. Der Gedanke eines »Paneuropa« war allerdings nicht neu. So hatte der österreichische Graf Richard Coudenhove-Kalergi 1923 ein Buch veröffentlicht, in dem er die Bildung einer paneuropäischen Organisation vorschlug, aus der die »Vereinigten Staaten von Europa« entstehen sollten. Diese Idee, die auch die Zustimmung des französischen Ministerpräsidenten und Außenministers Aristide Briand fand, wurde in den 1920er und 1930er Jahren an verschiedenen Kongressen diskutiert. Für Daetwyler war ein vereinigtes Europa die naheliegendste Sache der Welt. Die Nationalität eines Menschen hatte für ihn eine untergeordnete Bedeutung, darum lag er klar auf dieser paneuropäischen Linie. In seinen Schriften, Inseraten und öffentlichen Auftritten tauchte immer wieder die Vision eines »europäischen Staatenbundes« auf.

Die Paneuropäer forderten unter anderem eine Reorganisation des Völkerbunds. Der Völkerbund 1919 war vor dem Hintergrund der grauenhaften Verwüstungen des Ersten Weltkriegs gegründet worden. Diese Staatenvereinigung sollte den Weltfrieden sichern und die Zusammenarbeit unter den Nationen fördern. Als bekannt wurde, daß Genf zum Sitz des Völkerbunds bestimmt werden sollte, feierten die Genfer ein großes Volksfest. Die Schweizer stimmten 1920 über den Beitritt zum Völkerbund ab. Das Volksmehr war eindeutig, das Ständemehr [die Mehrheit der Kantone] dagegen äußerst knapp. 1924 wählte die Versammlung des Völkerbundes einen Schweizer zum Präsidenten: Bundesrat Giuseppe Motta, den Daetwyler später in Genf treffen sollte.

Der Völkerbund, der sich nach Gründung der UNO 1946 wieder auflöste, erwies sich aber als zahnlos und zerstritten. Er verfügte zwar über großes Prestige, galt jedoch vielen Beobachtern als ein wenig effizienter Debattierclub. Daetwyler, getreu seiner radikalen Friedensforderung, stand dem Völkerbund von Anfang an skeptisch gegenüber: »Heute verlangt die Menschheit unbedingte Abschaffung des Krieges. Diese Aufgabe soll dem Völkerbund zufallen. Wird er sie lösen? Der Völkerbund ist eine Institution, gegründet auf dasselbe Prinzip der Gewalt, das bis heute die Kriege hervorbrachte. Darum sieht auch der Völkerbund Kriege als weiter möglich an. Es gibt aber eine Grundlage, auf der der Weltfrieden absolut sicher aufgebaut werden kann.« Der folgende Satz in dem handschriftlichen, undatierten Text ist unterstrichen: »Wer das Prinzip der Gewaltlosigkeit, des Nichtwiderstehens, das Gottes Prinzip der Liebe in sich selbst zum Führer erhebt, für den ist der Weltfrieden heute schon eine Wirklichkeit.«

Es war Daetwyler unmöglich, zu Hause die Hände in den Schoß zu legen, während sich der Völkerbund in seinen Augen in hohler Rhetorik erschöpfte, statt die Ächtung des Krieges durchzusetzen. Darum entschloß er sich zu einem Friedensmarsch von Zürich nach Genf; das Abreisedatum war mit Bedacht gewählt: Ende Februar, denn im Februar 1932 begann im Genfer Völkerbund-Palast endlich die von der Weltöffentlichkeit geforderte Abrüstungskonferenz.

In der Generaldebatte, die die Abrüstungskonferenz eröffnete, beschworen zwar alle teilnehmenden Nationen ihren Friedenswillen, doch viel mehr als Wortgeklimper war das nicht. Der 8. Artikel des Versailler Vertrags schrieb allen Mitgliedern des Völkerbunds die Abrüstung vor. 13 Jahre lang hatten Kommissionen und Unterkommissionen über Modalitäten verhandelt, doch in Tat und Wahrheit rüsteten alle ihre Streitkräfte auf. Während Daetwyler nach Genf marschierte, tobte in China ein erbarmungsloser Krieg. Das Völkerbund-Mitglied Japan hatte die Mandschurei überfallen, das chinesische Nanking bombardiert und an der Zivilbevölkerung furchtbare Greuel begangen.

Die sozialdemokratische Tageszeitung »Volksrecht« beschrieb am 5. Februar 1932 die Situation: »Während in Japan die Kriegsindustrie mit Doppelschichten die Produktionsmittel des Todes herstellt, während in China verzweifelte Anstrengungen gemacht werden, zur Abwehr des räuberischen Einfalls, Armeen aus dem Boden zu stampfen, sitzen in Genf die Delegierten Japans und Chinas friedlich in dem Riesensaal des Batiment Electoral nebeneinander, um über die Einschränkung ihrer Rüstung zu diskutieren.«

Daetwyler war nicht der einzige, der eine weltweite Abrüstung forderte; so hatten am 6. Februar 1932 die internationalen Frauenverbände eine Friedenspetition mit acht Millionen Unterschriften im Konferenzgebäude in Genf abgegeben. Am nächsten Tag empfing der Konferenzpräsident Arthur Henderson, Delegierter der Engländer, den Internationalen Verband der Kriegsversehrten. Und bei einer ökumenischen Friedenskundgebung in der St. Galler Tonhalle berief sich Bischof Aloisius Scheiwiler auf die biblische Bergpredigt als »wunderbares Programm des Friedens«.

Der Förderung des Friedens sollte auch der Marsch von Zürich nach Genf dienen. Bei dieser Aktion setzte Daetwyler erstmals ein Propagandamittel ein, auf das er bis an sein Lebensende nicht mehr verzichtete: den Fußmarsch. Um den optischen Eindruck zu verstärken, trug er auf seinen Märschen seit Anfang der 1940er Jahre immer eine an einer Bambusstange befestigte weiße Fahne – für ihn Symbol des Friedens – mit sich. Daß die weiße Fahne auch eine Kapitulation ankündigen konnte, nahm er in Kauf. Den Seidenstoff für seine Fahnen bezog er vom Modehaus Grieder und vom Spielwarengeschäft Franz Carl Weber in Zürich, bezahlen mußte er dafür meistens nicht. In der Hauszeitung der Franz Carl Weber AG war 1971 zu lesen, daß die Firma damit »wenigstens indirekt zum Weltfrieden beigetragen« habe. Mit seinen weißen Fahnen legte Daetwyler Abertausende von Kilometern zu Fuß zurück. So lief er 1938 von Zürich über Lyon nach Paris, 1960 von Zürich nach Berlin, in den 1960er Jahren fünfmal von New York nach Washington, um nur einige seiner ausgedehnten Friedensmärsche zu erwähnen.

Doch zurück zum Friedensmarsch von 1932: Mit drei Getreuen traf Daetwyler am Dienstag, dem 24. Februar, auf dem Paradeplatz in Zürich ein. Vier Tage zuvor war im »Tagblatt der Stadt Zürich« ein von ihm verfaßtes Inserat erschienen: »Internationale siegt! Daetwyler marschiert von Zürich nach Genf, um im Namen aller Menschen,

Männer, Frauen und Kinder, vor der Abrüstungskonferenz des Völkerbundes den Standpunkt der Wahrheit zu vertreten! Die Genfer Polizei kann verhindern, daß Daetwyler vor dem Völkerbund sprechen kann, aber keine Macht der Erde kann verhindern, daß, wenn der Völkerbund seine Pflicht nicht tut, er einer neuen, besseren Friedensorganisation der Völker Platz machen muß! Daetwyler ladet alle Friedensfreunde zur Teilnahme an diesem Friedensmarsche ein und dankt nachträglich allen Freunden der Wahrheit, die ihn unterstützen. Gemeinsam werden wir die Kosten tragen, geteiltes Leid ist halbes Leid, geteilte Freude ist doppelte Freude!«

Am Abend vor dem Abmarsch hielt er im Gelben Saal des Zürcher Volkshauses eine Rede, die er mit den Worten einleitete: »Für das neue Europa, für die neue Menschheit, für totale, absolute Abrüstung! Ich bringe die große Entscheidung! Jetzt – heute – muß sich die Menschheit aufraffen. Noch ist es Zeit. Noch sind die Tage der Rosen. Menschheit erwache!«

Daetwyler und seine drei Friedensfreunde trugen die damals üblichen Touristenanzüge, Hemd und Krawatte, Rucksäcke und Regenschirme. Mit dem Schirm unterstrich Daetwyler seine kurze Ansprache. Laut eines Artikels im sozialdemokratischen »Volksrecht« sagte er zehn Minuten vor seinem Aufbruch, er gehe nach Genf, um dort »die ganze verbrecherische Gesellschaft auseinanderzujagen«, die Friedensdebattierer des Völkerbundes betitelte er als »Saboteure des Friedens«.

Rund 100 Personen verfolgten die Rede und den Abmarsch, etwa ein Dutzend von ihnen begleiteten das Quartett bis zur Stadtgrenze. An Daetwylers Seite schritt auch sein Neffe Max Müller, ein Anhänger der schwärmerischen, neugeistigen »Bewegung« und in Horgen am Zürichsee Verleger der sogenannten Reform-Literatur. Die neugeistige »Bewegung« wollte durch ein tatkräftiges, christliches Tun den Grundstein zu einem neuen, weltumspannenden Zeitalter der wahren christlichen Nächstenliebe legen. Einige Wochen nach dem Marsch verfaßte Müller einen Bericht über die Reise, die in seinem Reform-Verlag erschien. Die folgende Darstellung der Ereignisse stützt sich vor allem auf Müllers Originalfassung.

Die erste Rast wurde in Baden gehalten, wo man Annoncen für Berner Zeitungen aufgab, die das Erscheinen der Friedensmarschierer und eine Rede Daetwylers ankündigten. Ein Gesinnungsgenosse war vorgängig beauftragt worden, einen Saal für einen Vortrag zu mieten, was aber nicht gelang. »Wahrscheinlich«, so Müller, »war es ihm nicht möglich, in der Militärstadt für diesen Zweck einen Saal zu bekommen.«[3]

Nächtigen wollte der kleine Trupp in der Jugendherberge. Gerade als sie das Quartier aufsuchten, hörten sie in der Nähe einen Männerchor singen. Der Refrain des Liedes lautete: »Erwache Volk! Erwache!« Es erwachte vor allem Max Daetwyler, er hielt an die Sangesfreunde eine kurze Ansprache, worauf man ihm und den Freunden die Tür der Jugendherberge vor der Nase zuschlug: Wer in der Jugendherberge nächtigen wollte, mußte sich laut Hausordnung jeder politischen Tätigkeit enthalten. Müller: »Ob ernstes, von Herzen kommendes Einstehen für den Frieden und Wahrheit unter den Begriff politischer Tätigkeit zu stellen ist, bleibe dem Leser zur Beurteilung anheimgestellt.«

Die vier Männer fanden in Aarau anderweitig Unterschlupf. Auf dem Weg zum Frühstück stoppte sie ein Polizist. Fast drei Stunden lang hielt man sie fest, nahm die Personalien auf und versuchte durch reges Telefonieren von Amtsstelle zu Amtsstelle zu ergründen, wie man mit den Friedensmarschierern verfahren sollte. Schließlich ließ man sie ziehen; drei Deutschen, die sich anschließen wollten, wurde jedoch polizeilich empfohlen zu verschwinden, da sie sonst mit Ausweisung aus der Schweiz rechnen müßten. Müller kommentierte: »Oh, welch kleinliches Spießbürgertum wir heute noch haben in allen Europäischen Nationen, statt Internationalität und gleiches Recht für alle.«

Weiter zog das Quartett über Olten ins bernische Langenthal, wo im alkoholfreien Gasthaus Zum Turm ein Vortrag angesagt war. Es hatten sich aber nur wenige Zuhörer eingefunden, offenbar vorwiegend Mitglieder religiöser Gemeinschaften, die nicht unbedingt auf der Linie der Friedensmarschierer lagen. Bei Müller heißt es dazu: »In der eröffneten Diskussion zeigte es sich wieder, wie viele Anhänger religiöser Gemeinschaften vor lauter Bäumen den Wald nicht sehen.

Ich will damit sagen, daß sie sich ausschließlich auf die toten Buchstaben der Schrift stützen und dabei das Wesentliche, die lebendige Religion, die innere Stimme des Herzens, doch nicht hören und erleben. […] Sind wir einmal so weit, daß die Menschen ihre Berufung wieder erkennen und jeder Einzelne, unbeeinflußt durch Zeitungen und andere Äußerlichkeiten, handelt, wie es ihm seine innere Stimme gebietet, brauchen wir weder Kirchen noch politische Parteien, und es müßte niemand mehr einen Friedensmarsch gegen Heuchler und Pharisäer unternehmen, die sich als Friedensfreunde vor dem Volke brüsten, in Wahrheit aber in der Hauptsache ihren eigenen und dadurch materiellen Interessen der geheimen Machtpolitiker und kalt berechnenden Geldmagnaten dienen.«[4]

Von Langenthal ging es weiter in Richtung Bern, dem wichtigsten Etappenziel. Das Wetter war den zügig Voranschreitenden gut gesinnt, und offenen Auges wanderten sie durchs Bernerland, ein »wirklich schmuckes Gebiet. Vor den währschaften Bauernhäusern stehen die kunstgerechten, turmartigen Holzstöße, der Stolz friedlicher Winterarbeit.« Nach einer Übernachtung in Herzogenbuchsee frühstückten die Wanderer »zur besten Zufriedenheit« im alkoholfreien Gemeindehaus. Gegen 17 Uhr gelangte man nach Bern, wo sofort mit dem Verteilen von Handzetteln begonnen wurde, die auf eine Ansprache Daetwylers um acht Uhr abends auf dem Bundesplatz hinwiesen. Der Tenor der Rede ergab sich von selbst: »Totale Abrüstung«; auch zur Teilnahme am Weitermarsch nach Genf wurde »freundlich eingeladen«. Müller verteilte seine Botschaften unter den Lauben und brachte schnell viele Zettel an den Mann. Dabei hatte er Gelegenheit, das Publikum in der Bundeshauptstadt zu beobachten: »Im großen und ganzen ist es ein jämmerliches Gehetze, wie die Leute in der Stadt umherjagen. Man muß zum voraus auf die Hände der Abnehmenden sehen, damit sie keine Zeit verlieren. Es gibt dann auch Männer, welche eine blasierte Miene zur Schau tragen und einem keiner Beachtung würdig finden. Ich glaube, das sind diejenigen, welche zuerst den Mut verlieren, wenn etwas Außergewöhnliches wie Krankheit, finanzieller Verlust u.s.w. an sie herankommt. Ich möchte die gleichen Typen nach zehn Jahren wieder einmal sehen. Aber es gibt auch wieder freundliche Menschen, welche sogar noch ein liebenswürdiges Danke hervorbringen. Wie wäre es doch schön auf der Welt, wenn dieser Geist wieder die Oberhand über die materialistische Nervosität gewinnen würde!«

Als Daetwyler auf dem Bundesplatz zu sprechen begann, strömten etwa 300 Personen herbei. »In lebendigen, aus dem Herzen kommenden Worten«, so Müller, »schilderte der sogenannte Friedensapostel die heutige ernste Lage. […] Max Daetwyler skizzierte dann noch zwei Fälle von Abrüstung. Der erste in Zürich, wo einer seine heilige Uniform mit Benzin begoß und anzündete, der zweite, der in Solothurn abrüstete, indem er seine Milizutensilien in die Aare schmiß. [Zur Nachahmung empfohlen!] Zudem schilderte er noch die Ausreden, die viele davon abhielten, am Friedensmarsch teilzunehmen. Der Eine sagt, er verliere die Arbeit, der Andere, er habe für die Familie zu sorgen, und die Arbeitslosen? […] Nun, die müssen eben stempeln gehen und nehmen auch nicht gern solche Strapazen auf sich. Aber wenn der Staat ruft wie anno 1914 – da gibt es keine Ausreden; dann ist es eben […] Pflicht […] auch wenn es gilt zu morden. Liebe Mitmenschen! Macht lieber die innere, die Herzensstimme, wieder zu eurer Pflicht, und wir werden mit schnellen Schritten bessern Zeiten entgegengehen. Gewalt ruft wieder Gewalt, naturgesetzgemäß, während Gewaltlosigkeit selbst Gewalt zu besiegen vermag.«

Am nächsten Samstag zogen die Marschierer aus Bern hinaus und in Richtung Freiburg davon. Zu den vieren waren in Bern drei weitere Männer gestoßen – eine fürwahr magere Ernte. Müller schrieb dazu: »Wir hatten 3 Mann Zuzug bekommen und waren nun unser sieben. Die Stadtbevölkerung hat am Morgen keine Zeit für Friedenspropagandisten. Es ist ein Gehetze und Gejage nach den Bureaux, nach der Arbeit. Oder die Leute sind auch zu feige, zu einer guten Sache zu stehen. Wenn wir vielleicht ein Defilée geboten hätten, wie unsere Truppen in Bülach im Herbst 1931, wo die Menschen zur Belustigung der Zuschauer ihre Unterwürfigkeit bezeugen müssen, wären die Leute wahrscheinlich zu Hunderten stehen geblieben und hätten sich der Vorkommnisse nicht geschämt.«

Auf einem Postamt wurden unterwegs noch die Inserate für das nächste Ziel, Lausanne, aufgegeben. Das Geld dafür stammte von Spenn, die Zuhörer auf dem Bundesplatz gegeben hatten. Pfeifend und im Takt marschierend, zog das Fähnlein der sieben Aufrechten »frohen Muts und heitern Sinns« ins Freiburgerland hinein: »Einem alten Fraueli, das uns mit dem Fuhrwerk begegnet, kauften wir eine halbe Zaine [Korb] Äpfel ab. Wir hatten alle Taschen voll zu stopfen. Obst ist ein noch viel zu wenig geschätztes Universal-Nahrungsmittel. Der Marsch nach Genf hat es uns wieder bewiesen. Vier unserer Teilnehmer haben Fleisch und Eierspeisen ganz weggelassen und sind doch gesund in Genf angekommen. Probier's auch einmal, lieber Leser! Du wirst dich bald leichter fühlen, und dein Körper wird gegen äußere Einflüsse bedeutend widerstandsfähiger. Es ist heute erwiesen, daß die tierischen Produkte in bezug auf Nährwert und als Kraftnahrung ihre hohe Stellung auf Kosten von Obst und Gemüse immer mehr einbüßen! Auch in finanzieller Hinsicht habe ich bis jetzt sehr gute Erfahrungen gemacht. Warum sollen wir, um der teuren Genußmittel wie Fleisch, Alkohol und Nikotin [willen], unser ganzes Leben in Abhängigkeit verbringen?« Müller teilte nicht nur die ethischen Ansichten seines Onkels, sondern auch dessen Vegetarismus, Alkohol- und Tabakabstinenz.

Über den Viadukt, der den Fluß La Sarine überspannt, marschierte die kleine Truppe in Freiburg ein. Daetwyler fackelte nicht lange und hielt im Zentrum vor einigen Dutzend Neugierigen eine Ansprache. Doch dann kam – wie schon in Aarau – die Polizei und führte die sieben auf den Posten. Dort wies Daetwyler darauf hin, daß er in Bern auf dem Bundesplatz ungehindert hatte reden dürfen. Freiburg sei nicht Bern, wurde ihm beschieden. Müller: »Es sind dort[5] die angeblichen Vertreter Christi, die sich vor der Wahrheit fürchten, wenn sie einmal im Volke Wurzel faßt. [...] Überall dasselbe! Wir mußten auf unserem Marsche feststellen, daß es heute in der Schweiz verboten ist, am rechten Platz für Friede und Wahrheit einzustehen.«

Am Sonntag ging die Reise weiter Richtung Payerne. Das Wetter war schön, »die Gegend prächtig«. Weite Strecken führten durch den Wald. Das Städtchen Payerne ließen die Friedensmarschierer rechts liegen und strebten Moudon zu. In einer Käserei nahmen sie ein einfaches Mittagessen, bestehend aus Käse, Butter und Brot, zu »sehr entgegenkommenden Preisen« ein. Der freundliche Käser kochte seinen Gästen noch einen Kaffee, was Müller zu der Feststellung veranlaßte, daß es doch noch Leute gab, »die nicht jeden Besucher als unerwünschten frechen Eindringling möglichst schnell wieder hinausbugsieren wollen«.

In nahezu lyrischer Stimmung schilderte Müller das Ende dieses Tages: »Die Schönheit des Abends läßt sich nicht in Worte kleiden. Auf einem solchen Marsch fühlt man die Verbundenheit und Einheit mit der Natur. Die Feuerlein, welche das Gras zu Düngasche brannten, nahmen sich wie Dankopfer des friedlichen Tales aus. Solche Eindrücke stählen den Willen, mit der ganzen Kraft für Friede und Wahrheit zu wirken; gegen Krieg und Vernichtung.«

In Moudon wurde übernachtet, dann ging es weiter nach Lausanne. Dort stellten sich die Reisenden auf einigen Zeitungsredaktionen vor, natürlich in der Hoffnung, daß diese als Multiplikatoren ihrer Ideen wirken würden. Die Verständigung im französischsprechenden Teil der Schweiz bereitete zumindest Daetwyler keine Schwierigkeiten, weil er seit seiner Zeit in Paris sehr gut französisch sprach. Die Redakteure versprachen, etwas über den Friedensmarsch nach Genf zu bringen, weil sie die ungebeten Vorsprechenden wohl schnell wieder los sein wollten, doch nur eine Lausanner Zeitung druckte am nächsten Tag eine kleine Notiz.

In Lausanne nahmen Daetwyler und seine Kameraden für zwei Nächte Quartier. Sie ließen einige Tausend Handzettel in französischer Sprache drucken und gaben Annoncen für vier Genfer Zeitungen auf. An verschiedenen Standorten in Lausanne verteilten sie die Zettel; Müller konnte etwa 1500 loswerden, bis die Polizei anrückte. Er mußte dem Polizisten auf den Posten folgen – und fand dort schon zwei seiner Kollegen vor. In Lausanne, so wurden die Verhafteten belehrt, bedürfe es für das Verteilen von Handzetteln einer polizeilichen Bewilligung. Für jeden Erwischten waren nun Fr. 5.30 Bußgeld fällig, nach deren Begleichung konnten sie weiterziehen.

Müller machte sich in der Stadt auf die Suche nach Daetwyler, den er auch bald fand – immer noch mit dem Verteilen seiner Handzettel beschäftigt. Gemeinsam versuchten sie bei der Polizeidirektion eine Bewilligung für die für den Abend geplante Rede einzuholen. Daetwyler wollte auf der Place St. François sprechen, was nicht erlaubt wurde, statt dessen verwies die Polizei den Redner auf die benachbarte Promenade »derrière bourg«. Wieder fanden sich einige Zuhörer ein, Müller spricht von 300 Leuten, die Zeitungen von »einigen Neugierigen«. Mehrere Leute pfiffen Daetwyler aus und störten seine Ansprache durch Zwischenrufe, was diesen nicht zu beeindrucken vermochte. Müller: »Sie konnten gegen die Kraft der Wahrheit nicht viel ausrichten.«

Am Mittwoch morgen, dem siebten Tag ihres Marsches, wanderte das Fünfer-Trüppchen – zwei Teilnehmer waren inzwischen ausgestiegen – entlang des Genferseeufers weiter. Ihre Handzettel und die Inserate in den Genfer Zeitungen hatten die Ankunft in Genf auf Donnerstag, den 4. März, angekündigt. Auch die geplante Rede im Quartier Plainpalais war für den Donnerstag abend, acht Uhr, avisiert. Doch es sollte, zum Leidwesen der unermüdlichen Wandersleute, anders kommen.

Schon in Nyon, wo sie übernachteten, waren sie von der Polizei beim Abmarsch über eine Stunde lang festgehalten worden. In der Enklave Céligny am Genfersee wurden sie erneut von Ordnungskräften erwartet. Es waren »drei Beamte«, so Müller, »die es streng hatten mit fragen und telefonieren.« Die Genfer Gendarmen horchten die Marschierer über ihre persönliche Vergangenheit aus und bestraften sie – wegen unerlaubten Verteilens von Handzetteln mit pazifistischem Gedankengut.

Die Stimmung in Genf war angespannt. Die Polizei hatte wegen der Abrüstungskonferenz und ihrer hochrangigen Vertreter aus vielen Ländern die Sicherheitsmaßnahmen erhöht; eine Gruppe Friedensbewegter, die in der Stadt Reden schwingen wollten, war überhaupt nicht willkommen. Zum Schutz der Delegationen waren die Polizeimannschaften verstärkt, verschiedene sozialistische Demonstrationen zuvor mit einem Verbot belegt worden. Besonders streng bewacht war das Hotel, in dem die japanische Delegation abgestiegen war. Japan hatte bekanntlich die chinesische Mandschurei überfallen. Um die Sicherheit zu gewährleisten, hatte der Genfer Polizeichef Frédéric Martin die Bereitschaft angedeutet, im Notfall das Militär zu Hilfe zu rufen. Zehn Tage vor Daetwylers geplantem Auftritt hatte dies zu heftigen Kontroversen im Großen Rat geführt.

Nach drei Stunden auf dem Polizeiposten von Céligny ließ die Polizei die Friedensmarschierer in die Westschweizer Metropole weiterziehen. Doch sie kamen nur bis zum Gebäude des internationalen Arbeitsamtes, wo die gleichen drei Polizisten, die Daetwyler und seine Leute schon in Céligny aufgehalten hatten, bereits in einem Auto auf sie warteten. Vermutlich war das Trio von höherer Stelle gerügt worden, daß es die Männer nicht länger festgehalten hatte. Erneut ging es auf den Polizeiposten. Dort wurde Daetwyler gefragt, ob er noch immer eine Rede auf dem Plainpalais halten wolle, was dieser selbstredend bejahte. Müller, in seiner Funktion als »Kassierer« der Friedensgruppe, mußte über die verbliebenen finanziellen Mittel Auskunft erteilen. Als sich herausstellte, daß noch Geld in der Reisekasse war, wurde Müller aufgefordert, mit der restlichen Barschaft vier Bahnbilletts zu kaufen. Zwei nach Bern für die Mitmarschierer, die sich Daetwyler in Bern angeschlossen hatten, und zwei nach Zürich – für Daetwyler und Müller. Einfache Fahrt, versteht sich.[6]

Müller war damit keineswegs einverstanden. Man sei schließlich nicht von Zürich nach Genf marschiert, um gleich wieder umzukehren. Doch alles Lamentieren half nichts. Die Marschierer wurden mit Brot und Milch verpflegt, und es blieb ihnen nichts anderes übrig, als auf den nächsten Zug von Genf nach Bern respektive Zürich zu warten. Per Polizeiauto wurden sie auf den Bahnhof spediert und im Zug unter diskrete Bewachung gestellt. In Biel stiegen die »zwei treuen Bernerkollegen« aus, Daetwyler und Müller kamen am Abend des 3. März im Zürcher Hauptbahnhof an. Ihr Friedensmarsch von Zürich nach Genf hatte acht Tage gedauert.

Müller beendete seinen Bericht mit den Sätzen: »Nun liebe Leser! Was sagt ihr dazu? Ich hatte nachher und heute noch bei der Arbeit zu hören bekommen, daß dieser Sache ja schon von Anfang ein Mißerfolg beschieden gewesen sei. Lest nun nochmals am Anfang der Broschüre und ihr seht, daß auch Daetwyler an eine solche Wendung dachte.«[7] Er kam zum Schluß: »Wer trägt nun den moralischen Sieg? Die Genfer Polizei und unsere obersten Behörden, welche trotz ca. 1500 Mann Polizei und einer Offiziersschule nicht den Mut aufbrachten, einen einfachen Mann aus dem Volk für totale Abrüstung sprechen zu lassen; oder Max Daetwyler mit seinen Freunden, welcher bewiesen hat, daß er für die Sache des Friedens eben alles einzusetzen gewillt ist? Mich hat der ganze Marsch in der Auffassung gegen die Militärgewalt und das Maulchristentum gestärkt, und ich glaube bestimmt, daß die große Friedensbewegung sich in kommender Zeit mit raschen Schritten Bahn brechen wird.« Müller hatte sich gründlich geirrt: Sieben Jahre später brach der Zweite Weltkrieg aus.

Das Ziel der Reise, wenn schon nicht im Saal des Völkerbundes, so doch wenigstens vor dem Gebäude der Friedensdebattierer in Genf sprechen zu können, hatte Max Daetwyler klar verfehlt. Die Bevölkerung entlang der Marschroute verhielt sich sehr zurückhaltend, seine Reden wurden nur von vergleichsweise kleinen Menschenansammlungen gehört, und in der Presse fand die Aktion praktisch keinen Widerhall. Die Delegationen im Völkerbund hatten von der Daetwylerschen Friedensmission überhaupt nichts mitbekommen. Doch all das konnte einen wie Daetwyler nicht entmutigen. Dieser Mann hatte starke Nehmerqualitäten: Er ging zu Boden, aber er stand immer wieder auf – um, wie er es sagte, »für den Frieden zu arbeiten«.

Im Laufe der 1930er Jahre sollte er noch einige Male nach Genf reisen, wo er den Vertretern des Völkerbunds seine Meinung sagen wollte. Doch bereits auf dem Bahnhof Cornavin schnappte ihn jeweils die Polizei und spedierte ihn ohne viel Federlesens mit dem nächsten Zug nach Zürich zurück. Einzig 1938 hatte er mehr Glück. In der Stadt erkundigte er sich, in welchem Hotel Bundesrat Motta logierte. Motta war der richtige Ansprechpartner, ihn wollte er zu einer Aussprache treffen. Der Tessiner, Bundesrat von 1912 bis 1940, hatte sich vehement für den Völkerbund und die Schweizer Mitgliedschaft eingesetzt und am 15. November 1920 die Begrüßungsansprache zur ersten Versammlung des Völkerbunds gehalten. Die Schweiz nahm aber im Völkerbund einen Sonderstatus ein: Sie mußte sich an eventuellen kriegerischen Handlungen nicht beteiligen, wirtschaftliche Sanktionen gegen ein Land aber mittragen. Motta glaubte, daß mit dieser Regelung die schweizerische Neutralität unangetastet blieb.

Die lavierende Haltung Mottas – eine Synthese zwischen Idealismus und politischem Realismus – erboste Daetwyler; ihm waren diese Friedensbemühungen viel zu lau und halbherzig. Kurz entschlossen suchte er den Bundesrat im Hotel auf und wurde von diesem auch empfangen. Daetwyler trug dem Politiker, wie er in späteren Jahren erzählte, »keine Höflichkeitsfloskeln« vor, sondern sprach mit ihm über seine Ideen zur Abrüstung und für den Frieden. Am Ende des Gesprächs bat Daetwyler Motta um eine Eintrittskarte für die bevorstehende Versammlung des Völkerbunds.

Am 15. Mai 1938 betrat der Friedensapostel inmitten einer größeren Menge zum ersten Mal den großen Saal des Völkerbunds und nahm auf der Zuschauertribüne Platz. Lange hörte er den Referenten nicht zu; er erhob sich und rief in den Saal hinunter: »Vive la paix, vive les états unis de l'Europe, à bas les armes. Je suis Daetwyler, apôtre de la paix!«[8]

Daetwyler konnte noch einige weitere Worte äußern, dann spielte sich laut eines Berichts in »Der Bund« unter dem Titel »Ein Zwischenfall« folgendes ab: »Zu Beginn der öffentlichen, am Samstag nachmittag abgehaltenen Sitzung des Völkerbundsrates ereignete sich ein heftiger Zwischenfall. Der aus dem Kanton Zürich stammende sogenannte schweizerische Friedensapostel Max Dätwyler [sic] ergriff von der Publikumstribüne aus das Wort, um mit lauter Stimme einige Worte in den Saal hineinzurufen. Er protestierte gegen den Krieg in Spanien und in China, verlangte eine gründliche Reform des Völkerbundes und die Errichtung der Vereinigten Staaten von Europa. Er wurde von den Saalwächtern gewaltsam von der Tribüne entfernt.«[9]

Bei der Einvernahme auf dem Polizeiposten machte ihm der Kommissar Vorwürfe, daß er die Freundlichkeit Mottas, ihm eine Eintrittskarte zu schenken, durch seinen skandalösen Auftritt mißbraucht und Motta dadurch Unannehmlichkeiten bereitet hatte. Woraufhin Daetwyler entgegnete: »Herr Kommissar, den Frauen und Kindern, die unter dem spanischen Bürgerkrieg und in Abessinien zu leiden haben, ist es auch nicht angenehm.«[10] Schließlich mußte er sein Portemonnaie vorweisen. Darin befanden sich 80 Rappen. Offenbar tat er dem Polizisten leid, denn der Genfer Ordnungshüter sammelte bei den Kollegen Geld, mit dem Daetwyler ein Abendessen bezahlt wurde. Nach dem Essen ging der Friedensmann geradewegs ins Genfer Hotel Grütli. Dort hatte er zuvor eine Versammlung betreffend Friedensarbeit anberaumt, die er dann auch pünktlich beginnen konnte.

Das Jahr 1932 hielt noch einen Höhepunkte in Daetwylers Leben bereit: die Begegnung mit Gandhi, einem seiner verehrtesten Vorbilder und – im weitesten Sinn – einem Gleichgesinnten. Gandhi, genannt Mahatma [»große Seele«], war der Führer der gegen die Kolonialmacht England gerichteten indischen Unabhängigkeitsbewegung. Außerdem wollte er die Gegensätze zwischen Hindus und Muslimen beseitigen. Seine Methode war der gewaltlose Widerstand. Dabei war Gandhi kein weltfremder Idealist – er verfügte über einen ungemein scharfen politischen Verstand.

Gandhi plante 1932 eine Friedensmission in Europa, die ihn nach Deutschland und Italien führen sollte. Doch dazu kam es nicht, Unruhen in Indien machten seine Rückkehr nötig. Zuvor aber war er in der Lage, einer Einladung des französischen Schriftstellers und Nobelpreisträgers für Literatur von 1915, Romain Rolland, Folge zu leisten. Rolland, der eine Biographie über Gandhi verfaßt hatte, empfing den großen Mann in seinem Haus in Villeneuve am Genfersee. Tatsächlich gewährte »die große Seele« seinem Verehrer Daetwyler eine Audienz. Ob dieser seinen Besuch vorgängig ankündigte oder einfach auf gut Glück zu Rolland reiste, läßt sich nicht mehr feststellen.

Vor diesem Treffen hielt Gandhi zwei Reden in Lausanne. Die eine fand am Nachmittag im Volkshaus, die zweite am Abend in der Kathedrale statt. Bei beiden Treffen standen die Leute bis auf die Straße hinaus, um ihn zu hören. In der Kathedrale ließ Gandhi sein Publikum einige Zeit warten. Es mußte sich aber nicht langweilen, denn plötzlich sprang Daetwyler auf das Podium und hielt eine Rede, die mit den Worten begann: »Gandhi ist nicht da, aber auch ich bin ein Gandhi.« Das Publikum verfolgte seine Ausführungen teils belustigt, einige mögen seinen Auftritt aber auch als impertinent und respektlos empfunden haben. Schließlich verglich sich da der kleine Zürcher mit dem großen Inder. Der »echte« Gandhi traf schließlich ein, setzte sich auf einen Tisch und sprach »vollkommen ruhig, ohne eine Bewegung. Man hatte den Eindruck, daß seine Worte aus dem tiefsten Grunde seines Herzens kamen«, erinnerte sich Daetwyler 1948.

Am nächsten Tag fuhr Daetwyler per Autostopp – der Chauffeur eines mit Kohle beladenen Lastwagens nahm ihn mit – von Lausanne nach Villeneuve. Offensichtlich war ihm sein Ruf als Friedensmann vorausgeeilt; obwohl das Haus des Schriftstellers Rolland von Bewunderern Gandhis und Journalisten regelrecht belagert war, wurde Daetwyler von einer Sekretärin freundlich empfangen und alsbald in den Salon geführt, wo Gandhi, umringt von einer Anzahl Leute, auf dem Teppich saß.

Anfangs wollte kein richtiges Gespräch in Gang kommen, dann faßte sich Daetwyler aber ein Herz: »Mahatma, machen Sie einen Unterschied zwischen den Engländern und den Indern?« Gandhi antwortete vorerst nicht, doch als der Schweizer Gast nachhakte, meinte er: »Weil die Engländer einen Unterschied machen, sind wir Inder gezwungen, auch einen zu machen.« Für Daetwyler war die Antwort eine große Enttäuschung, weil in seinen Augen philosophisch falsch: Menschen waren Menschen, es durfte kein Unterschied gemacht werden.

Im weiteren Verlauf des kurzen Gesprächs heiterte sich die Stimmung im Salon auf. Daetwyler sagte, er betrachte sich als der Gandhi Europas, schwächte jedoch sogleich ironisch ab, damit seien aber viele Leute nicht einverstanden. Und er erwähnte eine Zeitung, die sinngemäß über ihn geschrieben habe: »Nichts da mit einem Gandhi Europas. Daetwyler hat nur ein gutes Mundwerk und eine große Einbildung.« Da lächelte Gandhi und verabschiedete den Friedensapostel freundschaftlich.

Kurze Zeit nach dieser Begegnung mit seinem Idol notierte er mit Bleistift: »Wenn wir mit einem Menschen zusammenkommen, dann ist es bestimmt so, daß wir von dieser Persönlichkeit etwas annehmen oder ablehnen. Bei mir war das so, daß ich über die wichtige Person Mahatma Gandhis Bescheid wußte. Er war für mich zum voraus ein Vorbild, das ich nachahmen wollte. Schon die Art, wie ich von ihm empfangen wurde, war eine große Freude für mich. Seine Sekretärin, Miss Sloane, empfing mich sehr freundlich. Schon nach 5 Minuten hieß es, der Mann von Zürich soll hinaufgehen in den Salon von Romain Rolland in Villeneuve, wo Gandhi am Boden auf dem Teppich saß und mich freundlich empfing. Ich war nicht allein, es waren noch weitere Personen anwesend.« Dann kommt er auf Ghandis Haltung zum Thema »Unterschied« zu sprechen: »Es gibt vor Gott keine Nationen, keine Rassen, keine Religionen, keine Ideologien. Es gibt nur zwei Sorten Menschen, gute und böse. Die Engländer haben dann Indien geteilt und den mohammedanischen Staat Pakistan gegründet.[11] Es kam dann zu großen Verfolgungen der Mohammedaner gegen die Hindus. Gandhi erklärte seine Mitschuld an dem Unglück.

Was ich besonders von Gandhi lernte, und was für mich seit dem Jahr 1932 ein großer Segen war, das war seine Methode, jeden Tag am Morgen 2 Stunden für Meditation zu nehmen, zu reservieren, 2 Stunden für Gebet würden die Christen sagen. 2 Stunden Ruhe, Nachdenken für die Pflege des geistigen Menschen um die Herrschaft des Geistigen über das Leibliche, das Sinnenleben, jeden Tag neu zu begründen. Ist das nicht der größte Gewinn für jeden Menschen, wenn er die innere geistige Kraft pflegt, denn nicht die äußere Lage des Menschen entscheidet über Glück und Unglück, sondern wie man die Sache ansieht. Meditation, viele fragen mich, wie machen Sie das. Oh, das ist ganz einfach, ich nehme mir Zeit für die große Macht, die alles, was lebt und webt, beherrscht. Ob wir es Gott nennen oder Natur, das ist belanglos.« Natürlich wußte Daetwyler, daß auch Gandhi zu meditieren pflegte: »Ich habe Gandhi besucht, Gandhi reden gehört. Welch eine Kraft ging von ihm aus. Und wie er zu dieser Kraft kommt, ist für niemand ein Geheimnis, jeder Mensch kann sie auch erreichen wie er. Aber da heißt es, seine Pforten gegen außen schließen, damit sich das Reservoir mit heiligem Geist füllen kann.«[12]

Selten verstrich in Daetwylers Erwachsenenleben ein Tag ohne Meditation, die in der Regel zwei Stunden dauerte und am Morgen angesetzt war. Man sollte sich ihn dabei nicht im Lotus-Sitz vorstellen, vielmehr saß er still, in sich versunken, und hielt Zwiesprache mit seinem Gott. »Beten heißt Nachdenken«, hatte er immer wieder betont.

»Es ist eine gute Maxime am Morgen«, schrieb er, »2 Stunden Meditation. Es gibt die herrliche GesinnungsRuhe, die uns erlaubt, den kommenden Tag als einen Festtag des Geistes [zu feiern]. Die innere Freude, die man empfindet, teilt sich der Umwelt mit. Es ist wie wenn ein Licht in der Finsternis leuchtet. Und dabei ist das jedem Menschen möglich, der sich Zeit & Mühe nimmt. So wird man dann von vielen unnützen Gedanken & Taten befreit, wie wenn der Leib ein Bad der Reinigung mitmacht. […] Ich bin vollkommen glücklich & zufrieden mit dem Einssein in Gott, wie ich es empfinde. Das macht mich glücklich & dankbar bei allen Schicksalsschlägen.«

Der Geist stand für den Friedensfreund weit über dem Materiellen. Um dieser Haltung Ausdruck zu verleihen, entschloß sich Daetwyler zu einer ungewöhnlichen Aktion: Er wollte Geld verteilen, wohl um die Nichtigkeit des Pekuniären zu verdeutlichen. Die Idee zu diesem Vorhaben kam ihm im Schreibsaal der Kantonalbank an der Zürcher Bahnhofstraße. Hier erledigte er, »mangels eines eigenen Bureaus«, seine Korrespondenz, vermutlich hing zu dieser Zeit der Haussegen in Zumikon wieder einmal schief. »Ich machte mir Gedanken«, schrieb Daetwyler, »über das Wesen des Geldes & daß es oft schlecht verteilt sei, indem die einen zu viel und die anderen zu wenig haben. Es kam mir der Gedanke, öffentlich Geld zu verteilen, um ein Beispiel zu geben gemäß dem Spruch: Was nützt das Geld, wenn mans behält.«

Zuerst verteilte er auf dem Paradeplatz Zettel: »Daetwyler verteilt Geld! Samstag abend 20 Uhr auf dem Helvetiaplatz.« Dies war der »Züricher Post« am nächsten Tag folgende Meldung wert: »Der bekannte Friedensapostel Dätwyler [sic] aus Zumikon will nach längerer Zeit wieder einmal vor die Öffentlichkeit treten, denn er hat einen Plan ausgeheckt, wie die Krise beseitigt werden könne. Dies kann nach seiner Ansicht nur geschehen, wenn man das Geld nicht aufbewahrt, sondern es rollen läßt. Um diesem an und für sich richtigen Gedanken sichtbaren Ausdruck zu verleihen, will Dätwyler heute Samstag abend 8 Uhr auf dem Helvetiaplatz an jedermann Geld verteilen […] Woher er das Geld nimmt, darüber wollte er uns keine Auskunft geben, sondern betonte nur, daß es richtiges Geld sein werde.«

Etwa ein Dutzend Neugierige hatten sich auf dem Helvetiaplatz eingefunden, als Daetwyler sich anschickte, seine Ankündigung wahrzumachen. Umgehend wurde ihm durch zwei Detektive der Stadtpolizei das Verteilen von Geld verboten. Dies stelle ein öffentliches Ärgernis dar, da doch Leute das Geld bekämen, das ihnen gar nicht zustehe. »Und es gibt dennoch Geld!« rief Daetwyler mit erhobener Stimme, griff in seine Taschen und warf mehrere Hände voll 5-, 10- und 20-Rappenstücke auf die Straße. Die vor Kälte schlotternden Zuschauer stürzten sich gierig auf den Boden, um den Geldregen in die eigenen Taschen zu kanalisieren. Daetwyler schaute vergnügt zu und sprach darauf den anwesenden Kriminalbeamten seinen verbindlichen Dank aus für ihre Bemühungen. Dem Publikum rief er zu: »Menschen, liebet einander!«, dann ging er von dannen. Später schrieb er: »Wie auf Kommando bückten sich die Leute & lasen begierig das Geld auf. Und es hatte solche darunter, die es gut brauchen konnten.« Clara fand diese Aktion ihres Max sicher nicht besonders sinnvoll. Das Geldverteilen hatte für ihren Mann keine weiteren Konsequenzen, außer daß die Familie nun noch knapper bei Kasse war.

Die Übermalung eines Soldaten in der Zürcher Antoniuskirche dagegen brachte den Gottesmann in Teufels Küche. An einem Dezembertag 1933 warf Daetwyler in den Briefkasten beim Zürcher Kreuzplatz eine Reihe von Briefen ein. Adressiert waren sie an verschiedene Zürcher Tageszeitungen: »Sehr geehrte Herren! Ich bitte Sie freundlich, Ihren Lesern mitzuteilen, daß ich jetzt nach der katholischen Kirche beim Kreuzplatz in Zürich gehe und dort mit Ölfarbe den Schweizer Soldaten überstreiche, der am Altar groß abgebildet ist.« Der nachfolgende Satz ist unterstrichen: »Zum Protest gegen eine heuchlerische, lügenhafte Kirche, die auf der einen Seite die Liebeslehre des Jesus von Nazareth vertritt und auf der anderen Seite den Staat und den Militarismus verherrlicht und damit zum Judas wird an der Lehre des Jesus und an ihm selbst. Und ich fordere das Volk auf, mich in meinem Kampfe gegen die Verhöhnung der wahren Religion durch die modernen Schriftgelehrten und Pharisäer zu unterstützen. Sozialisten und Christen verraten von neuem ihre Ideale wie anno 1914 und machen sich damit vor den Menschen und vor Gott schuldig, eine neue Katastrophe, einen neuen Krieg zu ermöglichen. Nur wenn jeder Mensch an seinem Platz seine Pflicht tut, kann die Menschheit gerettet werden.«

Für sein Vorhaben hatte sich Daetwyler bereits ausgerüstet. Unmittelbar bevor er die Briefe aufgab, hatte er in der Drogerie Wernle an der Augustinergasse weiße Farbe und einen Pinsel gekauft. Die Verkäuferin ließ er wissen, er müsse etwas überstreichen, »ungefähr einen Quadratmeter groß«, für Farbe und Pinsel bezahlte er Fr. 1.95. Daetwyler betrat um halb vier Uhr die Antoniuskirche; dem Schreiber der Bezirksanwaltschaft sollte er später zu Protokoll geben: »Ich habe nicht lange gebraucht zur Überstreichung des Soldaten.« Anschließend rief er von einem Lebensmittelladen verschiedene Zeitungsredaktionen an. Dann kehrte er ins Stadtzentrum zurück, um seine Friedensbroschüren zu verkaufen, unter anderem im Restaurant Picadilly am Stadelhofen. Er besuchte noch einen Redaktor auf der Redaktion der nahe gelegenen »Neuen Zürcher Zeitung« und erklärte, er habe etwas angestellt, sagte aber nicht, was.

Auf dem Heimweg verhaftete ihn gegen neun Uhr abends in Küsnacht die Polizei und stellte auf der Polizeistation einen Arrestationsrapport aus, in dem die Habseligkeiten des Verhafteten aufgelistet sind: »1 Uhr mit Kette, 1 Bleistift, 1 Mappe mit Broschüren, 2 Paar Veloklammern, 1 Portemonnaie mit 30 Rappen.« Die Arrestierung Daetwylers war von Bezirksanwalt Spengler verlangt worden. Der Grund: »Eigentumsschädigungen begangen in der St. Antoniuskirche beim Kreuzplatz und wegen Störung des Religionsfriedens. Dätwyler [sic] gibt die Tat zu und erklärt, er habe aus lauteren Motiven gehandelt.« Die Nacht verbrachte Daetwyler in einer Zelle. Am nächsten Tag wurde er der Bezirksanwaltschaft in Zürich überstellt und einvernommen. Dort gab er zu Protokoll, daß er um halb vier Uhr die Soldatenfigur in der St. Antoniuskirche übermalt habe, in der Kirche hätten sich zu diesem Zeitpunkt nur zwei Frauen befunden. Die weiße Farbe habe er gewählt, weil dies die Farbe der Liebe, das Gegenteil von Gewalt, sei.

Am Schluß der Einvernahme erklärte er: »Ich bin vor längerer Zeit, ich weiß nicht, ist es bereits vor einem Jahr oder erst letzten Sommer gewesen, in der St. Antoniuskirche gewesen und habe dort das Gemälde gesehen, ich habe mich damals empört, daß eine christliche Kirche einen Soldaten mit einem langen Gewehr beim Altar hatte, ich habe dies als Hohn auf die Lehre Christi empfunden. Ich bin protestantisch erzogen worden, äußerlich gehöre ich heute noch der protestantischen Kirche an, ich gehe nicht in die Kirche. Ich gehe manchmal in Kirchen, weil dies ruhige Orte sind, wo man beten kann.

Ich bestreite, den Religionsfrieden gestört zu haben, ich betrachte die katholische Kirche nicht als Religion, es ist eine mit vielen Irrtümern ausgestattete Konfession. Vorgel. & best., Max Daetwyler.«[13]

Offensichtlich hatte er den Bogen nun überspannt. Die Justiz wollte ihm ein für allemal das Handwerk legen: Er sollte entmündigt, seine Erziehungsberechtigung sollte ihm entzogen werden. Außerdem drohte ihm die Ausweisung aus dem Kanton Zürich in seine Heimatgemeinde Unterentfelden im Kanton Aargau. Nach dem Maleinsatz in der Kirche am 8. Dezember 1933 blieb er bis zum 11. Januar in Haft. Zwischenzeitlich verbrachte er einige Tage in der Klinik Burghölzli, wo er sich Mitte Dezember einer Untersuchung seines Geisteszustandes unterziehen mußte.

Gattin Clara stand in diesen schweren Wochen voll und ganz hinter ihrem Mann. Sie hatte ihm zwar wegen seiner Friedensarbeit und der dadurch bedingten Vernachlässigung der Familie und der Gärtnerarbeit im Laufe der Zeit oft schwere Vorwürfe gemacht. Ab und zu wies sie ihm sogar die Tür, doch wenn Max in existenzbedrohenden Schwierigkeiten steckte, hielt diese starke und realistisch denkende Frau ihrem Mann unverbrüchlich die Treue.

Am 15. Dezember besuchte sie ihn im Burghölzli; gleichentags hatte er einen Brief von ihr erhalten. In sein Tagebuch schrieb Daetwyler: »Sei deinem eigenen Selbst treu & daraus wird folgen wie die Nacht dem Tag, daß du nicht falsch an den Mitmenschen kannst sein. […] Heute morgen den lieben Brief von Clairli empfangen. Wie damals, als wir zum ersten Male in Zürich einander wiedergesehen haben, hangen wir heute aneinander & mit wie viel Freude war unser Wiedersehen. Als Clairli sagte, daß sie die Besuchszeit nur für sich ausnützen wolle, wer war mehr darüber erfreut als ich selbst. Aber mein Clairli sieht angegriffen aus & ich bete für ihre Gesundheit. Auch wenn ich nicht zu Hause bin, so bin ich doch mitten unter euch.« Clara ahnte, daß ihr Mann so schnell nicht wieder aus Gefängnis und »Irrenanstalt« herauskommen würde. Ihr Trost, wie gelassen er dieser Aussicht begegnete: »Aber man ist immer nur 1 Tag interniert, wenn man in der Gegenwart lebt.« Am nächsten Tag wollte Clara ihren Mann erneut besuchen, wurde aber nicht vorgelassen.

In ihrem Brief hatte sie unter anderem geschrieben, daß sie im Moment nicht mehr für ihn tun könne, als ihm die Wäsche zu bringen. Sie fuhr fort: »Das Ja, das ich am 22. Juli 1918 auf dem Zivilstandsamt nur schüchtern ausgesprochen habe, wiederhole ich heute mutig und mit Überzeugung. Max, so wie Du mich am Freitag verlassen hast, so findest Du mich auch nach 20 Jahren wieder. Ich gebe die Hoffnung nicht auf, wieder einmal mit Dir zusammenleben zu können, so unwahrscheinlich es momentan aussieht.« Dann, dick unterstrichen: »Ich warte auf Dich.«

Daetwylers Frau befürchtete offenbar das Schlimmste. Nicht zu Unrecht, wie sich zeigen sollte. Zumindest mußten Mutter Clara, Tochter Klara, inzwischen 13, Sohn Max, inzwischen fünf Jahre alt, Weihnachten ohne den Vater feiern.

Mitte Dezember wurde Daetwyler von Professor Hans Wolfgang Maier begutachtet. Das Ergebnis war niederschmetternd, wie schon in den vorangehenden Gutachten wurde er als verrückt abgestempelt. Der Patient leide an einer »Paranoia auf schizophrener Basis«, und Psychiater Maier sprach ihm als Folge dieser »geistigen Erkrankung« die »Fähigkeit zur Selbstbestimmung« zum Zeitpunkt der Soldaten-Übermalung ab. Dieser Befund öffnete nun der von der Justizdirektion angestrebten Bevormundung Tür und Tor. Und Daetwyler spürte das drohende Unheil nahen, darum schrieb er, noch bevor das Gutachten ausgearbeitet war, aus dem Burghölzli einen Brief an das Justizdepartement des Kantons Zürich: »Der Mann von der Straße, der Mann des Volkes wird Ihnen sagen, daß Daetwyler nicht in die Irrenanstalt gehört. Ich bin kein Unbekannter & habe öffentlich gelehrt und gepredigt fürs Volk & durch mein Leben in Zumikon das Beispiel gegeben, wie ein gutes Familienleben das Fundament des Volkes darstellt. Mich hieher schicken heißt Schindluder treiben mit der Sache […]. Das aber schadet zuerst […] der Justiz, dann auch der Anstalt Burghölzli, indem man den Ärzten vorwerfen wird, daß sie nicht der Wahrheit dienen, sondern dem Staate und seinen vermeintlichen Interessen selbst.«

Am 29. Dezember wurde Daetwyler, inzwischen wieder im Bezirksgefängnis, das Gutachten vorgelesen; er bezeichnete es schriftlich als »Makulatur, Schwindel und Betrug« und erklärte weiter: »Das Gutachten der Heilanstalt Burghölzli vom heutigen Datum ist mir vollinhaltlich vorgelesen worden […]. Meine Wahnideen decken sich vollständig mit den Ideen von Jesus, Tolstoi und Gandhi. Die Psychiatrie ist dazu da, um unbequeme Leute zu entfernen, Jesus ist damals gekreuzigt worden, heute würde er durch den Psychiater beseitigt. Einen Vormund anerkenne ich nicht, ich habe schon einen Vormund, mein Vormund ist Gott, die Wahrheit.«

Diesen Brief nahm der Sekretär der Justizdirektion zur Kenntnis als »gehört«, und leitete ihn am 19. Dezember 1933 an die Bezirksanwaltschaft weiter. Die Justizdirektion des Kantons Zürich, munitioniert mit dem neuesten Burghölzli-Gutachten, schien entschlossen, die Bevormundung Daetwylers durchzusetzen.

Das Gutachten über ihren Mann hatte auch Clara eingesehen, und offenbar hatte sie mit ihm darüber gesprochen, bevor es ihm am 29. Dezember 1933 auf der Bezirksanwaltschaft gezeigt worden war. Am 1. Januar 1934 schrieb sie dem »herzlich geliebten Max«: »Es hat mir weh getan, Dir das Urteil des Burghölzli mitzuteilen, aber da wir gegenseitig uns nur die Wahrheit sagen, wollte ich's Dir nicht verheimlichen. Rege Dich deshalb nicht auf, in meinen Augen wenigstens giltst Du mehr als gesund, und das ist schon etwas. Ich würde Dich heute trotzdem, daß Du mir durch diese herbeigeführte Trennung unsäglich weh getan hast, dennoch wieder heiraten und bin froh, daß in den Adern meiner Kinder Dein Blut fließt. –

Haben z.B. die verschieden schlecht geführten Bankinstitute sich nicht auch an fremdem Eigentum vergriffen? Ist es jemand eingefallen, diese Herren als Narren zu erklären? Nein. Sie sitzen womöglich noch in Amt und Ehren. Da der materielle Schaden durch Deine Selbstanzeige jetzt sehr gering ist, hättest Du wahrscheinlich Deine Strafe durch die Untersuchungshaft schon abgebüßt. Aber viele Hunde sind des Hasen Tod, man zitiert deshalb alles herbei, womöglich schon seit Deiner Dienstverweigerung.«

Im weiteren versicherte Clara ihrem Mann, daß sie für die Kinder sorgen und sie durch einen tadellosen Lebenswandel zu anständigen und fleißigen Menschen erziehen wolle. Sollte er länger interniert werden, wolle sie alles versuchen, daß die Kinder »ihren Papa« auch besuchen können: »Ich glaube kaum, daß man uns das auf die Dauer [unleserlich, sinngemäß: verweigern] kann, haben wir es ja nicht mit einem unflätigen Verbrecher zu tun, sondern warst Du der sorgende Vater, bis man Dich aus unserer Mitte geholt hat.«

Clara kam dann auf einen Fall von Fahrerflucht zu sprechen. Ein Straßenmeister [zuständig für Reinigung und Reparatur, besorgt zudem den Winterdienst] hatte mit seinem Auto einen Menschen »verkarrt«, hatte ihn 30 Meter mitgeschleift und war dann, ohne sich um sein Opfer zu kümmern, einfach weitergefahren. In Zürich wurde er gestellt. Clara: »Man sehe das Unerhörte, er bekleidet heute noch sein Amt. Wo befindet sich hier der Maßstab, mit welchem alle Bürger gleich gemessen werden? […] Solche Beispiele könnten wir ja massenhaft zitieren, aber es ist genug. Ich freue mich auf Donnerstag wie ehedem aufs Helmhaus. In herzlicher Liebe Clara und Kinder.«[14]

Daetwyler hatte auf der Bezirksanwaltschaft am 29. Dezember erklärt, daß er keinen Vormund brauche, weil er schon einen habe, Gott nämlich. Die Justizdirektion sah das aber ganz anders. In einem Schreiben forderte sie die Vormundschaftsbehörde von Daetwylers Wohngemeinde Zumikon auf, gegen Max Daetwyler »das Verfahren auf Entmündigung wegen Geisteskrankheit einzuleiten und der Justizdirektion über die erfolgte Entmündigung Bericht zu erstatten«.[15]

In seiner Zelle im Bezirksgefängnis – ein Ort, den er ja schon während der November-Unruhen 1917 kennengelernt hatte – setzte sich Daetwyler an den Tisch und schrieb auf ein Packpapier den Entwurf eines Briefes an die Justizdirektion. Gegen eine zivilrechtliche

Anklage hätte er überhaupt nichts einzuwenden gehabt. Im Gegenteil: Vor Gericht hätte er die Gelegenheit bekommen, sein Anliegen unmißverständlich vorzubringen. Immer wieder hatte er schon in der Vergangenheit gefordert, anstatt psychiatrisch begutachtet, vor ein ordentliches Gericht gestellt zu werden. Als Irrer gebrandmarkt und mit Bevormundung bedroht zu werden, verletzte ihn in seinem Innersten. Der Brief an die Justizdirektion und den »sehr geehrten Herrn Regierungsrat« schrieb er mit Tinte ins reine. Seine Diktion ist luzid, logisch und klar. Doch Daetwyler mochte seine Zweifel hegen, ob der zuständige Regierungsrat Karl Hafner ein Gehör für seine Argumentation hatte; Hafner sollte bis in die 1940er Jahre hinein sein erklärter Feind bleiben.

»Ich nehme Bezug auf meinen ersten Brief, besser auf meine Schrift ›Erlebnisse in der Irrenanstalt‹ & erlaube mir, Ihre Aufmerksamkeit auf meinen Fall zu lenken.« Daetwyler bezog sich auf sein 1918 geschriebenes Büchlein, das auf seine Erlebnisse in Münsterlingen eingeht. Ob Regierungsrat Hafner sich die Mühe nahm, das Traktat zu lesen, ist wohl eher unwahrscheinlich. Dann fuhr er fort: »Nachdem mir Herr Bez.anwalt Dr. Spengler das neueste, also 4. Gutachten, das von Herrn Prof. Meyer [sic] unterschrieben ist, vorgelesen hat, habe ich geantwortet, daß das in meinen Augen Makulatur, Schwindel, ein großer Betrug sei. Nehmen Sie sich die Mühe, erkundigen Sie sich über mich in Zumikon, wo ich seit 15 Jahren als Familienvater & Bürger lebe, & Sie werden genau das Gegenteil von dem feststellen, was das Gutachten aussagt. Fragen Sie irgend einen Menschen, der meine Vorträge besucht hat, ob ich nicht die Weltanschauung eines Jeremias Gotthelf, oder Gandhis, oder Jesus vertreten habe mit dem Unterschied zur landläufigen Religion, daß ich die lebendige Wahrheit in den Mittelpunkt stelle statt die historische Person des Jesus. Was bleibt da übrig von einem Wahne, von dem das Gutachten spricht. In den Augen von Herrn Prof. Meyer ist selbst ein kindliches Gebet, ein Unser Vater eben ein Wahn. Oder lesen Sie eine meiner zahlreichen Schriften & vergleichen Sie damit das Gutachten. Als ich im August 1914 den Dienst verweigerte, in England gab es damals 6000 Dienstverweigerer, wurde ich aus diesem einzigen Grunde als unzurechnungsfähig erklärt. Wenn Sie meine Laufbahn seit dieser Zeit verfolgen, so werden Sie wie ein rotes Band die Absicht finden, [daß ich] für die Wahrheit und für den VölkerFrieden [wirke]. Aber dieses Gutachten sowie die anderen haben meine Aufgabe erschwert, wenn nicht fast unmöglich gemacht.

Ist nun diese meine Friedensarbeit ein Verbrechen? Soll man den FriedensApostel Daetwyler erledigen, in einer Zeit, wo diejenigen die Oberhand gewinnen, die für einen neuen Krieg eintreten?«

An dieser Stelle sei daran erinnert, daß sechs Jahre später der Zweite Weltkrieg begann, Daetwylers Einschätzung somit völlig richtig war. Weiter schrieb er: »Ich beabsichtige, eine FriedensWallfahrt durch Europa zu machen, um mit meiner wenn auch noch so geringen Kraft für den völkerverbindenden Gott & FriedensGedanken zu wirken.«

Daetwyler appellierte in seinem Kampf gegen die Bevormundung auch an das Gewissen von Regierungsrat Hafner: »Können Sie es verantworten, mich nur auf Grund eines psychiatrischen Gutachtens, das meiner Ansicht nach falsch ist, für immer zu internieren? Denn man muß mich entweder einsperren oder mit der vollen Menschenwürde laufen lassen, da ich keinen anderen Vormund anerkenne, als denjenigen, dem ich mich schon lange verschrieben habe, Gott. Was mein neuestes Delikt anbetrifft, so wollte ich mit dem Pinsel deuten […] daß man für die Liebe eintreten müsse. Ist es ein Verbrechen, ist es ein Wahn von mir, wenn ich an den Gott der Liebe glaube? Wo bleiben die andern, die sich Christen nennen? Wo bleibt die Justiz? Wo bleibt der Rechtsstaat? Wo bleibt die Gerechtigkeit, wenn man glaubt, Daetwyler durch die Irrenanstalt erledigen zu können. Prof. Meyer [sic] sagte, er wolle mir helfen, aber ich brauche niemandes Hilfe, Gott hilft. Gott läßt seiner nicht spotten. Stellen Sie mich vor Gericht! Hochachtungsvoll Max Daetwyler.«

Professor Maier, den Daetwyler irrtümlicherweise als »Meyer« bezeichnete, war von 1927 bis 1941 Burghölzli-Direktor. Maier verlor sein Amt, nachdem publik geworden war, daß er sich auf ein Verhältnis mit einer Patientin eingelassen hatte. Der Geschlechtsverkehr hatte erstmals 1932 im Direktionsbüro stattgefunden; die

Öffentlichkeit und auch Daetwyler wußten über diese Affäre Bescheid, die Zeitungen hatten ausführlich über den Skandal berichtet. Der verheiratete Maier wurde in der Folge außerehelicher Vater des Kindes seiner Patientin. Diese spazierte mit ihrem Baby auf dem Arm vor dem Burghölzli-Areal auf und ab und rief den Leuten zu: »Seht, das ist das Kind von Professor Maier.«[16]

Für Daetwyler war es doppelt bitter, von einem Arzt begutachtet zu werden, der sich eine solche Verfehlung hatte zuschulden kommen lassen. In diesem Zusammenhang muß erwähnt werden, daß sowohl Maier wie sein Vorgänger Eugen Bleuler [Burghölzli-Direktor von 1898 bis 1926], die beide Daetwyler untersucht hatten, führende Verfechter von »Rassenhygiene« und Eugenik waren. Damit sei nicht gesagt, daß aus diesem Grund ihre Gutachten über Daetwyler falsch sein mußten. Daß sie aber aufgrund ihrer Weltsicht für Menschen wie den Friedensapostel wenig Verständnis aufbrachten, liegt auf der Hand. In Zürich wurden von 1890 bis 1970 aufgrund eugenischer Überlegungen Tausende von Zwangskastrationen und Zwangssterilisationen durchgeführt. Die Burghölzli-Direktoren August Forel [Direktor von 1878 bis 1898], Bleuler, Maier und Manfred Bleuler [Direktor von 1942 bis 1970 und Sohn des Eugen Bleuler] »machten Zürich zu einem Knotenpunkt der ›Eugenik‹ in der Schweiz und in Europa«.[17]

Wie Daetwyler wohl geahnt hatte, ließ sich die Justizbehörde nicht von ihrem einmal eingeschlagenen Kurs abbringen. An dessen Ende sollte, wenn schon nicht die dauernde Internierung in einer Heilanstalt, zumindest die Bevormundung stehen. In einer sechsseitigen Verfügung wurden noch einmal Strafsachen und psychiatrische Begutachtungen Daetwylers der letzten 20 Jahre rekapituliert; es resultierten drei Maßnahmen: Erstens wurde Daetwyler mit Datum der Verfügung auf freien Fuß gesetzt. Zweitens gingen die Kosten der Internierung zu seinen Lasten. Und drittens wurde die Vormundschaftsbehörde Zumikon eingeladen, gegen Max Daetwyler, gestützt auf das Gutachten der Heilanstalt Burghölzli vom 29. Dezember 1933, das Verfahren auf Entmündigung wegen Geisteskrankheit einzuleiten und der Justizdirektion über die erfolgte Entmündigung Bericht zu erstatten.

In Zumikon geschah aber etwas für Daetwyler sehr Erfreuliches. Der siebenköpfige Gemeinderat hatte nicht im Sinn, vor der kantonalen Justizdirektion zu kuschen und einen aufrechten Mitbürger zu entmündigen. Er ließ nach Erhalt des Schreibens der Justizdirektion gemächlich nahezu zwei Monate verstreichen, um diesem dann mit Schreiben vom 21. Februar 1934 eine Abfuhr zu erteilen: »Über Max Daetwyler kann unsererseits in keiner Weise etwas Nachteiliges ausgesagt werden. Er verhält sich hier sehr ruhig und zurückgezogen; ist solide und arbeitsam, und ist bis heute weder er noch seine Familie der Öffentlichkeit irgendwie zur Last gefallen. Wir sind im weiteren der Ansicht, daß Max Daetwyler weder geistesschwach noch geistesgestört ist, indem er über sein Tun und Lassen vollständig im klaren ist und die Folgen seiner Handlungsweise kennt. Wir halten daher auch eine Bevormundung nicht für angebracht, und lassen Ihnen auftragsgemäß die gesamten Akten wieder zugehen.« Doch Regierungsrat Hafner ließ nicht locker. Er drohte der Vormundschaftsbehörde Zumikon an, die Entmündigung des Daetwyler einem Staatsanwalt zu übertragen, sie sei nötig, weil »der Staat ein Interesse daran hat, daß Dätwyler [sic] unschädlich gemacht wird. Direktion der Justiz: Hafner.« Der Friedensapostel ein Ungeziefer, das »unschädlich« gemacht werden mußte?

Das justizdirektorale Schreiben löste im Gemeinderat Zumikon eine neue Debatte über Daetwyler aus. Doch die Zumiker nutzten die Möglichkeiten des Föderalismus voll aus und standen weiterhin auf der ganzen Linie hinter ihrem Mitbürger. Sie luden ihn zu einer Sitzung ein und kamen in einem Brief vom 15. Mai 1934 zuhanden der Justizdirektion zu folgender Erkenntnis: »[…] Die Vormundschaftsbehörde Zumikon hat die Frage der Bevormundung von Max Daetwyler wiederholt in Beratung gezogen, ohne zur Überzeugung zu kommen, daß sich eine Entmündigung rechtfertigen würde. Auf Ihre Zuschrift […] hin hat die Behörde den Mann noch in die letzte Sitzung zur persönlichen Einvernahme vorgeladen. Daetwyler beantwortet aber alle an ihn gerichteten Fragen schlagfertig und in einer Art und Weise, die nicht im geringsten auf Geistesgestörtheit oder auch nur geistige Beschränkung schließen läßt. Wohl vertritt er seine Friedensidee hartnäckig und mit voller Überzeugung, verfolgt dabei jedoch im Grunde genommen aber nichts Schlechtes und will damit namentlich niemandem Schaden zufügen. Lediglich in dem Umstande, daß er für seine Idee mit aller Kraft und unter allen Umständen eintritt, vermag das Waisenamt Zumikon keinen genügenden Vormundschaftsgrund zu erblicken. Bei dieser Gelegenheit wurde er seitens der Behörde jedoch dringend ermahnt, von weiterem öffentlichen Auftreten abzulassen. [...] Nach dem Vorerwähnten ist die Vormundschaftsbehörde Zumikon der Auffassung, daß für die Bevormundung des Max Daetwyler kein hinreichender Grund besteht.« Am Schluß sprach sich die Zumiker Amtsstelle auch gegen eine allfällige Internierung Daetwylers aus.

Das Schreckgespenst der Internierung und Bevormundung war vorerst abgewendet. Und ein dankbarer Daetwyler schrieb noch zwei Jahre später, am 16. Juni 1936, dem Gemeindepräsidenten unter anderem: »Es sind jetzt bereits 2 Jahre verflossen, daß der Gemeinderat von Zumikon auf Ihre Mithilfe hin meine Bevormundung abgelehnt hat, & ich möchte Ihnen nachträglich für das Festhalten an Ihrer eigenen Meinung danken. [...] So viel an mir liegt, bin ich bestrebt, den Behörden keine Schwierigkeiten zu bereiten, um mich für das Entgegenkommen dankbar zu zeigen. Es ist ja am Ende auch der einzige Weg, den Irrtum der Psychiater nachzuweisen, wenn ein Mensch, den sie als krank erklären, durch seine Lebensführung seine geistige Gesundheit dokumentiert.«

Neben dem Zumiker Gemeinderat und seiner Familie stand auch Max Müller hinter Daetwyler. Müller war bekanntlich 1932 mit Daetwyler von Zürich nach Genf marschiert, um gegen die Friedenspolitik des Völkerbundes in Genf zu protestieren. Während Daetwyler im Bezirksgericht einsaß, organisierte Müller in Zürich eine Versammlung, die Daetwyler rehabilitieren sollte. Die rund 130 Teilnehmer forderten, daß Daetwyler wegen seiner Malaktion in der Antoniuskirche nicht als Irrer behandelt, sondern, wenn schon, vor ein Gericht gestellt werden sollte: »Für diese Tat hätte sich sonst jedermann vor dem Richter zu verantworten und seine Strafe zu gewärtigen wegen Eigentumsbeschädigung. Nicht so unser senkrechter Friedensapostel.

Gestützt auf ein Gutachten der Burghölzli-Ärzte, das ihn als unzurechnungsfähig erklärte, soll er in einer Anstalt interniert und später nach seinem Heimatkanton Aargau abgeschoben werden. So weit sind wir heute. Wer Max Daetwyler kannte oder auch nur von seinem unentwegten Kampf um Wahrheit, Gerechtigkeit und den Völkerfrieden schon gehört hat, wird mit uns einiggehen im empörenden Proteste gegen dieses Gutachten und seine jetzige Anwendung.« Diesen Text hatte Müller als Inserat im »Tagblatt der Stadt Zürich« aufgegeben.

Im Juli 1934 bekam Daetwyler vom Zürcher Bezirksgericht eine Rechnung über Fr. 205.50 zugesandt: die Gefängnis- und Untersuchungskosten nach seiner Malaktion – für ihn viel Geld. Er bestätigte am 18. Juli den Empfang der Rechnung und schlug vor, die Summe in monatlichen Raten von zehn Franken abzustottern:»Meine Verdienstmöglichkeiten sind so schlecht, andererseits meine Verpflichtungen so groß, daß ich Ihnen den Betrag nur ratenweise bezahlen kann.«

Trotzdem weitete Daetwyler seine Friedensarbeit zum ersten Mal ins Ausland aus. Er wollte in Deutschland, in dem seit einem Jahr die Nazis an der Macht waren, den Frieden predigen und in Berlin Hitler treffen. Am 21. Februar 1934 trat er frühmorgens in Zürich die Reise an: mit 90 Franken im Portemonnaie. Die ersten Hindernisse mußte er allerdings bereits beim Abmarsch in Zürich auf dem Fraumünsterplatz überwinden.

6.
In der Höhle des Löwen

Zu Beginn des Jahres 1934 nahm sich Max Daetwyler Großes vor. Am Samstag, dem 17. Februar, und am Montag, dem 19. Februar, hielt er im Zürcher Volkshaus Ansprachen, mit denen er die Bevölkerung auf sein nächstes Unterfangen hinweisen wollte: Er plante nichts weniger als einen großen Friedenszug durch ganz Europa, wollte von der Schweiz nach Deutschland, dann durch Frankreich reisen, von dort weiterziehen nach England und schließlich noch Portugal, Spanien und Italien besuchen.

Es stellt sich die Frage, wie der nahezu mittellose Friedensmann eine solche Reise finanzieren wollte, gemäß Steuerauszug besaß er nämlich null Franken Vermögen und versteuerte ein Jahreseinkommen von 3200 Franken. Als er am Mittwoch morgen, den 21. Februar, loszog, hatte er 90 Franken im Portemonnaie. Von einem Spender wurden ihm zwar 20 Mark nach München überwiesen, er nächtigte auf einer Matratze im Gang des Hotels Adler, wofür er nur eine Mark bezahlen mußte, und er ernährte sich von Suppe und Brot. Aber trotz eines äußerst haushälterischen Umgangs konnte die kleine Barschaft nie und nimmer ausreichen, einen Friedenszug quer durch Europa zu finanzieren. Immerhin gelang es ihm, genügend Geldmittel aufzutreiben, um wenigstens bis nach München zu kommen. Eine spätere Aussage Daetwylers in einem Artikel der Migros-Zeitung »Wir Brückenbauer« aus dem Jahr 1944 gibt zumindest einen Hinweis darauf, wie er sich auf seinen Märschen durchschlug. Auf die Frage: »Woher nehmen Sie Ihre Mittel für Ihre Reisen?« antwortete Daetwyler: »Ich gehe jeweils mittellos fort. Ich werde vom lieben Gott finanziert.

Immer und überall gibt es gute Leute.« Neben seinem Stamm von Schweizer Gönnern erhielt er auch Geldmittel durch den Verkauf seiner Broschüren, die er unterwegs an den Mann zu bringen trachtete, und tatsächlich fand er immer wieder mitfühlende Seelen, die sich seiner erbarmten und etwas kauften.

Auf seine neueste Friedensmission wies Daetwyler mit Inseraten und Flugblättern hin. Rechts oben auf diesem Flugblatt prangte das Signet der Friedensarmee, links oben der Schriftzug »Daetwyler für Frieden, Arbeit und Brot«. Unter dem Titel »Friedenszug, Siegeszug durch Europa, durch die Welt!« bewies Daetwyler im folgenden Text, daß er gut einen Monat nach der Entlassung aus dem Bezirksgefängnis, wo er wegen seiner Malaktion in der Antoniuskirche eingesessen hatte, nichts von seinem Elan, von seiner Begeisterung für die Sache des Friedens verloren hatte: »Die Völker wollen keinen Krieg, die Völker wollen Frieden, Arbeit und Brot! Der Friedenszug gibt diesem Willen Ausdruck, demonstriert für die große Idee des Weltfriedens, der Menschenverbrüderung und der Völker Einigung. Als Glaubensherold meines Volkes gehe ich von Land zu Land, mit den drei Worten: Menschen, liebet einander! Als ein Vertreter der größten, der herrlichsten Macht der Welt will ich den Versuch machen, dem Frieden und der Wahrheit zum Siege zu verhelfen. Zürchervolk, Dein Aufmarsch gilt nicht mir, dem Menschen, sondern dem Träger der großen Idee, nein, dem Friedenskampfe selbst! Millionen von Menschen sind in den Krieg gezogen, um unschuldige Menschen wie ihresgleichen zu quälen, zu töten, werden nicht einige Hundert mit mir ziehen, um anderen Menschen den Frieden zu bringen? Napoleon, der Welt-Eroberer durch Gewalt, ist mit Hunderttausenden von Soldaten über Europa hingezogen, Menschen zu quälen, zu töten, zu unterdrücken, zu beherrschen. Daetwyler, der Welt-Eroberer durch Liebe und Gewaltlosigkeit wird ausziehen, nicht in den Krieg, sondern in den Frieden, nicht um zu töten, sondern um zu lieben, die Menschen frei zu machen, sie zu verbinden von Land zu Land, von Volk zu Volk, von Mensch zu Mensch.«

Am 21. Februar 1934, um acht Uhr morgens, traf Daetwyler, unterstützt von einer Handvoll Gleichgesinnter und umlagert von 200 bis 300 neugierigen Zuschauern, reisefertig auf dem Münsterhof im Zürcher Kreis 1 ein. Mit einigen Sätzen erklärte er Sinn und Ziel seines Friedensmarsches; angeführt von einem Ziehharmonikaspieler, der »Muß i denn, muß i denn zum Städtele hinaus...« intonierte, marschierte Daetwyler und die Menge über die Münsterbrücke zum Limmatquai. Dort erwartete ihn auch schon die Polizei, weil er keine Bewilligung für diesen Zug eingeholt hatte. Er wurde unsanft in einen Polizeiwagen verfrachtet und von einem Polizisten offenbar auch geschlagen, was ihn zu der Bemerkung veranlaßte, daß »Hitlers Macht schon in Zürich beginnt«. Dies trug ihm eine Anzeige und eine Buße ein – ein Auftritt, der erneut die Justizdirektion auf den Plan rufen sollte, die einmal mehr seine Entmündigung verlangte.

Daetwyler wurde auf die Hauptwache geschafft; dort kam es zu einer Demonstration der Menge, die seine Freilassung forderte.[1] Die Polizei riet dem Friedensmann, nach Hause zurückzukehren, was diesem natürlich nicht im Traum einfiel. So einigte man sich auf einen Kompromiß: Im Polizeiauto wurde Daetwyler zur Rehalp transportiert – die Rehalp hätte auf seinem Heimweg gelegen. Er erklärte sich bereit, ohne weiteres Aufsehen mit dem Tram an die Stadtgrenze in Seebach zu fahren und von dort seinen Friedenszug anzutreten. Eine Gruppe von Sympathisanten gab ihm Geleit in Richtung Ostschweiz, über Winterthur und Frauenfeld ging es an die Grenze zu Deutschland. In Kreuzlingen blieb noch ein Häuflein von drei Personen übrig. Zynisch berichtete die »Züricher Post« am nächsten Tag: »Dätwyler [sic] begab sich dann allein nach Oerlikon, und seither hat man keine Nachricht von ihm. Möglich, daß er nach Berlin weiterwandert – vielleicht auch ins Konzentrationslager.«

Zu diesem Zeitpunkt war es allgemein – auch in der Schweiz – bekannt, daß die Terrorherrschaft Regimegegner ohne Ansehen der Person in Konzentrationslager sperrte. Die Massenvernichtung der Juden setzte allerdings erst 1942 in vollem Umfang ein, nachdem an der Wannseekonferenz ihre Deportation in »Vernichtungslager« beschlossen worden war.[2] Daetwyler protestierte schon früh gegen die Verfolgung der Juden mit Inseraten und in Reden. So erschien kurz nach der Reichskristallnacht in der »Neuen Zürcher Zeitung« eine entsprechende Anzeige, in der er auf das Los der Juden hinwies und Solidarität mit ihnen forderte.³ Da er das Inserat nicht bezahlen konnte, gewährte ihm die »NZZ« Kredit. Im übrigen besaß die Religionszugehörigkeit für ihn keinerlei Bedeutung. 1943 notierte er einmal: »Man fragt: Jude oder Christ. Man fragt nicht: gut oder böse.«

In Konstanz waren die Zöllner bereits vorgewarnt und ließen Daetwyler und seine Begleiter nicht passieren. Die drei Männer versuchten es an einem anderen Grenzübergang, wo es ihnen gelang, die Grenze nach Deutschland zu überschreiten.

Seine Reise ins nationalsozialistische Deutschland hatte Daetwyler drei Monate zuvor mit einem Brief an »Herrn Adolf Hitler, Reichskanzler Berlin« vorbereitet: »Sehr geehrter Herr! Als schweizerischer FriedensApostel bin ich kein Anhänger Ihrer Partei, noch Ihres Handelns. Wenn Sie so friedliebend sind, wie Sie es vor aller Welt aussprechen, warum soll dann Deutschland nicht abgerüstet bleiben, so wie es seit der Zeit nach dem Kriege war? Wenn dieser Zustand nachahmenswert ist für die anderen Völker, warum wollen Sie ihn dann ändern? Warum sprechen Sie von Aufrüstung? Wenn doch die anderen aufgerüsteten Völker nach Ihrer Meinung im Unrecht sind!?

Deutschland bleibt abgerüstet! Das wäre ein Standpunkt, das wäre der Standpunkt, der die Welt versöhnen würde mit Deutschland & seiner Regierung die verlorene Simpathie wieder zurückbringen würde. Ich schließe in der Hoffnung, daß die einzelnen Menschen von sich aus dazu kommen werden, daß sie den Krieg als Mittel zur Schlichtung von Streitigkeiten überhaupt ablehnen & an Stelle der Gewalt die Liebe setzen werden.«⁴

Die durch und durch verbrecherische Energie des Regimes wurde jedoch schnell sichtbar. Hitlers Friedensbeteuerungen zu Beginn seiner Herrschaft waren reine Augenwischerei. Er rüstete mit allen Mitteln auf, was ihm auf der Stelle den Rückhalt der Armeeführung sicherte. Nach nur zwei Monaten als Kanzler hatte Hitler den Reichstag als gesetzgebende Versammlung ausgeschaltet; die aktiven politischen Gegner wurden inhaftiert oder flüchteten ins Ausland. Nach vier Monaten wurden die Gewerkschaften aufgelöst; innerhalb von sechs Monaten waren die Oppositionsparteien verboten, oder sie lösten sich von selbst auf. Es gab jetzt nur noch die NSDAP, die nationalsozialistische deutsche Arbeiterpartei. Das erste Konzentrationslager wurde am 21. März 1933 in Dachau eingerichtet, Ende des Jahres saßen in verschiedenen KZ bereits 20 000 Menschen ohne Gerichtsurteil ein. Der Satz »Sei still, sonst kommst du nach Dachau« war in der Bevölkerung weit verbreitet. In der »Nacht der langen Messer« am 30. Juli 1934 begegnete Hitler der Bedrohung aus den eigenen Reihen mit blutiger Vernichtung der Sturmabteilung [SA].

Nach dem Tod Hindenburgs im August 1934 ließ sich Hitler auch zum Reichspräsidenten ernennen. Er verfügte nun über die absolute Macht. Mit schrankenloser Brutalität führte er »die Gleichschaltung« der Massen herbei und festigte so seine Diktatur. Am 28. Februar 1933 wurde eine »Notverordnung« in Kraft gesetzt und damit die wesentlichen Grundrechte aufgehoben. Mit dem Ermächtigungsgesetz vom 24. März – als Vorwand diente der Reichstagsbrand – beseitigte Hitler jegliche rechtsstaatliche Ordnung. Am 13. Juli wurde der Hitler-Gruß für alle Beamten obligatorisch. Die Verfolgung von Juden, Kommunisten und Andersdenkenden mit unausgesetztem Terror nahm immer rücksichtslosere Formen an. Der Pöbel, zügellose, nationalsozialistische Schlägerbanden, beherrschte die Straßen. In diesem Deutschland wollte Daetwyler »die Liebe an Stelle der Gewalt setzen«, wie er in seinem Brief an Hitler geschrieben hatte.

Sein erster Gang auf deutschem Boden in Konstanz hatte ihn zum Oberbürgermeister geführt. Dieser riet ihm dringend ab, beim Führer in Berlin vorsprechen zu wollen, und verwies ihn statt dessen an den Münchner Gauleiter Adolf Wagner. Weil das Geld für eine Reise nach München für drei nicht reichte, verabschiedeten sich seine zwei verbliebenen Gefährten und kehrten nach Zürich zurück. Daetwyler fuhr mit dem Schiff nach Lindau und von dort weiter mit dem Zug nach München – in die Höhle des Löwen.

Der Schweizer Friedensapostel kam in München an, als sich die Stadt für eine nationalsozialistische Großveranstaltung rüstete. Vom 23. bis zum 25. Februar wurde der »Parteitag des Gaues München-Oberbayern« abgehalten. Das Spektakel begann am Freitag mit der

Erstaufführung des Films »Stoßtrupp 1917«; am Samstag fand die »feierliche Vereidigung sämtlicher politischer Leiter, der Führer der Hitler-Jugend, der Führer des Freiwilligen Arbeitsdienstes und der Führerinnen des Bundes Deutscher Mädel auf dem Königsplatz« statt. Die Genannten leisteten voller Inbrunst den Eid: »Ich schwöre Adolf Hitler unverbrüchliche Treue, ihm und den von ihm bestimmten Führern unbedingten Gehorsam!«

Hochrangige Nazi-Paladine waren nach München gereist, unter anderem Führer-Stellvertreter Rudolf Hess, der die Vereidigung vornahm, Reichsjugendführer Baldur von Schirach, Stabsleiter Robert Ley und der Gauleiter und Staatsminister Adolf Wagner, an den sich zu wenden der Oberbürgermeister von Konstanz Daetwyler geraten hatte. Höhepunkt der Veranstaltung, so der offizielle Festführer, war die »Parteigründungsfeier, Kongreß der alten Garde im historischen Hofbräuhausfestsaal. Die 2000 ältesten Parteigenossen und Kämpfer des Gaues München-Oberbayern haben Teilnahmeberechtigung. Der Führer spricht zu seinen alten Kampfgenossen.«

Wer des Führers im Hofbräuhaus nicht ansichtig werden durfte, traf sich zu »Kameradschaftsabenden« im Bürgerbräukeller, Löwenbräukeller, Hackerbräukeller und der Schwabinger Brauerei. Für einen Obolus von 30 Pfennig konnte man hier die Rede des Führers an »die alten Kämpfer« simultan aus Lautsprechern verfolgen. Ironischerweise wurde an diesem Abend im Prinzregententheater Friedrich Schillers Schauspiel »Wilhelm Tell« aufgeführt: Der Eintrittspreis auf allen Plätzen betrug eine Reichsmark.

Für einen Theaterbesuch hatte Daetwyler jedoch keine Zeit, er war ja auf Friedensmission. Und davon wollte er auch inmitten des Nazi-Getöses nicht lassen. Wie es sich bereits in der Vergangenheit gezeigt hatte und auch in Zukunft zeigen würde, war der Friedensmann sehr mutig – seine Gegner machten es sich zu leicht, wenn sie seinen Mut als Verrücktheit abtaten. Am Samstag nachmittag, dem 24. Februar, marschierte er stracks ins Hofbräuhaus, wo am Abend zuvor der Führer gesprochen hatte. Dort saßen biersaufende Braunhemden der SA und Schwarzhemden der SS, letztere in schwarzen Uniformen mit dem Totenkopf auf Mütze und Revers. Daetwyler setzte sich in eine Ecke; sein erster Gedanke: »Wenn ich hier den Mund aufmache, bin ich alsbald eine Leiche.« Doch nach einiger Zeit »packte« es ihn und »etwas trieb ihn« auf »das blumenbekränzte Podium, auf dem wenige Stunden zuvor Hitler gesprochen hatte«.

Aus mit Bleistift geschriebenen Notizen, die in diesen Tagen in München entstanden, geht hervor, was er unter anderem sagte: »Ich bin Max Daetwyler, Schriftsteller und in meinem Heimatland ein bekannter Redner. Ich wuchs in Arbon am Bodensee auf und hatte schon als junger Mensch Sympathien für Deutschland, für das Schiller-Deutschland. Wie Schiller sage ich: ›Wir wollen sein ein einig Volk von Brüdern.‹ Als ich vor ein paar Tagen nach Konstanz kam, sah ich große Spruchbänder mit den Worten ›Mit Adolf Hitler für den wahren Frieden der Welt‹. Da sagte ich mir, daß ich in Deutschland am rechten Ort bin, denn auch Max Daetwyler will den Frieden.«

Immerhin hatten die versammelten Nazis ihn reden lassen. Nachdem er das Podium verlassen hatte, setzte er sich an einen Tisch und bestellte eine Limonade. Das fanden die SA- und SS-Leute lustig: »Schweizer, wieso trinkst du kein Bier in München?« Daetwyler war um die Antwort nicht verlegen: »Der Führer trinkt ja auch keines.«[5] Zurück im Hotel Adler, wo er für eine Mark die Nacht auf einer Matratze schlief, stellte er sich vor, daß er einen zweiten Brief an Hitler schreiben werde. Er wollte diesem klarmachen, daß es einer Verführung des Volkes gleichkomme, wenn er die Verherrlichung seiner Person durch den Führerkult dulde. Dieser Personenkult entfremde das Volk vom wahren Glauben an Gott. Daetwyler hatte sich mit der Ideolgie des Nationalsozialismus auseinandergesetzt, einige Kapitel von »Mein Kampf« gelesen und sich in München das Buch »Der Führer regiert« beschafft. Er glaubte, im Nationalsozialismus auch gute Ideen finden zu können: »Je mehr ich aber die Sache des Nationalsozialismus aus der Nähe betrachte, finde ich so viele Punkte, die ihn mir simpathisch erscheinen lassen. [...] Was er [Hitler] über die Parteien sagt, das ist richtig, auch zum großen Teil über die Parlamente stimmt alles, was er sagt. Dort wird viel geredet, aber wenig gehandelt & die Befugnisse der Vertreter [des Volkes] in Dingen, die sie nicht kennen, ist zu groß. Jetzt ist in Deutschland eine Einigkeit der Regierung vorhanden, wie sie bei uns in der Schweiz nicht existiert, eine Zentralisation, die auch wieder ihre Mängel hat. Ich bin nicht aus dem Grunde [nach Deutschland] gekommen, um Kritik zu üben, sondern aus Liebe zum Volke, um den Gedanken des Völkerfriedens auszubreiten.«

Die »nationale, völkische Erhebung«, von der Hitler zu reden pflegte, war dagegen nicht in seinem Sinne: »Er [Hitler] steht allerdings auf dem rein nationalen Boden, während ich dieser Einstellung die Ursache des Weltkrieges beimesse. Denn da jeder sein eigenes Volk über alles liebt, so konnte man mit dem Schlagwort, das Vaterland ist in Gefahr, die Millionen Menschen gegeneinanderhetzen & in den Krieg treiben. Wenn aber Hitler gegen das Judentum und die internationale Hochfinanz Stellung nimmt, weil sie den [Ersten Welt]Krieg herbeigeführt haben, so müßte er andererseits auch zugeben, daß der Sieg nur mit noch größeren Opfern an Blut hätte erkämpft werden können, also jene zu begreifen waren, die davon genug bekamen.«

Kriegslüsterne Zeitgenossen hat er in der bayrischen Metropole offenbar nur wenige angetroffen; zu Beginn des Jahres 1934 war die Massenbegeisterung für Hitler noch nicht so weit fortgeschritten. Die Deutschen hatten harte Jahre der wirtschaftlichen Depression hinter sich und die meisten trachteten danach, über die Runden zu kommen, die hohe Politik interessierte kaum jemanden. Aus seinen Gesprächen mit der einfachen Bevölkerung leitete Daetwyler allerdings einen kapitalen Fehlschluß ab. Er war sich, wie die meisten Menschen jener Zeit, über die verbrecherische Dynamik, die Hitler entwickeln sollte, nicht im klaren: »Und so kann ich zu meiner Freude nur constatieren, daß das Volk und seine Führer in Deutschland den Frieden wünschen & nicht den Krieg. Aber daß sie in dem falschen Glauben leben, daß andere Völker den Krieg wollen, während dem die anderen Völker so sind wie das deutsche & und nur das gleiche fürchten. Somit wäre die mir gestellte Aufgabe eine glückliche Aufgabe, wenn man dazu beitragen kann, das Vertrauen zwischen den Völkern wieder neu zu stärken.« Fünf Jahre später und klug geworden durch die Ereignisse, bezeichnete er schließlich Hitler als das, was er war: einen Verbrecher, dessen Judenhaß pathologisch war. Am 18. März 1939 schrieb er an den deutschen Generalkonsul in Zürich: »Ich habe Sie nachgesucht um eine Unterredung mit Adolf Hitler. Ich möchte Sie bitten, diese Anfrage als hinfällig zu betrachten. Das Vorgehen Herrn Hitlers in der Frage der TschechoSlowakei hat mich so empört, daß ich nun mit der absoluten Loslösung das Andenken an einen Mann auslöschen muß, der kein Wort hält, der in meinen Augen auf die Stufe eines Verbrechers gegen die einfachsten Gesetze der Humanität und der Menschlichkeit gesunken ist.

Gott wird richten! Deutschland geht mit seinem Ver-Führer dem Ruin entgegen.« Fürwahr, ein weises Wort.

Hintergrund für Daetwylers Empörung war der Einmarsch deutscher Truppen in die Tschechoslowakei im März 1939. Bereits ein Jahr zuvor hatte Hitler als angeblich letzte territoriale Forderung die deutschen Teile der Tschechoslowakei beansprucht. Ein Jahr später, am 1. September 1939, überfielen deutsche Truppen ohne Kriegserklärung Polen: Der Zweite Weltkrieg hatte begonnen. Daetwylers Friedensarbeit war jetzt ebenso notwendig wie aussichtslos geworden. Bei seinem Besuch in München 1934 konnte er von den kommenden Ereignissen nichts wissen, vielleicht gehörte er jedoch zu den wenigen, die ahnten, was im Busch war. An eine Weiterreise nach Berlin war aber nicht mehr zu denken, schon eher an die Heimkehr. Ihm ging nämlich das Geld aus: »Meine kleinen Geldmittel werden erschöpft und was dann? Ich kann mir aber hier keine Einnahmequelle verschaffen, und so bleibt am Ende nichts übrig, als wieder umzukehren. Und meine Unfähigkeit der Aufgabe gegenüber öffentlich bekanntzugeben.«

Sein Versagen erklärte er mit der Ablehnung, die ihm in München entgegengeschlagen war. Er beklagte sich in seinen Aufzeichnungen darüber, daß die Behörden ihm ein öffentliches Auftreten untersagten. Die Manuskripte, die er an verschiedene lokale Zeitungen sandte, wurden mit Formbriefen abgelehnt, so auch von den »Münchner Neuesten Nachrichten«. Am 28. Februar bekam er von der Schriftleitung ein Schreiben, dessen Anrede ihn wohl zu einem Stirnrunzeln veranlaßte: »Euer Hochwohlgeboren! Wir bedauern, von der uns freundlichst übersandten Arbeit keinen Gebrauch machen zu können. Die bei uns eingehenden Manuskripte sind so zahlreich, daß der uns zur Verfügung stehende Raum bei weitem nicht ausreicht, alles Geeignete zum Abdruck zu bringen.«

Am Tag, als ihn dieses Schreiben erreichte, kam ihm der Gedanke, eine Karte mit dem Aufdruck »Menschen, liebet einander« drucken zu lassen, diese in der Stadt zu verteilen und dafür vielleicht die eine oder andere Mark zu kassieren. Dem Verantwortlichen der Druckerei der »Münchner Neuesten Nachrichten« war die Sache jedoch nicht geheuer, und er empfahl dem Schweizer, bei der politischen Polizei eine Bewilligung einzuholen. Als Daetwyler dort eintraf, waren alle Gestapo-Männer in einer Sitzung, und er mußte über eine Stunde warten. Schließlich beschied man ihm, daß er die Karte wohl drucken, aber auf der Straße weder verteilen noch verkaufen dürfe.

Zur Mittagszeit aß Daetwyler in der »Pschorrbräu« eine Suppe, dann suchte und fand er eine kleine Druckerei, die den Auftrag annahm. Der Drucker war offensichtlich ebenfalls der Ansicht, daß die Menschen einander lieben, daß sie aber auch Druckaufträge nur gegen Vorkasse durchführen sollten. Womit Daetwyler, ohnehin schon fast blank, um zehn Reichsmark ärmer war.

Erneut bat er auf dem Büro der Gestapo um eine Bewilligung für das Verteilen; wobei er sich im klaren darüber war, »daß ich gewärtigen muß, diese Karten nicht einmal verbreiten zu können«. Seine Befürchtung bestätigte sich, und der Drucker sollte die Annahme des Auftrags bitter bereuen. In Begleitung von zwei Gestapo-Männern, »vierschrötige Gesellen, richtige Gangster«, kehrte der Friedensapostel zur Druckerei zurück. Die Geheimpolizei unterzog den Drucker einem ungemütlichen Verhör und stellte schließlich seinen ganzen Laden auf den Kopf. Daetwyler, wieder heil auf seiner Matratze im Hotel Adler angekommen, konstatierte am Schluß dieses Tages: »Merkwürdig aber ist, daß ich so gut schlafen kann & nicht im geringsten am Erfolg meiner Mission zweifle, obwohl äußerlich alles nach Mißerfolg aussieht.«

Am nächsten Morgen, dem 1. März, verschlief er. Darum entfiel die gewohnte Morgenmeditation: »Keine Conzentration, keine Gebetsstunde am Morgen gehabt. Allerdings präge ich mir tief ein, daß

Gott allmächtig ist & [er] regiert auch meine Sache, wie er will.« Daetwyler begab sich zur Post und fand dort eine Karte – poste restante – vor, die seine »lieben Kinder, die gesund sind«, geschrieben hatten. Bezeichnend, daß die Kinder, und nicht Clara, den Gruß sandten: »Von m. lb. Clara kann ich nichts erwarten, denn sie ist mit meinem Vorhaben nicht einverstanden.«

Ungeachtet der familiären Mißbilligung fuhr er fort, in Unterhaltungen mit Münchnern die Lage zu erkunden. So sprach er auch mit dem Portier des Adlers, der sich als eingefleischter Nazi entpuppte und keine andere Meinung als die des Führers duldete. Am Nachmittag führte Daetwyler ein längeres Gespräch mit einem Veteranen des Ersten Weltkriegs. Dieser »mußte in den Krieg, bevor sein Knäblein geboren war. 4 Jahre war er im Krieg & sein Knäblein starb. Sie hatten gekämpft wie Helden«, erklärte der Veteran, »& niemals wären die Franzosen Sieger geworden, wenn nicht in der Heimat gemeutert worden wäre.« Sein Gesprächspartner war ganz offensichtlich ein Anhänger der sogenannten Dolchstoßlegende, der auch Hitler mit jeder Faser anhing. Nach dem Ersten Weltkrieg hatte die politische Rechte die Ansicht verbreitet, der Grund des deutschen Zusammenbruchs 1918 sei der »Dolchstoß« in den Rücken des deutschen Heeres an der Front durch linke Kreise in der Heimat gewesen. Die deutschen Politiker, die im November 1918 in Compiègne den Waffenstillstand verhandelten, nannte Hitler immer nur »die Novemberverbrecher«. Hitler selbst war im Ersten Weltkrieg Meldeläufer im Rang eines Gefreiten gewesen und für Tapferkeit ausgezeichnet worden.

Dieser Kriegsveteran schien nun Daetwyler die letzten Illusionen geraubt zu haben, was seine Friedensmission in München betraf. Und er warnte den Friedensapostel gemäß Daetwylers Aufzeichnungen: »Wollen Sie eingesperrt werden oder wollen Sie frei sein? Im letzteren Falle müssen Sie schweigen, nach Hause gehen und dort für die Wahrheit wirken, hier dürfen Sie es nicht tun.« Dann machte der Veteran den untauglichen Vorschlag, er könne in München ja Vorträge über die Schweiz halten; aber wen sollte das, gab Daetwyler zu bedenken, im geringsten interessieren?

Seine Mißerfolge lösten in ihm doch einige Zerknirschung und Hader mit seinem Gott aus. Zudem war er nun vollständig pleite: »Es ist wieder Abend und Zeit, ins Bett zu gehen. Ich war so unvorsichtig, für die Karten eine große Anzahlung zu machen, & der Drucker kann das Geld nicht mehr zurückgeben. Alles in allem: Wo bleibt die Vaterhand über mir? Wo bleibt der, für den ich das Risiko auf mich nahm? Zurückgehen, heimgehen, die Unfähigkeit eingestehen ist wohl das letzte, was ich nun machen kann. Und doch wäre die Aufgabe so gewaltig & so lohnend. Wenn ich heute zurückgehe, so kann ich sagen, daß ich den Versuch gemacht habe, aber man wird mir entgegenhalten, daß es zum voraus als unmöglich hätte [beurteilt werden sollen.]«

In den ersten Märztagen war er wieder in Zumikon. Unter dem Titel »Daetwyler wieder zurück!« faßte er seine ernüchternde Erfahrung zusammen: »Währenddem der Führer des deutschen Volkes, Adolf Hitler, in seinen Reden betont, er sei für den Weltfrieden, verfolgt er alle jene, die für die Einheit der Völker, die für den Völkerfrieden eintreten.

Es war nicht nur unmöglich, mit ihm in Verbindung zu treten, sondern auch die kleinste Freiheit für die Ausbreitung von irgend einer Bewegung, die nicht direct vom Führer stammt, wird unterdrückt. Darin liegt der Vorteil unserer Demokratie, gegenüber dem Führer Prinzip in Deutschland, daß hier in der Schweiz der Wille des Volkes, der in der Verfassung niedergelegt ist, doch im Allgemeinen respektiert wird & durch verschiedene Organe ausgeführt werden kann, während in Deutschland nur der Führer gilt & wenn dieser versagen sollte, so wäre das eine Katastrophe. Wenn dem Spruche unserer Bundesverfassung: im Namen Gottes, des Allmächtigen, nachgelebt wird, dann wird die Schweiz auch in Zukunft berufen sein, als Vorbild für die Freiheit in Europa und in der Welt zu wirken!«

Hier klang erstmals Daetwylers Vision an, die er im Verlauf des Zweiten Weltkriegs immer vehementer verfocht, daß nämlich die Schweiz als Vorbild für den Rest der Welt dienen konnte. Dies stand nicht im Widerspruch zu seiner propagierten Utopie der »Vereinigten Staaten von Europa«. In einer Schrift mit dem Titel »Wer wird siegen?« behandelte er die Thematik Vorbild Schweiz: »Mitten im

Herzen von Europa liegt die Wasserscheide der großen Ströme, die Europa in seine drei großen Kulturen teilt. Hoch oben am Gotthardmassiv in den Alpen entspringt der Rhein, die Rhone, der Tessin. Es ist nicht von ungefähr, daß dort im Herzen Europas die Republik Helvetien liegt, die in ihrer Mitte friedlich & gleichberechtigt die drei großen Kulturen zusammenfaßt. Mitten im Herzen von Europa liegt die Schweiz, wo Deutsche, Franzosen, Italiener friedlich, gleichberechtigt zusammenleben. Von hier aus kommt der NeuAufbau Europas.«

Nach seiner Vorstellung mußte sich das Europa von morgen an der Schweiz von heute orientieren. Die einzigartige Position des Landes sollte unbedingt in die Waagschale geworfen werden, um den »unmöglichen, sinnlosen, absolut zu verdammenden« Kriegszustand zu beenden. Wie die Historiker Simone Chiquet und Ruedi Brassel erkannten, »traf sich der selbsternannte Präsident der Vereinigten Staaten von Europa durchaus mit der Integrationsideologie der ›Geistigen Landesverteidigung‹. Diese griff auf alteidgenössische, naturhafte Mythen zurück, um die geistig-kulturelle Eigenständigkeit der Schweiz zu betonen, und verherrlichte alles, was auf diese Weise als ›schweizerisch‹ definiert wurde.«

Seine Vaterlandsliebe änderte leider nichts daran, daß Daetwyler die »verschiedenen Organe« wieder zu Leibe rückten. Bei seiner Rückkehr nach Zumikon fand er in der Post einen Bußbescheid über 30 Franken wegen »Übertretung der Verordnung betreffend Benutzung des öffentlichen Grundes« vor. Dabei handelte es sich um seine etwas tumultös geratene Abreise nach Deutschland. Viel schlimmer aber war die Tatsache, daß die Justizdirektion den unruhigen Abmarsch zum Anlaß nahm, erneut Daetwylers Bevormundung zu betreiben. Regierungsrat Karl Hafner, Daetwylers erklärter Feind, empfand es offenbar als Niederlage, daß er diesem Störenfried noch immer keinen Vormund hatte bestellen können. Die Gesetze waren aber während Daetwylers Abwesenheit zum Glück nicht geändert worden, nach wie vor hing alles von der Gemeinde Zumikon ab; und diese sperrte sich weiterhin gegen eine Bevormundung ihres rechtschaffenen Bürgers.

Daetwyler war sich keiner Schuld bewußt, was die Ereignisse auf dem Fraumünsterhof, dem Limmatquai und vor der Hauptwache der Polizei betraf. Seine Sicht der Dinge legte er in einem Brief vom 31. März an den Zumiker Gemeinderat dar: »Alles was man mir vorwerfen kann & meiner Arbeit für den Frieden der Welt, das ist das allgemeine Bedauern, daß ich mit meiner Arbeit bis heute keine Erfolge aufweisen kann. Man kann mit Recht behaupten, daß es ein Fehler der Zürcher Polizei war, so wie es auch vom Publikum allgemein angesehen wurde, wenn man mir bei meinem Abmarsch in Zürich mit so viel Polizei begegnet ist, wo man doch genau wußte, daß ich für den Frieden & für die allgemeine Menschenliebe eintrete. Es ist mehr als ein Fehler, es ist ein Hohn & eine Schande. Dafür nun soll ich büßen, indem man also die Bevormundung gegen mich durchsetzen will. [...] Wenn heute selbst Jesus von Nazareth auftreten würde, würden sie ihn im Burghölzli [...] als krank taxieren. Ich danke Ihnen, daß Sie den Mut hatten, das Begehren abzuweisen.«

Vier Tage später wandte er sich in einem zweiten Brief nochmals an den Gemeinderat. Darin kam er auf die in seinen Augen bodenlose Ungerechtigkeit zu sprechen, daß man in seinem Fall von einem gerichtlichen Vorgehen absah: »Warum will man mich nicht mit ehrlichen Waffen bekämpfen, mit Gericht an Hand von Gesetzen, wenn ich strafbar bin, warum den Betrug mit der Irrenanstalt, der vor aller Augen offen zu Tage liegt?«

Ende März erfuhr Daetwyler vom Zumiker Gemeindeschreiber, daß die angestrebte Entmündigung keineswegs vom Tisch sei. Er schrieb an die Justizdirektion am 29. März 1934 unter anderem: »Merkwürdige Welt! Auf der einen Seite beklagt man sich über die Demoralisation der Menschen & dem daraus entstehenden Elend & Not, & auf der anderen Seite verfolgt man einen aufrechten, ehrenhaften, moralischen Pionier für die Idee des Weltfriedens im roten Zürich 1934, weil er rücksichtslos gegen seine eigenen Interessen nur zum Wohle des Volkes für die Wahrheit eintritt. [...] Gott wird mir helfen, daß der endgültige Sieg auf meiner Seite liegen wird & dann wird man ein Lächeln übrig haben für eine Regierung, die Daetwyler verfolgt, statt ihm zu helfen!«[6]

Seine Einsätze kosteten viel mehr Geld, als Spenden für die Friedensarmee einbrachten, dagegen trafen ständig Forderungen ein. So flatterte zum Beispiel nach seiner Rückkehr aus München eine saftige Rechnung der Buchdruckerei Ferrari für einen Plakatdruck ins Haus. Daetwyler bat den Rechnungssteller um Geduld, denn: »Daß ich schon in München ohne Geld auf dem Pflaster lag, gehört zum wahren Idealismus, nicht aber, daß ich meine Familie im Stiche lasse, & so muß ich wieder Peterli & Schnittlauch verkaufen, damit wir etwas zu beißen haben.« Am 19. Juli 1939 erhielt er von der Kasse des Bezirksgerichts Zürich eine Rechnung über Fr. 65.30. So viel war er noch schuldig geblieben für die restlichen Gerichtskosten, die durch seine Malaktion in der Antoniuskirche entstanden waren. Die halbe Welt, so mußte es ihm vorkommen, wollte Geld von ihm, Geld, das er nicht hatte.

Die Realität war in der Tat hart: Im Monatsdurchschnitt standen Clara Daetwyler in den 1930er Jahren um die 200 Franken zur Verfügung und davon mußte alles – Lebensmittel, Kleidung, Versicherungen, Steuern – bezahlt werden. Die wirtschaftliche Lage in der Schweiz war allgemein schwierig, und Daetwylers Friedenspassion verschlang nur und brachte nichts ein. Am 1. Januar 1931 schrieb er an seine Schwester Bertha Müller-Daetwyler: »Ich werde von meiner Familie unterstützt, indem wir so einfach und bescheiden als nur möglich leben, und sind dabei so glücklich & zufrieden, wenn wir nur zusammenbleiben dürfen. Aber man muß seine Pflicht tun & alles andere der Vorsehung anheimstellen.«

In diesen Krisenzeiten näherten sich die Gegner in der Schweiz einander an. Die Sozialdemokratie mäßigte sich ideologisch, rückte von links in die politische Mitte und trug Staat und Landesverteidigung mit. Arbeitgeber und Gewerkschaften schlossen »Friedensabkommen« und begannen eine vertragliche Sozialpartnerschaft. Das alles beeinflußte Daetwyler nicht weiter. Er blieb von Beruf Friedensapostel – sehr zum Leidwesen von Clara. In der zweiten Hälfte der 1930er Jahre und später in den 40er Jahren kam es immer häufiger zu Spannungen zwischen den Eheleuten. Diese strapazierten bisweilen das eheliche Verhältnis so stark, daß Clara mit Scheidung drohte. Was blieb ihr denn auch anderes übrig mit einem Mann, der wiederholt erklärt hatte, daß er zuerst Gott, dann der Menschheit, dann seinem Volk und erst danach seiner Familie gehöre?

Im Dezember 1933 war Daetwyler wegen der Antonius-Affäre nur knapp einer Bevormundung entgangen; er war deswegen zum letzten Mal – von kleineren Bußen abgesehen – bestraft worden. Das hatte ihm wohl einen heilsamen Schrecken eingejagt, denn in einer Erhebung der Küsnachter Polizei vom 20. Dezember 1937 konnte über ihn nichts Nachteiliges berichtet werden. Betreibungen gab es keine, die Armenbehörde brauchte die Familie Daetwyler nie zu unterstützen. Daetwyler bezahlte seine Steuern, wenn auch meistens erst, nachdem ihm der Steuerkommissär Mahnungen ins Haus geschickt hatte. Im übrigen lebte die Familie »vollständig zurückgezogen. […] Daetwyler schlägt sich recht und schlecht durch, aus seinem Garten kann er das für die Familie notwendige Gemüse ziehen. Der Lebensstandard des Daetwyler ist ein primitiver, er ist mit wenigem zufrieden.« Er sei aber »fest entschlossen alles zu tun, um mit den Behörden nicht mehr in Konflikt zu kommen«.

Doch schon wenige Monate nach diesem Bericht hatte Clara wieder große Sorgen. Als Max Daetwyler nach seinem lauten Protest im Völkerbund 1938 von Genf nicht nach Hause zurückkehrte, sondern zwecks »Friedensarbeit« mit dem Zug von Genf nach Lyon fuhr und von dort nach Paris marschierte, zeigte Clara dafür überhaupt kein Verständnis. Bei dieser ersten Frankreichreise als Friedensapostel strebte er auf der »Route Napoléon« seinem Endziel Paris entgegen. Einmal hatte er gerade in Französisch zu einer Ansprache angesetzt: »Großartig diese Freiheit in Frankreich! Wenn ich in der Schweiz zu sprechen beginne, ist sofort die Polizei da!« – als er auch schon verhaftet wurde. Die französischen Gefängnisse blieben Daetwyler in ganz schlechter Erinnerung; schweizerische Haftanstalten galten ihm im Vergleich als geradezu komfortabel. Auch eine Klinik mußte er sich in Frankreich von innen ansehen. »Selbst der gesündeste Mensch wird in einem französischen Irrenhaus über kurz oder lang verrückt«, kommentierte er später.

In Paris predigte er gleichwohl auf verschiedenen Plätzen und suchte mehrere Zeitungsredaktionen auf, die zum Teil über seine Auftritte berichteten. Er wäre wohl noch länger in Paris geblieben, hätte ihn nicht eines Tages ein Telegramm seiner Frau erreicht. Clara bestand unmißverständlich auf seiner sofortigen Heimkehr, und Daetwyler gehorchte. Die steigende Gefahr seiner Bevormundung mußte ihr schlaflose Nächte bereitet haben. Die »brave« und »wackere« Frau – wie sie Daetwyler zu nennen pflegte – brachte die Situation mit wenigen Worten auf den Punkt: »Was zuviel ist, ist zuviel.« Andererseits: Je tiefer Max in Schwierigkeiten steckte, desto treuer hielt Clara zu ihm. Es sind Zweifel berechtigt, ob Clara es wirklich fertiggebracht hätte, sich je von Max scheiden zu lassen. In den Jahren vor Ausbruch und während des Zweiten Weltkriegs, als es für einen berufsmäßigen Friedensapostel logischerweise sehr viel zu tun gab, hätte sie genügend Gründe gehabt, ihm die Liebe aufzukündigen: Daetwylers Unternehmungen schwankten zwischen Groteskem und Bombastischem, dem Tollkühnen und dem Aufopfernden. Im Grunde war er eine Art Don Quijote des 20. Jahrhunderts. Der wesentliche Unterschied bestand nur darin, daß Max Daetwylers »Dulcinea« – Quijotes Angebetete – kein Hirngespinst, sondern Clara, eine Frau aus Fleisch und Blut, war. Und bedingungslose Treue brauchte er mehr als alles andere, denn die Amtsstellen ließen ihn nicht aus ihren Fängen.

Die erwähnte Erhebung der Küsnachter Polizei vom 20. Dezember 1937 war im Auftrag des Kantonalen Polizeikorps durchführt worden. Das Polizeikorps wiederum war auf Weisung der Justizdirektion des Kantons Zürich tätig geworden. Die Bemühungen von Regierungsrat Hafner, Daetwyler unter Vormundschaft zu stellen, zeigten inzwischen zwanghafte Züge: Selbst die Polizeidirektion konnte der Justizdirektion keinen Grund – oder Vorwand – liefern, der die Entmündigung gerechtfertigt hätte. Zuhanden der Justizdirektion berichtete die Polizei, daß Daetwyler »wesentlich ruhiger« geworden sei. Wann immer er an öffentlichen Anlässen teilnehme, werde er überwacht, und die Polizei werde auch in Zukunft dafür sorgen, daß er keine Ruhestörungen verursache. Im übrigen habe sich Daetwyler gegenüber den Polizeiorganen immer anständig verhalten und sich den polizeilichen Anweisungen ohne Widerspruch gefügt. Die Schlußfolgerung: »Das Polizeikommando ist […] der Auffassung, daß eine Bevormundung nichts nützen würde. […] Das Polizeikommando ist deshalb der Meinung, daß weitere Maßnahmen, insbesondere die Anordnung von Präventivhaft, nicht notwendig sei. Die Anordnung von Präventivhaft hätte bei der Mentalität von Dätwyler [sic] sehr wahrscheinlich zur Folge, daß er sich als Märthyrer [sic] fühlen, und daß er die Tatsache der Verhaftung nachher zu Propagandazwecken verwerten würde.«

Ein kurioses Ereignis veranlaßte die Polizei, dem »Störenfried« auf den Zahn zu fühlen: Daetwyler wurde verdächtigt, am 22. Oktober 1937 das Werfen von Kuhmist gewollt zu haben, und dieses Daetwylersche Wollen habe nur dank des beherzten Eingreifens eines Beistehenden verhindert werden können. An besagtem Oktobertag erfolgte am Vormittag auf der Straße Waltikon-Zollikerberg, praktisch vor Daetwylers Haustüre, ein Vorbeimarsch der Infanterie-Brigade 14 vor dem Kommandanten der fünften Division, Oberstdivisionär Johannes von Muralt. Der Polizeibericht hielt fest, Daetwyler habe den Oberstdivisionär von Muralt mit Kuhmist bewerfen wollen, sei aber nicht dazu gekommen, weil es möglich gewesen sei, ihn daran zu hindern. Der Beschuldigte bestritt dies, gab aber zu, daß er gegen diese militärische Schau habe protestieren wollen. Der Mann, der ihn am Kuhmistwerfen hinderte, war der Landwirt Paul Wettstein, wohnhaft in Oberhub-Zollikerberg.

Wettsteins Befragung fand am 23. Dezember 1937 um 16 Uhr auf dem Polizeiposten Zollikon statt. Landwirt Wettstein teilte zur Sache mit: »Anläßlich des Truppenvorbeimarsches am 22. Oktober war ich in der Nähe des Standortes von Herrn Oberstdivisionär von Muralt. Dätwyler [sic] war auch in meiner Nähe und hatte eine Stechschaufel bei sich. Er war mit einer grünen Gärtnerschürze bekleidet. Vor uns stand jedoch noch eine größere Anzahl Zuschauer. Dätwyler bat die um ihn herumstehenden Personen, man solle ihn durchlassen, was ihm jedoch verweigert wurde. Plötzlich verschwand er dann, um vermutlich andernorts durchzukommen. Ich wurde dann von zwei neben mir stehenden Herren ersucht, dem D. nachzugehen, was ich auch befolgte. Ich fand dann D. nach kurzer Zeit in der Nähe von Frauenspersonen, denen er zurief: ›Lönd mi dure, ich muess unbedingt füre.‹[7] In diesem Moment packte ich Dätwyler von hinten am Kragen und zog ihn rückwärts. Gleichzeitig machte ich einen anwesenden Polizisten [Gefr. G. Weber] auf Dätwyler aufmerksam. D. wurde dann auch etwas beiseite genommen, bis der Vorbeimarsch zu Ende war. Daß Dätwyler Kuhmist in den Händen gehabt haben soll, habe ich nicht gesehen. Er stand jedoch in der Nähe eines Misthaufens, der ihm hierzu natürlich schon Gelegenheit geboten hätte. Auf jeden Fall wollte D. etwas ›Mist‹ machen, da er immer und immer wieder sich nach vorne zu schieben versuchte, was ihm jedoch nicht gelang.« Nach diesem Protokoll wurde der Vorfall schubladisiert.

Am 7. September 1936 feierte Max Daetwyler seinen 50. Geburtstag. Zu Weihnachten 1936 schickte er einen Brief an seine Geschwister, in dem er auf sein Wiegenfest Bezug nimmt: »Zwar habe ich mich fast geschämt, so alt geworden zu sein, ohne mehr geleistet zu haben auf dieser schönen Gotteswelt. Aber jeder Tag ist mir wieder Anfang eines neuen Lebens und so freue ich mich jeden Tag aufs neue, daß ich bin. Ich finde darin, im Bewußtsein des Lebens allein, meinen höchsten Gewinn und meine größte Lebensfreude und je anspruchsloser man an das äußere, sichtbare Leben wird, um so größer und erhabener stellt sich das geistige Leben uns entgegen.«

Diese Sätze beschreiben jene Lebenshaltung und Lebensfreude, die den Grundton seiner Existenz zum Klingen bringen. Daetwyler verfügte über eine beneidenswert positive Lebenseinstellung, selten verließ ihn sein Optimismus. In seinem äußerst umfangreichen Schrifttum finden sich nur ganz vereinzelte Hinweise auf ein moralisches Tief. Aber auch er kannte den »Seelenschmetter«, die Niedergeschlagenheit, und er war gegen die Gleichgültigkeit der meisten Mitmenschen angesichts seiner Friedensbemühungen nicht immun. In einem handschriftlichen Nachsatz zu einem Brief vom 31. März 1934 an den Zumiker Gemeinderat klagte er: »Daß ich mit meiner FriedensArbeit statt auf Mithilfe nur auf Spott & Hohn & Verfolgung stoße, spricht nicht gegen mich, sondern gegen meine Mitmenschen & das sogenannte Christentum von heute!« Der Gemeinderat hatte sich zwar immer wieder hinter ihn gestellt, doch er schrieb auch von der »Feindseligkeit, Gleichgültigkeit und völligen Mißachtung meiner Person«, unter der vor allem Clara in Zumikon zu leiden gehabt habe.

Es kam kaum einmal vor, daß Max und Clara zusammen in die Stadt gingen – Clara hätte es nicht ertragen, falls man ihm in Zürich mit Spott und faulen Sprüchen begegnet wäre. Doch die Zwiesprache mit Gott half ihm über jedes Tief hinweg: »Wenn ich meine Hände zum Gebet falte, so ist es wie wenn eine ungeheure Kraft in meinen Händen zusammenkommt & ich fühle leiblich den Pol, woraus die Kraft kommt, alles zu überwinden.«

Daetwylers Kinder hatten unter den friedensapostolischen Aktivitäten ihres Vaters nicht zu leiden; sie wurden in der Schule wegen ihres Vaters auch nicht gehänselt oder verspottet. Die Tochter konnte in ihren Mädchenjahren aber gelegentlich auch eine ablehnende Haltung gegenüber ihrem Vater einnehmen. Das wird in einem undatierten Typoskript klar, das in den ersten Monaten des Zweiten Weltkrieges entstanden sein muß, also zwischen September und Dezember 1939; es ist ein Text, den der 53jährige Daetwyler in mutloser, ja verweifelter Stimmung verfaßte: »Als ich heute morgen erwachte, da sagte ich mir, wozu auch. Wäre es nicht viel besser, wenn ich nicht mehr erwachen würde. Ich schaute nach der Uhr, & da es noch nicht Zeit war, aufzustehen, so legte ich mich auf die andere Seite. Als es dann Zeit war, da erhob ich mich & bin dann an meine Arbeit gegangen. Auch ohne geistige Sammlung, denn es war mir gar nicht darum zu tun, um zu beten. Im gleichen Geiste saß ich dann im Bähnli.[8] Mir gegenüber saß Klärli, meine Tochter.[9] Aber sie war voll Antipathie gegen mich. So kann man Kinder aufziehen, die einem nachher weniger lieben, als irgend eine fremde Person, & ich sagte zu einer Frau, wenn einmal meine Tochter verheiratet sein wird mit dem Manne, der mich nicht begreifen kann, & dem ich persönlich nicht nahestehe, der eine ganz andere LebensAuffassung hat als ich, dann wird diese Tochter für mich ganz verloren sein, denn sie ist es heute schon zur Hälfte. Ich war bei meinem Gemüseverkauf höflich gegen die Leute, aber absolut gleichgültig. Denn es ist ja immer dasselbe. Was liegt schon daran, wenn das einmal ein Ende hat. Ich fühlte mich in meiner Gesundheit angegriffen, & zwar so geschwächt, daß ich die Zeit voraussehe, da ich nicht mehr diese Arbeit vollbringen kann.

Aber das stimmt mich nicht traurig. Im Gegenteil, so ist das mir eine Genugtuung, daß das einmal dann ein Ende nehmen wird.

Mein Reich ist nicht von dieser Welt. Umsonst sträuben sich die Leute gegen mich & glauben, daß sie mich damit treffen können, wenn sie mich beiseite stellen. Sie tun mir nur einen Gefallen. Denn ich bin so ohne Gewalt & so ohne Eigenwillen, daß ich darob zufrieden bin & mir sage, dann muß ich mich weniger um euch abmühen. Nun arbeite ich den ganzen Sommer, & wenn es darum geht, daß man bezahlen soll, so langt das Geld nirgends hin, & ich muß wieder reiche Leute anpumpen, so daß man schon sagen kann, wenn es den Menschen, die sich doch einigermaßen mühen, recht zu leben, wenn es ihnen schlechter geht als den Gottlosen, was hat denn das alles für einen Sinn.

So möchte ich am liebsten von allem nichts mehr wissen, & alles in der Welt gehen lassen, wie es geht. Es ist nur gut, daß mir die Menschen nichts anhaben können, denn in mein Reich der Gedanken, da können sie nicht eindringen. Und da, wo sich mich berühren können, auf der Ebene des materiellen Lebens, da ist mir alles ganz gleichgültig.

Ich habe meinem Bruder Theodor in Arbon geschrieben, daß ich mich mit ihm zusammentun wolle, daß wir eine Gesellschaft gründen wollen & das Hotel Bär wieder zur Blüte bringen wollen.«[10]

Wenn Theodor davon Abstand nahm, seinen Bruder Max zum Geschäftspartner zu machen, so hatte dies gewiß auch mit Max Daetwylers Ruf als Dienstverweigerer und Friedensapostel zu tun.

»Er hat mir nicht einmal auf meinen Brief geantwortet. Ich habe dann heute eine Karte geschickt, daß ich annehme, daß er den Vorschlag ablehne, & daß ich froh sei, daß ich mir nicht neue Aufgaben stellen muß auf dem Boden des Materialismus. Denn so wird man von den Menschen abhängig, wenn man etwas von ihnen wünscht, aber ich bin wunschlos. So bin ich frei, vollkommen frei. Mögen sie es bleiben lassen. Mögen sie mich beiseite stellen, so muß ich mich weniger mit ihnen abplage[n].

Meine Freude liegt bei dem Herrn, der Himmel & [E]rde gemacht hat. Immer mehr will ich der Welt absterben. Mögen sich die andern, die die Welt lieben, abplagen & sorgen. Ich aber will mich zurückziehen in mein wahres Sein des seelisch geistigen Lebens & von dieser Feste aus ruhig dem Trube[l] der Welt zuschauen, als ein Zuschauer an einem Schauspiel, das mich nichts angeht. Jahrelang haben mich die Menschen verlacht, als ich ihnen vom Weltfrieden geredet habe. Nun ist heute Krieg. Auch unsere Männer stehen an der Grenze als Soldaten. Das kostet so viel Geld, daß die Menschen darob verarmen. Aber das ist gut so. Wenn sie nicht auf die Stimme Gottes hören wollen, wenn sie glauben, daß sie ihr Heil in den Kriegsrüstungen finden, statt bei Gott, so müssen sie die Folgen tragen.«

Solche tiefen Täler großer Niedergeschlagenheit, die Daetwyler nicht ohne Larmoyanz beschrieb, mußte der Gärtner und Friedensmann ab und zu durchschreiten. Aus seinen Aufzeichnungen geht aber deutlich hervor, daß die zweite Hälfte des Jahres 1939 einen Tiefpunkt in seinem Leben bedeutete, was seine Spannkraft und seelische Verfassung betraf. Verständlich: Ein Vierteljahrhundert lang hatte er nun seine ganze Kraft und Energie in die Arbeit für den Frieden gesteckt, und welche Wirkung hatte er damit erzielt? Die ernüchternde Antwort lautete: keine sicht- oder meßbaren. Er mag wohl das Bewußtsein bei einigen hundert Menschen für das Friedensideal gestärkt oder geweckt haben, doch nun stand die Welt in einem neuen Krieg, der Millionen Opfer fordern und Europa in den Ruin führen sollte.

Auch die Schweiz mobilisierte am 29. August 1939 ihre Truppen. Die erste Mobilmachung, vor allem zur Grenzbesetzung, betraf nahezu eine halbe Million Wehrmänner. Diese Zahl wurde bald auf 220 000 reduziert. Doch nach der deutschen Westoffensive wurde am 11. Mai 1940 eine zweite Generalmobilmachung angeordnet, die den Bestand wieder auf 430 000 Mann und 250 000 Hilfsdienstpflichtige anhob.

Am 30. August 1939 wählte die Bundesversammlung den Waadtländer Oberstkorpskommandanten Henri Guisan zum General, der sich im Volk großes Ansehen erwarb. Seine Taktik des 1940 beschlossenen Rückzugs ins sogenannte Alpen-Réduit war aber nicht unumstritten: Bei einem Einmarsch fremder Truppen hätte man das schweizerische Mittelland praktisch sich selbst überlassen, während die Armee die Stellungen im Alpenraum gehalten hätte.

Vor allem die weiblichen Mitglieder begannen sich von der Friedensarmee abzuwenden, was wohl damit zu tun hatte, daß sie ihre Familien durchbringen mußten und keine Zeit mehr für die Friedensarbeit hatten. Daetwyler glaubte Anlaß zu haben, die Sache schwarz zu sehen: »Die Friedensarmee ist abgetreten. [...] Ich darf sagen, daß nur wenige Menschen mir treu geblieben sind & daß ich wegen den Leuten mich jederzeit zur Ruhe begeben kann, ohne daß ich denken müßte, daß mich jemand vermissen würde. An dem Eintritt[11] mit 35 Rappen muß ich festhalten, um überhaupt auf die Rechnung zu kommen.«

Überworfen hatte er sich auch mit Kurt Roesle, der mit ihm während der Zürcher November-Unruhen 1917 in vorderster Reihe gestanden hatte und wie Daetwyler mit Publikationen an die Öffentlichkeit trat. Daetwyler: »Ich will nichts mehr mit einer Publikation zu tun haben, die Sachen in die Angelegenheit bringt, die nicht auf Wahrheit beruhen. Eine Friedenszeitung herauszugeben, die zum Teil auf unwahren Angaben beruht, ist ein Hohn für den Zweck des Unternehmens.« Was es mit den unwahren Angaben auf sich hat, ließ Daetwyler im dunkeln. Offenkundig ist natürlich, daß die Leute, die sich Daetwyler zuwandten, sich zum Teil am Rande der bürgerlichen Gesellschaft bewegten und darum sicher nicht immer die umgänglichsten Zeitgenossen waren. Viele empfanden ihr Einstehen für die Friedensidee auch als einen Protest gegen die herrschenden Verhältnisse. Einige, so auch Roesle, waren polizeibekannt.

Doch Daetwyler bemühte sich, in der Friedensarbeit allen ein Vorbild zu sein: »Was heute fehlt, das ist Charakter, Moral, tugendhaftes Leben. Um aber in dieser Beziehung einen Einfluß auf das Volk zu gewinnen, muß meine Lebensführung eine streng brave & tugendhafte sein. Sonst wäre jede Arbeit ganz umsonst. [...] Denn am Ende ist es ja die Arbeit, die die Kirche leistet & die Pfarrer, die dafür vom Volke bezahlt werden, währenddem ich keinen Lohn empfange.«

Körperlich machten sich allerdings Ermüdungserscheinungen bemerkbar, Daetwyler begann zu spüren, daß er nicht mehr der junge Mann war, der mit Turnübungen seinen Köper gestählt hatte. Als er sich einmal mit seinen Friedenssoldaten die Nacht um die Ohren

193

geschlagen hatte, bereute er das am nächsten Tag bitter: »Der Rückschlag am letzten Montag war aber für mich fast nicht tragbar. Verleitet durch einige Freunde, die nachher ruhig ihr Heim aufsuchen können, habe ich mich verleiten lassen, noch bis spät unter ihnen zu bleiben, ich kam dann nur noch mit Mühe nach Hause & am anderen Tag mußte ich mit großer Mühe mit dem Gemüse gehen. Das kann ich mir nicht mehr leisten, ohne dabei meine Gesundheit zu ruinieren. Ich war am anderen Tag total abgespannt, konnte auch im Garten nur mit Mühe eine kleine Arbeit verrichten.«

Trotzdem plante er, jeden Montag in Zürich eine Veranstaltung der Friedensarmee durchzuführen, doch schon nach wenigen Zusammenkünften verlief die Sache im Sand. Sinn wäre es gewesen, mittels eines Komitees auf die Bildung einer idealen Regierung hinzuwirken: »Warum sollten die Völker nicht von sich aus eine Regierung bilden, die sie mit der Ausführung von verschiedenen Arbeiten beauftragen würden. Warum sollten wir nicht einen Staat im Staate bilden können, der das wahre Ziel [des Friedens] verfolgt. [...] So wie Immanuel Kant sagte, daß man die Philosophen regieren lassen sollte, oder wie Sokrates sagte, daß nur die weisen Männer regieren sollten, so sollte man ein Komitee gründen, das die Funktionen einer Regierung vollbringen [könnte].«

In dieser für die Friedensarmee schwierigen Zeit Ende der 1930er Jahre hielt Daetwyler – vermutlich im Zürcher Volkshaus – eine Rede, die er schriftlich vorbereitet hatte. Er muß bei diesem Auftritt wie ein Savonarola gewirkt haben, jener Dominikaner, der im ausgehenden 15. Jahrhundert im Italien der Renaissance zu Askese, Buße und Rückkehr zu den wahren christlichen Werten aufgerufen hatte. Zum Verständnis dieser Ansprache muß auf die Schweizerische Landesausstellung im Jahr 1939 in Zürich hingewiesen werden. Die legendäre »Landi« war schon geplant worden, bevor akute Kriegsgefahr herrschte. Sie öffnete ihre Tore im Frühling, als die Bedrohung des Landes sich am Horizont abzuzeichnen begann. Die Bevölkerung identifizierte sich mit der »Landi«, weil sie Gelegenheit zur kollektiven Besinnung auf die nationalen Werte bot.

Zu Beginn seiner Ausführungen, denen nur rund 50 Personen zuhörten, äußerte er sein »tiefes Bedauern mit den unschuldigen Soldaten, die die Unfähigkeiten der Regierungen mit ihrem Leben bezahlen sollen, obschon sie in keiner Weise um ihre Meinung gefragt wurden, wie sie regiert [zu werden] wünschten. Der gesunde Menschenverstand empört sich beim bloßen Gedanken daran, daß man das Blut gesunder junger Männer verspritzt, daß man die Blüte der Völker hinmordet, nur weil es gewissen Leuten in der Regierung in den Sinn kommt, daß sie den Krieg erklären.«

Dann kam Daetwyler auf die Landesausstellung zu sprechen, die zum Zeitpunkt der Rede seit etwa einem halben Jahr geöffnet und ein gewaltiger Publikumserfolg war. Er aber hielt nicht viel davon: »Sie haben in der Zeitung gelesen, daß am Sonntag 160 000 Besucher in der Landesausstellung waren. Ich frage Sie, wo sind heute abend diese 160 000 Menschen, wo es gilt, für den Frieden eine Lanze zu brechen? Nicht einmal ein halbes Hundert sind wir da, aber glauben Sie nicht, daß wenn die 160 000 Menschen für den Frieden eintreten würden, daß dann eine Woge des Friedenswillens ausgelöst würde, die mit der Zeit eben das auslösen könnte, für das wir kämpfen – nämlich für das Aufhören des Krieges. Ich stelle mir vor, wie oft eine kleine Ursache eine große Wirkung auslösen kann. Warum sollten wir denn nicht den Versuch immer und immer wieder machen, diese kleine Ursache zu sein.

Jaja, es ist traurig, aber wahr. Heute noch gehen die Leute in Massen dorthin, wo sie Zerstreuung und Vergnügen finden. Ich bin im Prinzip kein Gegner der Landesausstellung. Aber ich will doch konstatieren, daß sie zu den Sachen gehört, die man nicht absolut gesehen haben muß. Mir ist der Anblick einer Blume, einer Gegend, eines Menschen ebenso wichtig wie der Anblick einer zusammengetragenen Schau massenhafter Dinge. Aber abgesehen von der Landesausstellung finden sie auch alle Vergnügungsstätten überfüllt, denn weil die Leute hohl sind, weil sie inwendig nichts haben, darum müssen sie immer von außen inspiriert werden. Das ist ja auch die Ursache allen menschlichen Elendes, auch des Krieges, weil die Menschen das Innenleben nicht pflegen. Darum haben sie keinen Gehalt mehr, keine

Spannkraft, keinen Widerstandswillen gegen das Böse in der Welt. Darum können einzelne Menschen herrschen über ganze Völker und den Menschen sagen, was sie glauben sollen.

Wir haben heute eine Krise des Menschen. […] Diogenes hat mit der Kerze am hellen Tag in Athen auf dem Markte einen Menschen gesucht. Wir haben Herdenmenschen heute, wir haben keine Menschen, die selbständig im Leben stehen. […] Für zehn Rappen kann man heute ein Evangelium kaufen, wenn man will das Evangelium Johannes, und dann hat man mehr als viele Bücher miteinander, denn im Kapitel fünf bis sieben steht die herrliche Bergpredigt mit dem wundervollen Gebet des Unser Vater, das allein die Grundzüge der ganzen christlichen Religion darstellt.«

Daetwyler war ein guter Redner, der durchaus Wirkung bei seinem Publikum erzielte; allein schon seine äußere Erscheinung hatte etwas Faszinierendes. Als er am 16. Oktober 1939 diese Rede hielt, trug er bereits seit einigen Jahren einen langen Bart. Seine lebhaften Augen wurden von verschiedenen Beobachtern als tiefblau, wasserblau oder graublau beschrieben. Er konnte witzig sein, aber auch in den Tonfall eines mahnenden Propheten fallen. Bei seinen Auftritten war er einfach, aber korrekt in einen Anzug aus solidem Zwirn mit Hemd, Weste und Krawatte gekleidet. Was Zürcher, Basler oder Berner unter Umständen etwas irritieren konnte, war sein sehr stark ausgeprägter Ostschweizer Dialekt.

Der Autor, im Zürcher Kreis 8 nahe am Seeufer aufgewachsen, hat in jungen Jahren den Friedensapostel auf dem Utoquai des öftern reden gehört. Er war für mich und wohl für die meisten Leute ein Faszinosum, aus dem man nicht richtig schlau wurde. Für uns Buben war er eine respekteinflößende Erscheinung; in meinen Augen war er von einer Aura umgeben, die immer etwas Verbotenes und Geheimnisvolles anzudeuten schien, und deutlich ist die Erinnerung, daß Daetwyler eine innere Härte und Stärke ausstrahlte. Er war ein Mann, den man nicht so ohne weiteres anzusprechen wagte.

Als die Welt Ende der 1930er Jahre unaufhaltsam dem Krieg entgegenging, war es Daetwyler und jedem, der es wissen wollte, bekannt, daß seit 1933 unter Hitler die Juden enteignet und verfolgt wurden, wenn es auch noch nicht zum Massenmord gekommen war. Am 23. Dezember 1938 sprach er im Taleggsaal der Kaufleuten unter anderem über das Verhängnis, das im Dritten Reich über den Juden schwebte. Vor dem Vortrag veröffentlichte er in der »Neuen Zürcher Zeitung« den Text: »Protestiert – Protestiert – Protestiert – im Namen Gottes des Allmächtigen gegen die Verfolgung seiner Mitmenschen, Brüder u. Schwestern, gegen die Verfolgung der Juden! Jeder Mensch, jeder Erdenbürger hat überall auf der ganzen Erdoberfläche das Recht eines menschenwürdigen Daseins! Jeder Erdenbürger hat überall Anrecht auf ein Stücklein Muttererde, das ihn durch seine Arbeit ernährt und behütet! Alles andere ist Barbarei. Wehe Europa — Europa! Wenn Du nicht endlich die moralische Kraft, den geistigen Elan aufbringst, endlich den Kampf aufzunehmen für die elementarsten einfachsten Grundsätze der Menschlichkeit, so wird Selbstvernichtung die unermessliche, unerbittliche Strafe sein! Ich bezeuge öffentlich vor aller Welt, daß zu meinen treuesten, liebsten, wertvollsten Freunden, und deren ist Gott sei Dank Legion, Juden gehören, und ich wünsche allen Verfolgten, gedemütigten Mitmenschen, und ich rede aus Erfahrung, daß sie den Sinn ihrer Verfolgung begreifen mögen, um zurückzufinden zur allgütigen Mutter Natur, zurück zum lebendigen Gott!«

Am Ende dieses Aufrufs zog Daetwyler allerdings eine völlig abwegige Schlußfolgerung. Er implizierte, daß die Juden verfolgt würden – und ihre Verfolgung darum einen Sinn habe –, weil sie von der Natur und vom wahren Gott abgefallen seien. Das war natürlich Unsinn. Trotzdem blieb es eine Tatsache, daß Daetwyler in der Schweiz zu jenen gehörte, denen das Schicksal der Juden in Deutschland nicht gleichgültig war, und es hat ihn weiter beschäftigt. So schrieb er 1943: »Immer wieder kommt die Frage des Judentums aufs Tapet. [...] Mich dünkt es fast, als hätte das Judenvolk noch eine große internationale Friedensmission zu erfüllen. [...] Das Judenvolk hat eine große historische Vergangenheit. Wenn es sich nicht assimiliert, so kann man ihm daraus keinen Vorwurf machen. Viel eher muß man ihm den Vorwurf machen, daß es von seiner großen Aufgabe als Volk

Gottes abgewichen ist. Denn wenn es in die Fußstapfen von Moses und den großen Propheten Israels wandeln würde, dann wäre es der Träger eines von Gott erleuchteten Menschenschlages, bestimmt, den Völkern zum Segen zu werden. […] Ich betone, wir alle haben darin gesündigt, daß wir von Gott abgefallen sind, aber der jüdischen Minderheit in jedem Volke wurden diese Sünden besonders angerechnet. Zu Unrecht.«

Nach Hitlers Machtergreifung machte sich Daetwyler sehr bald keine Illusionen mehr über die Brutalität des Regimes. Einen Eindruck von der Stimmung in Deutschland hatte er ja aus eigener Anschauung bei seiner Reise nach München im Februar 1934 gewinnen können. Doch wenn es um den Frieden ging, vermochte selbst die Barbarei Hitlers einen Friedensmann vom Format Daetwylers nicht ins Bockshorn zu jagen: Mehrmals versuchte er während des Zweiten Weltkriegs mit seiner weißen Friedensfahne ins Dritte Reich zu gelangen und dem Führer Vorschläge für einen Waffenstillstand zu unterbreiten. Den folgenschwersten Versuch unternahm er am 28. April 1944, als er bei Basel versuchte, illegal über die Grenze zu kommen. Zunächst aber, nach Kriegsausbruch am 1. September 1939, sah Daetwyler in Zumikon nur einen Weg gegen das Verbrechen des Kriegs zu protestieren: Er trat in den Hungerstreik.

7.
Herr Hitler bekommt Post

Als Hitler im März 1939 seine Truppen in die Tschechoslowakei einmarschieren ließ, herrschte in der Schweiz allenthalben Empörung. Ein halbes Jahr vorher hatte der Diktator in Wien den Eintritt Österreichs ins Deutsche Reich proklamiert; im Nachbarland herrschten nun die Nazis, in Italien regierte der faschistische Verbündete Mussolini. Ein Gefühl der Beklemmung senkte sich über die Schweiz; im Land blieb es vorerst ruhig, doch es war »eine dumpfe Ruhe«, wie der Historiker Peter Dürrenmatt in seiner »Schweizer Geschichte« erkannte. Als Deutschland und die Sowjetunion am 24. August 1939 einen Nichtangriffspakt schlossen, wurde deutlich, daß Polen Hitlers nächstes Opfer sein würde. Eine Woche nach der Unterzeichnung des Nichtangriffspakts wählten die eidgenössischen Räte in Bern den Oberstkorpskommandanten Henri Guisan zum General. Nachdem die Eidgenossenschaft gegenüber der Staatengemeinschaft ihre Neutralität erklärt hatte, fand am 29. August, einen Tag nach dem deutschen Überfall auf Polen, die Kriegsmobilmachung statt – die Eidgenossen waren zu entschiedener Abwehr bereit.

Diese Ereignisse veränderten die Lage in dem kleinen Land. Es herrschte nun Kriegswirtschaft, die Strukturen wurden militarisiert, die Regierung erhielt Vollmachten in verschiedenen Bereichen des sozialen und wirtschaftlichen Lebens, und die Presse wurde zensuriert. Ab November 1940 mußte auch Daetwyler die Texte seiner Friedenszeitung vor Drucklegung einem in Zürich ansässigen Zensor vorlegen.

Dies alles geschah durchaus im Einverständnis mit der Bevölkerung; angesichts der Bedrohung von außen rückte man im Innern näher zusammen. Verständlicherweise entwickelten die Schweizer Nachrichtendienste eine weitaus größere Aktivität als zu Friedenszeiten. Neben faschistischen und nazistischen Gruppierungen mußten auch kommunistische Gruppen und Grüppchen im Auge behalten werden. Die neue Situation hatte auf den Friedenskämpfer unmittelbare Auswirkungen: Er wurde nun von den Nachrichtendiensten der kantonalen und städtischen Zürcher Polizei überwacht, die jeweils der Bundesanwaltschaft in Bern über seine Aktivitäten Bericht zu erstatten hatten.

Die Agenten bekamen mit dem Friedensapostel viel zu tun, die Fiche [geheimdienstliche Personenerfassung] Daetwyler wurde dicker und dicker. So entging es den Überwachern nicht, daß er am 1. April 1943 einen neuen Verein gründete, den »Permanenten, Neutralen Welt-Friedenskongreß«. Es entging ihnen auch nicht, daß sich Daetwyler mit Männern aus dem kommunistischen Umfeld eingelassen hatte. Zeitweise trug er in seiner Mappe nicht nur seine pazifistischen Broschüren mit sich, sondern auch Publikationen mit sozialrevolutionärer Ideologie. Kopfzerbrechen bereitete den Nachrichtendiensten aber vor allem die Tatsache, daß Daetwyler wiederholt versuchte, ohne die notwendigen Papiere über die Grenze nach Deutschland zu gelangen, wo er keinen Geringeren treffen wollte als Adolf Hitler.[1]

Im Februar und Oktober 1939 hielt Daetwyler verschiedene Vorträge, in denen er unter dem Titel »Weiterkriegen oder Friedenschließen« gegen die Kriegstreiber wetterte. Aus seiner Fiche geht auch hervor, daß Daetwyler sich offenbar mit seinem alten Mitstreiter Kurt Roesle wieder vertrug. Daetwyler zeichnete ab 1939 für Roesles Schriften gelegentlich als Mitherausgeber.

Seine finanzielle Situation war nach wie vor prekär. Dazu trugen in nicht geringem Maße die Bußen bei; weil er diese nicht bezahlen wollte oder konnte, wurde er in »Polizeistrafsachen« verschiedentlich vorgeladen, so zum Beispiel am 28. April, 7. Mai und 21. August 1942. Daetwyler reichte manchmal Beschwerde ein oder bat um die Möglichkeit, alles in Raten abzustottern; es konnte mitunter Jahre dauern, bis er eine Buße abbezahlt hatte.

Als typisches Beispiel, wie die Geldstrafen Daetwyler das Leben erschwerten, sei die »Straferkanntnis« [sic] der Polizeistrafkommission der Stadt St. Gallen vom 23. April 1941 herausgegriffen. Daetwyler war wegen unerlaubten Kollektierens zu einer Strafe von 100 Franken, zuzüglich acht Franken für Untersuchungs- und Beurteilungskosten, verurteilt worden. Auf Daetwylers Einspruch antwortete die Polizeistrafkommission in ihrer »Straferkanntnis«: »Auf Vorladung unentschuldigt nicht erschienen. Max Daetwyler wurde mit Polizeirapport vom 20. Febr. ds. J. beschuldigt, am 17. November ds. J. bei verschiedenen Geschäftsinhabern in St. Gallen als ›Friedensbote‹ vorgesprochen, dort seine Friedensidee, die er verbreite, gepriesen und bei dieser Gelegenheit gegen Abgabe seiner Schriften, die er mit sich führe, um freiwillige Beiträge gebeten zu haben, ohne im Besitze einer bezüglichen polizeilichen Bewilligung zu sein. Er wies zu diesem Zwecke ein besonders angelegtes Sammelbuch vor, in welches die verschiedenen Donatoren ihre Einträge selbst vornehmen konnten, und es gelang ihm, auf diese Weise Fr. 87.– zusammenzubringen. Des weiteren führte er am 20. Febr. ds. J. im ›Volkshaus‹ St. Gallen anläßlich einer von ihm geleiteten ›Friedensversammlung‹ eine freiwillige Kollekte durch, die ihm Fr. 14.30 einbrachte. Gemäß den vorliegenden Untersuchungsakten hat der Angeschuldigte ein volles Geständnis abgelegt. Er betonte, bewußt keine polizeiliche Bewilligung zum Kollektieren nachgesucht zu haben, da er zum vornherein mit einem ablehnenden Bescheid habe rechnen müssen.«

Daetwyler lag mit dieser Annahme durchaus richtig. In allen Kantonen war die Polizei sehr zurückhaltend mit der Bewilligung gemeinnütziger Geldsammlungen. Als er zum Beispiel im März 1942 die Polizeidirektion des Kantons Aargau um die Erlaubnis bat, bei Firmen um Beiträge bitten zu dürfen, wurde ihm beschieden, »daß solche Sammlungen nicht mehr bewilligt werden können«.

Die Polizeistrafkommission fuhr fort: »Das gesammelte Geld hätte er nach Hause gesandt, wo es für die Bezahlung der Propagandakarten und zum Teil für den Lebensunterhalt seiner Familie aufgegangen sei. Daetwyler ist bereits in den Jahren 1919 und 1921 wegen des nämlichen Deliktes bestraft worden.« Am 19. Mai 1941 wurde Daetwyler der

Bußbescheid über 108 Franken per Einschreiben nach Zumikon gesandt. Er ersuchte nun darum, die Strafe in Raten bezahlen zu können, was bewilligt wurde. Im Juli hatte er bis auf 46 Franken alles bezahlt, dann blieben die Akonto-Zahlungen aus. Die St.Galler Polizei beauftragte nun die Gemeinde Zumikon, bei Daetwyler für die Restsumme einen »Zahlungsbefehl für die ordentliche Betreibung auf Pfändung oder Konkurs« auszustellen. Daetwyler bezahlte darauf wieder ein paar Franken, unterbrach dann aber die Zahlungen. Am 11. März 1943, also fast zwei Jahre nach der Verfügung, erinnerte ihn die Polizei-Kassa der Stadt St.Gallen an den noch ausstehenden Betrag und appellierte dabei an seine Moral: »Gemäß Urteil der Polizeistrafkommission St.Gallen vom 19. Mai 1941 wurden Sie wegen unerlaubten Kollektierens zu einer Buße von Frs. 100.– zuzüglich den erlaufenen Kosten von Frs. 12.45 verurteilt. An diesen Ausstand haben Sie bis heute mittelst à Contozahlungen insgesamt den Betrag von Frs. 95.– bezahlt, so daß Sie uns z.Z. noch einen Bußenrest von Frs. 17.45 schulden. Nachdem seit der letzten, am 3. Dez. 1942 erhaltenen à Contozahlung von Frs. 5.– keine weiteren Zahlungen mehr eingegangen sind, möchten wir Sie an Ihr vom 26. Mai 1941 dat. Schreiben erinnern, in welchem Sie sich zur Leistung von monatlichen Teilzahlungen von Frs. 5.– verpflichteten. Wir halten nach wie vor dafür, daß Sie die Einlösung Ihres gemachten Versprechens als Ehrensache betrachten und gewärtigen auf 15. dies[es Monats] wieder eine Zahlung.«

Die Polizei-Kassa St. Gallen war natürlich nicht die einzige Behördenstelle, die von Daetwyler Geld forderte. Er hatte manchmal alle Hände voll damit zu tun, die Gläubiger mit Ratenzahlungen kleiner Beträge auf Distanz zu halten. Das ging noch jahrelang so weiter. Im Februar 1948, um nur einige Beispiele zu nennen, wurde eine Buße verhängt, weil er auf der Zürcher Gessnerallee bei einer Ansprache »eine verkehrshemmende Ansammlung« verursacht und gegenüber dem einschreitenden Polizisten auch noch »Ungehorsam« gezeigt hatte. Am 12. Januar 1950 verfügte der Polizeirichter eine Buße von 30 Franken wegen »Predigens auf der Bahnhofstraße beim St. Annahof [50–60 Personen auf Trottoir]«, wodurch »der Passantenverkehr gehemmt« wurde; gehemmt wurde dieser auch am 13. Dezember 1949, als er vor dem Kaufhaus Jelmoli in Zürich sprach. Die Buße von 40 Franken wurde vom Polizeirichter am 27. Januar 1950 verfügt. In dieser Zeit stiegen die Bußen der Zürcher Polizei in Intervallen von zehn Franken an. Bereits 50 Franken nämlich betrug die Buße vom 14. März 1951. Am 13. Januar dieses Jahres hatte Daetwyler wieder einmal »Passanten- und Fahrzeugverkehr gehemmt«. Und so drehte sich das vermaledeite Karussell weiter und weiter, und eine Zahnarzt- oder Arztrechnung konnte Claras Haushaltsbudget, das sich auf 200 Franken im Monat belief, völlig über den Haufen werfen.

Einmal geschah es allerdings, daß sich ein eigentlich unglücklicher Zwischenfall günstig auf die Finanzen auswirkte. Im November 1943 hatte Daetwyler Glück im Unglück: Er verletzte sich bei der Gartenarbeit durch Dornen am linken Zeigefinger, was eine Infektion auslöste und zu einer bleibenden Versteifung des Fingers führte. Die Winterthurer-Versicherung zahlte darauf am 19. Juli 1944 an Max Daetwyler »⅔ eines Fingerwerts«, nämlich 270 Franken. Im gleichen Monat ging ein Teil dieser Zahlung aber wieder aus dem Haus. Daetwyler mußte sich eine Zahnprothese im Wert von 45 Franken anpassen lassen. Fünf Jahre später wurde eine neue Zahnprothese für 160 Franken zu seiner »vollen Zufriedenheit« gefertigt.

Das alles waren natürlich vergleichsweise unbedeutende Ereignisse angesichts der Vorgänge in Europa. Nach der Besetzung der Tschechoslowakei, dem Überfall auf Polen und Hitlers unausgesetzten Tiraden vom »Lebensraum« für das deutsche Volk im Osten war Ende 1939 klargeworden, daß der Diktator keinen Pfifferling auf Verträge gab und entschlossen war, die Welt mit Krieg zu überziehen. Das erkannten auch die Westmächte, die nun ihre Beschwichtigungspolitik gegenüber Hitler beendeten: Nach dem Polen-Feldzug griffen England und Frankreich zur Gegenwehr.

Auch Daetwyler ergriff seine ganz persönliche Maßnahme: Am 14. Dezember 1939 trat er in einen Hungerstreik, den er drei Wochen lang durchhielt: »Für einen Frieden habe ich zu fasten angefangen und habe während drei Wochen nichts, nicht einmal einen Tropfen Wasser zu mir genommen«, behauptete er später. Das kann unmöglich der Wahrheit entsprochen haben, kein Mensch kann ohne Flüssigkeit drei Wochen überleben.[2] Wohl wahr ist, daß er das erste Glas Wasser im Zürcher Bahnhofbuffet bestellte. Das erquickte ihn dermaßen, daß er der Serviertochter einen Franken Trinkgeld gab. Nach drei Wochen ohne Nahrung aß er drei Café complet [Kaffee, Brot, Butter, Konfitüre] hintereinander, worauf ihm sterbensübel wurde: »Oben ging nichts mehr hinein und unten nichts mehr heraus.«

Während des Hungerstreiks habe er mit einer Gelassenheit seine Arbeit verrichten können, »die nur mit der Ruhe der Sterne verglichen werden kann«. Es ist fraglich, ob Daetwyler während seines Hungerstreiks wirklich wie gewohnt seiner Arbeit im Garten und dem Verkauf von Gemüse nachgehen konnte. Viel wahrscheinlicher ist, daß ihm Clara die Tür wies; er lebte nämlich zu dieser Zeit in der Pension Neptun im Zürcher Seefeld, die ihm immer wieder mal Zuflucht bot, wenn zu Hause dicke Luft herrschte.

Hunger konnte seinen Friedenseifer nicht bremsen, seine Friedensarbeit führte Daetwyler auch mit knurrendem Magen fort. Unter anderem wandte er sich an die Gattin von Bundesrat Ernst Wetter; sie möchte sich doch bei ihrem Mann dafür einsetzen, daß dieser ihm eine Audienz gewähre. Wetter empfing Daetwyler, allerdings erst am 4. Januar 1941. Wie zu Wetter konnte Daetwyler im Laufe der Jahre zum einen oder anderen Bundesrat vordringen. In jenen Tagen stand jedoch ein anderes Kaliber zuoberst auf seiner Wunschliste: Max Daetwyler wollte zu Adolf Hitler. Am 6. November 1939 wandte er sich an das deutsche Generalkonsulat in Zürich: »Ich finde es als eine absolute Notwendigkeit und als eine Selbstverständlichkeit für einen anständigen Menschen und Menschenfreund, daß er heute alles tut und alles wagt, was zur Verhütung einer Offensive dienen kann, was einen Frieden herbeiführen kann, ohne vorher Millionen Menschenleben zu opfern. Aus dieser Erwägung heraus, und aus diesem einfachen Grunde muß ich heute Möglichkeiten prüfen und den Versuch unternehmen, auf die Ereignisse, wie sie sich heute zutragen, Einfluß zu nehmen.

In dieser Absicht finde ich es notwendig, nach Deutschland zu gehen und mit der deutschen Regierung darüber zu beraten, wie der Krieg zum Abschluß geführt werden könnte, z. Beisp. durch Annahme eines Paktes zur Gründung der Vereinigten Staaten von Europa unter Gleichberechtigung aller Völker in Europa nach dem Vorbild der Schweiz, und nun bitte ich Sie, diesbezüglich mich und meinen Freund Kurt Roesle zu einer Besprechung einzuladen.«

Aus seinem Schreiben sprach ein gerütteltes Maß an Selbstüberschätzung, und es kann nicht erstaunen, daß die deutsche Gesandtschaft keinen Finger rührte, um diesem Sonderling ein Vorsprechen in Berlin zu ermöglichen.[3] Selbstredend wurden Daetwyler und Roesle auch nicht zu einer Unterredung auf das deutsche Generalkonsulat gebeten. Der Generalkonsul würdigte Daetwylers Brief nicht einmal einer Antwort. Er verweigerte ihm in den kommenden Jahren auch sämtliche Gesuche um ein Visum. Daetwylers Vorschlag zur Gründung eines Vereinten Europas war aber auch angesichts der politischen Großwetterlage völlig abwegig und realitätsfern: Hitler plante die Errichtung eines Dritten Deutschen Reiches[4], dem ein Vernichtungsfeldzug gegen die von Hitler als Weltverschwörer verdammten Bolschewiken, Plutokraten und Juden vorangehen sollte. Es ist deshalb nicht ganz unverständlich, daß verschiedene Instanzen, vorab die Seelenärzte, Daetwylers Friedensmission als Wahn abtaten.

Es zeigte sich aber auch in dieser Phase, daß ihn Rückschläge nur weiter in seiner Friedensarbeit befeuerten. In seinem Enthusiasmus peilte Daetwyler oft gleichzeitig verschiedene Ebenen an, im Dezember 1940 versuchte er unter anderem, den Regierungsrat des Kantons Zürich für eine Friedensaktion zu gewinnen. Dabei suchte er um die Unterstützung des Zumiker Gemeinderates nach, die dieser auch zu geben gewillt war. So übermittelte die Behörde am 23. Dezember 1940, möglicherweise weihnachtlich gestimmt, eine »Empfehlung« an den Regierungsrat: »Max Daetwyler, Gössikon, Zumikon, ist beim Gemeinderate vorstellig geworden und hat einen Plan für die Einleitung einer Friedensaktion unterbreitet, den er gerne auch dem hohen Regierungsrat zur Kenntnis bringen möchte. Auf sein Begehren und in der Überzeugung seiner guten Absichten möchten wir sein Gesuch um Gewährung einer Audienz beim Regierungsrate unterstützen.« Der Regierungsrat wollte jedoch Weihnachten feiern und keineswegs Daetwylers Friedensreden anhören.

Die Bevölkerung wurde am 24. Dezember 1940 mit einem Zeitungsinserat angesprochen. Dieser »Appell ans Schweizervolk« erfolgte »im Namen des Herrn«: »Liebes Volk, hilf deinem Friedensapostel! […] Jetzt wollen wir eintreten, um dem Friedenswunsche der ganzen Menschheit Ausdruck zu geben. Europa darf nicht zu einem Trümmerhaufen werden, Europa darf nicht eine Hungersnot bekommen. Nein, wir wollen Frieden, Frieden, Frieden, und darum, Schweizervolk, hilf deinem Friedensapostel. […]« Wenige Monate nach diesem Daetwylerschen Aufruf überfiel Deutschland trotz Nichtangriffspakt Rußland und rückte in Griechenland und Jugoslawien vor. Japan, als Alliierter Deutschlands, und die USA, als Verbündete der Westmächte, traten in den Krieg ein.

Nachdem Daetwyler vom deutschen Generalkonsul zwei Monate nichts gehört hatte, entschloß er sich, direkt an »Herrn Adolf Hitler, Berlin« zu gelangen. Der Inhalt des Briefes, datiert am 10. Januar 1940[5], wird hier in seiner Gänze wiedergegeben, weil er in seiner Mischung aus Naivität und Klarsicht für Daetwylers Gedankenwelt zu Beginn des zweiten Kriegsjahres typisch ist:

»Sehr geehrter Herr! Ihr Lebenszweck besteht darin, dem Deutschen Volke zum Heil zu verhelfen, dem Deutschen Volk zu dienen. Darum wird es zu Ihrer ersten Aufgabe gehören, den heutigen Krieg zu liquidieren im Sinne des Heils des Deutschen Volkes und der anderen Völker.

Gestatten Sie mir, daß ich Ihnen zu dieser schweren Aufgabe meine Dienste anbiete, denn ich bin ein großer Menschenfreund, ein Mann Gottes, also auch ein Freund Ihres Volkes. Schon während des letzten Weltkrieges habe ich mich bemüht, mitzuhelfen an einem Waffenstillstand und zu einem Frieden, wo es keine Sieger und keine Besiegten gegeben hätte, sondern wo ein Friede auf Ausgleich, auf Gerechtigkeit, auf Gleichberechtigung aller Völker hätte geschlossen werden können. Die Geschichte hat allen meinen Anschauungen recht gegeben. Sie wird auch später einmal meiner jetzigen Auffassung recht geben müssen. Darum müssen wir alle mithelfen, daß eine Verständigung zustande kommt. Auf dem Boden der Gleichberechtigung! Auf dem Boden der Gerechtigkeit aller Völker in Europa.

Ausgerechnet der große Denker Emanuel [sic] Kant, also ein Deutscher, hat in seiner Schrift zum ewigen Frieden schon vor 150 Jahren die Grundsätze niedergelegt, zum Aufbau der Vereinigten Staaten von Europa. Wo ist heute der große Staatsmann in Europa, der den Mut hat, seinen nationalen Ehrgeiz dem Gesamtwohle der Staatengemeinschaft in Europa zu opfern? Und das jetzt herbeizuführen, bevor man von den Völkern weitere Opfer an Gut und Blut fordert, das was ja auf alle Fälle kommen muß, und die einzige Lösung für uns darstellt, nämlich, die Vereinigten Staaten von Europa!

Ich erwarte Ihren Bericht, ob ich Sie sprechen kann, und werde mir gerne die Mühe nehmen, Sie aufzusuchen. Ich werde auch Ihnen gegenüber rücksichtslos das aussprechen, was ich als Wahrheit erkenne und was nach meiner Auffassung allein zum Glück und zum Heil aller Menschen und aller Völker dienlich ist. Im Namen Gottes grüße ich Sie hochachtungsvoll.«

Daetwyler schrieb während des Zweiten Weltkriegs mehrere Male an Hitler. Dabei schickte er diese Briefe entweder direkt an die Reichskanzlei in Berlin oder wählte den Kanal über den deutschen Konsul in Zürich. Am 28. Januar 1941 sandte er zum Beispiel je einen Brief an Hitler und an die deutsche Reichskanzlei, sowie je ein Schreiben an Propagandaminister Goebbels und an Reichsmarschall Göring.[6] Die Briefe wurden, wie die Postquittungen belegen, in Frauenfeld aufgegeben, das Porto betrug einen Franken für jeden Brief.

Hitler hat den zitierten Brief mit an Sicherheit grenzender Wahrscheinlichkeit nie zu Gesicht bekommen. Er wanderte aber vermutlich nicht direkt in den Papierkorb, sondern wurde eher mit deutscher Beamtengründlichkeit abgeheftet. Ob der deutsche Generalkonsul Daetwylers Post stets nach Berlin weiterleitete, darf bezweifelt werden; er legte sie wohl auch zu den Akten. Kein Zweifel kann indessen daran bestehen, daß Daetwyler entschlossen war, Hitler persönlich gegenüberzutreten. Diese Briefe dienten nicht einfach zur Beruhigung seines Gewissens, für sein großes Friedensziel war er sogar bereit, sein Leben zu riskieren. Seinen Brief an Hitler zeigte Daetwyler verschiedenen Bekannten. So bekam die Stadtpolizei Zürich Wind von seinen Plänen und rief das Polizeikommando Zürich auf den Plan. Dieses wies die Polizeistation Küsnacht an, der Sache nachzugehen.[7] Das Polizeikommando schrieb an die Küsnachter Kollegen, Daetwyler habe sich dahingehend geäußert, daß es ihm gelungen sei, mit Reichskanzler Hitler »in direkte Beziehung zu kommen«. Die Küsnachter Polizei wurde angewiesen, bei Daetwyler in Zumikon vorzusprechen und ihn zur Vorlegung dieses und eventueller weiterer Schreiben, Deutschland betreffend, zu veranlassen.

Am 17. Januar 1940 erstattete die Station Küsnacht 1 an den Nachrichtendienst des Polizeikorps Zürich Bericht. Demzufolge gab Daetwyler »bereitwilligst Auskunft«. Er händigte dem Polizisten, den er sicher gut kannte, da er ja öfters mit der lokalen Polizei zu tun hatte, drei Schreiben an das deutsche Konsulat in Zürich aus, darunter auch den oben zitierten Brief an Hitler vom 10. Januar 1940. Ein Schreiben an das Konsulat vom 25. Dezember 1939 konnte Daetwyler nicht mehr beibringen, dafür übergab er ein Exemplar der »Schweizerischen Friedenszeitung« vom Januar 1940, in der dieser Text abgedruckt war. Er erwähnte gegenüber dem Polizeibeamten einen Plan, den er demnächst dem deutschen Konsulat schriftlich unterbreiten würde, nämlich eine Rede am deutschen Radio zu halten. Daetwyler mußte jedoch gestehen, daß er bisher auf keines seiner Schreiben eine Antwort erhalten hatte. Sollte aber das Generalkonsulat seinen Brief nicht weitergeleitet haben, wolle er sich mit einem zweiten Brief an Hitler wenden.[8] Das Gespräch mit dem Küsnachter Ordnungshüter drehte sich dann um das Visum, das Daetwyler beim deutschen Generalkonsulat beantragt hatte. Er erklärte dem Polizisten, er würde auch ohne Visum nach Deutschland reisen, und zwar ziemlich bald. Der mit amtlichem Auftrag bei den Daetwylers an diesem Januartag aufgetauchte Polizist konnte sich einen Eindruck davon verschaffen, was Clara Daetwyler von den Reiseplänen ihres Mannes hielt. Sie war natürlich vollkommen dagegen, daß Max nach Berlin reisen wollte, und falls die Behörden ihn an seinem Unterfangen hindern könnten, würde sie das begrüßen.

Der Polizist sah sich schließlich noch zu einer psychiatrischen Kurzanalyse des Mitbürgers imstande: »Daetwyler ist nicht geisteskrank.« Als »zweckdienlich« erachtete er es, den Bericht abschließend, »wenn man dem deutschen Generalkonsulat in Zürich mitteilen würde, dem Daetwyler ein Einreise-Visum nach Deutschland zu verweigern«. Gut möglich, daß dieser Satz von Clara Daetwyler angeregt worden war. Im übrigen wurde dieser Bericht an die Schweizerische Bundesanwaltschaft in Bern weitergeleitet und dort am 13. Februar 1940 mit dem Eingangsstempel versehen.

Die Bundesanwaltschaft war gewarnt, die Zürcher Nachrichtendienste hatten ihr nämlich schon Mitte Januar mitgeteilt, daß man diesen Mann im Auge behalten müsse: »Wir erhalten soeben folgende Mitteilung: Es wird darauf aufmerksam gemacht, daß der Friedensapostel Dätwyler [sic] in Zumikon [Zch] neuerdings mit seiner antimilitaristisch-pazifistischen Tätigkeit begonnen hat. Er wird als verkappter Kommunist bezeichnet, der schon früher mit führenden Kommunisten [Itschner etc.] in Beziehungen stand. Heute soll D. versuchen, an das Deutsche Generalkonsulat und durch dieses [an] das deutsche Staatsoberhaupt heranzukommen. D. ist nicht der harmlose Pazifist, als der er vielfach angesehen wird. Es dürfte angezeigt sein, unter Berücksichtigung seiner früheren Tätigkeit Maßnahmen gegen ihn zu ergreifen, um seine staatsgefährliche [in- und ausländische] Tätigkeit zu unterbinden.«[9]

Max Daetwyler ein Staatsfeind? Auf diesen Gedanken könnte man kommen, wenn man die Staatsschutz-Fiche des Friedensapostels der frühen 1940er Jahre durchsieht: In dieser Zeit wurden jedes Jahr ein Dutzend und mehr nachrichtendienstliche Rapporte über ihn verfaßt. Das Prozedere war immer das gleiche: Die Beamten der Stadt- und der Kantonspolizei observierten den Friedensmann und sandten ihre Berichte zur Bundesanwaltschaft in Bern. In diesen Fichen wurde Daetwyler, was ihn gefreut hätte, ausdrücklich als »nicht geisteskrank« bezeichnet. Vielmehr heißt es, daß »Dätwyler [sic] ein hartnäckiger Mann« sei, der alles daran setzen werde, zu Hitler vorzudringen. Und weiter: »Da das deutsche Generalkonsulat in Zürich seine Schreiben unbeantwortet läßt, ist anzunehmen, daß Dätwyler gegenwärtig auch kein Einreisevisum nach Deutschland bekommt. Damit der Mann überhaupt keine Reisen ins Ausland unternehmen kann, sollte ihm schweizerischerseits der Paß [falls er einen hat] entzogen werden und so könnte unliebsamen Vorkommnissen vorgebeugt werden.«

Daetwyler besaß einen Paß, den er am 3. Januar 1941 hatte verlängern lassen. Das wußte niemand besser als die Staatskanzlei des Kantons Zürich.

Man sollte sich davor hüten, die nachrichtendienstliche Tätigkeit der Schweizer Behörden in bezug auf Daetwyler allzu harsch zu kritisieren. Es gilt zu bedenken, daß die Schweiz inmitten des Kriegs eine Insel des Friedens darstellte. Die Schweizer Behörden konnten kein Interesse daran haben, daß ein Landsmann im benachbarten Ausland Reden schwang, in denen dieser sein Heimatland als ein Vorbild für ein friedliches Europa pries und die Eliten der kriegführenden Länder verdammte: Auch wenn er 1940 noch keine auffällige weiße Fahne mit sich trug, hätte dies doch genug Aufmerksamkeit erregen können, um die Schweiz zu kompromittieren. Zudem machten ihn seine Berührungen mit den Rändern kommunistischer Kreise doppelt verdächtig. Ein Staatsfeind war er aber sicher nicht, Daetwyler war stolz auf sein Heimatland, und er wußte um die Vorzüge des demokratischen schweizerischen Staatswesens. Er weigerte sich nur, es mit der Waffe in der Hand zu verteidigen.

Die Bundesanwaltschaft in Bern verlangte wiederholt von den Zürcher Nachrichtendiensten Auskünfte über Daetwyler; zum Beispiel wollte sie von der Kantonspolizei wissen, welcher Zusammenhang zwischen Daetwyler und verschiedenen kommunistischen Publikationen bestehe. Jakob Schwarz, Sekretär der Kommunistischen Partei Zürich [KPZ], hatte offenbar Daetwyler und Roesle dafür eingespannt, einige Schriften mit kommunistischem Gedankengut unter dem Deckmantel der Friedensliteratur unters Volk zu bringen. Der Polizeidienst der Schweizerischen Bundesanwaltschaft stellte mit Schreiben vom 14. Mai 1941 »das höfl. Ersuchen, die Kolportagetätigkeit der beiden bekannten Dätwyler [sic] und Roesle einer Kontrolle zu unterziehen. Es wird uns gemeldet, daß die KPZ dem Friedensapostel Dätwyler von Zumikon und Kurt Roesle in Zürich 4 Auftrag zum Vertrieb der ›Information‹ gegeben haben soll. Jakob Schwarz, der

Sekretär der KPZ, hat offenbar gefunden, daß es dem Friedensapostel Dätwyler und seinem Gehilfen Roesle ein leichtes sei, zusammen mit Friedensliteratur auch die Ersatzblätter für die verbotene ›Freiheit‹, wie die ›Information‹, ›Heute und Morgen‹ und ›Rundschau‹ zu vertreiben. Dätwyler und Roesle sollen erst kürzlich noch die Nummer 2 und 3 der ›Information‹ in gewissen Kreisen von Zürich heimlich abgesetzt haben. Der Kommunist Jakob Schwarz soll übrigens wiederum eine Ersatzschrift [...] herausgeben, die den Namen ›Aktuelles Bulletin über Wirtschaft und Politik‹ trägt. Mit dem Vertrieb dieses Bulletins wären die Friedensapostel Dätwyler und Roesle betraut. Diesen beiden ist es wohl ein leichtes, kommunistische Schriften mit ihren zahlreichen Friedensbroschüren, die sie stets in ihren Mappen herumtragen, von Haus zu Haus zu vertragen.«

Mit dieser »Ersatzschrift« hatte sich der Kommunist Schwarz schuldig gemacht; selbst die Verteilung war aufgrund des Bundesratsbeschlusses über die Ordnung des Pressewesens vom 8. September 1939 illegal, denn die Neugründung von Presse- und Nachrichtenagenturen jeder Art sowie die Neugründung von Zeitungen und Zeitschriften waren »bis auf weiteres« verboten. Die Publikationen der »Friedensarmee« fielen allerdings nicht unter diesen Beschluß, da es sie ja bereits seit 1915 gab. Offenbar konnte Daetwyler und Roesle die Verteilung von kommunistischen Schriften nicht nachgewiesen werden, die Sache verlief im Sande.

In einer anderen Beziehung wurden Daetwyler aber nun von der Behörde die Zügel angelegt: Es war ihm »grundsätzlich« verboten, an Versammlungen oder Kundgebungen Dinge zu sagen, die einen politischen Charakter aufweisen. Grundlage für diese am 20. Dezember 1940 ausgesprochene Verfügung war der Bundesratsbeschluß über die Kontrolle der politischen Versammlungen vom 9. Juli 1940. Dies bedeutete für den Friedensapostel praktisch ein öffentliches Redeverbot, denn in seinem Weltbild waren Friedensmission und Politik nicht zu trennen.

Die genannte Verfügung hielt ausdrücklich fest: »Für Vorträge religiösen Inhalts ist keine polizeiliche Genehmigung erforderlich. Max Daetwyler wird darauf aufmerksam gemacht, daß er [...] bestraft wird, wenn er bei solchen Anlässen zu einem politischen Thema spricht oder Ausführungen politischen Charakters macht. Das Polizeikommando des Kantons Zürich wird beauftragt, die Vorträge des Max Daetwyler zu überwachen.« In den Kriegsjahren konnte er fortan in der Öffentlichkeit kaum noch den Mund aufmachen, ohne daß seine Äußerungen an die zuständigen Nachrichtendienste weitergeleitet wurden. Daetwyler aber ließ sich nicht den Mund verbieten. Er versuchte jedoch jeweils Sätze, in denen man einen politischen Inhalt heraushören konnte, haarscharf zu umgehen.

Am 9. Januar 1941 stellte die Staatskanzlei des Kantons Zürich an das Eidgenössische Justiz- und Polizeidepartement den Antrag, dem Friedensapostel den Paß zu entziehen. Der Bericht ist aufschlußreich, weil er Daetwylers Biographie aus der Sicht jener Leute darstellt, die sich ständig mit ihm herumzuschlagen hatten. In einer Rede in St. Gallen hatte er einmal erklärt, daß er seine Biographie nicht zu schreiben brauche, das täten schon die Polizeistellen. Jetzt war für einmal die Staatskanzlei an der Reihe; zusammengefaßt und auf das Wesentliche gekürzt, kam in diesem vierseitigen Lebenslauf aus amtlicher Warte Folgendes heraus: Daetwyler wohne in Zumikon in einem Haus, das er seiner Frau überschrieben habe. Er sei stimmberechtigt und gehöre dem Wahlbüro an. In Zumikon sei er als angenehmer und ruhiger Bürger bekannt, der seinen Verpflichtungen nachkomme und sich allen Verfügungen unterordne.

Bei Ausbruch des Weltkrieges 1914 habe er eine Friedensarmee gegründet und auf den Straßen seine christliche Gesinnung des Antimilitarismus gepredigt.[10] Er sei überall dabei, wo etwas los sei, bei den Putschen in Zürich, bei allen sozialistisch-kommunistischen Demonstrationen, in allen Sektenversammlungen, um seine religiös-sozialistischen Phrasen anzubringen. Erfolge habe der theatralisch auftretende Daetwyler aber nur bescheidene vorzuweisen. Denn seine tausendfach wiederholten, oft wirren, der Logik entbehrenden Ansprachen von Stiegen, Brunnen und Bänken hinunter fänden kein starkes Echo. Er vertreibe Traktätchen, mache in Schriftstellerei und redigiere verschiedene Friedenszeitungen. Bei der Mobilmachung 1914 habe er den Fahneneid verweigert, überhaupt jeden Militärdienst. Gestützt auf ein »irrenärztliches« Gutachten sei die militärische Untersuchung eingestellt worden. Später habe er auch die Bezahlung des Militärpflichtersatzes verweigert, was zu einer Verurteilung zu vier Tagen Gefängnis und einem Jahr Stimmrechtsentzug geführt habe. Er habe drei psychiatrische Untersuchungen über sich ergehen lassen.[11]

Die Bundesanwaltschaft Bern neige zu der Ansicht, daß es sich bei ihm um einen verkappten Kommunisten handle. Er sei nicht der harmlose Pazifist, für den er vielfach angesehen werde.

Inzwischen versuche Daetwyler, an das deutsche Generalkonsulat und durch dieses an das deutsche Staatsoberhaupt heranzukommen. Er bemühe sich krampfhaft, ein deutsches Visum zu erlangen. Daetwyler habe schon drei Briefe an Hitler geschrieben. Er sei schon oft in Zürich und in anderen Städten in Haft gewesen, habe immer wieder Bußen bekommen. Man hätte ihn auch aus dem Bundeshaus und dem Völkerbundsgebäude entfernen müssen. Er habe außerdem den Versuch unternommen, einen Vorbeimarsch von Truppen mit Kuhmist zu stören. 1934 habe er geplant, um die Welt zu reisen, sei aber nur bis München gekommen. Er nenne sich General der Friedensarmee und glaube, ein zweiter Christus zu sein, setze sich in Parallele zu Napoleon, den er Welteroberer durch Gewalt nenne, während er der Welteroberer durch Liebe sei. Daetwyler habe sich in einem Hungerstreik gegen die Fortsetzung des Krieges befunden. Jetzt wolle er mit dem Reichskanzler Hitler selbst verhandeln, um einen Frieden herbeizuführen. Hier endete diese kurze Daetwyler-Biographie; sie ist, von einigen Details abgesehen, sachlich korrekt, aber in ihrem Ton wenig freundlich.

Vier Tage, nachdem der Kanzlist in die Tasten gegriffen hatte, mußte er sich in seinem Begehren nach Paßentzug bestätigt gefühlt haben. In einem Telegramm an das deutsche Generalkonsulat in Zürich schoß Daetwyler den Vogel ab: »Max Daetwyler aus Zumikon, der Mann, dem das gesamte Schweizervolk und die gesamte Schweizerregierung die allergrößte Sympathie und das vollste Vertrauen entgegenbringen, wird heute dem deutschen Konsulat einen Besuch abstatten. Er hat im Namen Gottes an Herrn Adolf Hitler, den Führer des deutschen Reiches, eine Mission zu übermitteln, die in ihrer

Wichtigkeit für das deutsche Volk und die deutsche Regierung als erhaben und heilig angesprochen werden muß, derzufolge Max Daetwyler bereit ist, sofort die Reise nach Berlin anzutreten, um diese Mission an Herrn Adolf Hitler sofort persönlich ausrichten zu können. Max Daetwyler.«

Das war nun wirklich ein starkes Stück. Umgehend forderte das Polizeikommando des Kantons Zürich von der Justizdirektion Taten: »Wir sind der Auffassung, daß gegen diesen schon durch verschiedene Gutachten als geisteskrank erklärten Daetwyler in dieser Zeit etwas unternommen werden sollte.« Überraschenderweise schlug die Justizdirektion nun aber gemäßigte Töne an, man bezweifle, daß die deutschen Behörden dem als geisteskrank Erklärten »und ihnen als solche[r] bekannte Mann« die Einreise nach Deutschland gestatten würden. Den 1938 geäußerten Standpunkt, von Entmündigung oder Präventivhaft abzusehen, erachte man noch heute als richtig; allerdings rechtfertige sich weiterhin seine Überwachung.

Ende Januar versuchte Daetwyler – wohl gemäß dem Motto »Jetzt erst recht« – ohne Visum nach Deutschland zu gelangen. Den Herren der Zürcher Stadtpolizei kündigte er den Abmarsch vom Helvetiaplatz am 23. Januar 1941 schriftlich an und bat, man möge ihm doch bitte in Zürich keine Hindernisse in den Weg legen, die Sache sei »bitter ernst und ungemein wichtig für uns alle«. Er werde »wie ein Kindlein in Harmonie, in Frieden und in Liebe die Stadt verlassen«.

Zum ersten Mal trug Daetwyler nun die weiße Fahne über der Schulter – für ihn das Symbol des Friedens, mit ihr war der Friedensapostel nun nur noch schwer zu übersehen. In den kommenden Jahrzehnten wurde die weiße Fahne zu seinem Markenzeichen, zu einem schon aus der Ferne erkennbaren Signal – auch für Zollbeamte. Er kam nur bis zur Grenze in Kreuzlingen, die Grenzbeamten wiesen den Fahnenträger ohne Visum zurück; Deutschland blieb ihm bis auf weiteres verschlossen.

Doch es gab ja genug für den Frieden in der Schweiz zu tun. Allerdings war sein Wirken in der Heimat durch die Verfügung der Polizei eingeschränkt. An das Verbot, in der Öffentlichkeit politische Themen anzuschneiden, hielt er sich allerdings nur bedingt, bei seinen Reden sagte er jeweils verschmitzt, daß er dieses oder jenes politisch Gefärbte eigentlich nicht hätte sagen dürfen. Die Einschränkung der Redefreiheit empfand er allerdings als ungerecht und verwies dabei auf die Heilsarmee. Daetwyler hatte sich 1942 – nicht zum ersten und nicht zum letzten Mal – darüber beschwert, daß die Heilsarmee-Soldaten mit einer anderen Elle gemessen würden als der Friedensapostel, indem sie ungehindert auf der Straße singen und Geld sammeln dürften. Die Polizei erklärte ihm, daß die Heilsarmee – im Gegensatz zu ihm – in rein religiöser Absicht auf der Straße unterwegs sei. 1944 mußte ihm das Verbot, politische Reden zu halten, einmal mehr in Erinnerung gerufen werden; die Zürcher Kantonspolizei teilte Daetwyler mit: »Die [...] Pressekonferenz des Permanenten Weltfriedenskongresses entsprach nicht den Richtlinien, sondern hatte ganz offensichtlich politischen Inhalt. Es wäre Ihre Pflicht gewesen, selbst alle politischen Äußerungen zu unterlassen und als Versammlungsleiter auch darauf hinzuwirken, daß die übrigen Teilnehmer von Erklärungen politischen Inhalts Abstand nahmen. Wir erwarten, daß Sie sich inskünftig wieder genau an die erlassenen Vorschriften halten.«[12]

Im ganzen gesehen läßt sich aber erkennen, daß die Staatsorgane gegenüber Daetwylers öffentlichem Auftreten durchaus eine gewisse Toleranz walten ließen. Er war ja nach einem Gutachten der Psychiatrischen Universitätsklinik vom 27. Dezember 1923 als ein unheilbarer, schizophrener Geisteskranker diagnostiziert und darum der Schutzaufsicht des Kantonalen Inspektorats für Familienpflege unterstellt worden. Den Behörden wäre es durchaus möglich gewesen, ihn bei Fehlverhalten – und dazu gehörte das Verbot, sich in der Öffentlichkeit politisch zu äußern – in eine geschlossene psychiatrische Klinik einzuweisen. Daß der streitbare Daetwyler alle Hebel in Bewegung gesetzt hätte, um dies zu verhindern, wußte man. Vermutlich hätte man ihn nur mit brachialer Gewalt in die Anstalt verfrachten können. Und ein solches Aufsehen wollten die Beamten vermeiden. Immer wieder findet man in amtlichen Schriftstücken den Hinweis,

Daetwyler nur ja nicht die Möglichkeit zu geben, sich als Märtyrer aufzuspielen.

Im Prinzip war Daetwyler verpflichtet, in regelmäßigen Abständen beim Inspektorat für Familienpflege vorzusprechen. Das war ihm aber zu dumm. Entnervt schrieb das Inspektorat am 27. April 1943 an die Justizdirektion und teilte durch die Blume mit, man solle sie gefälligst von der Aufsicht über diesen widerspenstigen Klienten befreien, es nütze ja doch nichts. Er sei ein harmloser Idealist, aber »absolut unbelehrbar und unbeeinflußbar«.

»Auf unsere erneute Aufforderung hin, bei uns vorzusprechen«, so das Inspektorat, »haben wir von ihm die Antwort erhalten, daß er dies für ›deplaziert‹ halte, da wir seine ›Friedensarbeit‹ doch nicht verstehen. Unter diesen Umständen kann man natürlich durch die Unterstellung unter das Inspektorat für Familienpflege nicht viel erreichen. Wir tragen dem Kranken gegenüber die Verantwortung, ohne daß wir faktisch einen Einfluß auf sein Handeln haben. Wir sind deshalb der Meinung, daß die weitere Führung der Schutzaufsicht durch unser Inspektorat keinen Zweck hat. Sollte D. durch sein Auftreten Anlaß zu öffentlichem Ärgernis geben, so würde nichts anderes übrigbleiben, als ihn in eine geschlossene Heil- & Pflegeanstalt einzuweisen.« Acht Tage nach diesem Schreiben entließ die zuständige Justizdirektion Daetwyler aus der Aufsicht des Inspektorats für Familienpflege – nach 20 Jahren war Daetwyler nun wenigstens dieses lästige Gängelband losgeworden –, beauftragte aber das Polizeikommando, sein öffentliches Wirken weiterhin zu überwachen.

Die ausführlichen Berichte über seine Auftritte landeten alle bei der Berner Bundesanwaltschaft zwecks Komplettierung seiner Fiche. Was er an Vorträgen jeweils sagte, wie das Publikum reagierte und wieviel Geld bei den Kollekten zusammenkam, läßt sich heute – dem Staatsschutz sei Dank – genau rekonstruieren. Dabei muß man sich aber bewußt sein, daß die Versammlungen aus der Perspektive eines Nachrichtendienstlers geschildert wurden, der das Heu sicher nicht auf der gleichen Bühne mit Daetwyler hatte. Im folgenden sollen zwei von Daetwyler initiierte Veranstaltungen näher beleuchtet werden, die im Februar 1941 im Restaurant Volkshaus in St. Gallen stattfanden.

In der »Volksstimme« erschien am 11. Februar ein Daetwyler-Inserat, in dem dieser am Abend desselben Tages zu einem Vortrag mit dem Titel »Das Schicksal Europas« einlud. Im Inserat wurde auch auf eine Aussprache im Anschluß an das Referat hingewiesen. Dieser Hinweis riefen zuerst die Polizei und dann Regierungsrat Keel auf den Plan. Die Rede wurde zwar bewilligt, die anschließende Diskussion aber verboten; Daetwyler versprach, sich daran zu halten. Um 20 Uhr fanden sich im Saal des Volkshauses etwa 160 bis 180 Personen ein, »Publikum der arbeitenden Klasse«, so der Rapport des Staatsschützers. Daetwyler eröffnete die Versammlung »Im Namen Gottes des Allmächtigen«, und sagte, daß er die prekäre Lage Europas schildern werde, ohne auf Staatsmänner oder einzelne Persönlichkeiten einzugehen; ihm sei diesbezüglich behördlicherseits ein Maulkorb verpaßt worden. Dann erklärte er: »Wir wollen keinen Führer, sonst werden wir verführt!« Gelächter im Publikum.

Daetwyler schilderte das Umsichgreifen von Haß, Neid und Mißgunst in der Welt, das zum Zweiten Weltkrieg geführt hatte. Er wies auf den religiösen Niedergang der Menschheit hin und kam dann zu einem seiner Lieblingsthemen: Von den Kanzeln herab werde zwar das Wort Christi verkündet, aber von Taten sehe man nichts, speziell seitens der Priester. Er erwähnte, was er mit Beten und Fasten schon alles erreicht habe, um sich mit Nachdruck für ein geeinigtes Europa nach dem Vorbild der Vereinigten Staaten von Amerika einzusetzen. In einem Paneuropa könnten die Menschen in einem Paradies leben, doch der gute Wille unter den Völkern sei nicht vorhanden. Krieg wollten aber nur einige Machthaber, die der Geld- und Gewinnsucht frönten.

Plötzlich schlug er einen Bogen ins Private, indem er, so der Bericht des Nachrichtendienstlers, »die Verhältnisse seines Bruders in herabwürdigender Weise bekanntgab, was gewiß nicht bei jedem Zuhörer einen einwandfreien Eindruck« hinterließ. Daetwyler warf seinem Bruder Theodor vor, auch dieser habe sich der Maxime der Gewinnsucht unterworfen. Hier wurde ein unter der Oberfläche schwelender Bruderzwist deutlich.[13] Diesen seit Jahren bestehenden Konflikt mit dem Bruder in die Öffentlichkeit zu tragen, war deplaziert. Sicher hatte Theodor im nahen Arbon vom Ausfall seines Bruders Max erfahren, was einer Versöhnung der Brüder bestimmt nicht zuträglich war. Warum sich Daetwyler zu dieser Attacke hinreißen ließ, ist schwer abzuschätzen. Vielleicht wollte er seinen Zuhörern beweisen, daß seine moralische Haltung vollkommen unbeeinflußbar und daß selbst ein Bruder vor seiner Kritik nicht sicher war.

Unter Verweis auf seine Fahneneidverweigerung und seine Internierung in Münsterlingen verdammte Daetwyler den Krieg und das Morden. Wenn jeder so handeln würde wie er, gäbe es keinen Krieg mehr – eine Daetwylersche, logische Wahrheit. Zum Schluß erzählte er, wie er vor der Arbeiterschaft der Firma Sulzer & Co in Winterthur gegen den Krieg gesprochen und die Belegschaft aufgefordert habe, die Arbeit niederzulegen, da sie doch Gewehre und Munition fabrizierten, was das Publikum im St. Galler Volkshaus mit »lebhaftem Beifall« beantwortete.

Interessant ist die abschließende Einschätzung des Staatschützers, der in dieser Eigenschaft wohl kein Freund des Friedensmannes sein konnte: »Allgemein darf gesagt werden, daß das Referat Daetwylers keine hochwertige Note verdient. Das Gebotene war zusammenhanglos, bald wurde schriftdeutsch, bald in Dialektform gesprochen. Das Gebotene entspricht tatsächlich seinen, Herr Regierungsrat Keel gegenüber gemachten Angaben, indem Daetwyler auf dessen Bureau am Nachmittag erklärt haben soll, er wisse am Abend im ›Volkshaus‹ noch nicht, was er alles rede und wo er aufhöre. Einige Andeutungen dürfen meiner Ansicht nach sogar als Schwächung unserer Wehrkraft angesehen werden. Es ist in der heutigen Zeit nicht am Platz, vor der Öffentlichkeit mit solchen Tendenzen Schule zu machen. Daetwyler hinterläßt den Eindruck eines geistig nicht ganz normalen Menschen.«

Der Hinweis, daß Daetwyler dem Regierungsrat wenige Stunden vor dem Vortrag gesagt haben soll, daß er noch nicht genau wisse, was er sagen werde, macht deutlich, daß der Friedensapostel spontan und frei von der Leber weg zu sprechen pflegte. Spätere Filmaufnahmen zeigen tatsächlich, daß er sich nie eines Manuskripts bediente. Andererseits enthält sein Nachlaß ungezählte Texte, mit denen er, oft nur in Stichworten, Referate vorbereitete. Er vertraute eben darauf, daß ihn sein reicher Fundus an Erkenntnissen auf der Rednertribüne nicht im Stich lassen würde.

Die zweite Rede, die nur noch gestreift werden soll, fand bereits eine Woche später wieder im St. Galler Volkshaus statt. Ob der gleiche Informationsbeschaffer zugegen war, läßt sich nicht mehr eruieren, da die Namen der Nachrichtendienstler in den Fichen geschwärzt sind.

Zu Beginn erklärte er, daß die Zürcher Behörden seinetwegen schon viel Arbeit gehabt hätten, und erteilte einen Seitenhieb gegen den zuständigen Regierungsrat Hafner: »Ich bin speziell Herrn Regierungsrat Hafner in Zürich lästig. Warum? Jeder Mensch, der mit der Wahrheit umgeht, ist lästig.« Lenin, der russische Revolutionär kam zur Sprache, der wie Hitler seine Macht auf den Massen aufbaute – eine verbotene, weil politische Äußerung. Dann driftete Daetwyler ins Reich der Phantasie ab: »Ich sage euch heute, daß Daetwyler den Frieden bringt und für diesen Zweck habe ich in Zürich Massen gewonnen. Bevor ich jedoch die Massen erringen konnte, mußte ich die Zürcher Regierung bearbeiten. Ich werde auch versuchen, den Bundesrat zu gewinnen und dann das ganze Schweizer Volk.« Angesichts der objektiv festzustellenden Situation war diese Aussage absurd.

Weiter erklärte er – erneut in Wunschdenken befangen –, daß er einmal in Aarau »Soldaten aus der Kirche gejagt« habe, weil Soldaten nicht in eine Kirche gehörten. In Wirklichkeit war es genau umgekehrt, nicht er entfernte Soldaten aus der Kirche, sondern diese ihn.[14]

In einem Crescendo – man hört seine scharfe, etwas metallische Stimme und den Ostschweizer Dialekt – schloß er: »Ich fürchte keine Macht der Welt, weil ich die Wahrheit bin und mich für die Wahrheit zerfleischen lasse. Auch ich bin ein Soldat und kämpfe für die Freiheit meines Vaterlandes, nur nicht mit den gleichen Waffen.« Dann betete er das Vaterunser, die Tellersammlung ergab Fr. 14.30.

Bei der Organisation dieser Versammlung war Daetwyler von drei Gesinnungsgenossen unterstützt worden: Coiffeur Hans Tobler, Bäcker Johann Zwicker und Hausierer Johann Bänziger. Der Bericht erstattende Agent äußerte den Verdacht, daß die drei Männer mit Daetwyler nur »aus materiellen Hintergründen« sympathisierten: »Sie glaubten aus der ganzen Versammlung Kapital schlagen zu können.« Bei dem mageren Ertrag der Kollekte müßten die drei schwer enttäuscht gewesen sein. Ein Brief von Zwicker an Daetwyler vom 18. November 1941 läßt aber den Verdacht des Nachrichtendienstlers als unzutreffend erscheinen: »Mach Dich auf die Beine! Eine großartige Versammlung für den Frieden soll nächsten Donnerstag […] stattfinden. Behördliche Bewilligung eingeholt & erhalten. Auch der Saal ist bereits bestellt, nur Du fehlst noch! Wir erwarten Dich bestimmt und spätestens Donnerstag nachmittag. Wir haben für die Versammlung bereits heute schon eine große Werbeaktion gemacht. Wir garantieren für 3–400 Personen als Zuhörer. Unser lieber Max mach auf u. komm zu uns! Wir brauchen Dich! Wir hoffen, daß Du uns nicht im Stich läßt. Behüt Dich Gott u. auf Wiedersehen Donnerstag! Dein Hans Zwicker.« Kollege Tobler fügte diesem Brief noch ein Postscriptum bei: »Mein lieber Max! Bitte lasse uns mit dieser großen Versammlung nicht im Stich. Erwarte Dich! Du großer Held stärke uns mit Deiner Anwesenheit und Deinem Optimismus. Mit Friedensgruß Dein Hans Tobler.«

Daetwyler war während der Kriegsjahre in verschiedenen Städten der deutschsprachigen Schweiz tätig, außer in St. Gallen auch in Bern und Basel. Sein Hauptpflaster aber blieb die Stadt Zürich. Dort wurde man mit fortschreitendem Krieg zunehmend restriktiver bei der Erteilung von Bewilligungen für öffentliche Kundgebungen. Daetwyler steckte in einer Zwickmühle: Leistete er seine Friedensarbeit, ohne vorher eine behördliche Bewilligung eingeholt zu haben, wurde ihm eine saftige Buße aufgebrummt. Ersuchte er aber um eine Bewilligung, wurde ihm diese verweigert. So wurde ihm gemäß Protokoll des Stadtrats von Zürich vom 30. Juli 1943 die Durchführung eines »Friedenszugs-Siegeszugs durch verschiedene Straßen Zürichs« untersagt. Die Begründung: »Daetwyler beginnt einfach die sogenannte Friedenskundgebung, ohne sich im geringsten zu überlegen, wie das Unternehmen weiter verlaufen und schließlich endigen wird. Der Einsprecher bietet aber auch persönlich keinerlei Gewähr für die ordnungsgemäße Durchführung der Veranstaltung. Er versucht seit langer

Zeit immer wieder, derartige Veranstaltungen aufzuziehen, und zwar ohne Begrüßung der Behörde und in unberechtigtem Anschluß an bewilligte Veranstaltungen, wie Maifeier und Sechseläuten«. [Zürcher Frühlingsfest der Zünfte] Die Schweiz war von äußeren Feinden umgeben, den vermeintlich inneren Feind galt es darum um so heftiger in die Schranken zu weisen.

In der Schlacht von Stalingrad im Winter 1943 wurde die deutsche 6. Armee vernichtend geschlagen: der Wendepunkt des Zweiten Weltkriegs. Die Balance der Kräfte begann sich zugunsten der Alliierten zu verschieben. Als Propagandaminister Goebbels 1943 in seiner berüchtigten Rede den »totalen Krieg« forderte, war das Schicksal des Dritten Reiches eigentlich bereits besiegelt. Der Verbündete Italien kapitulierte, die deutschen Heere mußten sich aus Rußland zurückziehen.

Einige Monate vor diesen Ereignissen wühlte eine Affäre die Schweizer auf, die jeden daran erinnerte, daß die Schweizer Truppen an den Grenzen die vitalen Interessen des Landes verteidigten. Im Sommer 1942 lagen die Anklageschriften gegen drei Subalternoffiziere vor – alles ehemalige Fröntler –, denen schwerster Verrat wegen Spionage für Nazi-Deutschland nachgewiesen werden konnte, was unweigerlich die Todesstrafe nach sich zog. Über eine allfällige Begnadigung hatte eine Kommission der Bundesversammlung zu entscheiden; in geheimer Abstimmung wurden alle Gesuche abgelehnt. Eine Minderheit der Schweizer, die Gegner der Todesstrafe, setzte sich für eine Begnadigung der Landesverräter ein, unter ihnen – mit eiserner Konsequenz – Max Daetwyler. Er wandte sich mit Vehemenz gegen eine Vollstreckung: »Im Namen Gottes, des Allmächtigen! bitte ich [...] Gnade walten zu lassen an Stelle des Rechts. Ich bitte im Interesse des Landes, kein Menschenblut zu vergießen. Herr General Guisan hat erklärt, daß unser Land vor allem durch die Gnade Gottes vom Kriege verschont blieb. Ist es also nicht auch unsere Pflicht, die Schuldigen zu begnadigen und den Weg zu beschreiten der Versöhnung, der Verständigung aller Menschen, aller Völker? Gegen das Todesurteil wegen Landesverrat! Für die Begnadigung!« Alle Appelle halfen nichts, die Todesurteile wurden vollstreckt.[15]

Umtost von diesen dramatischen Geschehnissen zogen Max und Clara auf ihrem Land in Zumikon das Gemüse heran und pflegten die Bienenvölker. Die hohe Qualität ihrer Produkte hatte ihnen im Lauf der Jahre eine große Stammkundschaft beschert. Viele Bestellungen wurden schriftlich aufgegeben. Frau. B. schrieb zum Beispiel: »Bitte besorgen Sie mir Wahlwurzel für die kranke Mutter.« Frau H.: »Wenn der Rhabarber gut ist, bringen sie mir bitte 5–7 Kilo.« Eine andere Kundin mahnte 1941 ein Darlehen an: »Sie sind mir noch Frs. 11.50 schuldig vom Darlehen vom Nov. 1936. Wollen Sie es mir nicht in Gemüse oder Früchten abzahlen?« Sie war nicht die einzige, die um Naturalersatz für Bares ersuchte: »Wäre es Ihnen möglich mir aus Ihrem Garten etwas Himbeeren zu besorgen? Ich würde ja gerne einmal etwas an mein Guthaben hochrechnen! Ihr Honig war ausgezeichnet.« Auch alte Mitstreiter meldeten sich bei Daetwyler, so der zur Linken gehörende Arzt Fritz Brupbacher, der Daetwyler noch aus den Zeiten der Zürcher November-Unruhen kannte und an der Kasernenstraße in Zürich seine Praxis betrieb: »Sehr geehrter Genosse! Dürfte ich Sie bitten, mir wieder Honig bringen zu wollen, ich habe schon keinen mehr.« Mit Honig wurde auch ein am 19. Oktober 1936 beim Pianohaus Jecklin am Zürcher Pfauen bestelltes Klavier – Marke Carl Scheel, Palisanderholz – abbezahlt. Das Klavier kostete 100 Franken, das Kilo Honig wurde mit Fr. 3.70 angerechnet.

Max und Clara zeigten sich stets interessiert daran, ihre landwirtschaftlichen Kenntnisse auf den neuesten Stand zu bringen. Nach einem Gespräch notierte Daetwyler am 12. März 1942: »Mit Gärtner geredet. Er meinte folgendes. Der Nilschlamm sei der Niederschlag von Lavagesteinsarten & diese seien als Dünger vorzüglich. Währenddem unsere Gesteinsarten von einer Beschaffenheit seien, die eine Düngung nicht herbeiführen. Ich verwende für meinen Garten die Abfälle der Landstraße & mache damit gute Erfolge, aber diese Abfälle sind vor allem hochhaltig mit Dünger v. Tieren vermischt, so daß ich zu keinem Urteil betreff Steindünger kommen kann.«

Daß Max seine Clara bis an ihr Lebensende und darüber hinaus innig lieb hatte, ist zweifelsfrei richtig. Auch Clara liebte ihren Max aufrichtig. Doch in Daetwylers Lebensentwurf hatte sie die eindeutig undankbarere und schwierigere Rolle: Während der Kriegsjahre standen die Chancen für Clara schlecht, ihren Mann von der Friedensarbeit abzuhalten: Es passierte einfach zuviel. Sie redete ihm aber immer wieder ins Gewissen, sich mehr um seine Familie zu kümmern, was häufig nicht die gewünschte Wirkung zeigte. An einem Sonntag im April 1944 spielte sich die bisher schwerste Krise in der Daetwylerschen Ehegemeinschaft ab, die nun schon 26 Jahre dauerte. Der Anlaß war, was nicht erstaunt, Max Daetwylers öffentliches Auftreten zur Verfechtung der Friedensidee, die Clara als nüchtern denkende Frau schon immer als eine Utopie betrachtet hatte. Einen Tag vor diesem schlimmen Streit stieg Daetwyler mit drei Freunden zur Forch bei Zürich empor, wo ein Denkmal für die Schweizer Wehrmänner steht. Daetwyler kam auf die Idee, vor diesem Denkmal ab sofort jeden Sonntagnachmittag eine Ansprache zu halten, »damit alle, die mich hören wollen, jeweils dort zusammenkommen könnten«. Er wollte damit gleich am nächsten Tag beginnen. Mit dem erbitterten Widerstand seiner Frau hatte er nicht gerechnet. Bereits am frühen Sonntagnachmittag fühlte er aber, daß es bald »einen bösen Streit absetzen« werde. Hin und her gerissen, ob er wie geplant auf die Forch gehen sollte, schrieb er in sein Tagebuch: »Das kommt davon, wenn man in der eigenen Familie nur Feinde der Friedensarbeit hat.«[16]

Mitten in diese angespannte Situation platzte ein Postangestellter mit seiner Familie, der die Daetwylers besuchen wollte. Er hatte den denkbar schlechtesten Moment gewählt; Daetwyler vertraute seinem Tagebuch an: »Dieser Mensch hat nie nur eine Hand gerührt, um [mich] bei meiner Arbeit zu unterstützen. Aber dann am Sonntag zu Hause, wo es niemand sieht, da wäre ich gerade gut genug, meine Zeit mit ihm totzuschlagen. Ich war so empört, daß ich mich entschloß, sofort aufzubrechen, um einen Anlaß zu haben, meine Unterhaltung mit den Leuten abzubrechen.«

Daetwyler stieg zur Forch hoch und hob zu seiner Rede an. Offenbar war er nicht recht bei der Sache, denn er begegnete nur einem mäßigen, distanzierten Interesse: »Ich konnte aber die Leute nicht so fesseln, daß sie zu einer Aussprache zusammenkamen, sondern von ferne hörten sie mir zu, um sich nichts zu vergeben. Wenn ich etwa im Anfang geglaubt hätte, nun das Interesse geweckt zu haben, so habe ich mich darin total getäuscht. Und der Versuch ist in dem Maße mißlungen, daß es nutzlos ist, ihn zu wiederholen. Es braucht zu viel Kraft, um die Leute zu begeistern. Es gelingt mir nicht mehr. Sollen es andere besser machen.«

Geknickt ging er nach Hause. Jetzt erst brach das wirkliche Verhängnis über ihn herein. Clara stellte sich als ebenbürtige Schwester von Xanthippe heraus, jener Gattin des Sokrates, die zu Unrecht zum Inbegriff des zänkischen Eheweibs geworden war: »Und nun kam bei meiner Heimkehr der Widerstand von meiner Frau, der jedes annehmbare Maß übersteigt. In maßlosem Zorn verlangt sie, daß ich entweder diese Reden auf der Forch einstelle, oder aber daß sie die Scheidung eingeben will. Nach bald 26jähriger Ehe ist es zu einem Bruch gekommen, der nicht mehr aufzuhalten ist. Ich kann mir keine Vorschriften darüber machen lassen, wann, wo & ob ich eine Rede halten will oder nicht. Bin ich einmal so weit, daß ich verspreche, nicht mehr öffentlich zu reden, wenn mich der Geist dazu treibt, dann ist es an der Zeit, daß ich meine Arbeit an den Nagel hänge. Dann ist es Betrug, wenn ich von den Menschen Geld einkassiere & sie auf dem Glauben lasse, als ob ich alles täte, was in meinen Kräften steht, um für den Frieden einzustehen.

Ich stehe vor der Entscheidung, meine Ehe aufzulösen, meine Familie zu verlassen. Und diese Entscheidung macht mir zu denken. Weil es die Menschen nicht wert sind. Ich habe diese Feigheit gesehen am Sonntag.[17] Und ich habe mich zu Hause einer Behandlung aussetzen müssen, die jeder Würde & Achtung vor meiner Person Hohn spricht.

Burghölzli Candidat ist noch das wenigste, was mir meine Frau an den Kopf wirft. Und dabei steht selbst meine FriedensArbeit so da, daß sie es nicht wert ist, nur erwähnt zu werden. Gehe ich von der Familie fort, so könne ich in die Arme der Regierung, weil es mir nicht möglich ist, auf geradem Wege mein Brot zu verdienen.[18] Bleibe ich weiter unter solchen Verhältnissen da, so ist es um meine SelbstAchtung geschehen.«

Max legte sich an diesem Nachmittag ins Bett; er glaubte, seelisch krank zu sein, und fand für dieses Eheproblem keine Lösung: »Die GartenArbeit, bis heute meine Freude, wird mir unter solchen Umständen zum Verdruß. Es geht also nicht mehr so weiter. Und nun wäre ich am Ende meines Lateins. Aber ich habe während der langen Zeit meiner Arbeit für Gott gelernt, noch für etwas anderes zu denken, als nur an meine Umgebung, als nur an meine Verhältnisse. Angenommen nun, daß alles außer Rand und Band geht um mich herum, so will ich nur um so mehr meine innere Ruhe, die ich verloren habe, wieder zurückgewinnen. Ich will nun erst recht auf Gott vertrauen. Das geistige Leben hoch halten. Ich will mit Fasten & mit Beten alle Hindernisse überwinden.

Möge mich meine eigene Familie verachten, mögen mich alle Leute gering achten & über mich spotten, so will ich meine Selbst-Achtung nicht verlieren & auf Gott bauen. Unfriede verzehrt. Statt einem segensvollen ArbeitsTage im Garten habe ich nichts getan. Ich bin am hellen, heiteren Tag im Bette gelegen. Und weil ich nichts arbeite, so will ich auch nichts essen.

So kann ich die Kraft sammeln, um auch dieser Schwierigkeiten Herr zu werden. Es geht nicht an, daß man tagelang mit seinen FamilienGliedern streitet. Wohlan, wir wollen im Frieden auseinandergehen, wenn es sein muß, noch heute.«

Fünf Tage nach diesem Lamento wurde Daetwyler in der Nähe von Basel beim Versuch, illegal über die Grenze nach Deutschland zu kommen, von einem Gefreiten des Grenzwachtkorps verhaftet.

8.
Sokrates und Sisyphos

Am 28. April 1944, einem strahlenden Frühlingstag, fuhr Max Daetwyler mit dem Zug von Zürich nach Basel, wo er angeblich die landwirtschaftliche Ausstellung Mustermesse besuchen wollte. Wie gewohnt auf Reisen trug er seinen breitkrempigen Hut und den schwarzen, ziemlich ausgebeulten Anzug, in dessen Brusttasche ein Füllfederhalter steckte. Auf der linken Schulter ruhte seine weiße Friedensfahne, die rechte Hand umfaßte den Traggriff der ledernen Aktenmappe. Den obligaten Schirm hatte er zuvor im Basler Bahnhofbuffet vergessen. Die Mustermesse war aber nicht das eigentliche Ziel: Daetwyler wollte bei Basel illegal die Grenze überschreiten, Hitler aufsuchen und den Diktator zu Friedensverhandlungen auffordern.

Zu diesem Zeitpunkt war der Untergang des Dritten Reichs nur noch eine Frage der Zeit; Hitler hatte noch ein Jahr und zwei Tage zu leben.[1] Mitte 1944 rückten die Alliierten unaufhaltsam in Italien vor. Am 6. Juni begann mit dem »D-Day« die Großinvasion in der Normandie. Im Osten zerschlug die Rote Armee die deutsche Heeresgruppe Mitte und erreichte darauf in wenigen Monaten die deutsche Ostgrenze. Am 20. Juli 1944 scheiterte ein Attentat auf Hitler, am 8. Mai 1945 schließlich kapitulierten die deutschen Streitkräfte bedingungslos.

Im April 1944 aber herrschte noch Krieg, und die Schweizer Soldaten bewachten nach wie vor die Grenzen. Ein Bundesratsbeschluß vom September 1942 hatte die teilweise Schließung der Grenze verfügt. Die unerlaubte Ein- oder Ausreise war demzufolge ein Vergehen; nur schon der Versuch, ohne die nötigen Papiere passieren zu wollen, war strafbar. Das wußte Daetwyler natürlich ganz genau, mehrfach hatte er ja versucht, beim deutschen Konsulat ein Einreisevisum zu bekommen, das ihm aber stets verweigert wurde. Nun war er entschlossen, das Gesetz zu brechen – nach seinem Verständnis war seine Friedensmission höher zu gewichten als das Strafgesetz. Inwiefern der Streit mit seiner Frau Clara sein tollkühnes Unterfangen beeinflußte, ist schwer abzuschätzen. Im Protokoll der Gerichtsverhandlung, die auf den Versuch des illegalen Grenzübertritts folgen sollte, hieß es an einer Stelle, daß die Auseinandersetzung mit der Ehefrau der »besondere Anstoß für seine Tat« gewesen sei. Auch stand die Drohung seiner Ehefrau, sie werde, »falls er nicht von seiner Friedenspropaganda ablasse, mit ihm brechen«, im Raum. »Der Angeklagte erblickte in diesem Ultimatum offenbar eine Gefahr für seine eigene Festigkeit und raffte sich nicht zuletzt deshalb zu seinem verfehlten Verhalten auf.«

Als Daetwyler im Begriff war, die Grenze zu überqueren, tat der Grenzwachtkorps-Gefreite Fritz Lyoth beim sogenannten Eisernen Steg in der Nähe der Stadt Basel Dienst. Von 15 bis 20 Uhr hatte er den Abschnitt Nummer 13 zu bewachen. Gegen 17 Uhr beobachtete er einen Mann in Begleitung eines jungen Burschen; die beiden schickten sich an, das Sperrgebiet am linken Ufer des Rheins zu betreten. Um 17.45 Uhr verhaftete Lyoth den Friedensapostel, der Begleiter konnte sich aus dem Staub machen.

Daetwyler hatte zuvor diesen offensichtlich ortskundigen Mann gebeten, ihm eine günstige Stelle für den Grenzübertritt zu zeigen; für diesen Dienst überließ er seinem Begleiter den größten Teil seiner Barschaft. Später sollte er auf dem Polizeiposten erklären, er habe das Geld weggegeben, weil er in Deutschland ja keine Schweizer Franken mehr benötigt hätte. Um 19.15 Uhr übergab Grenzwächter Lyoth den Ertappten der Polizei, die den Friedensmann umgehend ins Basler Gefängnis Lohnhof steckte. Dort blieb er einen knappen Monat – bis zum 23. Mai 1944 – eingesperrt.

In einer ersten Einvernahme durch die Polizei weigerte sich Daetwyler kategorisch, über seinen Begleiter Auskunft zu geben. Dann wurde der Häftling routinemäßig gefilzt. Neben der weißen Friedensfahne stellte man einen Reisepaß, eine Uhr mit Kette, einen

Füllfederhalter, eine Brieftasche mit diversen Briefen und Photos sowie ein Schreibheft sicher. Außerdem fanden die Polizisten zwei Postkarten, die bei einer Entdeckung auf deutschem Boden ohne weiteres zu Daetwylers Transport in ein Konzentrationslager hätten führen können. Eine Karte zeigte Hitler, der im Arbeitskittel neben einem Bierausschank eine Hauswand anmalt. Die zweite Karte bildete Mussolini beim Pflastern einer Backsteinmauer ab. Unter den Abbildungen standen jeweils die Worte: »Le monde vivrait encore en paix, si chacun faisait son métier.«[2]

Im Lohnhof wartete Daetwyler auf seine Gerichtsverhandlung, die der Militärjustiz der Schweizer Armee oblag. Im Gefängnis wurde anständig mit dem Friedensmann umgegangen, jedenfalls erwähnte er in einem Brief an seine Familie vom 4. Mai »die liebevolle Behandlung« der Basler Gefängniswärter. In diesem Brief rechtfertigte er auch seine Tat: »Ich denke in Liebe an Euch, an die brave und besorgte Mama, die mir so viel Gutes getan hat in meinem Leben, an meine lieben Kinder, die mir so viel Freude gemacht haben. Ich habe meiner inneren Stimme getreu die Gelegenheit der unmittelbaren Nähe der Grenze dazu benützen wollen, schwarz mit der weißen Friedensfahne nach Deutschland zu kommen. Ich wurde dabei von einem versteckten Grenzwächter überrascht und eingeliefert. Und trage mit großer Geduld und gerne die Folgen meines Handelns. Was wird man in Deutschland mit einem Friedensapostel machen, der als Friedensvermittler zur Regierung will? Die Lösung dieser Frage steht nun aus. Wird die Schweiz nicht endlich begreifen, daß man einen Mann Gottes endlich ernst nehmen muß? Daß man dazu helfen muß, daß er die ihm von Gott aufgegebene Mission erfüllen kann zum Segen Aller.«

Die nächsten Sätze waren Clara Daetwyler nur allzu vertraut, bei der Lektüre muß sie innerlich aufgestöhnt haben: »Ich gehöre zuerst Gott, dann der Menschheit, dann meinem Volke, dann meiner Familie. Dabei kommt niemand zu kurz.« Und ob: Clara mußte nun wieder für Wochen allein nach dem Rechten sehen. Der Daetwylersche Haushalt bestand mittlerweile zwar nur noch aus drei Personen – Tochter Klara hatte vor vier Jahren geheiratet –, aber Clara war wie stets in finanzieller Bedrängnis. Das wußte Daetwyler, er schlug seiner

Frau vor, bei Migros-Gründer Gottlieb Duttweiler oder »bei der Kantonalbank etc.« um ein Darlehen nachzusuchen, dies würde ihr gewiß nicht abgeschlagen. Er für seinen Teil hatte im Moment wichtigere Dinge zu tun, als sich um die Finanzen zu kümmern: »Ich will den Beweis antreten, daß die Allmacht Gottes heute Wunder wirkt wie vor 2 Tausend Jahren und früher.«

Fürs erste wirkte aber nun die Militärjustiz. Am 15. Mai, also gut zwei Wochen nach dem Versuch, über die Grenze zu kommen, wurde Daetwyler auf Veranlassung des Eidgenössischen Militärdepartements zum zweiten Mal verhört. Er führte aus, daß er nach Deutschland habe gehen wollen, um für seine Friedensidee zu wirken. Da er die nötigen Papiere nicht bekommen habe, habe er den Entschluß gefaßt, illegal nach Deutschland zu gelangen, ohne sich zu überlegen, daß es ungesetzlich sei, aber er sei bereit, die Konsequenzen zu tragen. Auf die Frage, was er nach der Haftentlassung zu unternehmen gedenke, antwortete er, sein Bestreben gehe dahin, für die Herbeiführung des Friedens zu arbeiten. Dann folgte eine für ihn nicht untypische Phantasterei: »Am besten wäre es schon, wenn ich im Einverständnis mit unserer Regierung und wenn möglich mit einer Empfehlung von ihr zu Hitler gehen könnte, denn ich würde eine solche Mission durchaus nicht als aussichtslos betrachten. Ich wäre auch bereit, mich für eine Einigung Hitlers mit den Alliierten einzusetzen.«

Die Alliierten hatten sich 1944 aber schon längst vom Gedanken an Friedensverhandlungen mit Hitler verabschiedet. Bereits 1943 hatten Roosevelt, Churchill und Stalin die Nachkriegsordnung Europas anläßlich der Konferenz von Teheran in groben Zügen festgelegt. Auch die Deutschen waren weit davon entfernt, Friedensfühler auszustrecken, die Propagandamaschine dröhnte pausenlos mit der »Endsieg«-Parole. Daß Daetwyler seiner Friedensmission eine Chance einräumte, war töricht.

Am 27. Mai 1944 – er war zu diesem Zeitpunkt seit vier Tagen wieder auf freiem Fuß – erstellte der Auditor des militärischen Territorialgerichts 2b die Anklageschrift gegen ihn. Daetwyler wurde darin vorgeworfen, »Anstalten zum illegalen Grenzübertritt« getroffen zu haben. Etwa einen Monat später, am 20. Juni 1944, stand der Friedenspilger in Olten schließlich vor Militärgericht. Großrichter war ein Berner Oberstleutnant, dem sechs Ersatzrichter, ein Auditor und der amtliche Verteidiger beigesellt waren. Letzterer hatte allerdings nichts zu tun, weil Daetwyler darauf bestand, sich selbst zu verteidigen.

Bei der Urteilsfindung stützte sich das Gericht unter anderem auf das Münsterlingen-Gutachten von 1914, das Daetwyler wie ein böser Spuk nun schon seit drei Jahrzehnten verfolgte. Der Direktor der Anstalt kramte den ärztlichen Befund aus dem Aktenschrank und berief sich in seiner Antwort an das Territorialgericht auf seinen Amtsvorgänger Wille, der bei Daetwyler 1914 eine Geistesgestörtheit festgestellt hatte. Der 1944 amtierende Anstaltsleiter hatte ihn nie untersucht, traute sich aber trotzdem ein Urteil zu: »Wenn ich mich recht erinnere, ist mir Dätwyler [sic] selber in Zürich gelegentlich begegnet, und auf einem Durchmarsch hat er im Februar 1941 der Anstalt[3] einen Besuch abgestattet. Aus den Aufzeichnungen meines Assistenten und wie mir sonst die Figur Dätwyler bekannt ist, zweifle ich nicht daran, daß er als geisteskrank zu gelten hat. Es ist eine etwas weltanschauliche Geschmackssache, ob man solche Leute wie Dätwyler frei herumlaufen lassen soll.«

Bei der Festsetzung des Strafmaßes kümmerte sich das Militärgericht nicht weiter um die »weltanschauliche Geschmackssache«, auch ließ es das Münsterlingen-Gutachen beiseite. Allerdings attestierte es Daetwyler eine verminderte Zurechnungsfähigkeit: »Zunächst ist zu beachten, daß der Angeklagte erst nach verschiedenen mißglückten Versuchen, die Erlaubnis zur legalen Ausreise zu erhalten, sich zum Handeln entschloß. […] Die Ausführung eines früheren Planes zur illegalen Ausreise hatte er aus freien Stücken unterlassen, empfand dies aber, wie er sich ausdrückt, als Feigheit und Verrat an der hohen Sache, der er zu dienen überzeugt ist. Der Angeklagte ließ sich somit erst nach einem gewissen inneren Kampf zu der Gesetzesübertretung hinreißen, was zweifellos für ihn spricht. Er ist sich durchaus bewußt, daß seine Überzeugung keinen Freibrief für hemmungsloses Delinquieren darstellt. Anderseits hat sich aber gezeigt, daß in allen Belangen, welche die Erfüllung seiner vermeintlichen Sendung betreffen, sein Urteil über die konkreten Gegebenheiten getrübt ist. Er muß daher in dieser Einsicht als vermindert zurechnungsfähig betrachtet werden, wenn auch seine Einsicht und seine Fähigkeit zur Selbstbestimmung, wie bereits angedeutet, keineswegs derart alteriert sind, daß die Verantwortlichkeit entfiele. Unter Würdigung aller Umstände, namentlich auch der Tatsache, daß es sich beim Angeklagten um einen gut beleumundeten Mann handelt, scheint die beantragte Strafe […] angemessen.«

Der Angeklagte wurde für schuldig befunden und zu vier Monaten Gefängnis abzüglich 26 Tage Untersuchungshaft verurteilt. Der Rest der Strafe von 94 Tagen wurde ihm bei einer Probezeit von drei Jahren bedingt erlassen. Die Kosten des Verfahrens in Höhe von Franken 71.70 wurden dem Verurteilten auferlegt.

Die Verhandlung entbehrte nicht einer gewissen Komik. Das geht aus einem Leserbrief hervor, den Walther Bohny 1967 an die Zeitschrift »Die Woche« schickte.[4] Bohny hatte bei dem Verfahren als Ersatzrichter geamtet und bekleidete damals in der Armee den Rang eines Oberstleutnant. Laut Bohny sprach der Großrichter, »ein gemütlicher Berner«, Daetwyler darauf an, ob er denn gar nicht an seine Familie gedacht habe, der doch seine erste Sorge gelten sollte? Daetwyler antwortete, er habe vor seinem versuchten Grenzübertritt gefastet wie der Erlöser. Dann habe ihn eine innere Stimme aufgefordert, den Gang zu Hitler zu wagen, die Familie habe seinen Entschluß durchaus gebilligt. Die Richter wußten aber, daß Clara ihrem Mann mit der Scheidung gedroht hatte und alles andere als einverstanden war mit der Friedensmission ihres Mannes. Etwas kleinlaut gab dieser zu, daß es »leichter sei, Herr Daetwyler als Frau Daetwyler« zu sein.

Nach Abschluß der Verhandlung erlaubte der Großrichter dem Angeklagten, einige abschließende Worte zu sagen. Der Friedensmissionar: »Ich weiß wohl, daß ich vermutlich schon lange nicht mehr am Leben wäre, wenn Sie nicht Ihre Pflicht als Soldaten, Unteroffiziere und Offiziere erfüllen würden. Sie müssen aber auch Verständnis für meine Gedanken aufbringen, die eine bessere Welt zum Ziele haben, in der die Menschen als Brüder und Schwestern zusammenleben und kein Krieg mehr möglich ist. Und nun wollen wir beten.« Die Richter zuckten zusammen, ließen aber Daetwyler das Vaterunser sprechen.

Im Gerichtsgremium war Leserbriefschreiber Bohny der rangälteste Offizier, bei der Frage des Strafmaßes stand ihm darum das erste Votum zu. Sinngemäß sagte Bohny: Wenn der selige Aristophanes[5] noch leben würde, hätte er jetzt wieder einen herrlichen Komödienstoff. Der Angeklagte ist doch ein moderner Sokrates, der mit einer weißen Fahne auf den Markt zieht, zum Volke spricht, seine Ideen verteidigt und Widerspruch herausfordert, während zu Hause die Xanthippe weilt, die mit beiden Füßen auf dem Boden der Wirklichkeit steht und ihrem Gatten sagt, er solle seinen Blödsinn bleiben lassen und sich seinem Gemüsegarten widmen. Bohny beantragte, beim Strafmaß unter dasjenige des Auditors zu gehen und eine Gefängnisstrafe von einigen Tagen zu verhängen.

Der Auditor hatte nach Abschluß des Beweisverfahrens gefordert, Daetwylers weiße Fahne zu konfiszieren, was eine einstündige Diskussion nach sich zog. Der Großrichter bemerkte händeringend, der Verurteilte werde vom Gerichtssaal aus einen Demonstrationszug mit der weißen Fahne organisieren, was man unbedingt vermeiden müsse. Doch die Fahne war schließlich dessen Eigentum, man konnte sie ihm nicht einfach wegnehmen. Nur Gegenstände, die zu einer strafbaren Handlung gedient hatten und die Sicherheit von Menschen gefährdeten, durften beschlagnahmt werden. Eine weiße Fahne, gab einer der Richter zu bedenken, sei vielleicht im Dritten Reich ein gefährliches Instrument, nicht aber in der Schweiz. Das Gericht kam schließlich zu einer salomonischen Lösung: Daetwyler sollte seine Fahne mit der Post an seinen Wohnsitz zurückgeschickt werden.

Es war dann aber nicht die Post, sondern ein Kurier des Territorialgerichts 2b, der Daetwyler seine Fahne Ende Juli nach Zumikon brachte. Den Regenschirm, den Daetwyler im Basler Bahnhofbuffet hatte stehenlassen, gelangte schon am 7. Juni wieder in seinen Besitz, nachdem er an das Basler Fundbüro geschrieben hatte: »Mein Schirm ist leicht erkenntlich. Er hat unten herum den Stoff zusammengenäht und einen großen dunklen Horngriff. Ist nicht viel wert. Doch bin ich Ihnen für dessen Zustellung dankbar. Ich gab ihn am Bahnhofbuffet ab, weil ich mit meiner weißen Friedensfahne bei schönstem Wetter die Mustermesse besuchte. Dann 25 Tage im Lohnhof eingesperrt war, weil ich illegal über die Grenze wollte. Ich danke für Ihre Bemühungen. Gott grüße Sie, Max Daetwyler.«

Nach seiner Eskapade an der Basler Grenze erhielt der Friedensmann zwar seine Seidenfahne und seinen Schirm zurück; leider bekam er auch gehörigen Ärger. Zuerst mit seinem Schwager Dr. phil. Oskar Wohnlich[6], der mit seiner Schwester Fanny verheiratet und Rektor der Kantonsschule Trogen war; dann meldete sich der Gemeinderat von Zumikon schriftlich – kein Gratulationsschreiben zur mutigen Tat von Basel.

Wohnlich war über den unbotmäßigen Schwager empört. Anlaß war eine Postkarte, mit der Daetwyler seiner Schwester zum Geburtstag gratulierte; Fanny feierte ihr Wiegenfest just an dem Tag, an dem er aus der Haft entlassen wurde. Daetwyler fand das eine berichtenswerte, lustige Koinzidenz; Wohnlich nicht. Am 31. Mai schrieb er an Schwager Max: »Mein Lieber! Ich habe heute Deine offene Postkarte an lb. Fanny in Besitz genommen, worin Du mitteilst, daß Du gerade an ihrem Geburtstag nach 25-tägiger Haft entlassen worden seiest.

Ich muß Dir in aller Bestimmtheit mitteilen, daß ich kein Interesse daran habe, auf offener Postkarte den neugierigen Briefträgern und Pensionären, die vorher alles zu lesen pflegen, was per Post kommt und auf dem Tisch liegt, bevor es ausgeteilt wird, zur Kenntnis zu geben, daß Du es für angezeigt hältst, die kostbarste Zeit der Anbauschlacht[7] im Gefängnis zuzubringen, während andere senkrechte Schweizer im Schweiße ihres Angesichts ihre vaterländischen Pflichten erfüllen und auf dem Feld und im Garten arbeiten, was sie nur immer aushalten können. [...] Ich weiß nur zu gut, daß Du in Deinem Größenwahn Dich nicht davon überzeugen läßt, daß Du trotz guter Absichten auf ganz unpraktischen und gefährlichen Wegen gehst. [...] Darfst Du mit gutem Gewissen an Deinen Vater, an Deine Mutter denken, die in allem das Gegenteil getan haben von dem, was Du jetzt treibst in der Vernachlässigung Deiner prächtigen Familie, deren Du gar nicht würdig bist. [...] Während lb. Fanny für ihre große Familie sorgt und sich überanstrengt, hockt ihr tapferer Bruder im kühlen Gefängnis und überläßt fast vier Wochen lang die schwere Arbeit seiner kleinen Familie. [...] Ich möchte Dir nur ein letztes Mal sagen, daß auch Du keinen vernünftigen Menschen überzeugst […] und daß ich Dich bitten muß, uns mit Deinen Mitteilungen über Deine gesetzwidrigen Handlungen in Zukunft zu verschonen. Mit freundlichen Grüßen auch an Deine Familie: Oskar.«

Zwei Wochen nach dieser Standpauke des Schwagers flatterte ein Brief des Gemeinderatspräsidenten von Zumikon in den Briefkasten der Daetwylers. Als dem Friedensstreiter in den 1930er Jahren die Bevormundung durch die kantonalen Justizbehörden drohte, hatte sich der Gemeinderat einstimmig hinter ihren Mitbürger gestellt und dadurch mitgeholfen, die Vormundschaftsmaßnahme abzuwenden. Doch jetzt, im fünften Kriegsjahr, hatte Zumikon von Daetwyler langsam, aber sicher die Nase voll. Nach seiner Entlassung aus dem Lohnhof hielt es das Territorialgericht für angezeigt, daß ein Zumiker Gemeindevertreter Daetwyler in Basel abholen und nach Hause begleiten sollte, was auch geschah. In seinem Brief vom 12. Juni 1944 warnte der Gemeindepräsident Daetwyler in unzweideutigem Ton vor weiteren Aktionen: »Sie werden hiemit […] strikte verwarnt und aufgefordert, künftig von ähnlichen Umtrieben und Vernachlässigungen Ihrer Familie abzusehen. Dabei machen wir Sie in allem Ernste darauf aufmerksam, daß im Wiederholungsfalle die Behörde sofort Maßnahmen für eine Anstaltsversorgung treffen müßte.«

Clara Daetwyler war im Frühsommer 1944, als dieses Schreiben eintraf, zuerst einmal froh, daß ihr Mann mit vier Monaten bedingt und Übernahme der Gerichtskosten so glimpflich davongekommen war; sie hatte ihren Max nach seiner Entlassung zu Hause gnädig aufgenommen. Daetwyler ließ an Pfingsten den Zumiker Gemeindepräsident per Brief jedenfalls wissen, daß seine familiären Verhältnisse gut seien; er denke aber nicht daran, seine Prinzipien zu verleugnen. Dabei bezog er sich auf eine Sonntagspredigt des Pfarrers von Zumikon; dieser habe unter anderem ausgeführt, daß nicht die Gewalt, sondern der Geist Gottes die Welt regieren soll: »Wie so anders aber sieht die Sache aus, wenn ein Mensch den Versuch wagt, diese Theorie in die Tat umzusetzen. Das erleben Sie an mir. Ich verkünde die einfachste Sache der Welt. Stelle mich als Mensch in den Dienst der Sache Gottes, tue das, was alle tun sollten, & stehe dann allein auf weiter Flur. […] Ich bin jederzeit bereit, mich zu verteidigen. Ich werde nichts unternehmen, was ich nicht vor Gott & meinem Gewissen verantworten kann.«

Die vierwöchige Haft im Basler Lohnhof-Gefängnis hatte ihn keineswegs zur Räson gebracht. Ganz im Gegenteil: In seiner Zelle schrieb er Briefe an Bundesrat von Steiger, den er aus seiner Zeit als Gerant im Berner Ratskeller persönlich kannte, an den Basler Regierungsrat Brechbühl, an Gottlieb Duttweiler und an die englischen und amerikanischen Gesandtschaften in der Schweiz. Im Grundton waren sich die Depeschen ähnlich: Daetwyler verlangte von den Engländern und Amerikanern, nicht auf der totalen Kapitulation Deutschlands zu bestehen, sondern die Hand zur Versöhnung auszustrecken. Den Bundesrat forderte er auf – was er am 21. Juni 1944 in einem Schreiben wiederholte –, »den Krieg führenden Staaten öffentlich die guten Dienste des Bundesrates anzubieten zwecks Einleitung von Friedensverhandlungen und Proklamation eines Waffenstillstandes«. An von Steiger schrieb Daetwyler am 4. Mai 1944 »als ein Vertreter des göttlichen Friedensreiches«; er berichtete, wie er von einem »braven Grenzwächter« an der Grenze bei Basel festgenommen wurde, und fuhr dann fort: »Der Versuch, als Schweizer zu Hitler zu kommen, wird trotzdem gelingen [...]. Jdeen können nur durch Jdeen besiegt werden. Der Geist ist mächtiger als das Schwert. Es kann von großer Wichtigkeit sein, ob diese Friedensmission gelingt, denn es ist ein erster Schritt zum Ziele des Aufbaus eines neuen Europas nach dem Vorbilde der Schweiz, zur Herbeiführung eines Verständigungsfriedens. [...] Herr Bundesrat! Sie kennen mich persönlich, Sie kennen meinen Bruder Alfred Daetwyler-Spoerry. Ist es Ihnen nicht möglich, meinen Plan zu fördern, indem man mich gewähren, probieren läßt?« Wie zu erwarten, war dies von Steiger nicht möglich.

Das Desinteresse des Bundesrates beeindruckte Daetwyler nicht: Einer seiner erstaunlichen und bewundernswerten Charakterzüge war sein unbedingter Durchhaltewille. Der Erste Weltkrieg hatte 15 Millionen Menschen das Leben gekostet; bis zum Ende des Zweiten Weltkriegs waren 23 Millionen Zivilisten und 20 Millionen Soldaten umgekommen. Die Nazis hatten sechs Millionen Juden und eine Million Regimegegner, Andersdenkende, Sinti, Roma und Homosexuelle umgebracht – 50 Millionen Tote. Diese beiden Weltkatastrophen bestärkten Daetwyler in seinem eisernen Friedenswillen und der Notwendigkeit seiner Mission. Aus den Schriften, die er während des Zweiten Weltkriegs verfaßte, spricht in aller Deutlichkeit seine lautere Gesinnung und der Reichtum seiner geistigen Welt. Es wird bei der Lektüre klar, daß Daetwyler wußte, oder es zumindest ahnte, daß sein Wirken gegen den Krieg keine greifbaren Resultate brachte und ihn in den Augen seiner Zeitgenossen der Lächerlichkeit preisgab. Immer stärker begann er nun der Gestalt des Sisyphos aus der griechischen Sagenwelt zu ähneln.[8] Ungeachtet all dessen hielt er durch, es war für ihn eine Menschenpflicht, und nicht zuletzt eine ihm von Gott auferlegte Aufgabe.

So schrieb er zum Beispiel im dritten Kriegsjahr: »Ich will heute wie im Sommer 1914 meine ganze Person einsetzen, aber nicht um einen äußeren Erfolg herbeizuführen, sondern um meine Pflicht als Mensch zu tun, ob es dabei zum äußeren Erfolg komme oder nicht. Der Wille Gottes in mir soll herrschen, & er soll in der Welt verherrlicht werden durch die Menschen, & dazu will ich beitragen, was ein Mensch machen kann. Die Welt ist angesammelt mit Waffen & Zerstörungswerkzeugen, ich aber will, daß meine Liebe die Liebe der anderen Menschen entzünden kann. So wird dann ein Gegengift geschaffen für das Gift der Gewalt, des Tötens. […] An die Arbeit!«

Und es gab Trost, am 25. Januar 1940 notierte er: »Die Natur. Und was sie hervorbringt. Der Mensch muß mit Blindheit geschlagen sein, der ihre Wunder nicht mit erstaunten Augen bewundert. Eine einzige Blume, ein Blatt, ein Baum, eine Frucht, welch großartiges Kunstwerk. Und die Kraft, die das alles macht, die den Himmel und die Erde geschaffen hat. Bald kommt der Frühling, & dann sprießt alles wieder hervor aus tausend Knospen und Zweigen. […] Die Natur will, daß es allen ihren Kindern gutgeht. Wenn ihre Kinder ihr nur folgen wollten. Statt dessen streiten sie gegeneinander & führen Krieg. Die Söhne der Natur sind untreu geworden gegen ihre Mutter. Sie folgen ganz naturwidrigen Gesetzen und Gesetzgebern aus den Kreisen von ihresgleichen, von Menschen, die sich über [der Natur] Walten, über ihr Wirken, über ihre Kraft hinwegsetzen.

Wie sollte es anders kommen, als daß sie dabei zugrunde gehen. Die Erde ruft, bebaue mich. Sie bringt alles hervor, was der Mensch zu seinem Lebensunterhalt braucht, aber der Mensch achtet das wie nichts. Er sammelt sich an millionenweise in den Städten, & in Fabriken fabriziert er Mordwerkzeuge gegen seine eigenen Brüder, in Wirklichkeit gegen sich selbst. Und dann wundert er sich, wenn es ihm nicht gutgeht. Da gehen sie elend zugrunde, diese Soldaten, & auf Frauen und Kinder werfen sie Bomben, & ihre Heimwesen zünden sie an. Und da, wo der Mensch aufgewachsen ist, da darf er nicht bleiben. Da wird er von Barbaren vertrieben. Die sich das Recht anmaßen, an Stelle der Natur über die Entwicklung der Völker Gesetze aufzustellen.

Und wenn es Söhne der Natur gibt, Söhne Gottes, die ihre Gesetze kennen & in tiefer Andacht & voll von Verehrung ihre Gesetze befolgen & die Menschen also lehren, dann hört man nicht auf sie, ja man lacht sie aus. Man nennt sie Narren.

Aber diese Narren sind unabhängig von den Mitmenschen. Sie leben nach den Gesetzen der Natur, nach den lebendigen Gesetzen Gottes so einfach, so bescheiden, so herrlich & so groß, daß sie nur wenig zum Leben brauchen. Dabei aber bleiben sie gesund & munter & sind guter Dinge. Die Arbeit geht ihnen wie ein Spiel, denn sie machen sie in Ruhe und Frieden, zu ihrer Freude & zur Ehre der Natur, zur Ehre Gottes. […] Wo gibt es ein herrlicheres Denkmal als eine Offenbarung der Natur in einem Baum, in einem Wald, in einem Berg, See, Meer, Sonne, Mond, in den Sternen.

Vor Staunen wird der Mensch kaum fertig, fortwährend alle diese Wunder zu begreifen. […] Was sagen die äußeren Verhältnisse, ob arm, ob reich, ob angesehen, ob verachtet, ob gehaßt, ob geliebt, ob klein, ob groß, wenn ich nur dich habe, einzige Natur, einziger Gott. Welch ein Trost, welch ein Vergnügen, welche Hoffnung und welche Freude, Zuversicht.

Am Morgen geht die Sonne auf, am Abend geht sie unter. Am Morgen kann ich an mein Tagwerk gehen, ein Werk verrichten. […] Und dabei meine Kräfte fühlen, meinen Verstand, meine Vernunft, meine Arme, meine Beine. So kann ich alles überdenken, alles fassen, alles lieben, alles mit umfangen. Am Morgen leuchtet mir die Sonne zum Anfang eines neuen Tages. Und am Abend legt mich die Sonne wieder auf mein Lager, meine Glieder sind müde. Und ein erquickender Schlaf umfängt mich. Herrliche Traumgebilde umfangen meine Sinne & meine Phantasie spielt wie in den Märchen von Tausend & eine Nacht. Wo andere Menschen haschen nach äußerem Vergnügen, da tut sich in meinem Inneren ein Quell auf der herrlichsten Lebensfreude. So groß und herrlich ist das alles.«

Daetwyler war zutiefst überzeugt, daß zur Beendigung des Kriegs die Menschen zur inneren Einkehr finden mußten, auch in der vom Krieg verschonten Schweiz. Der einzelne wie der Staat mußten zu Opfern bereit sein: »Opfer bringen muß der VolksKörper, der Staat, um den Friedenszustand zu schaffen. Und wie das Böse, der Egoismus des Einzelnen, viel mehr durchdringt als das Gute, ebenso will sich der Staat nur ungern den großen Forderungen des Friedenszustandes zuneigen & etwas von seiner Hoheit opfern, etwas von seinem Egoismus abgeben zum Wohl des Ganzen. Viel leichter haben es die Mächte, die dem Egoismus huldigen, da sind die Leute viel mehr begeistert, als wenn man ihnen etwas vom Verzichten, vom Opfer für andere redet. Und so bleibt wie alles andere der Wunsch nach Frieden so lange nur ein Wunsch, als nicht kämpferische Kräfte in seinen Dienst treten, um die notwendigen Forderungen durchzusetzen. […] Es braucht vor allem Einzelmenschen, es braucht eine Zusammenfassung dieser einzelnen in Institutionen, in Körperschaften, & es braucht Mittel & eine reine Erkenntnis der Notwendigkeit des Friedens.«

Immer wieder betonte er die Verantwortung des einzelnen, für die Ächtung des Kriegs einzutreten: »Mit den Millionen passiven Zuschauern des Weltkrieges nahm eben das Verhängnis seinen […] Fortgang.« An anderer Stelle führte er aus: »Angenommen, ein einzelner Mensch in seiner ganzen Schwäche kommt zur Besinnung seines Lebens. Setzt sich in Verbindung mit Gott. Nimmt sich vor, lieber selbst zu sterben, als die Gebote Gottes zu verletzen, so wird dieser Mensch, ob er es zugibt oder nicht, zu einem Anstoß zur Abschaffung des Krieges. […] Wenn nun ein Mensch für den Frieden auftritt, wenn er erklärt, ich will den Krieg abschaffen, ja ich will gegen den bestehenden Krieg ankämpfen, damit er zum Ende kommt, wieso soll darin etwas Lächerliches sein? Wenn wir wissen, daß der Krieg jeden Tag Tausenden von Menschen tiefstes Herzeleid, namenloses Unglück bringt, warum soll man uns denn auslachen können, wenn wir erklären, wir fordern Schluß mit dem Krieg. Die Lächerlichkeit liegt doch viel mehr bei denen, die Krieg führen, die Menschen töten & verstümmeln & Städte und Dörfer bombardieren & ihre Arbeit diesem Zwecke zur Verfügung stellen, statt bei den Friedensfreunden [zu stehen], die den Frieden wollen und zwar jetzt, heute, sofort. [...] Wenn ein einzelner Mensch sich die Aufgabe stellt, für den Frieden zu wirken [...] so wirkt das gerne lächerlich, weil die Aufgabe als zu groß für einen einzelnen Menschen erscheint, & so wirkt das Mißverhältnis zwischen der Kraft des Einzelnen & der gestellten Aufgabe gleichsam lächerlich.«

Aus dieser Erkenntnis heraus versuchte Daetwyler unablässig, die politischen Institutionen für seine Friedensmission einzuspannen; er bemühte sich um die Unterstützung der Schweizer Regierung, im Laufe seines Lebens schrieb er Hunderte von Briefen und Telegrammen an die Politiker und sprach auch persönlich in den Gemeinderäten, den Kantonsparlamenten und im Bundeshaus vor. In seinen Augen besaß die Schweiz für die ganze Welt eine Vorbildfunktion. Er stand voll und ganz hinter der schweizerischen Neutralitätspolitik, konnte und wollte aber nicht einsehen, warum die Friedensinsel Eidgenossenschaft nicht die Rolle der Friedensvermittlerin wahrnahm: »Wir bilden uns viel ein auf unsere Neutralität. Das heißt auf unser Abseitsstehen vom Krieg der anderen Staaten. Und wahrlich, wenn man den Krieg nimmt, für das, was er ist, nämlich das größte Unglück, dann darf man nur dankbar sein dafür, daß die Schweiz am Krieg keinen Anteil nimmt & wir Schweizer unsere Neutralität bewahrt haben.

Wie aber Krieg einen Gegensatz aufweist, den Frieden, so darf man, wenn man den Krieg verabscheut, dem Frieden nicht neutral gegenüberstehen. Sondern in dem Maße, als man den Krieg ablehnt, in dem Maße muß man den Frieden annehmen, für ihn eintreten, um damit auch für die anderen den Krieg aus der Welt zu schaffen. Tun wir das als Schweizer? Erfüllen wir unsere Pflicht dem Frieden gegenüber? Erfüllen wir unsere Pflicht den anderen Völkern & Gott gegenüber? Es darf zum voraus gesagt werden, daß es keine schwerere Aufgabe im Menschen – und im Völkerleben gibt, als für den Frieden einzutreten. Denn währenddem der Krieg eine äußere Sicht aufweist, eine sichtbare Repräsentation, wir denken ans Militär, so fehlt das dem Frieden. Jeder Franken, jede Anstrengung für den Krieg wirkt sich in einer Form aus, die den Völkern & ihrem Eigenleben, ihrem Egoismus schmeichelt. Währenddem das Gerede vom Frieden immer nur [wie] ein leerer Schall erscheint, ein unsichtbares Phantom. Und die ihn verkünden & verwirklichen, gerne als Schwärmer und Phantasten angesehen werden.«

Der Theorie ließ er die Praxis folgen: Am 1. April 1943 gründete er den »Permanenten Neutralen Weltfriedenskongreß« [P.N.W.F.C.]. Dieser sollte möglichst viele Friedensfreunde versammeln, die wiederum die Schweizer Regierung zu einer »absoluten Friedenspolitik als leuchtendes Beispiel« verpflichten wollten. Das Ziel des P.N.W.F.C. war die »Beschleunigung der Beendigung des Krieges«; außerdem stand in den Statuten, den Aufbau der »Vereinigten Staaten von Europa« zu fördern. Zur Gründungsversammlung im Zürcher Limmathaus erschienen 25 Personen.

Im Frühling 1943 unterzog sich Daetwyler aus Protest gegen den Krieg wieder einem dreiwöchigen Hungerstreik; ein halbes Jahr danach schrieb er in sein Notizbuch: »Nach 21 Tagen totalem Fasten stellte sich bei jeder Nahrungsaufnahme ein Genuß an der Nahrung ein, den zu beschreiben die Worte fehlen. Einfach wunderbar. Einfach herrlich. Dabei gibt es nichts Einfacheres als fasten. Eine totale Enthaltsamkeit ist nämlich viel leichter als Mäßigkeit. Bereits am Morgen stellte ich meine Gedanken entsprechend ein. Es gibt heute nichts zu essen, das war mein Gedanke schon am Morgen. Ich bekräftigte diesen Gedanken mit einem innigen Gebet zu Gott, dem Herrn, daß er mir helfe, meinen Vorsatz durchzuführen. Es waren allerdings schwierige Tage, & sie wurden immer beschwerlicher, je längere Zeit das Fasten andauerte.

Durch dieses äußere Opfer wollte ich bei meinen Mitmenschen das Mitgefühl erwecken, selbst auch Opfer zu bringen. Ich wollte durch diesen Einsatz meiner ganzen Person eine geistige Welle in Bewegung setzen, um mein Ziel zu erreichen. Das Ziel aber bestand darin […] den Weltfrieden herbeizuführen. […] Das Ziel wurde von mir nicht erreicht. Es gelang mir mit dem großen Opfer nicht, die Herzen der maßgebenden Stellen umzuformen.«

Kurz vor Ostern beendete Daetwyler den Hungerstreik. Noch kaum wieder bei Kräften, leitete er am Gründungstag des P.N.W.F.C. die Wahl eines Vorstands und nahm »die Aktion für den Frieden an die Hand«. Mit einem Friedensmarsch – sein probates Mittel im Rahmen der Öffentlichkeitsarbeit – plante Daetwyler, dem Weltfriedenskongreß Publizität zu verschaffen. Ziel der Wanderung war das Grab des Schweizer Pädagogen und Philosophen Johann Heinrich Pestalozzi – eines seiner Vorbilder – in Birr im Kanton Aargau. Am Ostersonntag wollte er an Pestalozzis Grab eine Resolution an die kriegführenden Länder verlesen und eine Delegation zum Bundesrat in Bern entsenden. Eine Versammlung im Kongreßhaus in Zürich und ein Inserat im »Tagblatt« wiesen auf sein neuestes Vorhaben hin; im redaktionellen Teil der Zürcher Zeitungen erschien kein einziges Wort über die geplante Aktion oder den Friedenskongreß.

Der Friedensmarsch nach Birr fiel buchstäblich ins Wasser. Die Behörden hatten Daetwyler die Bewilligung zum Abmarsch aus der Stadtmitte verweigert. Als er mit seiner weißen Fahne am Stadtrand auftauchte, war kein einziger Friedensfreund zu finden, nur ein Journalist vom »Volksrecht« ließ sich blicken. Der schrieb später, daß er den Friedensapostel »mutterseelenallein« angetroffen und es in Strömen geregnet habe. Daetwyler, von seinem Hungerstreik noch sehr geschwächt, litt unter Bauchschmerzen: »Übermäßiger Hunger & seine Stillung verursachten ernsthafte Magenstörungen.«

Am ersten Tag lief Daetwyler bis nach Baden und hielt dort einige kurze Ansprachen. Als er am Tag darauf in Birr ankam, war es bereits dunkel. Am Ostersonntag – es herrschte schönes Frühlingswetter – erhielt er bescheidene Unterstützung, ein Freund war mit dem Fahrrad aus Zürich nach Birr gekommen. Daetwyler und der Radfahrer gingen zum Grab von Pestalozzi; es wurde keine Resolution verlesen und mangels Menschen konnte auch keine Delegation nach Bern geschickt werden. Dafür trafen zwei Aargauer Polizisten ein, die den Friedensmann davon in Kenntnis setzten, daß seine Demonstration an Pestalozzis Grab nicht bewilligt sei. In Begleitung eines Detektivs wurde Daetwyler mit dem Zug nach Zürich spediert.

Er ging ins Bahnhofsbuffet, um zu beten und um über den weiteren Fortgang der Aktion »zu meditieren«. Erneut stellten sich starke Schmerzen im Unterleib ein, »eine Folge des unmäßigen Essens nach dem langen Fasten«. Später beschrieb er, wie er sich im Zürcher Bahnhofsbuffet nach seinem kläglich gescheiterten Friedensmarsch nach Birr gefühlt hatte: »Verlassen von Volk, von Behörden, unverstanden von allen Menschen. Sie alle schimpfen und lamentieren über den Unsinn & über das Grauen des Kriegsgeschehens. Nun kommt ein Mensch, seit 30 Jahren bekannt als Verfechter der reinen FriedensJdee, der GottesLiebe, der MenschenLiebe. Er ruft auf zur befreienden Tat für den Frieden. Aber merkwürdig: Sein Ruf weckt kein Echo! Nicht ein einziges Echo, nicht in einem einzigen Menschen.« Daetwyler vergaß offenbar den treuen Radfahrer, der ihm nach Birr gefolgt war. »Ach«, notierte er, »zum wievielten Male nahm ich vollkommen ergeben in das Walten Gottes Abschied von meiner LieblingsJdee, den Menschen den Frieden zu verkünden & Liebe auszusäen.«

Was Daetwyler dagegen gesät hatte, war ein neuerliches Zerwürfnis mit seiner Frau. Statt im Frühling in seinem Garten das Gemüse zu pflanzen, hatte er den Weltfriedenskongreß gegründet, war in einen Hungerstreik getreten und nach Birr zum Pestalozzigrab geeilt. Clara hatte ihn darauf aus dem Haus gewiesen, Daetwyler zog wieder einmal in die Herberge Neptun im Zürcher Seefeld. Dort erreichte ihn ein Brief von Clara, datiert am 7. April 1943: »Lieber Max! Ich lasse die Post nach Zürich adressieren. Ich bitte Dich, mich mit Deinen Drucksachen zu verschonen, ich erwarte soviel Rücksicht von Dir. Die Visitenkarte mit der Adresse von Zumikon« – er hatte neue Pamphlete und Visitenkarten drucken und nach Zumikon schicken lassen – »hat nur Gültigkeit, wenn das Kostgeld pünktlich bezahlt wird, sonst hast Du hier nichts mehr zu suchen, ich will nichts zu tun haben mit einem pflichtvergessenen Mann und Vater. Du hast Lauchenauer gewählt« – von Lauchenauer wird weiter unten noch die Rede sein –,

»das genügt mir. Deine Sprüche und Ratschläge kannst Du an andere vergeuden, jemand der mich vorsätzlich angelogen hat, glaube ich nichts mehr.«[9]

Clara schrieb weiter: »Also wenn Du fort bist 150.– Franken ohne Wäsche, im April erhielt ich Fr. 80.– Dafür geht eine Restanz für März von 27.– Franken ab un[d] Franken 5 für Pachtland von 1942. Somit gehen von den 80 bezahlten Franken 32.– Fr. ab. Folglich ist für den Monat April bezahlt 48.– Du kannst die Zahlungen auf m. Conto machen, aber ja pünktlich, ich verstehe keinen Spaß mehr. Clara.«

Bei dem erwähnten Lauchenauer handelte es sich um den Sekretär des Friedenskongresses, den Daetwyler aus diesem Amt entließ. Jakob Lauchenauer benutzte eine Schreibmaschine, die Daetwyler von einem Herrn Baggenstoss zur Verfügung gestellt worden war. Als er die Schreibmaschine von Lauchenauer zurückhaben wollte, erklärte dieser, er habe die Maschine für 100 Franken verkauft, schließlich schulde ihm Daetwyler noch den Lohn für seine Tätigkeit. Es gelang Daetwyler nicht, in den Besitz der Schreibmaschine zu kommen, die im übrigen auch nicht ihm, sondern dem Friedenskongreß gehörte. Lauchenauer war nach dieser unerfreulichen Episode für Daetwyler »für immer erledigt. Es hat immer Leute gegeben, die untreu waren. Lauchenauer gehört dazu. Ich bin Opfer eines unehrlichen Menschen geworden.« Der gefeuerte Sekretär war aber das kleinere Problem, das größere hieß Clara. Sie war der einzige Mensch auf der Welt, der auf Daetwylers Friedensarbeit einen, wenn auch nicht großen, Einfluß nehmen konnte. Wenn Clara ihm energisch die Leviten gelesen hatte, bemühte sich Max jeweils, den Zorn seiner Frau nicht unnötig zu schüren. So hielt er sich in der zweiten Hälfte des Jahres 1943 mit Aktionen zurück, doch lange dauerte das Stillhalten nie. Im Jahr 1944 finden sich bereits wieder zehn neue Einträge in seiner Staatsschutz-Fiche mit dem einführenden Vermerk »Dättwyler [sic] Max, Beruf: Friedensapostel, Heimat: Unterentfelden AG, Bemerkungen: aus der Armee ausgestoßen, Zivilstand: Ehemann der Klara [sic] Daetwyler.«

Der letzte Fichen-Eintrag des Jahres 1944 befaßte sich mit einer öffentlichen Versammlung des »P.N.W.F.C. am 12. Dezember im Limmathaus in Zürich«. Ein Traktandum war die Abnahme der Jahresrechnung; diese ist insofern von Interesse, als aufgrund der Einnahmen des Jahres 1944 auf den Mitgliederbestand geschlossen werden kann. Unter dem Posten »Ordentliche Beiträge« wurden 1050 Franken aufgeführt, bei einem Beitrag von drei Franken zählte der Friedenskongreß demzufolge 350 Personen als Mitglieder. Die Spendensumme belief sich auf 1187 Franken, auf der Ausgabenseite stellte Daetwyler 796 Franken Lohn und 239 Franken Spesen in Rechnung.

Ein weiterer Fichen-Vermerk bezog sich unter anderem auf eine von Daetwyler einberufene Versammlung im Zürcher Volkshaus am Helvetiaplatz, zu der sich am 12. März 1944 immerhin einige hundert Personen, hauptsächlich Arbeiter und ihre Angehörigen, eingefunden hatten; der mittlere Saal im Parterre war jedenfalls gut besetzt. Daetwyler hielt eine Rede und verteilte Suppentüten, dazwischen verkündete das Programm Klavierspiel mit Violinbegleitung. Als am Schluß der Veranstaltung die damalige schweizerische Nationalhymne »Rufst Du mein Vaterland« gespielt werden sollte, wies Daetwyler die Musiker schroff zurecht: »Heil Dir Helvetia« werde in seiner Gegenwart nicht gesungen, man solle das Lied »Friede mit Gott« zum besten geben. Das konnten oder wollten die Musiker aber nicht spielen, woraufhin die Versammlung kurz vor zehn Uhr abends geschlossen wurde. Ohne Musik.

Ende 1944 und in den ersten Monaten des Jahres 1945 begann sich der Untergang des Dritten Reiches immer deutlicher abzuzeichnen. Fünf Jahre lang hatte das Bombardement deutscher Städte durch die Amerikaner und Engländer gedauert. Über 1000 Städte und Ortschaften wurden in Schutt und Asche gelegt, auf 30 Millionen Zivilpersonen fielen nahezu eine Million Tonnen Spreng- und Brandbomben, die eine halbe Million Zivilisten – vor allem Frauen, Kinder und alte Menschen – getötet hatten.

Am 25. April 1945 reichten sich nach erfolgreichen Offensiven in Torgau an der Elbe sowjetische und amerikanische Soldaten die Hände. Die Sowjetunion und die Westalliierten hatten in einer gemeinsamen Kraftanstrengung die deutschen Truppen niedergerungen; am 8. Mai 1945 war der Zweite Weltkrieg zu Ende. Kaum jemand konnte damals ahnen, daß der Händedruck zwischen Russen und Amerikanern in Torgau nur symbolische Bedeutung hatte; nach dem Krieg bahnte sich die Aufteilung der Welt in zwei Blöcke an.

An der Konferenz von Potsdam im Sommer 1945 konnten sich die Siegermächte noch auf einen Minimalkonsens einigen. Deutschland wurde in vier Besatzungszonen aufgeteilt, die Oder-Neiße-Linie als Westgrenze Polens anerkannt und die Vertreibung der Deutschen aus den osteuropäischen Staaten festgeschrieben. Doch bald wurde klar, daß die ideologischen und politischen Differenzen zwischen dem kommunistischen Osten und dem kapitalistischen Westen unüberbrückbar waren. Es begann der Kalte Krieg, und während der nächsten Jahrzehnte herrschte ein Gleichgewicht des Schreckens. Am 6. August 1945 hatten die Amerikaner den Krieg im pazifischen Raum mit dem Abwurf der ersten Atombombe auf Hiroshima, die 100 000 Menschen das Leben kostete, beendet. Es dauerte nicht lange, bis auch der russische Diktator Stalin über Atomwaffen verfügte. Mit Nuklearwaffen bis an die Zähne bewaffnet, standen sich die Blöcke gegenüber. In den 1950er Jahren sorgten der Koreakrieg, die Suezkrise und das geteilte Berlin für gefährliche Belastungen des fragilen Friedens.

Die Schweiz war nach dem Zweiten Weltkrieg noch immer der Neutralitätspolitik verpflichtet – de jure. De facto aber war das Land stramm antikommunistisch und ins westliche Lager integriert. Den Krieg hatte die Schweiz einigermaßen heil überstanden. Zwar kam es zu irrtümlichen Bombardierungen durch die Luftwaffe der Alliierten in Zürich, Basel und Stein am Rhein. Am schlimmsten traf es am 1. April 1944 die Stadt Schaffhausen: Drei US-Bombengeschwader hatten aus Versehen Bomben abgeworfen, die 40 Menschen töteten. Doch verglichen mit den Kriegsschäden, die die Nachbarländer erlitten, kam die Schweiz glimpflich davon.

1945 schraubte Daetwyler seine Friedensarbeit auf ein Mindestmaß zurück, man darf dahinter Claras mäßigenden Einfluß vermuten. Er arbeitete fleißig in seinem Garten und verkaufte sein Gemüse; auch sein Buchhandel blühte wieder auf, er konnte »gute Einnahmen« verzeichnen. Als Gärtner versinnbildlichte Daetwyler das, was man später einen Grünen nennen sollte. In sein Gartenbuch notierte er im Sommer 1949: »Begreiflich ist der Boden die Grundlage eines Gartenbauern & der gute Boden [die Grundlage] eines guten Gartens. Was also den Boden gut macht, das ist wertvoll zum Gärtnern. Was den Boden schlecht macht, das soll man meiden. Kunstdünger ist deshalb gefährlich, weil er die Harmonie der Stoffe stört.« Es lag ihm daran, möglichst viel Ertrag zu erzielen: »Es darf kein Raum ohne eine nützliche Pflanzung sein.«

Mit großem Interesse verfolgte er die politischen und gesellschaftlichen Ereignisse in der Schweiz und in der Welt. Es erfüllte auch ihn mit Erleichterung, daß Hitler tot und der Nazi-Terror Geschichte war; mit Besorgnis beobachtete er hingegen die sich nach dem Krieg abzeichnende Aufteilung der Welt in zwei Interessensphären. Daetwyler war genausowenig ein Kapitalist, wie er ein Kommunist war, für ihn gab es nur eine Gesetzmäßigkeit im Zusammenleben der Menschen: das Gesetz Gottes. Ideologien, seien sie rechts oder links angesiedelt, waren ihm fremd: »Es braucht keine neue Weltlehre, es braucht keine neue Religion, die alten Lehren müssen nur befolgt werden, das ist alles. Es fehlt uns leider an [Verfechtern] der ewigen Lehre Gottes, wie sie seit Zehntausenden von Jahren in jedes Menschenherz von Gott selbst geschrieben wurde. [...] Für den Westen, für den Osten, für die ganze Welt kann es nur einen Weg geben, die unter dem Namen Christentum, Buddhismus, Islam, Judentum gegebenen Lehren zu reinigen von kirchlichen Dogmen & ihrem wahren Geiste nach die Brüderlichkeit aller Menschen in die Tat umzusetzen. Es gilt, eine Bewegung wie den Communismus [...] durch eine Sache zu besiegen, die besser ist als Gewalt & Macht einer Partei oder eines Staates. Die Macht & die Ordnung Gottes soll auf den Thron der Menschheit gesetzt werden.«

In seiner Wahrheitssuche beschränkte sich Daetwyler nicht nur auf die christliche Lehre. Er las auch in den Schriften östlicher Weisheit; dabei konnte es nicht ausbleiben, daß er auf den Buddhismus stieß. Er schrieb, daß Buddha durch sein Wirken in Indien eine Jahrhunderte während Friedenszeit herbeigeführt habe. Buddha erkannte den Segen, der ein Leben des einzelnen und der Völker in Harmonie mit den ewigen Wahrheiten brachte. Gemäß Buddha durfte kein Mensch ein Lebewesen töten oder dazu beitragen, das Leiden der

Kreatur, ob Mensch oder Tier, zu vergrößern. Doch nach dem Tod des »großen Propheten wurde seine Lehre entstellt an die Nachwelt überliefert«. Das gleiche war in seinen Augen mit der Lehre des Jesus von Nazareth passiert. Jesus hatte vor allem die Gottesliebe und die Menschenliebe gefordert, »so daß man Jesus nicht umsonst den großen Friedensfürsten genannt hat. Ja eigentlich ist die christliche Religion so recht die FriedensReligion par excellence. Wenn trotzdem in der christlichen Ära und Zeitrechnung die Kriege einander ablösen, so ist daran nicht die reine christliche Lehre schuld als vielmehr ihre Nichtbeachtung, ihre Nichtbefolgung.«

Kirchliche Dogmen wie Christi Auferstehung oder die Unbefleckte Empfängnis bezeichnete er in seinen Ansprachen stets als einen »Schwindel«. An Ostern 1949 erklärte ihm ein Zuhörer nach einer Rede, daß kein Christ sein könne, wer an die Auferstehung nicht glaube. Daetwyler notierte darauf in sein Schreibheft: »Heute morgen sang die Heilsarmee Jesus ist auferstanden, Jesus lebt. Wohlan, es genügt nicht, daß Gott lebt, es muß noch ein Mensch sein, der an Stelle Gottes sitzt. Es genügt nicht, daß das Leben in Gott die ganze Natur, die ganze Welt beseelt, es muß noch ein zweiter Gott her, den sie Jesus nannten. Über den Tod hinaus soll er gelebt haben, so sagen es die Schriften des neuen Testamentes. […] Ohne eine Einschränkung lasse ich die große Liebe gelten, die Jesus zu Gott & zu den Menschen gezeigt hat. Aber ich komme nicht davon ab, ihn als Mensch wie mich selbst zu bewerten, & so wie ich selbst in den Tod eingehe, so ging auch er vor mir in den Tod ein. Und so wie ich selbst keine Erleuchtung über das Leben nach dem Tode habe, so hat auch er darüber kein Wissen haben können, wenn er Mensch war wie ich. Und nun sehen wir, wie man aus ihm einen zweiten Gott macht, aber das, was er lehrte, nicht befolgt, seit zwei Tausend Jahren.«

Was das Leben nach dem Tod betrifft, dachte Daetwyler rational: »Für mich ist die Frage der Auferstehung des Lebens nach dem Tod gelöst, ich weiß es nicht. Aber ich weiß, daß eine Ordnung Gottes die Welt, das Universum & auch die Menschheit umfängt & daß ich getrost dereinst mein persönliches Leben auf Erden beschließen kann, weil dann schon alles in Ordnung sein wird.«

Die Philosophie Immanuel Kants war ihm viel näher als kirchliche Dogmen. Mit seiner natürlichen Intuition erkannte er in Kant den großen Denker; dessen Erkenntnis vom inneren moralischen Gesetz in jedem Menschen entsprach genau der Daetwylerschen gefühlten Wahrheit. Kant war sein Mann; um ihn zu verstehen, brauchte Daetwyler keine Gelehrten. Das zeigte sich in einer aufschlußreichen Episode vom November 1949. Daetwyler besuchte in Zürich einen Pfarrerkonvent, in dem unter anderem eine Frau einen Vortrag über Kant hielt. Aus seiner Perspektive hatte die Vortragende den Philosophen nicht verstanden, weil sie »diesen gelehrten Mann des Irrtums überführte, wahrscheinlich um einen neuen Irrtum aufzustellen. Denn es war so gelehrt, daß man kaum mit Hören nachkam. Man bekam aber einen Begriff vom Übel der Gelehrsamkeit, wenn man vom Vorsitzenden hörte, daß die Pfarrer ein Viertel Jahr lang jeden Tag in diesem gelehrten Buche lesen sollten, um es zu begreifen.«[10]

Das alles wurde Daetwyler zu bunt, und er verließ die Veranstaltung, nicht ohne vorher den Anwesenden seine Meinung kundgetan zu haben: »Dieses gelehrte Frauenzimmer will sich wichtig machen. Für mich ist das alles ein Plunder. Eine Schande für diese Pfarrer, die sich darüber unterhalten sollten, wie man dem Volke helfen [kann]. Die dem Volke einfach vom geistigen Leben sagen sollten im Unterschied zum Sinnenleben, das die Menschen ruiniert.« Zu Hause schrieb er in ein Notizbuch, daß er nur einzelne, unzusammenhängende Sätze geäußert habe, nicht »voraus gedachte«. Er sei einem Impuls gefolgt, »um den Karren auf ein anderes Geleise zu bringen«. Beim Verlassen des Saales rief ihm ein Pfarrer nach, dieser Kant sei eben doch etwas zu hoch für einen wie Daetwyler. Worauf dieser antwortete: »Wenn es Daetwyler nicht versteht, dann versteht es das Volk auch nicht. Ich folge dem Geiste in mir, wie ein Kind der Stimme der Mutter folgt.« Kant, so er denn beim Pfarrerkonvent dabeigewesen wäre, hätte sich wohl erhoben und Daetwyler applaudiert.

Doch nicht jeder Gottesmann sah sich über Daetwyler erhaben. Im September 1949 bekam der Friedensstreiter einen pfarrherrlichen Brief: »[...] Und wenn ich Ihren Hauptfehler nennen sollte, so würde ich sagen, er würde in einer fast göttlichen Unvorsichtigkeit im Denken und Handeln bestehen! Sofort würde ich auch hinzufügen, daß die Kirche an einer sehr wenig göttlichen Vorsicht und Ängstlichkeit je und je gelitten hat und daß wir darum Ihren Mangel an ängstlicher Vorsicht, will sagen Ihren Mut und Ihre Unerschrockenheit unbedingt anerkennen müssen.«

Daetwyler erfüllte nicht eine gänzlich unversöhnliche Feindschaft den Kirchen gegenüber, er anerkannte durchaus, daß sie auch Segen stifteten, indem sie sich bemühten, die Menschen zu Gott zu führen: »Darum die Kirchen gelten lassen als Verkünder von Gott, aber ihre Mängel aufdecken.« Sein eigener missionarischer Eifer zielte ja auch darauf ab, die Menschen mit Gott zusammenzuführen, und sein Glaubenssatz blieb sich dabei immer gleich: Folgt eurer inneren Stimme, hört auf euer Gewissen, hört auf das in jedem ruhende, innere moralische Gesetz! Er konnte nicht davon lassen, seine Erkenntnis unter die Leute zu bringen, was ihm aber durch das behördliche Redeverbot bezüglich politischer Themen erschwert wurde. Politisches und Religiöses waren aber in seinen Augen nicht voneinander zu trennen, man konnte nur den ganzen Daetwyler haben, nicht einen halben: »[…] Ich gebe mich nicht mehr her, schöne Worte zu machen, wahre Worte müssen es sein, die vom Herzen kommen, zum Herzen dringen. Denn nur so kann ich vor Gott & den Menschen bestehen. […] Wenn ich an die Opfer des Krieges denke, so sind keine Worte stark genug, um das Soldatentum zu brandmarken.«

Erst vier Jahre nach Kriegsende wurden Daetwylers öffentliche Äußerungen zu politischen Themen von den Behörden wieder geduldet. Jetzt konnte er zu den Leuten reden, wie ihm der Schnabel gewachsen war. Und das klang so: In einer Rede in der Zürcher Seeanlage bezeichnete er die Soldaten als »Idioten«. Und fuhr fort: »Wir haben eine MilitärSklaverei und die Kirche marschiert Arm in Arm mit dem Staat – Sauhäfeli, Saudeckeli« [jedes Töpfchen hat sein Deckelchen]. Viele Zuhörer wandten sich darauf mehr oder weniger empört von Daetwyler ab. Er schrieb dazu in sein Tagebuch: »Im allgemeinen […] war der Sinn der Rede gut, aber gefährlich. Gefährlich, weil es die nackte Wahrheit ist.«

Typisch für die Daetwylersche Diktion und seine Art, von einem Thema zum nächsten zu springen, war eine Ansprache, die er an einem Palmsonntag hielt. Es herrschte kaltes Wetter, trotzdem gelang es dem Redner, eine beachtliche Zuhörerschaft um sich zu scharen. Er sprach, dem Feiertag entsprechend, von Jesu Einzug in Jerusalem und wie Kirche und Staat damals den Gottessohn verurteilt hatten. Dann schlug er den Bogen zur heutigen Regierung und zum heutigen Staat, die Töne wurden härter. Rom, der Vatikan, das Papsttum seien ein einziger großer Betrug an der Lehre Jesu; daß die Kirchen das Töten von Menschen nicht ächten, ein Verbrechen. Jesus habe damals gegen den Staat und gegen die Regierung geredet und sei darum auch verfolgt worden. Einige Zuhörer murrten. »Gott befohlen, liebe Leute«, sagte er, »urteilt über mich, wie ihr wollt. Aber ich werde fortfahren, die Herrlichkeit und die Wahrheit Gottes vorzuleben. Es ist vollkommen recht, wenn ich frei heraus rede, was ich denke. Ich habe nichts zu verbergen.«

Trost und Zuspruch fand der Friedensmann nach solchen Auftritten in Schillers Ode an die Freude: »Es macht allerdings Freude, dieses Gedicht, & [es] bezeugt den guten Geist seines Urhebers. Die Gerechtigkeit siegt immer, aber es braucht Zeit. Gut Ding will Weile haben. Hartes Holz wächst langsam. Gottes Mühlen mahlen langsam, mahlen aber schrecklich fein.«

Daetwyler hat zeit seines Lebens viel gelesen, aber er war kein Bücherwurm. Vielmehr nahm er sich die Zeit, ein Buch aus der Hand zu legen und über das Gelesene nachzudenken. Über das Lesen notierte er einmal: »Zu vieles lesen ist wie gar nicht lesen. Zu starker Eindruck löst sich auf in nichts. Um die Seelenkraft zu fördern, muß man ihr Wachstum fördern, in dem man die äußeren Eindrücke beherrscht. Die Pforten gegen außen abschließen. Sich gegen Gott öffnen. Gedankenruhe pflegen. Ohne Einsamkeit geht es nicht. Man muß säen, bevor man erntet, man muß die Seele pflegen & ihr Nahrung geben wie dem Leib. Gebet ist die Nahrung der Seele.«

Kaum einen Tag ließ er ohne innere Einkehr verstreichen. Einige Male spielte er mit dem Gedanken, seine Autobiographie zu schreiben;

bis ins hohe Alter hegte er diesen Plan, unterließ aber schließlich die Niederschrift dieser »Selbstbiographie«. Geschrieben aber hat er unablässig, kein Blatt Papier war vor ihm sicher. Er schrieb Agenden, Schulhefte, Notizblöcke voll, er argumentierte auf den Rückseiten von Rechnungen, alten Flugblättern der Friedensarmee und auf Bußenverfügungen. Seine Aufzeichnungen würden Bände füllen, es gab kaum ein Thema, zu dem er nicht etwas zu sagen und zu bemerken hatte. So äußerte er sich unter anderem über die Photographie, die Wirtshausreform, die Psychiatrie, den Autoverkehr in Kairo, die Zukunft der Stadt, die Neutralität der Schweiz, die Freiheit in der Liebe, den Kommunismus, die Handels- und Gewerbefreiheit, den schweizerischen Käsetag, zum rechten Leben, über das Alter, über Gespräche mit einem türkischen Studenten, über deutsche Bürgermeister, den Nobelpreis, Alkoholgenuß, Vegetarismus, über das Gewissen, über die Forchbahn, Körperkultur, über Krieg und Frieden und immer wieder im buchstäblichen Sinn über Gott und die Welt. Manchmal benutzte er eine Schreibmaschine, meistens schrieb er von Hand, wobei es verblüfft, wie klar, schön und schwungvoll seine Handschrift bis ins hohe Alter blieb.

Wurde er von den Behörden nach seinem Beruf gefragt, gab er meistens »Schriftsteller« an. Die Beamten schrieben in ihren Verlautbarungen »ist angeblich Schriftsteller«, »fühlt sich als Schriftsteller«. Es ist wahr, daß Daetwyler, abgesehen von seinen Schriften über Körperkultur, seine Eidverweigerung und seine Erlebnisse in der Psychiatrie, keine größeren Texte veröffentlicht hat. Aber die Berufsbezeichnung Schriftsteller hat durchaus ihre Berechtigung. Einmal notierte er: »Ein Mann ohne Tagebuch ist wie ein Weib ohne Spiegel.«

Beim Blick in den Spiegel in seinem Badezimmer sah er nun aber auch ein Gesicht, in das das Leben seine Spuren eingegraben hatte. »Jetzt beginnt das Alter«, erkannte er am 7. September 1946, seinem 60. Geburtstag. »Diesen Lebensabschnitt will ich nützen, um das vollkommene Menschentum in der Welt zu fördern. Die Menschen zu Gott zu führen, Frieden auszubreiten. Außer meinen Lieben im Familienkreis weiß niemand etwas von meinem heutigen Lebensabschnitt. Das erfüllt mich mit vollkommener Ruhe, denn es war von Gott bestimmt, daß ich nicht meine Person in den Mittelpunkt stelle, sondern Gott die Ehre gebe.«

Körperlich war Daetwyler noch immer in erstaunlich guter Form. Die Arbeit im Garten, die vielen Friedensmärsche und seine naturgegebene gute Konstitution erhielten ihm seine Spannkraft. Nur ganz selten klagte er über körperliche Beschwerden. Einmal schrieb er Ende der 1940er Jahre zwar, er fühle sich »phisisch [sic] krank« und er müsse mehr auf seine Gesundheit achten. Wo er da hätte ansetzen können, ist nicht ersichtlich, denn er trank keinen Tropfen Alkohol und rauchte nicht. Zudem aß er sehr maßvoll und ernährte sich vegetarisch. Erst als er 80 Jahre alt geworden war, nahm er – übrigens auf Anraten seines Arztes – ab und zu ein Glas Rotwein zu sich oder aß ein Stück Leber. Den Sinneswandel erklärte er mit den Worten, daß nur ein Narr seine Meinung nie ändere.

Knapp zwei Wochen nach Daetwylers 60. Geburtstag wurde die Stadt Zürich zum Schauplatz eines historischen Ereignisses: Winston Churchill, Britanniens Premier während des Zweiten Weltkriegs, dem zu einem guten Teil Hitlers Fall zu verdanken war, hielt auf dem Münsterhof vor einer riesigen Menschenmenge eine aufsehenerregende Rede. Es ist zu vermuten, daß Daetwyler dabei war, sicher ist, daß er den Inhalt der Rede früher oder später erfuhr. Diese Rede mußte ihn elektrisiert haben, der Brite sagte nämlich nichts anderes, als daß ein Projekt »Vereinigte Staaten von Europa« den Kriegsgeist überwinden müsse. Churchill erkannte mit der ihm eigenen Weitsicht, daß Europa nur dann einig sein könne, wenn sich die Kriegsgegner Frankreich und Deutschland zu einer Partnerschaft entschließen würden. Nun hörte Daetwyler aus dem Munde dieses großen Staatsmannes genau jene Vision, die er, Daetwyler, seit Jahren gepredigt hatte, und sein »Permanenter, Neutraler Welt-Friedenskongreß« hatte sich ja neben der Forderung eines Friedensschlusses ausdrücklich der Arbeit für die Vereinigten Staaten von Europa verschrieben.

Churchills Appell beflügelte Daetwyler zu neuen Taten. Er fand sich in seinem Wirken bestätigt und wollte ein Komitee gründen, das zur Vorbereitung einer »Zürcher Friedenskonferenz« aufrief. Drei Monate nach der Zürcher Churchill-Rede wandte er sich schriftlich an »Herrn Winston Churchill, Premier Minister, London/England«. Es entging ihm dabei, daß Churchill sich nicht mehr als Premierminister im Amt befand; er war in den ersten Nachkriegswahlen abgewählt worden. »Im Namen Gottes« brachte der Friedensapostel auf der Schreibmaschine den folgenden Text zu Papier: »Ich habe mir die Aufgabe gestellt, mit meiner ganzen Person für die Ausführung des Friedens-Planes, Aufbau der Vereinigten Staaten von Europa [unterstrichen] einzustehen, so wie Sie uns den Plan in Ihrer Zürcher Rede vor Augen stellten.« Dann bat er Churchill um ein Empfehlungsschreiben »Ihrer sehr geschätzten Person an den bescheidenen Friedensfreund in Zumikon/Zch. (Schweiz), der sich mit Ihnen eins weiß im Geiste des Friedens«. Der große Staatsmann hielt diesen Brief des kleinen Friedensmanns wohl nie in den Händen, das gewünschte Empfehlungsschreiben bekam Daetwyler jedenfalls nicht.

Auch der Zürcher Regierungsrat verweigerte ihm die Unterstützung; dessen Präsidenten hatte Daetwyler im Januar 1947 schriftlich gebeten, eine internationale Friedenskonferenz nach Zürich einzuberufen. Das tat dieser nicht – warum eigentlich nicht? –, womit sich auch die gewünschte Aussprache »erübrigt« hatte. Doch so schnell gab ein Daetwyler nicht auf. Er wußte, daß im März desselben Jahres eine von Churchills Töchtern für ein paar Tage in Zürich weilte; auch ihr schickte er einen Brief ins Hotel. Darin bat er um eine Audienz, bei der er der »Dear Lady« eine Einladung an ihren Vater zur Zürcher Friedenskonferenz überreichen wollte. Die Lady empfing ihn nicht. Auf internationaler Ebene wollte offenbar niemand auf Daetwylers Friedensbemühungen hören; darum richtete er nun sein Augenmerk wieder auf seine engere Heimat.

Drei Ereignisse im Frühling 1948 waren beispielhaft für Daetwylers anhaltenden Elan und seine unermüdliche Energie. Er betrachtete nämlich den Weltfrieden drei Jahre nach Kriegsende keineswegs als gesichert. Die wachsende atomare Bedrohung ließ ihn das Schlimmste befürchten. Durchaus zu Recht, denn die nuklearen Arsenale stellten eine neue Dimension des Schreckens dar.

5. April 1948: Der Bildungsausschuß der kommunistischen Partei der Arbeit [PDA] feierte das Gedenken zum 100. Jahrestag des Kom-

munistischen Manifests. 1847/48 hatten Engels und Marx in London diese Kampfschrift verfaßt, das Manifest rief zum Zusammenschluß der Arbeiter aller Länder auf. Unter den rund 500 versammelten Personen im Theatersaal des Zürcher Volkshauses saß auch Max Daetwyler. Die Redner zitierten fleißig Marx, Lenin wie auch den Massenmörder Stalin; einer äußerte die Ansicht, daß die Revolution unmittelbar bevorstehe. Nach diesem Referat verlangte der Friedensapostel das Wort; das Publikum brüllte ihn nieder und titulierte ihn als falschen Propheten. Daetwyler wollte sich aber nicht den Mund verbieten lassen, Marx, Lenin und Stalin seien überhaupt nicht geeignet, die Völkerverbrüderung herbeizuführen. Also stand Daetwyler erneut auf und versuchte zu Wort zu kommen. Doch fünf Ordner packten ihn und schleppten ihn unter dem Beifall und Gejohle des Publikums aus dem Saal. Wenn Daetwyler in seiner Staatsschutz-Fiche des öfteren als »verkappter Kommunist« bezeichnet worden war, hätte dieser Abgang die Agenten eines Besseren belehren können.

Ende April 1948: Am Frühlingsfest des Zürcher Bürgertums marschierte er mit seiner weißen Friedensfahne wacker mit; doch dann kam die Polizei und entfernte kurzerhand ihn samt Fahne. »Merkwürdige Welt!« notierte er wenig später, »ungeschoren durfte die Fahne des Propheten von Mekka, die schöne grüne Fahne mit dem Halbmond & mit dem Sterne dem Zürcher Volk vorgeführt werden, nur die weiße Fahne des Friedens des Propheten von Zumikon fand keine Gnade, trotzdem zwei WeltKriege genügend dokumentiert haben, daß nichts so notwendig ist auf der Welt als die Proklamierung des Weltfriedens.«[11]

1. Mai 1948: Die dritte Daetwylersche Aktion in diesem Frühling birgt eine unfreiwillige Komik in sich. Daetwyler kaufte einem Arbeiter ein rotes Maibändchen mit der Aufschrift »Proletarier aller Länder vereinigt euch!« ab und heftete sich die Insignie ans Revers. Doch dann geriet er in Zweifel, ob dieses Abzeichen zu ihm passe. Er hatte natürlich nicht vergessen, wie er einen knappen Monat zuvor bei der PDA-Versammlung behandelt worden war. Und richtigerweise hielt er Lenin und Stalin nicht gerade für Friedensfürsten. Wie er so hin und her überlegte, ob er das Bändchen wirklich tragen sollte oder

nicht, trat ein Mann auf ihn zu und beendete sein Dilemma: Wenn Daetwyler am Umzug mit der weißen Friedensfahne teilnehme und gleichzeitig den roten »Mai-Bändel« trage, würden die Leute stutzig werden und sich sagen, der Daetwyler weiß nicht, was er will. Es heiße schließlich nicht umsonst, man könne nicht zwei Herren dienen, also müsse man sich entscheiden.

Daetwyler aber hatte sich schon längst für den Frieden und gegen die Gewalt entschieden. Er konnte den Sozialismus von Marx, Lenin und Stalin nicht gutheißen und entfernte darum das rote Symbol vom Revers, kaufte statt dessen eine weiße Nelke und heftete diese an seinen schwarzen Anzug. Nun war er wieder »vollkommen ruhig. Denn es ist so, man kann nicht zwei Herren dienen. Bis heute war es meine Stärke, daß ich immer nach meiner Überzeugung gelebt habe. Darum war mein Leben so einfach, so gerade, so stark, so unerschütterlich. Es hatte einen UrGrund, es hatte eine Richtung.«

Seine Tochter Klara und ihr Mann erfreuten sich in diesen Jahren einer wachsenden Kinderschar. Mutter Clara hatte sich mit dem Lebensinhalt ihres Mannes abgefunden, versuchte aber immer noch, mäßigend auf ihn einzuwirken.

9.
Claras Tod

Im Frühling 1950 bewarb sich Max Daetwyler als Parteiloser um einen Sitz im Zumiker Gemeinderat. Eigentlich keine schlechte Idee, denn mit seiner mehrfach unter Beweis gestellten Begabung als Redner und seinem inneren Feuer hätte er durchaus eine interessante und für Aufsehen sorgende Figur im politisch eher farblosen Establishment abgegeben. Zur großen Erleichterung seiner Familie wurde er jedoch nicht gewählt, ein politisches Amt hätte ihn noch mehr von Haus und Garten ferngehalten. »Den größten Gegner«, schrieb er, »hatte ich in meiner Frau. Sie hätte mir noch den letzten Elan geraubt, wenn es eines solchen bedurft hätte. Daß ich allein mit meiner Person eingestanden bin, freut mich, weil ich überhaupt mit meinem Glauben allein dastehe. Vollkommen allein. Sie haben einen sogenannten fähigen Herrn gewählt.«

Sein Einfall, sich auf lokaler Ebene an der Politik zu beteiligen, ist einerseits einleuchtend, andererseits aber auch überraschend. Einleuchtend, weil er die schweizerische, föderalistische Ordnung für vorbildhaft hielt und darum gerne in ein Amt gewählt worden wäre. Überraschend, weil Daetwyler ein vollkommen unabhängiger Geist war, dessen Philosophie und innere Werte ihn eigentlich über die Niederungen des Parteiengezänks erhoben. Die Ideale des schweizerischen Staatswesens hielt er stets hoch: »Im Schweizerland haben wir den glücklichen Zustand, daß der Staat von unten her aufgebaut ist, nicht von oben herab. Die Gemeinde ist in der Schweiz die Zelle des Staates, dessen Fundament, auf dem die oberen Schichten, Kanton, Bund, ruhen als auf einer sicheren, widerstandsfähigen Basis. Denn die hunderten von selbstständigen Gemeinden brechen nicht so schnell zusammen vor dem Sturm einer neuen Ideologie.«

Claras Haltung, was die Kandidatur ihres Mannes betraf, war verständlich, denn im Daetwylerschen Haushalt waren finanzielle Engpässe die Regel. Daetwyler bekam zwar ab Oktober 1951 die AHV[1] – 70 Franken und 40 Rappen im Monat –; auch sein als Geschäftsmann erfolgreicher Sohn unterstützte ihn mit monatlichen Überweisungen. Trotzdem mußte er bisweilen Schulden machen, und für seine Verhältnisse nicht zu knapp. Kurz vor Weihnachten 1950 konnte er sogar die Rechnungen für den täglichen Bedarf der Familie nicht mehr bezahlen. Im nächsten Frühling hatte sich »eine große Schuld angesammelt, die muß ich abtragen, bevor ich neue Schulden machen« darf«. Die wichtigste Einnahmequelle des Ehepaars stellten auch in den 1950er Jahren die Ernten ihrer Gärtnerei dar, in der beide unermüdlich tätig waren.

Neben dem Broterwerb blieb die Friedensarbeit eine unverrückbare Konstante in Daetwylers Leben. Dabei mußte er aber immer wieder feststellen, daß er für seine Friedensbemühungen »nicht die geringste Anerkennung« bekam, beklagte er sich über »absolute Interesselosigkeit« und sah seine Anstrengungen »ohne Echo«. Freude und Zuflucht suchte und fand er dann im Garten: »Es ist wunderbar die GartenArbeit für Gemüt & für den Leib. Dabei sieht man, wie alles gedeiht. Wie herrlich der Schöpfer alles gemacht hat. Jede einzelne Art von Obst, von Beeren, von Gemüse ist eine Sache für sich.«

Schlechte Witterung machte allerdings den Daetwylers hin und wieder einen Strich durch die gärtnerische Rechnung: Im April 1955 zum Beispiel stand der Rhabarber gut, doch Erdbeeren, Brombeeren und der Wintersalat waren erfroren: »Es wird ein mangelhaftes Gärtnerjahr absetzen […] ich muß mit Bücherverkauf nachhelfen.« Es kam zwar vor, daß er sich den Vorwurf machte, zu wenig zu arbeiten, vor allem dann, wenn er nicht ausreichend Gemüse für den Verkauf hatte. Er ließ sich davon aber nicht »niederdrücken, da es vielleicht so sein muß, um mich mehr mit meinem Berufe als Schriftsteller zu betätigen. Auf alle Fälle muß ich daran gehen, etwas Eigenes zu drucken auf den Winter, wenn ich wieder mit Büchern gehe.«

Mit dem Verkauf von Büchern ließen sich keine großen Summen verdienen, wenn man keinen Bestseller anzubieten hatte, was bei den von Max Daetwyler vertretenen Titeln keineswegs der Fall war; der Buchhändler-Verband hatte ihm zudem zu Beginn der 1950er Jahre die Mitgliedschaft entzogen. Vielleicht lag er mit den Mitgliederbeiträgen im Verzug. Er meinte dagegen den Grund darin zu entdecken, »daß ich kein Papierverkäufer bin, sondern wertvolle Bücher vertreibe«. An dieser Stelle lohnt sich ein Blick in seine umfangreiche Bibliothek. 19 Jahre nach seinem Tod stellte seine Urenkelin Muriel Peneveyre 1995 ein Bücherverzeichnis zusammen. Es umfaßt 1030 Titel, davon 29 Doppelexemplare. Selbstredend gibt es in dieser Bibliothek zahlreiche Texte zum Christentum und nicht weniger als acht Bibelausgaben. Doch er las auch viel über Buddhismus, Islam, Judentum und Taoismus; unter den Philosophen hatten Immanuel Kant und Platon einen hohen Stellenwert, von ihnen besaß er Werke in verschiedenen Editionen. Was die Schweizer betrifft, finden sich zahlreiche Texte von Huldrych Zwingli, Henri Dunant und Johann Heinrich Pestalozzi.

Einen großen Platz im Bücherbestand nimmt die Friedensliteratur ein. So sind die Memoiren der österreichischen Pazifistin und Schriftstellerin Bertha von Suttner gleich in dreifacher Ausführung vorhanden, daneben Werke wie »Einstein On Peace« und »Held des Friedens«, ein Lebensbild des norwegischen Polarforschers und Philantropen Fridtjof Nansen. Ausgeprägt war auch Daetwylers Interesse an politischen und wirtschaftlichen Fragen. Er setzte sich mit Texten von und über Niccolò Machiavelli, Napoleon Bonaparte, Abraham Lincoln und natürlich Mahatma Gandhi auseinander. Er las über Karl Marx, Uljanow Lenin, Winston Churchill, Adolf Hitler, Jossif Stalin und J.F. Kennedy.

In der Belletristik dominiert die Weltliteratur: Miguel de Cervantes, Charles Dickens, Johann Wolfgang Goethe, Jeremias Gotthelf, Gottfried Keller, Eduard Mörike, Friedrich Nietzsche, Francesco Petrarca, Friedrich Schiller, William Shakespeare, Voltaire und der verehrte Leo Tolstoi, von dem allein 17 verschiedene Titel im Regal standen. Eine Reihe von Schriften handeln von Gartenbau, Landwirtschaft und Tierpflege, die den theoretischen Hintergrund zu seiner täglichen Arbeit lieferten. Daneben gibt es Opernlibretti, Theaterstücke, Liederbücher, Wegweiser zu Gesundheit und Reiseberichte. Alles in allem weist die Bibliothek Daetwyler als einen Mann von universellen Interessen aus.

Der Bücherverkauf, die anstrengende Arbeit im Garten und der Verkauf des Gemüses machten Daetwyler in den 1950er Jahren deutlich, daß er nicht mehr der Jüngste war: »Bereits zeigen sich bei mir Simptome [sic] des Alters. […] So daß ich mich damit beschäftige, daß es allmählich dem Ende des Lebens entgegengeht. Dann darf ich sagen, ich habe meinen guten Kampf gekämpft. Und darf mich freuen, in die ewige Ruhe einzugehen. In die ewigen Jagdgründe der Indianer«, schrieb er 1950. Sein Kampf war aber noch lange nicht zu Ende, zu diesem Zeitpunkt hatte er noch die Lebensspanne eines Vierteljahrhunderts – und vor allem die Ausdehnung seiner Tätigkeit auf internationaler Ebene – vor sich.

Vorerst aber hielt er weiterhin in der Schweiz seine Reden auf Straßen und Plätzen. Besonders oft war er auf dem Seefeld- und Utoquai am Zürichsee anzutreffen. Als ihm wieder einmal das Auftreten auf öffentlichem Grund polizeilich untersagt wurde, griff der selten um einen Einfall verlegene Friedensmann zu einer außergewöhnlichen List: Er mietete ein Ruderboot und sprach nahe am Ufer vom Boot aus – jetzt befand er sich ja nicht mehr »auf öffentlichem Grund«.[2] Das Bild des Bärtigen auf dem Boot hat sich wie kaum ein anderes im Gedächtnis der Schweizer Bevölkerung eingeprägt.

Wenn ihn, wie er sagte, »der Geist überkam«, konnte er diesem inneren Drang, sich ans Volk zu wenden, einfach nicht widerstehen. Nicht immer gingen seine Auftritte glatt über die Bühne: Am 5. März hatte Daetwyler auf dem Bellevueplatz gegen den Papst und die Kirchen gewettert. Die Staatsanwaltschaft hatte die Vormundschaftsbehörde Zumikon über den Vorfall informiert und die Prüfung »geeigneter Maßnahmen« angeregt, außerdem wurde dem Angeschuldigten eine Geldstrafe auferlegt. Kurz zuvor war er bei einer Rede vor dem Warenhaus Jelmoli von der Polizei verhaftet worden, nachdem sich ein Passant über die scharfen Worte des Friedensapostels erregt und die Polizei gerufen hatte. Fazit: eine Buße. Vom Umzug am 1. Mai führten ihn Polizeibeamte direkt auf den Posten, erneut eine Buße. »Mein schwer verdientes Geld«, schimpfte Daetwyler, »muß ich der Polizei hinwerfen. Und komme nicht aus meinen Schulden heraus. Neue Schulden machen, das wäre eine Torheit.«

Bis in seine Nächte hinein fühlte sich Daetwyler von der Polizei verfolgt: »Ich habe geträumt, wie ich Beiträge sammelte und in Angst war vor der Polizei. Denn ich war gestern Abend beim Polizist, der mir meine Buße von 46.– Fr. einzieht.« An anderer Stelle: »Ich habe geträumt, daß mich ein Detektiv abführen wollte. Ich habe diesen Traum schon oft gehabt. Also liegt in meinem UnterBewußtsein die Feststellung, daß von dieser Seite eine Gefahr besteht. Es ist wie eine Warnung. Darf ich diese Warnung einfach als übertrieben auffassen? Oder muß ich mir dieselbe als ein Signal vor Augen halten? So ist es. Wenn ich weiterfahre, meine Person zwischen den Staat, die Kirche, das Kapital & dem Volke hinzustellen, dann ist diese Gefahr jederzeit da. Wenn ich mich zurückziehe, dann ist es eine Verletzung meiner Pflicht gegenüber.«

Wenn Daetwyler wählen mußte zwischen Gehorsam gegenüber dem Staat und der Pflicht gegenüber seinem Gewissen, dann folgte er stets seinem Gewissen. Deshalb geriet er wieder einmal in Schwierigkeiten, als er in der Zürcher Herberge zur Heimat eine Rede hielt. In diesem Unterschlupf landeten vor allem Alkoholiker und Gestrandete, die dort einen Teller Suppe und ein Bett für die Nacht bekamen. Bevor er zu reden begann, schenkte er jedem Anwesenden 20 Rappen, weil er mit dem Bücherverkauf »einen guten Tag« gehabt hatte. Daetwyler erzählte frei von der Leber weg aus seinem Leben, von seinen Erfahrungen in der Psychiatrie und im Gefängnis sowie seiner Arbeit. Er sprach von den Irrlehren der etablierten Kirchen, verdammte das Soldatentum, schwärmte von der Verwirklichung des Paradieses schon im diesseitigen, nicht im jenseitigen Leben: »Ich sagte, daß ich [es] liebe zu arbeiten, aber nicht zu viel. Gelächter. Daß die einen zu viel Lohn nehmen, die anderen zu wenig bekommen. Daß ein Mensch mit gutem Gewissen reich sei, ein Mensch mit schlechtem Gewissen bei größtem Reichtum arm. Ich machte den armen Menschen Mut, indem ich ihnen vom inneren Gotte sprach & sie anhielt, zu beten & den Glauben an Gott zu pflegen. Weil die Seele alles, der Leib, das materielle, wenig sei.« Doch dann kam die »Abkühlung«. Der Leiter der Herberge, unterstützt von seiner Tochter, wies Daetwyler auf die Straße und erteilte ihm Hausverbot. Wenigstens hatte der Hausherr nicht die Polizei gerufen, was ihm mit Sicherheit eine Anzeige wegen Hausfriedensbruch eingetragen hätte.

Zwei Wochen vor diesem Auftritt war Daetwylers Sohn Max aus beruflichen Gründen nach Japan gereist, um in Tokio eine Stelle anzutreten. Dem Vater bereitete es große Sorge, den erst 22 Jahre alten Sohn in die Ferne ziehen zu lassen. Er empfand es als »Prüfung« für die Eltern, »wenn der geliebte Sohn die Heimat verläßt«. In seinem Tagebuch notierte Vater Max später, daß vor allem Mutter Clara unter der jahrelangen Abwesenheit des Sohnes litt, die sie zum Teil auch auf die Friedensagitation ihres Mannes zurückführte: »Mamma war der Meinung, daß Max nicht heimkomme, weil er durch mein Benehmen & durch mein öffentliches Auftreten gehemmt war, heim zu kommen. Auch wenn sich Clairli bei mir nicht beklagte, es war doch etwas da, das Mamma Herzeleid machte & ein jahrelanges Heimweh [nach Sohn Max] nagte an ihr.« Daß das Wirken seines Vaters etwas mit seinem Aufenthalt in Japan zu tun hatte, stellt Daetwyler junior allerdings in Abrede.

Mit Sorge erfüllte Vater Max 1950 der Koreakrieg. Während sich Nord- und Südkorea bekämpften, griffen die Vereinten Nationen unter Führung der USA in den Konflikt auf der Seite Südkoreas ein. Die Nordkoreaner wurden von chinesischen Truppen unterstützt. Daetwyler schrieb am 12. November 1950, einen Tag vor Maxens Abreise: »Nahe an Japans Grenzen wütet ein Krieg. Man weiß nicht, ob er sich weiter ausdehnt.«

Daetwyler senior hatte deshalb versucht, die Japanreise zu verhindern; in einem Brief an den Arbeitgeber – ein Konzern für Prüf- und Meßtechnik – ersuchte er diesen, Max junior nicht nach Tokio zu entsenden. Noch während des Schreibens dämmerte es dem Vater aber, daß dies »von meiner Seite Kleinmut war«.

Max junior hätte sich sicherlich nicht von seinen beruflichen Plänen abbringen lassen, entdeckte doch der Vater bei seinem Sohn »Mut & Freude, ja Begeisterung zu seiner Fahrt«. Er bedachte daraufhin dessen gute Ausbildung und seine Tüchtigkeit und kam zum Schluß: »So kann auch der Aufenthalt im Fernen Osten zu seinem Segen gereichen.« Und am 13. November 1950 bemerkte der Vater: »Soeben ist Max abgereist. Wir sind aber alle in guter Stimmung, wie wenn die Reise etwas für uns Alle wäre. Es ist alles Schwere gewichen & hat einer inneren Freude Platz gemacht. […] Bleibe im Gebet, das war mein Abschiedsgruß.«

Knapp drei Jahre nach Maxens Abreise – Daetwyler junior weilte zu einem seiner seltenen Besuche in der Schweiz – kam es zu einem im Grunde völlig belanglosen Vorfall, der aber bei Daetwyler zu tiefster Zerknirschung und schonungsloser Selbstanklage führte. Dies kann als Hinweis dafür dienen, daß er – zum Zeitpunkt des Vorfalls am 5. Juli 1953 schon fast 67 Jahre alt – unablässig daran arbeitete, seinen Charakter zu vervollkommnen.

Zentrum der Begebenheit war ein Schirm: »Abreise von Mama und Max. Es regnet. Ich habe einen Schirm & gebe ihn meinen Lieben nicht mit, behalte ihn für mich. Welch eine Schande für meinen Charakter. Da offenbart sich meine Selbstliebe & es raubt mir meine Freude an der Reise meiner Lieben. So ein Fehler. Aber ich kann diese Begebenheit nicht mehr ändern. Ich muß mich fügen in diese Begebenheit. Sie ist dafür da, damit ich bescheidener bin & demütiger. Es ist möglich, daß es so gut ist, & Max meinen Schirm nicht braucht. Daß es der Herr zu schönem Wetter wendet & damit aus einem Fehler ein Segen werden kann. Es ist für mich beschämend dieser Vorfall. Zumal ich gar nicht an diesem Schirm hänge.

Siehst Du, wie so schnell ein Fehler des Charakters sich bemerkbar machen kann? Siehst Du, wie so schnell ich versage, wo es auch nur den kleinsten Dienst erfordert hätte, den allerkleinsten LiebesDienst, das [Aus]Lehnen von einem Schirm an den Sohn, der mir so viel Liebe & Güte schenkt. Es gibt keine Entschuldigung. Ich will meinen Fehler eingestehen & den Herrn bitten, daß er mir verzeihen möge. Ich bin in mein Haus heimgekehrt. Es ist ruhig. Aber ich bin mit meinen Gedanken in der Welt, auf der Reise mit meinen Lieben.«

Das völlig unbedeutende Ereignis sprengte in seinen Augen nicht nur jede Dimension, sondern mußte auch als Beispiel für die Erfolglosigkeit seiner Friedensarbeit herhalten: »Ganz langsam kommt die Zeit an mich heran, wo ich nicht mehr wirken kann. Wo meine Lebenskraft zu Ende geht. Mein LebensWerk als ein Pionier des Friedens ist dann am Ende. [...] Es sind wohl viele Worte da von mir, aber es fehlt mir an der Tat. Zu kleinlich, zu wenig liebevoll. Ich will dankbar sein, daß mir dieser Vorfall meine Sünde offenbart. Ich will auf den Knien Gott um Verzeihung bitten. Ich will nicht mehr an mich denken, oh, ich will in Liebe an die anderen denken.«

Wie aus diesen Überlegungen deutlich wird, glaubte Daetwyler, daß er seinen Friedensreden zu wenig Taten folgen ließ. In der Schweiz war er mittlerweile zu einer öffentlichen Person geworden, jedem Kind war der Friedensapostel ein Begriff. Die Stimmung im Volk schlug dabei immer mehr zu seinen Gunsten um. Zwar war die Polizei noch fleißig damit beschäftigt, ihm die weiße Fahne wegzunehmen – etwa an der Maifeier 1957 – und seine Reden zu politischen Themen zu verhindern. Doch an die Stelle von Spott und Hohn konnte man in der Bevölkerung zunehmend Anerkennung, ja Bewunderung für den Friedensmahner entdecken. Das läßt sich zum Teil auch aus der Berichterstattung der Zeitungen in jenen Tagen ableiten.

Mitte der 1950er Jahre begann Daetwyler seine Friedensmission systematisch auf das benachbarte Ausland auszuweiten; besonders am Herzen lagen ihm Deutschland und Frankreich. Deutschland war gespalten: Der Osten des Landes befand sich in der sowjetischen Einflußsphäre; der kommunistische Volkskongreß hatte 1949 die Verfassung der Deutschen Demokratischen Republik [DDR] bestätigt. Westdeutschland unter Bundeskanzler Konrad Adenauer setzte auf eine politische, wirtschaftliche und militärische Integration in die westlichen Mächte. Berlin wurde zu einem Brennpunkt des Ost-West-Konflikts, Stacheldraht trennte den Westen vom Osten. Das Regime Ulbricht konnte sich nur dank der sowjetischen Besatzungsmacht halten. 1953 kam es in Ostberlin zu einem Aufstand – viele Ostdeutsche stimmten mit den Füßen ab und flohen in den Westen, allein 1960 rund 360 000 Personen. Am 13. August 1961 besiegelte der Bau der Berliner Mauer die Trennung Deutschlands.

Frankreich erlitt 1954 bei Dien Bien Phu eine vernichtende Niederlage, die das Ende der französischen Kolonialmacht in Indochina herbeiführte. Auch im nordafrikanischen Algerien, seit den 1930er Jahren unter französischer Herrschaft, kam es ab 1954 zu einem brutalen Unabhängigkeitskrieg, der bis 1962 dauerte. In diesem Jahr stimmten 90 Prozent der Franzosen in einem Referendum für die Unabhängigkeit Algeriens. In Genf trafen sich 1955 die »Großen Vier« – der Amerikaner Dwight Eisenhower, der Russe Nikolaj Bulganin, der Engländer Anthony Eden und der Franzose Edgar Faure – zu politischen Gesprächen, die aber keine konkreten Ergebnisse zeitigten.

In der Weltsicht Daetwylers bargen die Ost-West-Spannungen den Kern des Dritten Weltkriegs. In einem Manuskript mit dem Titel »Aufruf an die Menschheit« vom 15. Dezember 1955 legte er seine Sicht der Weltlage dar: »Genug des Tötens, genug des Blutvergießens, genug des Hasses, des Streites, genug der Vernichtung! Das ist alles Unsinn, das ist alles Verbrechen, das ist alles Unglück, Elend, Hunger, Verzweiflung. Die Menschen sind auf der Welt, um einander zu helfen, um einander zu lieben. Liebe, Güte, Freundschaft, Barmherzigkeit, Gerechtigkeit, das sind die Elemente zum Aufbau einer neuen Welt. Zwischen Kommunismus und Kapitalismus, die ›dritte Macht‹, das Friedensreich, das ist die Lösung, das Ende der Kriegsbedrohung. Keine Waffen, keine Soldaten, keine Gewalt. Lasset uns Menschen sein. Bruderschaft aller Menschen und Völker der Welt. Eine Sonne, eine Erde, ein Vaterland der Menschen.«

Als er diese Sätze zu Papier brachte, hatten die Atommächte die Arsenale ihrer Nuklearwaffen derart aufgefüllt, daß ein Atomkrieg die Vernichtung der Erde hätte bedeuten können. Eine solche Apokalypse mußte unter allen Umständen verhindert werden. Daetwyler war nicht der einzige in der Schweiz, der sich gegen den Rüstungswahn wandte. Im Mai 1958 wurde die »Schweizerische Bewegung gegen die atomare Aufrüstung« gegründet und wenig später eine Initiative lanciert, die der Schweiz die »Herstellung, Einfuhr, Durchfuhr, Lagerung und Anwendung von Atomwaffen« verbot. Diese Initiative wurde vom Volk deutlich abgelehnt. Die Schweizerische Offiziersgesellschaft hatte zuvor in einer Denkschrift eigene schweizerische Pläne zur atomaren Aufrüstung erwogen. Daetwyler blieb inmitten der Atomwaffengegner ein Einzelkämpfer; allerdings einer, der jetzt neue Register zog: Er mußte mit seiner weißen Fahne in die Welt hinaus.

Am 7. November 1955 brach Daetwyler nach Deutschland auf. Der bald 69Jährige bezeichnete sich unterwegs als »Friedensminister für ein einiges, friedliches, gewaltloses Europa«. Per Autostopp fuhr er nach Konstanz, mit dem Schiff über den Bodensee nach Friedrichshafen und von dort aus, abwechselnd zu Fuß und mit der Eisenbahn, quer durch Deutschland.[3]

Am 14. November besuchte er in Marbach das Schiller-Nationalmuseum. Hier fand er sich in der Gesellschaft deutscher Geistesgrößen »als ob sie lebendig zu mir sprechen«: Goethe und Schiller, Lichtenberg, Wieland, Jean Paul, Herder, Hebel, Kleist, Schlegel und Tieck. In seinen Augen war es »unfaßbar«, daß eine Nation mit solch erleuchteten Geistern während des Zweiten Weltkriegs dem »krassen Materialismus & der Gewalt verfallen konnte«. Daetwyler glaubte zu wissen, wie man einen erneuten Absturz ins Bodenlose verhindern konnte: So wie Schiller der Schweiz das Schauspiel »Wilhelm Tell« gewidmet hatte, so wollte er als Friedensapostel dem deutschen Volk den Weg in die Freiheit aufzeigen. Deutschland, davon war er überzeugt, müsse neutral werden und sein Schicksal selbst in die Hand nehmen.

Im allgemeinen stieß der Friedenspilger bei seinen Deutschlandreisen von 1955, 1959 und 1960 auf Sympathie; Daetwyler stellte fest, daß die Menschen seine Friedensvision zwar für eine Utopie hielten, glaubte aber dennoch, »überall Zustimmung, nein, offene Begeisterung« vorzufinden. Seine Wanderungen fanden ihren Niederschlag in der lokalen Presse, die »Marburger Zeitung« druckte sogar einen Artikel aus seiner Feder ab. Darin stand unter anderem: »Der Riese Schiller-Deutschland schläft, gebunden durch den amerikanischen

Dollar und die russische Faust. Daetwyler weckt diesen Riesen auf.« Selbstkritisch bemerkte er, daß seine Reden oft anmaßend waren, ihm aber nicht übelgenommen wurden; ein Kommentar der »Wuppertaler Nachrichten« schloß 1959 mit den Worten: »Die den alten Mann sehen, schütteln mitleidig mit dem Kopf oder schwärmen vielleicht ein wenig mit. Die Achtung vor der Tatkraft, mit der der alte Mann seine Ideen vertritt, kann ihm niemand versagen. Etwas resigniert und nicht ohne Bedauern kommt man nach einem Gespräch mit Max Daetwyler zu dem Schluß: Schade, daß die Verwirklichung so naheliegender, menschlicher Ideen so ferne liegt. Das Apostolat eines politischen Schwarmgeistes, der gestern von der Polizei kurz überprüft wurde, erwärmt einen Augenblick, um die Trostlosigkeit nachher nur um so deutlicher erkennbar zurückzulassen.«

Anfang Dezember war Daetwyler in Berlin eingetroffen, wo er im Pückler-Hospiz Quartier nahm.[4] Die Schweizer Delegation in Berlin beäugte den Landsmann und seine Aktivitäten argwöhnisch; schon seit 1950 existierten Leitlinien für das korrekte Verhalten: Jeder Schweizer Bürger sollte sich demzufolge im Ausland einer aktiven Beteiligung an politischen Bestrebungen enthalten; von politischen Kundgebungen sollten sie sich unbedingt fernhalten. Man wollte kein Aufsehen erregen, zu gut hatten sich die wirtschaftlichen Beziehungen in den ersten Jahren nach dem Krieg entwickelt. Was aber tat Daetwyler? Er rief in Berlin mündlich und schriftlich zu politischen Versammlungen auf!

Mittels Flugblatt lud er zu einer »machtvollen Demonstration« ein, und zwar am Sonntag nachmittag, dem 11. Dezember, um drei Uhr auf dem Potsdamer Platz. Daetwyler wollte einen Demonstrationszug hinein in den Ostsektor anführen, um gegen die Besetzung Ostberlins durch die Russen und die »Ungerechtigkeit« der Teilung Deutschlands zu protestieren: »Daetwyler allein, wenn es sein muß! Nein, Hundert, Tausend, hundert Tausende müssen meinem Ruf Folge leisten! Weihnachten 1955 muß ganz Deutschland frei sein in seinem Bewußtsein der Allmacht des Geistes, der Allmacht Gottes!«

Ihm war allerdings ein kleiner Fehler unterlaufen, der Besammlungsort, der Potsdamer Platz, lag nämlich im Ostsektor, wo an eine

Kundgebung nicht zu denken war. Einige Leute, denen er sein Flugblatt gab, lachten ihn aus: Kein Mensch würde auf dem Potsdamer Platz bei einer Demonstration seine Haut riskieren.

Auf dem Polizeipräsidium in Westberlin klärte man ihn dahingehend auf, daß er zuerst eine schriftliche Bewilligung vom Bezirksamt des Ostsektors brauche, bevor er ernsthaft an eine Versammlung denken könne. Aus der »machtvollen Demonstration« wurde folglich nichts. Nachdem die Berliner Zeitungen seine Artikel nicht abdrucken und ihn nicht einmal interviewen wollten, reiste er in die Schweiz zurück, nicht ohne vorher dem Chefredakteur der »Berliner Morgenpost« noch einen Brief geschrieben zu haben, in dem er seine Enttäuschung über die ablehnende Haltung zum Ausdruck brachte: »Viele kleine Dinge geben ein Großes. Viele kleine Absagen wie die Ihre veranlassen meine Rückkehr nach Zumikon. Ich habe dann die Seelenruhe, es probiert zu haben, eine Lösung zu propagieren, die überall beim Volke Simpathie auslöste.« Immerhin durfte er sich – zurück in Zürich – über Post freuen. Ihn erwartete ein Paket des Eugen-Diederich-Verlags aus Düsseldorf, das er auf der Durchreise bestellt hatte: Laotses Weisheiten; angesichts des Preises von 58 West-Mark muß es das Gesamtwerk gewesen sein.

Kurz nachdem er aus Berlin heimgekehrt war, ging Daetwyler ins Zürcher Atelier des Kunstmalers Willy Guggenheim, der unter dem Namen Varlin zu einem der bedeutendsten Schweizer Künstler des 20. Jahrhunderts avancieren sollte. Varlin, ein kauziger Charakter, hatte sich schon 1949 an Daetwyler gewandt, weil er eine der »populären Persönlichkeiten Zürichs« malen wollte. Varlin schuf im Lauf der Jahre drei Porträts des Friedensapostels, eines mit, zwei ohne Friedensfahne. 1974, zwei Jahre vor seinem Tod, besuchte er den Künstler noch zweimal in dessen Atelier in Bondo im Bergell.

In einem Tagebucheintrag vom 10. Januar 1956 schilderte Daetwyler die Begegnung mit dem Kunstmaler: »In einer Stunde ist ein Gemälde von mir entstanden, worin ich meine leibliche Person sehen kann. In kurzer Zeit hat er auf die Leinwand mein Bild gemalt, oft gesagt, daß ich einen schwierigen Kopf habe. Ich sprach in dieser Zeit viel mit ihm & so kam auch meine Stellung mit der Hand, so wie Buddha die Hand hielt, wenn er etwas erklären wollte. Im übrigen ist es mir ein Rätsel, wie er in wenigen Strichen etwas auf die Leinwand brachte, das Leben ausströmt. […] Guggenheim ist ein sehr lieber Mensch.«

Vom Maleratelier wechselte Daetwyler ein paar Wochen später in den Gerichtssaal. Dort setzte er sich für einen »lieben Menschen« ein – den Dienstverweigerer Alfred S., genannt Fredi. In der Schweiz gab es in den 1950er Jahren noch kein Zivildienst-Gesetz, Dienstverweigerer aus Gewissensgründen wurden darum mit Gefängnis bestraft. Das geschah auch mit dem 24jährigen Fredi, der den Wehrdienst als Panzerjäger-Rekrut verweigert hatte, zu zwei Monaten Gefängnis verurteilt worden war und nun im März 1956 zum zweiten Mal wegen Dienstverweigerung vor dem Divisionsgericht 6 stand. Er hatte einem neuen Aufgebot nicht Folge geleistet. Fredi war zum Dienstverweigerer geworden, nachdem er Daetwyler am Bellevue in Zürich reden gehört hatte. Infolge eines schweren Verkehrsunfalls lag er über ein Jahr im Zürcher Kantonsspital, wo er ausreichend Muße hatte, sich mit Gandhi, Laotse, Tolstoi und Buddha zu beschäftigen. Zur Verhandlung vor dem Divisionsgericht bestellte er Daetwyler zu seinem Verteidiger, eine Bitte, der dieser nur allzugern nachkam. Fredi bewegte sich ganz auf dem Boden seines Gedankenguts und berief sich bei seiner Dienstverweigerung unter anderem auf das biblische Gebot »Du sollst nicht töten«. Das psychiatrische Gutachten über den Angeklagten mußte Daetwyler vertraut erschienen sein, denn wie ihm 1914, wurden auch Fredi 1956 »Anlagen zur Geisteskrankheit« attestiert, er sei ein »infantiler, schizoider Typ«.

Wie zu erwarten, trug Daetwylers Auftritt als Verteidiger in einer Strafsache vor Militärgericht leicht groteske Züge. »Meine Lieben«, sagte der Bärtige zu den in Feldgrau gekleideten Militärrichtern, »es ist kein Zufall, daß der Prozeß in die Fasnachtszeit verlegt wurde, denn auch hier sitzen Leute in merkwürdigen Kleidern!« Nach der Aufforderung, das Gericht nicht zu beleidigen, konnte Daetwyler mit seiner Verteidigungsrede weiterfahren: »Auch der Krieg ist Fasnacht. Das Land muß mit der Allmacht Gottes verteidigt werden. Kein einziger Deutscher hätte im Zweiten Weltkrieg einen Russen getötet, aber weil in Deutschland der wahnsinnige Hitler an die

Macht kam, wurde millionenfach gemordet. Es gibt nur eine Rettung vor der totalen Vernichtung – das sind Leute wie Fredi, Daetwyler und Gandhi. Fredi ist viel heller als Major Lutz.« Lutz amtete in dem Verfahren als Auditor und hatte eine Haftstrafe von 75 Tagen und Ausschluß aus der Armee beantragt.

Dann forderte Daetwyler: »Machen wir hier den Anfang und bekennen und bekehren uns zu Daetwyler und zum wahren Weltfrieden! Wenn die Welt heute vor dem dritten Weltkrieg steht, sind die Großen Vier von Genf schuld, die mich nicht empfangen wollten. Ich, Daetwyler, wollte ihnen die Lösung bringen.« Einen Seitenhieb auf die Kirche ließ er sich nicht nehmen: »Schließen Sie ruhig alle Kirchen, diese Heuchlerbuden.«

Als Verteidiger vor einem Militärgericht war der Friedensapostel natürlich in keiner Weise dazu angetan, dem Angeklagten auch nur im geringsten nützlich zu sein. Dieser wußte, daß er auf jeden Fall mit einer unbedingten Strafe rechnen mußte, er war ja schon einmal verurteilt worden. Fredi wurde dann auch zu zweieinhalb Monaten Gefängnis unbedingt verdonnert und seine Akten zur Einleitung der Ausmusterung aus der Armee an die Untersuchungskommission weitergeleitet.

Immer stärker begann Daetwyler, der am 7. September 1956 70 Jahre alt geworden war, auf weltpolitische Ereignisse sofort und ohne Rücksicht auf Clara, geschweige denn auf sich selbst, zu reagieren. Keine Spur davon, daß ihn das fortschreitende Alter sanfter und gelassener machte. Seine Reaktion auf Gewalt und Unrecht war zu einem eingeschliffenen Reflex geworden; wo Unheil dräute, war der Reisende in Sachen Frieden mit seiner weißen Fahne zur Stelle. Nie aber gab er sich die moralinsaure Attitüde des Weltuntergangspropheten. Er las den Mächtigen die Leviten, doch in seinen Reden leuchtete stets versöhnlich sein Humor auf.

Im Herbst reiste Daetwyler 1956 aus Anlaß des Aufstands der Ungarn gegen die sowjetische Besatzungsmacht nach Wien, wo er ein Visum für Budapest beantragte, das er aber nicht erhielt. Als er daraufhin in der Nähe des Wiener Parlamentsgebäudes eine Rede hielt, verhaftete ihn die Polizei; er wurde in eine Wiener Nervenheilanstalt eingeliefert und nach zehn Tagen mit einem Rotkreuz-Zug in die Schweiz zurückgeschafft. Wenigstens hatte er Clara aus Wien eine Postkarte geschickt; erst mit deren Eintreffen erfuhr sie, daß sich ihr Mann in Wien aufhielt. Offenbar wurde Max immer vorsichtiger damit, Clara über seine Pläne ins Bild zu setzen, wußte er doch, daß dies ohnehin nur ein Donnerwetter auslösen würde.

Wenn Daetwyler nicht gerade in Berlin, Wien oder sonstwo auf der Welt nach dem Rechten sehen mußte, hielt er in Zürich – so in den 50er Jahren an einem Karfreitag im Niederdorf und an einem 1. Mai auf der Quaibrücke – seine Ansprachen. An besagtem Karfreitag widmete er sich im Niederdorf wieder einmal einem seiner Lieblingsthemen: Abertausende von Priestern würden jetzt an Ostern wieder die Auferstehung Christi predigen. Was für ein Unsinn: »Der Tod ist etwas, was niemand überwindet, denn Geburt und Tod sind Bestandteile der ewigen Ordnung der Natur, die niemand umstoßen kann. Am wenigsten ein Jesus von Nazareth, dessen Lehre […] vielmehr in der Achtung vor der Ordnung der Natur, der Ordnung Gottes bestand. Alles, was geboren wird, stirbt. Ein Mensch, der tot ist, steht nicht mehr auf. Es ist so vollkommen in Ordnung.« Dann wechselte er über zum Krieg und zum staatlich legitimierten Morden, was Angriffe gegen ihn aus dem Publikum auslöste. Solche Attacken war er gewohnt, und er hatte gelernt, sie aufgrund jahrzehntelanger Erfahrung zu parieren, mal mit dem Zweihänder, mal mit dem Florett. Ein Zuhörer forderte ihn auf: »Hau ab nach Moskau!« Daetwyler erwiderte: »Für mich gibt es weder Schweiz noch Rußland. Ich bin vor allem Mensch und Weltbürger und als Mensch will ich die anderen Menschen lieben und nicht bedrohen.«

Am Morgen des 1. Mai 1958 erhielt Daetwyler Besuch von der Polizei. Die Ordnungshüter baten ihn, vor dem Abmarsch zur 1.-Mai-Feier die weiße Fahne zu Hause zu lassen, wozu dieser sich bereit erklärte. »Wenn ich nicht nachgegeben hätte«, notierte er, »wäre meine Verhaftung erfolgt, & ich will nicht unnötigerweise die Polizei in Tätigkeit setzen.«[5] Den Mund verbieten ließ er sich aber nicht: An der Feier würdigte er die Bestrebungen der Arbeiterschaft und der Gewerkschaften, die Lage der Arbeiter zu verbessern; er wies aber im gleichen Atemzug darauf hin, daß in sittlicher und kultureller Hinsicht noch viel zu tun sei. Die Internationale der Arbeiter müsse sich geschlossen gegen den Rüstungswahn stellen. Dies wäre der wertvollste Beitrag für den Weltfrieden.

Vier Tage nach dieser Rede reiste er nach Paris, wo er bei Staatspräsident René Coty vorsprechen wollte, um seine Friedensforderungen, den Algerienkrieg betreffend, vorzubringen. Das Eidgenössische Politische Departement verlangte von den Behörden der Grenzkantone, Daetwyler zur Rückkehr nach Zürich zu bewegen. Dieser wollte um Mitternacht in Basel den Zug nach Paris besteigen; die Grenzpolizei nahm in jedoch fest und Daetwyler landete vorerst auf dem Polizeiposten des Hauptbahnhofs Basel. Händeringend versuchten die Polizisten ihn von der Reise nach Paris abzubringen; die Überredungskünste gingen Daetwyler zum einen Ohr rein und zum andern wieder raus. Am 6. Mai verließ er Basel um 11.15 Uhr mit dem Zug Richtung Paris, kam aber dort nur bis zu den Türstehern der verschiedenen Regierungssitze. Nach einer Woche in der Seine-Stadt kehrte er zwar wieder in die Schweiz zurück, doch in Zumikon hielt es ihn nicht lange. Nach knapp zwei Wochen machte er sich erneut nach Paris auf. Diesmal sollte es ein Fußmarsch mit der weißen Friedensfahne werden. Man mag sich gar nicht ausdenken, was Clara von dieser neuen Eskapade ihres Mannes hielt, sie hatte sich in letzter Zeit gesundheitlich ohnehin nicht gut gefühlt.

Daetwyler hatte sich für diesen Friedensmarsch etwas ganz Besonderes einfallen lassen. Am Morgen des 23. Mai 1958 erschien ein Automobilist auf dem Posten der Kantonspolizei Rheinfelden und berichtete, daß sich auf der Hauptstraße Zürich-Basel ein Taxi mit dem Zürcher Nummernschild 6807 im Schrittempo Richtung Basel bewege. Durch seine Fahrweise störe dieses Taxi den ganzen Verkehr, selbst die vielen Hupsignale würden den Fahrer nicht zur Vernunft bringen. Gestützt auf diese Meldung begab sich ein Kantonspolizist auf die Hauptstraße, wo er in der Ochsenkurve besagten Wagen, einen schweren Amerikaner, vorfand. Auf dem Kühler war ein großes Transparent befestigt, auf dem »Frieden in Algerien« stand. Neben dem Wagen auf dem Trottoir spazierte ein Mann. Der Taxichauffeur klärte den Polizisten dahingehend auf, daß es sich um den Friedensapostel aus Zürich handle, aus Protest gegen die französische Krise marschiere dieser nach Paris; der Chauffeur habe den Auftrag, Daetwyler mit seinem Taxi nach Basel zu begleiten. Beim Abmarsch in Zürich habe man diesem wegen seiner weißen Fahne Schwierigkeiten gemacht, woraufhin der Friedensapostel kurzerhand für ein paar Kilometer mit seinem Taxi gefahren sei. Dann sei er aber wieder ausgestiegen und die Strecke nach Basel zu Fuß gegangen. Der Polizist ersuchte den Taxichauffeur, ein Stück vorzufahren und abseits der Straße auf Daetwyler zu warten, er störe nämlich den Verkehr ganz erheblich. Der Kantonspolizist stellte auch fest, daß Daetwyler Flugblätter verteilte und ab und zu etwas Geld überreicht bekam.

Um die Mittagszeit des 23. Mai traf Daetwyler in Basel ein; die dortige Polizei war bereits zwei Tage zuvor vom Zürcher Nachrichtendienst avisiert worden: Daetwyler ante portas! Außer der Polizei fanden sich auch Reporter ein, die den Friedensmarschierer interviewten und fotografierten. Er erklärte den Presseleuten, daß er dem französischen Staatspräsidenten einen Plan vorlegen wolle, der auf Gandhis Prinzip der Gewaltlosigkeit fuße. Es wäre doch alles ganz einfach: Waffenstillstand in Algerien, Amnestie für die Gefangenen auf beiden Seiten, Unabhängigkeit, freie Wahlen von zwei Parlamentskammern nach Schweizer Vorbild, Einsetzung einer demokratischen Regierung in Algerien. Ob denn das so schwer zu begreifen sei? Des weiteren wolle er die Regierung in Paris darum bitten, ihn nach Algerien einreisen zu lassen.

Daetwyler, die weiße Friedensfahne geschultert, marschierte in die Innenstadt und nahm im Hotel Helvetia Logis, am folgenden Tag begab er sich um 15 Uhr zur Grenzübergangsstelle Lysbüchel. Dort ließ ihn die französische Grenzpolizei unter der Bedingung, die mitgeführte weiße Fahne einzurollen und in Frankreich jegliche Demonstrationen zu unterlassen, passieren.

Naturgemäß hielt sich Daetwyler nicht an diese Vorgaben und kam nicht weit: Am nächsten Tag, Pfingstsonntag 1958, wurde er von der französischen Polizei an die Grenze gestellt. In der Nacht auf Pfingstmontag traf er bei Clara in Zumikon ein, völlig pleite. Nicht einmal Taxifahrer Gubser, der ihn von Zürich nach Basel gefahren hatte, konnte er bezahlen, und so mußte Clara mit 50 Franken aushelfen.

Im Herbst ging es Clara gesundheitlich immer schlechter, und das blieb ihren nächsten Angehörigen natürlich nicht verborgen. Daetwyler senior hatte es schon im Sommer zu dämmern begonnen, wie schwer krank seine Gattin war.[6] Zu dieser Zeit schrieb er »vom tödlichen Widerstand von Clairli« gegenüber seinem Friedenskampf, den sie als Wahn empfinden mußte. Zum ersten Mal tauchte nun Daetwylers fixe Idee auf, daß er für die Krankheit seiner Frau die Schuld trage. Seine Friedensarbeit im allgemeinen und sein Versuch, Ende Mai nach Paris zu reisen im besonderen, hätten bei ihr die Krankheit ausgelöst: »Es ist bewiesen, daß der Ärger über meine Pariser Reise schuld war an der Krankheit. Dann kamen die Schmerzen. Clairli hat sich nicht ergeben, sondern weiter gearbeitet bis heute. Sie wollte keinen Arzt, sie wollte noch heuen, den Honig einnehmen. Und ich ließ alles gehen in der Hoffnung auf eine Wendung der Krankheit. Sie kam nicht, und heute ist Clairli […] zur Operation. Ich trage die volle Verantwortung für ihr Leben. Heute morgen wäre ich am liebsten nicht mehr aufgestanden.«

Die vermeintliche Schuld an der Krankheit seiner Frau verfolgte Daetwyler bis an sein Lebensende; immer wieder marterte er sich mit Selbstvorwürfen. Am 24. Juni notierte er in sein Tagebuch: »Die Würfel sind gefallen. Clairli muß in den Spital zur Operation. Es gibt keine andere Rettung mehr. Ihr Aussehen ist um 20 Jahre älter. Ihre Liebe neu erwacht. Keine weiteren Vorwürfe.« Er verstieg sich in die Vorstellung, daß die Operation nur darum nötig sei, weil ihm der Glaube an eine Heilung fehle, er sah in der Krankheit Claras absurderweise »ein geistiges Problem«. Am 4. Juli 1958 schrieb er einen Brief, in dem er seinem Sohn Max die dramatische Lage ohne Beschönigung schilderte und diesen bat, so bald als möglich nach Hause zu kommen: »Im Namen des Herrn. Wir sind heute bei Mama gewesen im Spital. Sie darf nun Orangensaft nehmen. Sie meint, man müsse nun schauen, ob alles wieder in Ordnung käme. Die Ärzte wissen es anders. BauchspeichelKrebs war die Ursache der Gelbsucht. Die Galle konnte sich nicht mehr entleeren und ist dann geplatzt. Nun haben sie einen Ausgang in den Magen gemacht. Aber es gibt keine Heilung. Man kann diesen Krebs, der ein Geschwulst ist, auch im Anfangsstadium nicht heilen.

Somit hat uns der Herr geschlagen, daß wir mit dem Verlust des Lebens rechnen müssen. Einige Zeit noch, einige Wochen, man weiß es nicht. Herr Dr. Bretscher gibt Dir den Rat, mit der Heimreise nicht zuzuwarten bis im September. Sondern so bald als möglich heim[zu]kommen und dann nehme ich an, hier bleiben bei Mama.

Die Ursache von diesem Krebs wissen wir nicht. Ich verliere den liebsten Menschen auf Erden. Und bitte Gott, daß er ihre Tage noch behüten werde. Du hast ihr viel Freude gemacht im Leben, Du warst ihr alles. Wir werden natürlich Mama nichts wissen lassen, es hat keinen Wert. Möge sie bis ans Ende an eine Heilung glauben. Bei Gott sind alle Dinge möglich. Am Gebet hat es nicht gefehlt. Es tut mir leid, lieber Max, Dir so einen Bericht geben zu müssen, wir müssen den Kelch austrinken.«

Elf Monate später starb Clara. Vor der Trauerfeier verfaßte Max ein Manuskript, in dem er Claras Einstellung zu seiner Friedensarbeit erläuterte. Demnach hatte Clara bei der Heirat 1918 klargestellt, daß sie keine Soldatin in der Friedensarmee ihres Mannes werden wolle, sie versprach ihm aber, hart zu arbeiten, um die Familie auf ehrliche Weise durchzubringen.

Trotz Claras gutem Willen hatte die Friedensmission ihres Mannes die Ehe immer wieder belastet. Von einem Bezirksanwalt mußte sie sich in den 1930er Jahren anhören, daß man daran denke, ihren Max in seine Heimatgemeinde Unterentfelden im Kanton Aargau abzuschieben; dann wiederum hieß es, ihr Mann würde bald bevormundet und als Unzurechnungsfähiger dauernd in einer Heilanstalt interniert. Als Daetwyler Ende 1939 während 21 Tagen fastete, fürchtete sie um sein Leben; um seine Freiheit bangte Clara, als Max nach dem Versuch des illegalen Grenzübertritts 1944 vier Wochen in Basel im Gefängnis saß.

Am 27. Mai 1960, ihrem ersten Todestag, schrieb Daetwyler einen längeren Text, in dem er an die 41 Ehejahre und an die Rolle, die Clara in seinem Leben gespielt hatte, zurückdachte: »Überall, wo ich hinblicke, begegnet mir der Segen meiner Frau. Alles, was mich umgibt, ist ihr Werk. Nichts war ihr zu viel. Keine Mühe, keine Arbeit. Und wenn sie mit mir stritt & mit mir böse war wegen meiner Consequenz, mit der ich meine Friedensarbeit vertrat, so hat sie doch immer wieder mein Denken und mein Handeln respektiert. Und nichts getan, um mich in meinem Wesen zu schädigen. So war sie mein Schutzengel. Ich betrachte es als eine Gnade Gottes, als einen Dank Gottes an meine Treue der Sache des Herrn gegenüber, daß er mir die Einsicht und die Weisheit gab, dies ist Deine Frau. Es war mir bereits bei [unserem] ersten Zusammentreffen so wohl ums Herz. Ach, ich fühlte mich so glücklich in ihrer Gegenwart.«

Selbstkritisch fuhr Daetwyler fort: »Clairli machte mir oft Vorwürfe, daß sie selbst so viel tun mußte, um für das Brot für die Familie zu sorgen. Sie hätte von mir erwartet, daß ich wenigstens für die Familie sorgen würde. Ach, sie hatte mehr als recht. Ich war von Jugend auf ein bequemer Herr & liebte das Nichtstun, das Nachdenken, ein gutes Buch & Gesellschaft. Das alles war nicht förderlich für die viele Arbeit, die es gab. […] Daneben aber hatte ich meinen Kopf bei der Politik & meiner FriedensArbeit. Viel zu wenig bei der Familie. So ging das Leben weiter bis an dem Tage, daß ich meine Reise nach Paris antrat. Da kam eine Krankheit zum Ausbruch, von der Clairli schon längere Zeit befallen war & die am Ende zum Tod führte. Ich mache mir heute Vorwürfe, Clairli mit zu wenig Liebe, mit zu wenig Sorgfalt behandelt zu haben. Immer mußte ich abwägen, da gehöre ich meiner Familie, da gehöre ich der Allgemeinheit, & dabei kam die Familie zu kurz. Aber auch Clärli war durch den Lebenskampf härter geworden. Und die äußeren Verhältnisse diktierten einen LebensRithmus, der zu wenig Ruhe übrig ließ. Mein Prinzip der Bedürfnislosigkeit wurde durchbrochen durch zu viel materielle Belange. Ich blieb der Vegetarier, der Abstinent, der Nichtraucher, ich blieb der sexuellen Enthaltsamkeit treu, aber alles auf Kosten der Gemütlichkeit, der Lebensfreude, der inneren Glückseligkeit. Am Ende muß die Seele zu ihrem Recht kommen, die vollkommene Herrschaft der Seele über das Materielle, um ein glückliches Leben zu haben. Unsere beiden Kinder haben mitgeholfen, Mama wenigstens in der Hinsicht für all ihre Opfer an äußerer Ruhe zu entschädigen. Wenn auch das lange Wegbleiben von Max in Japan wiederum der Anlaß zu Leid war für Mama. Die Heirat von Clairli[7] viel Opfer von ihr verlangte. Als die Krankheit in Erscheinung trat, da machte sie mir bittere Vorwürfe. Ich trage die Schuld daran. Als es keine Rettung gab, da fügte sie sich still ins Unvermeidliche, & es kam keine Klage über ihre Lippen. Sie wollte gerne sterben, wenn es nur keinen Todeskampf gäbe. Es gab keinen Todeskampf. Das Bewußtsein hörte auf, bevor die leibliche Funktion aufhörte. Es war ein langsames Auslöschen eines Lebenslichtes, eines Lebensfunkens, der herrlich war in seiner Art. Es war kein unrechter Gedanke in ihrem Wesen. Sie hatte für sich selbst wenig Ansprüche, ihre Liebe galt ihren Kindern und ihrem Mann. Auf den sie stolz war, trotzdem er seine eigenen Wege ging.«

Wie ihr Mann glaubte auch die nüchtern denkende Clara nicht an ein Leben nach dem Tod: »Clairli hatte den mutigen Glauben, daß mit dem leiblichen Tode das EinzelWesen in seiner Erscheinung zurückkehrt zum Alleben, wo es seinen Ausgang genommen hatte. Es war ein mutiges, tapferes, herrliches Weib, das mir der Herr für mein Leben geschenkt hat. Sollte es mir möglich sein, etwas für den Weltfrieden zu tun, so ist sie schuld daran. Denn sie war wahr und treu bis ins Kleinste. Ohne Falsch, ohne Lüge. Mein Leben gewinnt jeden Tag von Neuem die Kraft, stark & schön zu sein im Andenken an mein liebes liebes Clairli. Ihr zuliebe bin ich reinen Herzens, ihr zuliebe mache ich ganze Arbeit. Und wenn es mich Leiden kosten sollte, es ist nichts gegenüber dem Leiden, das sie ertragen hat, tapfer ohne ein Wort der Klage.«

Sohn Max in Japan, Tochter Klara in Beschlag genommen von ihrer eigenen Familie, stand Daetwyler nun ohne die schmerzlich vermißte Clara ganz allein in der Welt. Er kannte zwar viele Leute, doch einen wirklich engen Freund hatte er nicht. Das rührte vielleicht auch daher, daß er zu den Friedensbewegungen seiner Zeit kaum Kontakt hatte; in diesen Kreisen hätte er noch am ehesten eine verwandte Seele finden können. Daetwyler aber war und blieb ein Einzelgänger; was ihn nach Claras Tod noch erfüllte, war seine Mission. Diese betrieb er in den kommenden Jahren mit einer Energie und einem Eifer, die auch einen viel jüngeren Mann an die Grenzen der Belastbarkeit geführt hätten.

Zwei Wochen nach Claras Tod machte sich Daetwyler – nach 1934 und 1955 – zum dritten Mal nach Deutschland auf. Unterwegs feierte er seinen 73. Geburtstag. Zu Fuß marschierte er mit der weißen Fahne jeden einzelnen Kilometer von Zürich bis nach Berlin; einzig für die Strecke von Hannover nach Westberlin war er genötigt, ein Flugzeug zu besteigen: Die DDR-Behörden verweigerten ihm den Weg durch die Zone. Diese Deutschlandreise sollte der längste Auslandaufenthalt Daetwylers werden: Am 11. Juni 1959 verließ er Zürich, am 28. Oktober traf er wieder in Zumikon ein.

Mit einem Inserat im »Tagblatt der Stadt Zürich« hatte er seinen Friedensmarsch annonciert. Wie angekündigt traf er an einem Donnerstag Punkt 14 Uhr auf der Zürcher Bahnhofbrücke ein, wo ihn eine größere Menschenmenge erwartete. Er trug einen schwarzen Anzug, schwarze Halbschuhe und einen Rucksack, der 20 Kilogramm wog. Daetwyler zog zwei Bambusstangen aus einem Futteral, steckte sie zusammen und entrollte seine weiße Friedensfahne. Inzwischen war der Brückenkopf beim Central mit Zuschauern überfüllt. Mit einem »ostschweizerischen ›R‹ weit hinten im Hals«, wie die »Neue Zürcher Zeitung« berichtete, hielt er eine kurze Ansprache: »Ich bin ein kleiner Mann, aber ich habe eine große Idee!« Daetwyler forderte nicht nur ein freies Europa, sondern das Reich Gottes auf Erden und erklärte dem Publikum: »Wenn es nicht erlaubt ist, daß ein Mensch den anderen tötet, hat keine Regierung der Welt das Recht, mit Menschenblut Politik zu machen.« Das wolle er den Berlinern mitteilen; das deutsche Volk müsse seinen Weg außerhalb der Nato und des Warschauer Pakts gehen.

Noch während Daetwyler sprach, tauchten zwei Polizisten auf, die den Verursacher der Verkehrsstauung auf die Hauptwache führen wollten. Doch das gelang nicht, weil sich die Menge vor Daetwyler stellte und die beiden Polizeimänner mit Pfuirufen und Schmähworten eindeckte. Unbehelligt verließ Daetwyler die Stadt in Richtung Winterthur. Gewicht bekam sein Rucksack auch durch einen Stapel Bulletins jener »Friedenszeitung«, die er nun schon seit 1916 publizierte. Die mitgeführte aktuelle Ausgabe verkaufte er später in Deutschland für zehn Pfennig das Exemplar. Er schilderte in ihr seinen »Friedensplan Daetwyler für Berlin und Deutschland für ein freies, neutrales Schiller-Deutschland nach dem Vorbild der Schweiz«. In diesem Flugblatt verglich er sich ein weiteres Mal mit Gandhi; wie dieser rufe auch er zur geistigen, moralischen Kraft und zur Gewaltlosigkeit auf. Die einfachen Leute müßten sich zu Wort melden und den Frieden errichten »auf dem Fundament des geistigen Lebens und der Bruderschaft«.

Er zitierte eine Stelle aus Schillers »Wilhelm Tell«, die wie für ihn geschaffen schien und seine Ideale wunderbar zum Klingen brachten:

Wir wollen sein ein einzig Volk von Brüdern,
In keiner Not uns trennen und Gefahr,
Wir wollen frei sein, wie die Väter waren,
Eher den Tod, als in der Knechtschaft leben,
Wir wollen trauen auf den höchsten Gott,
Und uns nicht fürchten vor der Macht der Menschen.

Daetwyler hatte in Berlin Großes vor. Er wollte den regierenden Bürgermeister Willy Brandt treffen und hatte seinen Besuch bereits schriftlich angekündigt. Vor allem plante er, durch die Sowjetzone nach Berlin zu gelangen. Schon unterwegs hatte er die sowjetzonale Volkspolizei in Pankow um die Bewilligung für den Durchmarsch ersucht und darum gebeten, diese bitte postlagernd nach Helmstedt zu schicken.[8] In der niedersächsischen Kreisstadt lag für ihn aber nicht die gewünschte Post bereit. Nur eine Juxkarte war eingetroffen, auf der stand – Achtung DDR-Humor! – »Trink Doornkaat«. Daraufhin gab Daetwyler eine Depesche an den Schweizer Bundesrat mit der Bitte um eidgenössische Unterstützung auf: »Ich versichere vor aller Welt, daß ich an meiner christlichen Mission im Sinne der Bergpredigt festhalte.«

Von Reportern beobachtet, versuchte er nun ohne Genehmigung in die Sowjetzone zu gelangen; sobald er den Grenzpunkt überschritten hatte, entwand man ihm die Fahne und führte ihn ab. Auf dem Posten stellte sich der Zonenwanderer vor: »Max Daetwyler, Schweizer Friedensapostel, ich bringe euch den Frieden.« Den DDR-Grenzern muß Daetwyler wie ein Außerirdischer erschienen sein. »Ihr seid zweifellos hochfeine Leute«, gestand er den Beamten zu, »nur leider im falschen System zu Hause. Ihr schimpft über unsere kleinen Kapitalisten, doch ihr habt den Staatskapitalismus.« Die DDR-Beamten sahen sich angegriffen und erwiderten: »Was redet ihr Schweizer von Demokratie, wo ihr noch nicht einmal das Frauenstimmrecht kennt.« Daetwylers Konter: »Freunde, in der Schweiz ist das so – die Männer sind alle unter dem Pantoffel und stimmen so, wie die Frauen es wünschen.«

Trotz dieser Scherzworte wurde die Situation für Daetwyler allmählich ungemütlich. Er wollte so schnell wie möglich wieder auf die andere Seite der Grenze nach Westdeutschland zurück und versuchte es mit einer List: »Drüben warten Journalisten auf mich. Denen soll ich berichten, wie ihr mich empfangen habt.« Damit bewirkte er aber genau das Gegenteil: Die DDR-Grenzer behielten ihn erst recht zurück. Spät in der Nacht drückte man Daetwyler ein Bahnbillett für die Strecke Helmstedt-Hannover in die Hand und begleitete ihn zum Zug. Doch nach ein paar hundert Metern stieg er in Helmstedt wieder aus. Am nächsten Morgen winkte er den DDR-Grenzbeamten fröhlich mit der Fahne zu und marschierte zurück nach Hannover. Dort bestieg er das Flugzeug, das ihn nach Westberlin brachte.

Daetwylers Marschpensum bei seinen Friedensmärschen lag bei 20 bis 25 Kilometern am Tag. In Deutschland hielt er unterwegs unzählige Ansprachen: So fand er sich in Ludwigshafen beim Schichtwechsel vor dem BASF-Tor ein, wo er mit den Arbeitern diskutierte. Zur Feststellung der Personalien wurde er auf die Wache gebracht. Die Redaktion der »Schwäbischen Zeitung« sandte ihm postlagernd einen Brief nach Ulm. Unter anderem stand darin: »Besonders interessieren würde es uns, wie Sie die Zonengrenze überwinden und wie sich Ihr Marsch durch die sowjetisch besetzte Zone gestaltet. Es wäre nett, wenn Sie einmal von sich hören ließen.«

Der seltsame Mann mit dem weißen Bart und der weißen Fahne stieß bei den deutschen Zeitungsredaktionen auf beachtliches Interesse. Dazu trug natürlich Daetwyler tatkräftig selbst bei, Besuche bei Redakteuren gehörten zu seinem Pflichtprogramm, davon konnte ihn nichts abhalten. Eine Zeitung titelte ihren Bericht mit der Schlagzeile: »Opa mit Vollbart trägt weiße Fahne nach Berlin.« Eine andere nannte ihn einen »sehr liebenswerten alten Herrn«. Die Zeitungsleute kratzten sich die Köpfe und überlegten, wo genau zwischen dem Erhabenen und dem Lächerlichen dieser Redaktionsbesucher nun stand. Wurde er gefragt, wann er in Berlin einzutreffen gedenke, zuckte er mit den Schultern: »Ein Friedensapostel richtet sich nicht nach Uhr und Kalender.« Auch die Bevölkerung begegnete Daetwyler vorwiegend offen und aufgeschlossen, manche hielten dies sogar schriftlich fest. Postlagernd nach Frankfurt am Main schrieb ein Rechtsanwalt aus Wiesbaden: »Ich spreche Ihnen hiermit meine Bewunderung und Anerkennung aus und kann Ihnen auch gleichzeitig im Namen meiner Freunde mitteilen, daß wir Ihr Gedankengut als vorzüglich anerkennen. Fänden sich mehr Menschen Ihrer Art, dann brauchte man um den Frieden keine Angst zu haben.«

Nach fast zweimonatiger Wanderschaft kam er schließlich am 3. August 1959 in Westberlin an. Am Bayrischen Platz bezog er ein möbliertes Zimmer und gönnte sich eine kurze Pause. Dann begann er fast täglich auf den Straßen Berlins vor Kaufhäusern und Kinos zu predigen. Am 29. September trat er schließlich seinen »Friedensmarsch nach Pankow« an. Das war riskant, denn er mußte beim Brandenburger Tor den Sowjetsektor betreten. Die Grenzposten der Volkspolizei sahen dem Fahnenträger mit Feldstechern entgegen und ließen ihn hinein. Journalisten, die ihn begleiten wollten, wurden dagegen durch Ausweiskontrollen aufgehalten. Unerwartet bog Daetwyler – wohl auf

Weisung der Polizei – in die erste Seitenstraße hinter dem Brandenburger Tor ein und entschwand den Blicken der Presseleute.

Die Ostberliner gingen anständig mit dem Friedensmann um. Sie luden ihn zu Kaffee und dann sogar zu einer Stadtrundfahrt ein, auf der man ihm unter anderem die Stalin-Allee zeigte. Ihr Angebot, Daetwyler solle am geplanten Umzug zum zehnjährigen Bestehen der DDR an der Spitze westdeutscher Arbeiterdelegationen mitmarschieren, schlug der Schweizer Friedensmann jedoch aus, er wollte sich von niemandem vereinnahmen lassen. Nach zwei Stunden war er wieder zurück in Westberlin. Daetwyler ging anläßlich dieser Reise noch ein zweites Mal nach Ostberlin, man hatte ihn nämlich ins Ostberliner Rathaus eingeladen. Dort konnte er seine Forderung vortragen, den Stacheldraht an der Zonengrenze zu entfernen, was natürlich nicht geschah. Seine Gesuche, bei DDR-Chef Walter Ulbricht vorzusprechen, blieben allerdings unbeantwortet.

Nachsichtig ließ ihn die Westberliner Polizei gewähren, wenn Daetwylers Reden zu kleineren Aufläufen führten. Die Westberliner betrachteten den Friedensrufer mit Wohlwollen, aber auch mit Belustigung. Als er sich bei der Schweizerischen Delegation an der Fürst-Bismarck-Straße vorstellte, wurde er darauf hingewiesen, daß die Delegation kaum in der Lage wäre, etwas für ihn zu tun, wenn ihm im Ostsektor etwas zustoßen sollte. Die Schweizer Beamten wunderten sich auch, woher die Mittel stammten, mit denen ihr Landsmann seinen Aufenthalt in Berlin bestritt. Darüber sprach Daetwyler nie gern, erklärte aber, daß er auch in Berlin milde Gaben erhalte.

Mit Flugblättern machte er schließlich für eine »mächtige Friedenskundgebung« auf dem Platz der Republik vor dem Reichstagsgebäude Propaganda. Unter dem Titel »Nieder mit dem Stacheldraht!« wandte er sich »an das deutsche Volk« und die »geliebten Freunde«, von denen nur etwa 50 zur Kundgebung für die Einigung Deutschlands erschienen waren: »Meine Lehre ist so einfach, daß sie jedes Kind begreift. Der Schöpfer der Welt, den die Christen Vater im Himmel nennen, die Mohammedaner Allah, die Buddhisten das Nirwana, die Chinesen das Tao, viele nennen ihn Gott, Natur, hat jedem seiner Geschöpfe, auch jedem Menschen, sein Gesetz, wir nennen es das ungeschriebene Gottesgesetz, in sein Herz geschrieben. Darum weiß jeder Mensch von sich aus, was gut und was böse ist, wenn er auf die leise innere Stimme hört. Die verschiedenen Glaubensbekenntnisse sind nur äußerliche Formen. Formlose Form! Wenn ein Mensch an Gott glaubt, und er nach seinem Inneren handelt, das ist Religion. Das ist das Fundament aller Religion, aller Weisheit, das Band der Einheit der ganzen Welt, das Band der Liebe, das den Erdteil verbindet.«

Daetwyler krönte seinen Berliner Aufenthalt noch mit einem viertägigen Hungerstreik, wohl um zum Abschluß noch ein Zeichen zu setzen, und kehrte dann – nach gut fünf Monaten – Ende Oktober 1959 in die Schweiz zurück. An einem Sonntag morgen kurz vor neun Uhr erwartete ihn laut der Zeitung »Die Tat« im Zürcher Hauptbahnhof eine »große Menschenmenge«. Dieser teilte Daetwyler mit, jetzt wolle er um ein Visum für Rußland nachsuchen und dort Kremlchef Nikita Chruschtschow ins Gewissen reden, von Berlin aus werde er nach Moskau reisen.

Doch es kam anders. Zwar wollte Daetwyler nach wie vor nach Moskau, aber das Visum für die Reise gedachte er nicht in Berlin, sondern bei der russischen Botschaft in Bern einzuholen. Nach einer Rede auf dem Zürcher Helvetiaplatz wanderte er am 26. Dezember 1959, kurz nach 14 Uhr, begleitet von fünf Getreuen, durch die Badenerstraße stadtauswärts. Am Morgen des Sylvestertags gelangte er – inzwischen wieder Einzelkämpfer – nach Bern. Noch bevor er das Stadtzentrum erreichte, wurde er von der Polizei kontrolliert. Auf seinen Wunsch fuhr man ihn im Polizeiauto zum Hospiz zur Heimat, wo er Quartier nahm. Der »Unfriedenstifter« war den Berner Behörden keineswegs willkommen, am nächsten Tag fand auf dem Bundesplatz der traditionelle Neujahrsempfang des diplomatischen Korps statt – den Ordnungshütern schwante Unheil. Man sicherte ihm aber in Bern Bewegungsfreiheit zu, solange er sich korrekt verhalte. Prompt stahl er Bundespräsident Max Petitpierre, der am 1. Januar 1960 die diplomatischen Vertretungen des Auslands empfing, die Schau. Er tauchte auf dem Bundesplatz mit seiner weißen Fahne auf und hatte bald eine größere Menschenmenge um sich geschart als der Bundespräsident.

Am nächsten Tag gingen bei der Berner Polizei Klagen ein; demnach würde unter den Lauben[9] bei der Spitalgasse der Passantenverkehr »stark gehemmt«. Die Beamten mußten nicht lange rätseln, wer das Hemmnis verursachte: natürlich Daetwyler. Tatsächlich gab er dort gut gelaunt Witze über die Bundesräte zum besten: »Der Bundesrat Etter hat sich zum Papst nach Rom begeben, um sich dort heilig sprechen zu lassen. Der Papst habe Etter daraufhin mitgeteilt, heilig könne er ihn nicht sprechen, aber scheinheilig.« Es sei auch schade, daß nicht er, Daetwyler, das Militärdepartement habe übernehmen können – um das Militär abzuschaffen.

An jenem Samstag morgen war Daetwyler auf der russischen Botschaft erschienen – dem eigentlichen Ziel seines Marsches nach Bern. Das erhoffte Visum für Moskau wurde ihm aber verweigert, der Sekretär meinte, es sei jetzt viel zu kalt in Moskau, er solle lieber den Frühling abwarten, bis die geplante Moskauer Gipfelkonferenz vorbei sei. Außerdem würde er mit seiner Friedensforderung besser nach Washington gehen. Die Russen wollten Frieden, nur die andern nicht. Immerhin stellte ihm der Botschaftsmann für die nahe Zukunft ein Visum in Aussicht – ein falsches Versprechen, wie sich schnell herausstellte: In Bern sollte Daetwyler kein Visum bekommen, denn Ende April, nachdem er insgesamt fünf neue Anträge gestellt hatte, wurde ihm die Einreiseerlaubnis definitiv verweigert. Zu diesem negativen Bescheid hatte sicher auch beigetragen, daß es zu jener Zeit absolut ungewöhnlich war, daß eine Privatperson in die UDSSR reisen wollte. Die wenigen Schweizer, die zu jener Zeit Moskau besuchten, taten dies in Gruppen und unter Führung der Reiseorganisation Intourist.

Daetwyler blieb noch bis zum Donnerstag in Bern. Er hielt seine Reden, hemmte den Verkehr und bekam im Hospiz zur Heimat Polizeibesuch. Dort wurde ihm die Zusage abgerungen, daß er sich in seinen Äußerungen mäßige, die Friedensfahne im Zimmer belasse und bald wieder abreise. Am Tag vor seiner Rückkehr nach Zürich organisierte er noch eine per Inserat angekündigte Versammlung im Speisesaal des Hospiz zur Heimat. Er wollte bei diesem Anlaß die Berner Sektion des »Weltfriedensvereins« gründen.

Die Ziele seiner dritten Friedensorganisation hatte er bereits am 8. November 1959 umrissen. Sie stand in der Nachfolge der 1915 gegründeten Friedensarmee und des P.N.W.F.C., gegründet 1943. Sein neuestes Projekt nannte er nun »Weltfriedens-Verein ›Weiße Fahne‹«. Der erste Absatz des Artikels 1 der Statuten verlangte »Aufrichtung und Verwirklichung des Reiches Gottes, des Friedens-Reiches des Jesus von Nazareth nach der einfachen Lehre der Bergpredigt: Matthäus Kap. 5, 6 und 7«. Der sechste Absatz des ersten Artikels endete mit den Sätzen: »Der Krieg ist abgeschafft. Die Waffen nieder!«[10] Außerdem wollte der neue Verein dafür sorgen, daß alle Armeen und Waffen abgeschafft werden, entstehen sollte »ein Vaterland der Menschen«. Präsident des »Weltfriedens-Vereins ›Weiße Fahne‹« war natürlich Max Daetwyler.

Für die Gründung der Berner Sektion brauchte er einen Aktuar, einen Kassierer und zwei Beisitzer. Doch leider bekam er bei der Versammlung im Hospiz zur Heimat die für die Vereinsgründung notwendigen Personen nicht zusammen. Das sollte ihm auch vier Monate später nicht gelingen. Zu einer zweiten Versammlung fanden sich lediglich 17 Leute ein, und keiner wollte aktiv beim »Weltfriedens-Verein« mitmachen. Immerhin konnte er den Zuhörern sein »Vier-Punkte-Programm« für die geplante Gipfelkonferenz vom Mai 1960 in Paris vortragen – wie sie darauf reagierten, ist nicht überliefert.[11] In Paris planten Chruschtschow und Eisenhower eine Debatte über Abrüstung. Doch die Konferenz fand nicht statt: Über dem Territorium der UDSSR wurde ein amerikanisches Spionage-Flugzeug abgeschossen; als die USA die geforderte Entschuldigung für den Spionageflug verweigerten, platzte die Konferenz.

Daetwyler, ungebeugt und unverdrossen, sollte im November 1961 seine vierte Friedensorganisation ins Leben rufen. In Anlehnung an den Rotkreuz-Gründer Henri Dunant hieß diese nun »Neue Genfer Konvention weiße Friedensfahne«.[12] Die Mitglieder würden sich verpflichten, »alle Atomwaffen, Atombomben zu verwerfen« und zur »Vernichtung des Krieges, zum Aufbau des Weltfriedensreiches« beizutragen, was dazu führen würde, daß es gar keine Organisationen wie das Rote Kreuz mehr bräuchte, um Kriegsnöte zu lindern. Daetwyler hatte im Sinn, alle Regierungen zur Gründerversammlung nach Genf einzuladen, doch am 15. Januar 1962 erschien kein offizieller Vertreter. Auch dieser Vorstoß vermochte nur eine Schar Unentwegter unter seine Fahne zu rufen; lediglich ein Dutzend Leute zeigte sich überhaupt am Thema interessiert, die meisten davon Journalisten.

Seine Enttäuschung über den Reinfall war groß, er konnte einfach nicht begreifen, daß ihm die Unterstützung für ein so wichtiges Anliegen verweigert wurde. Es wurmte ihn besonders, daß kein einziger Vertreter der Schweizer Behörden von seinem Verein auch nur die kleinste Notiz nahm. Noch ein Jahr später schrieb er auf einer Postkarte an Bundesrat Wahlen: »Sehr geehrter Herr! Im Namen des Herrn. Es gäbe kein Rotes Kreuz, wenn vor 100 Jahren der heutige Bundesrat am Ruder gewesen wäre. In Liebe Max Daetwyler.« Andererseits gab es auch einige, die Daetwylers »Neue Genfer Konvention« mit Verständnis begegneten; in einem Brief erklärte der renommierte Zürcher Rechtsprofessor Dietrich Schindler 1962 dem Friedensapostel ausführlich, warum sich das Internationale Komitee vom Roten Kreuz [IKRK] aufgrund seiner Genfer Konventionen mit der Linderung der bewaffneten Konflikte, aber nicht mit deren Verhinderung und Lösung befassen konnte: »Was insbesondere das Rote Kreuz anbetrifft, so muß sich dieses auf seine Aufgabe beschränken, den Opfern von Kriegen und Katastrophen Hilfe zu leisten. Würde es sich mit den Fragen der Abrüstung und der Waffenverbote befassen, so würde es in die politischen Auseinandersetzungen der Großmächte hineingerissen, wodurch gerade die Voraussetzungen seiner universellen Hilfstätigkeit gefährdet würden.«

Trotz aller Demütigungen ließ Max aus Zumikon nicht locker und sich einfach nie entmutigen. Wiederum kann man vor ihm nur den Hut ziehen: In den 1960er Jahren entfaltete er die intensivste Friedensarbeit seines Lebens, der halbe Erdball wurde nun zum Ziel seiner Mission. Von 1960 bis 1971 – im Jahr 1971 wurde er 85 Jahre alt! – bereiste er wiederum Deutschland und Frankreich, er ging nach England, Holland, Dänemark, Schweden, Finnland, Griechenland, Ägypten und Israel. Am meisten Aufsehen erregte aber sein

Friedenswirken in den USA und in der UDSSR. Fünfmal flog er in die Vereinigten Staaten, zweimal demonstrierte er auf dem Roten Platz in Moskau.

Und überall flatterte über dem greisen Haupt die geliebte weiße Fahne des Friedens.

10.
Weiße Fahne, Roter Platz

In den 1950er und 1960er Jahren machte die Schweiz einen Zeitsprung in die Moderne. Die verinnerlichte Igelstellung der Kriegszeit war nun Geschichte, das Land erlebte ein Wirtschaftswunder und eine scheinbar endlose Hochkonjunktur. Auf das vom Zweiten Weltkrieg in großen Teilen zerstörte Europa hatte die Eidgenossenschaft einen Vorsprung, denn ihre Fabriken standen noch, und es fehlte nicht an Kapitalreserven. Nach der Mangelwirtschaft der Kriegsjahre entpuppten sich die Eidgenossen als Volk von Konsumenten. Viele Arbeiter fuhren nicht mehr mit dem Fahrrad oder dem Motorrad in die Fabrik, sondern mit dem Auto. Hunderttausende ausländische Gastarbeiter – vor allem aus Italien und Spanien – wanderten als willkommene Arbeitskräfte ein. Es brach ein veritabler Bauboom aus; die Städte schwollen an, die Landschaften zersiedelten. Dazu trug wesentlich der Nationalstraßenbau bei, der ab 1958 zur Bundessache geworden war. Auch politisch entwickelte sich eine lang anhaltende Stabilität: Ende der 1950er Jahre etablierte sich im Bundesrat die sogenannte »Zauberformel«, eine auf Ausgleich bedachte Zusammensetzung der obersten Exekutive aus vier Parteien.

Draußen in der Welt aber, auf der internationalen Bühne, spielte sich zwischen Ost und West das Ringen um die globale Vormachtstellung ab. Die nukleare Bedrohungslage gab dabei den Grundton an; in Gipfelkonferenzen, etwa in Genf oder Paris, wurde um eine Begrenzung der Atomrüstung gefeilscht. Jene Länder, die Atomwaffen besaßen – die USA, die UDSSR, später England und Frankreich – rüsteten jedoch keineswegs ab. Im Gegenteil: Es begann das sogenannte Wettrüsten. Unter dem Eindruck dieser Gefahr und unter den im Kern noch immer autoritären Regierungen des Westens – von den kommunistischen Regimen ganz zu schweigen – entwickelte sich ab Mitte der 1960er Jahre in den USA und in den europäischen Ländern eine Protestbewegung der Jugend, die ihre Anliegen lautstark auf die Straße trug. 1968 ging als Höhepunkt der militanten Demonstrationen und Straßenschlachten in nahezu allen europäischen Hauptstädten in die Analen ein. Der Protest der linken Studenten fand seinen Fokus im Vietnamkrieg, in den sich die USA immer tiefer verstrickten. 1969 waren in Vietnam 542 000 US-Soldaten stationiert, die den kommunistischen Vietcong aber trotz massiver Bombardierungen und dem Einsatz chemischer Kampfmittel nicht in die Knie zwingen konnten. 1973 wurde schließlich ein Waffenstillstand zwischen den USA und Nordvietnam geschlossen. 50 000 US-Soldaten, eine Million vietnamesische Soldaten und zwei Millionen Zivilisten verloren in diesem Krieg ihr Leben. Die USA hatten ihr Ziel, ein westlich orientiertes Vietnam zu etablieren, nicht erreichen können, denn 1976 vereinigten sich Süd- und Nordvietnam zu einer sozialistischen Republik. Auch diesen Krieg bekämpfte Daetwyler so gut er es vermochte.

Zu Beginn der 1960er Jahre ging der Friedensbote aber zuerst einmal in Europa auf Tour. Im Mai 1960 war er erneut in Berlin, wo er in Westberlin an der 1. Mai-Demonstration teilnahm; in Ostberlin wurde er verhaftet und in den Westteil der Stadt abgeschoben. Bei einem weiteren Aufenthalt in Ostberlin wurde er im Rathaus immerhin vom stellvertretenden Oberbürgermeister empfangen. Diesem erklärte er: »Sie müssen wissen, daß Ihre Militärparade am 1. Mai überall in der Welt einen schlechten Eindruck macht.«

Am 12. Mai 1960 reiste er von Berlin nach Paris, um den Staatschefs anläßlich einer Gipfelkonferenz sein »Vier-Punkte-Programm« vorzulegen. Einen Tag nach seiner Ankunft führte ihn die Polizei ab, nachdem er sowohl die russische als auch die amerikanische Botschaft besucht hatte, dort jeweils aber nur bis zur Tür kam. Daetwyler wurde für einige Tage in die Infirmerie psychiatrique 3 am Quai de l'Horloge interniert. Wenige Tage nach seiner Entlassung griff er in seiner »Schweizerischen Friedens-Zeitung« im »Aufruf an die Menschheit!«

wieder einmal sehr hoch: »Die Gipfelkonferenz von 1960 in Paris wird weiter geführt zu einem großen Welt-Erfolg durch den Schweizer FriedensApostel Max Daetwyler Zumikon als ein Vertreter aller Völker der Welt! […] Wenn wir […] heute noch Kriegs-Bedrohung haben, Militär-Bündnisse, Militär-Stützpunkte, Atom-Waffen, Haß und Feindschaft gegeneinander, so sind die Regierungen daran schuld.«

Kaum aus Paris zurück, unternahm er einen Friedensmarsch von Bern nach Genf, wo er bei den Teilnehmern der Genfer Abrüstungskonferenz vorstellig werden wollte. Daetwyler war im Frühling 1960 beinahe 74 Jahre alt. Kaum einmal hatte man ihn in der Vergangenheit über die Strapazen seiner Gewaltmärsche klagen hören, doch bei dieser Wanderung mußte er eine unvorhergesehene Rast einlegen: »Die große Kälte und die angegriffene Gesundheit zwingen mich zu einem unfreiwilligen Aufenthalt in einem Hotel nahe Freiburg.« Bald jedoch war er wieder auf dem Damm, und er fühlte sich stark genug, um seine bisher größte Reise anzutreten. Sein Ziel: Moskau.

Eine Regierung, die den Daetwyler noch kennenlernen mußte – wie zumindest er selbst fand – war die sowjetische. Trotz intensiver Bemühungen war es ihm aber bisher nicht gelungen, von der UDSSR-Botschaft in Bern ein Visum zu bekommen. Es wollte Daetwyler partout nicht einleuchten, daß die offizielle Schweiz einen Privatmann in einer Friedensmission nicht unterstützen konnte; doch ein ihm wohlgesonnener Bundeshausbediensteter nannte ihm den Namen eines Mannes, der ihm, Daetwyler, in Moskau nützlich sein könnte, falls er denn ernsthaft nach Moskau wolle. Ein guter Tip: Bei besagtem Mann handelte es sich um den Schweizer Botschafter in Moskau, der im Hotel Bellevue-Palace residierte. Schnurstracks sprach Daetwyler bei Alfred Zehnder vor, der aber bei der Beschaffung des Visums auch nicht weiterhelfen konnte oder wollte. Daetwyler sollte Botschafter Zehnder später noch einmal begegnen – und zwar in Moskau.

Von den sowjetischen Dipomaten in der Schweiz und ohne die Unterstützung seiner Landsleute, so erkannte Daetwyler, würde er wohl nie ein Visum bekommen. Darum verließ er am 7. Juni 1960 Zumikon, um sein Glück in Skandinavien zu versuchen. Einige Tage hielt er sich in Kopenhagen und Stockholm auf, Anfang Juli gelangte er in die finnische Hauptstadt Helsinki, wo er auf der Sowjetbotschaft vorsprach. Dabei fiel ihm auf, daß in Helsinki Stalin, in der Berner UDSSR-Botschaft aber noch Lenin an der Wand hing. Das Botschaftspersonal in Helsinki verwies ihn an das russische Reisebüro Intourist. Zwei Intourist-Damen, wohl ziemlich erstaunt, daß da ein einzelner Mann mit wallendem, weißem Bart allein nach Moskau reisen wollte, begannen auszurechnen, was die Reise nach Moskau kosten würde. Sie kamen zum Schluß, daß die Bahnfahrt von Helsinki nach Leningrad inklusive Hotel und die Bahnfahrt von Leningrad nach Moskau ebenfalls mit Unterkunft auf 155 Rubel zu stehen käme. Visum inbegriffen. Intourist empfahl ihm, das Bahnbillett Leningrad-Moskau in Leningrad zu lösen, es sei dort billiger als in Helsinki. Daetwyler war in Zumikon mit 700 Franken abgereist, davon hatte er etwa die Hälfte schon aufgebraucht. Dank der Scheckformulare, die er mit sich trug, konnte er auf einer finnischen Bank von seinem Zürcher Postcheck-Konto noch die letzten 50 Franken abheben und in finnische Kronen umwechseln. Die Rechnung belief sich auf exakt 155 Rubel, Daetwyler besaß genau 156. Als er in Moskau ankam, hatte er also noch einen Rubel in der Tasche. Noch war er aber nicht dort.

Seine nächste Station war Leningrad; Intourist brachte ihn im Hotel Moskwa unter und erklärte, daß er nicht in Leningrad bleiben dürfe, sein Visum sei nur für Moskau gültig. Seiner erster Gang in der russischen Metropole führte ihn auf die Schweizer Botschaft. Baß erstaunt reagierte Botschafter Zehnder, als er den Friedenspilger vor sich sah: »Ist das möglich? Das hätte ich nie erwartet. Ich habe Ihre Energie unterschätzt.« Der Botschafter lieh Daetwyler 100 Rubel, womit der Friedensmann fürs erste finanziell aus dem Schneider war, zumal er das Zimmer im Hotel National schon in Helsinki bezahlt hatte und sein Visum für Moskau ohnehin auf neun Tage beschränkt war.

Am Abend ging Daetwyler in den Speisesaal des National und erlebte eine Überraschung. Man sagte ihm: »Der Tisch dort ist für die Gruppe Daetwyler reserviert.« Der Friedensmann sah einen Tisch, der für sechs Personen gedeckt war; verwundert setzte er sich und wartete. Auf die Frage des Kellners, wann die anderen Mitglieder erscheinen würden, erwiderte er, es sei niemand mit ihm gereist. Schließlich klärte sich die Sache auf: Die Damen des Intourist-Büros in Helsinki hatten bemerkt, daß dieser Kunde äußerst knapp bei Kasse war und ihm den günstigeren Gruppenpreis verrechnet; als Alleinreisender hätte er eigentlich doppelt so viel bezahlen müssen.

Im Hotel tat man so, als wäre alles in Ordnung; Daetwyler mußte für die Mahlzeiten nicht zusätzlich bezahlen. Zum Frühstück aß er jeweils Brot mit Bienenhonig, zwei Eier und eine doppelte Ration Butter. Die Bedienung – man wartete sehr lange, bis überhaupt etwas aufgetragen wurde – ließ nach Ansicht des Hoteliersohns zu wünschen übrig. Das Zimmer, das er bewohnte, war mit riesigen Vasen und vielem Zierrat überladen; alles, so glaubte Daetwyler, mußte noch aus der Zarenzeit stammen.

Als exzellenter »Public-Relations«-Mann besuchte Daetwyler in Moskau verschiedene ausländische Missionen. Diese bat er, westliche Korrespondenten darauf aufmerksam zu machen, daß der Friedensapostel auf dem Roten Platz zum sowjetrussischen Volk sprechen werde. Er stattete auch den Redaktionen der sowjetischen »Prawda« und der »Iswestija« Besuche ab; die Staatsschreiber der erwähnten russischen Zeitungen versprachen zwar, etwas zu bringen, überlegten es sich dann aber anders. Echtes Interesse an seinen Plänen zeigte nur ein amerikanischer Journalist von United Press International [UPI].

In Moskau verständigte er sich mit den Funktionären so gut es eben ging auf englisch oder deutsch. Eine Annonce aufgeben wie in Zürich oder Bern kam nicht in Frage, also informierte er das Intourist-Büro über seine Pläne, in der Hoffnung, daß man ihm dort die eine oder andere Türe zu einer Zeitungsredaktion aufstoßen würde – er erwarte schließlich, daß Kreml-Chef Chruschtschow ihn empfange, den er zur Unterzeichnung seiner »Neuen Genfer Konvention« auffordern wolle.

Vorerst aber marschierte er mutterseelenallein kreuz und quer durch das kommunistische Moskau und besuchte das Lenin-Mausoleum, wo ihm ein freundlicher Polizist half, die lange Schlange der Wartenden zu umgehen. Am 13. Juli 1960 hielt Max Daetwyler aus Zumikon auf dem Rotem Platz in Moskau eine Ansprache, mangels Russischkenntnisse vermutlich in einem Gemisch aus Deutsch und

Englisch. Bald stellte sich die Polizei ein und erklärte dem Friedensapostel, daß er auf dem Roten Platz keine weiße Fahne herumtragen dürfe, diese sei ein Zeichen der Kapitulation; er müsse eine Taube oder sonst ein anerkanntes Friedenssymbol anbringen. Daetwyler blieb stur, er sei mit der Fahne schon an vielen Orten gewesen, und seine weiße Fahne bleibe weiß. Die Ordnungshüter ließen es dabei bewenden.

Glanzlicht dieser ersten Moskau-Reise von 1960 war ein 84 Kilo schwerer Emmentaler-Käse, den Daetwyler bei der Schweizer Käseunion in Bern bestellt hatte und den er Chruschtschow schenken wollte, weil man doch »mit Käse Mäuse fängt«. Bereits vor seiner Abreise hatte er sich mit Otto F. Scheidegger, dem Direktor der Käseunion, in Verbindung gesetzt und um die Bereitstellung des Käses – er kostete 500 Franken, ein kleines Vermögen für Daetwyler – gebeten. Als Daetwyler in Helsinki das Visum in der Tasche hatte, teilte er Scheidegger mit, der Emmentaler könne nun nach Moskau an die Schweizer Botschaft spediert werden, wo er den Botschafter darum bitten werde, den Käse mit den besten Empfehlungen des Friedensapostels in den Kreml zu schicken.

In einem Brief, datiert vom 19. Juli – Daetwyler war da schon seit vier Tagen nicht mehr in Moskau –, schrieb Scheidegger an Daetwyler ins Hotel National unter anderem: »Ich erhalte nun aus Moskau Ihre Mitteilung vom 15. Juli, daß Sie es fatal finden, daß der Käse noch nicht in Moskau eingetroffen ist. Sie stellen sich die Sache sicher etwas zu leicht vor. Es war sehr schwer, die verschiedenen Bewilligungen zu erhalten, was etliche Umtriebe und natürlich Verzögerungen verursachte. Der Käse ist nun durch die [Firma] Danzas in Basel abgeschickt worden an die Schweizerische Botschaft in Moskau als Empfängerin. Der Käse wird kaum vor dem 30 d.M. in Moskau eintreffen, was mir leid tut; aber auf Grund der Bestimmungen war es einfach nicht möglich, diese Angelegenheit zu beschleunigen.«

Auf seiner Rückreise von Moskau in die Schweiz machte Daetwyler in einigen deutschen Städten Station, so auch anfangs August in Hamburg. Von dort sandte er am 8. August an den Generalsekretär des Eidgenössischen Politischen Departements diesen – wie fast immer handgeschriebenen – Brief: »Es tut mir leid, wenn ich von neuem ihre Hilfe in Anspruch nehmen muß. Aber es ist sehr wichtig für mich. Ich wollte bei meinem Besuch Herrn N. Chruschtschow einen Emmentaler Käse überreichen als ein Zeichen der Simpathie des Schweizer FriedensApostels für das große russische Volk. Nun ist der Käse in Moskau. Aber der Friedensapostel fehlt. Ich bitte also Herrn Botschafter Zehnder, den Käse an Herrn N. Chruschtschow zu übermitteln mit einem Gruß von mir & in meinem Namen.«

In der Folge verlangte der Bundesrat in Bern von der Schweizerischen Botschaft in Moskau Aufklärung über den Verbleib des Käses. Am 3. September 1960 erläuterte der Chargé d'affaires ad interim die Irrwege des Emmentalers. Was diesen Käse betreffe, stünden der Botschaft zwei Wege offen: 1., den Käse an den Absender zu retournieren, wovon man aber lieber Abstand nehme, da es sich um verderbliche Ware handle; 2., ein Mitarbeiter der Botschaft würde den russischen Protokollchef über den Käse ins Vernehmen setzen und darauf hinweisen, daß dies ein Geschenk eines Schweizer Privatmannes, eben Daetwylers, sei. Am 15. August sprach ein Botschaftssekretär bei einem Mitarbeiter des russischen Protokollchefs in Moskau vor und erzählte ihm von dem Käse. Das Protokollbüro erklärte sich gerne bereit, für den Transport des Emmentalers in den Kreml die Verantwortung zu übernehmen, bat aber darum, daß die fast 100 Kilo schwere Sendung von einer schriftlichen Note begleitet werde.

In der Schweizer Botschaft wurde daraufhin der Käse für den Kurier bereitgestellt und folgende Depesche [in französisch] beigelegt: »Dieses Paket für seine Exzellenz Nikita Khrouchtchev [sic], Präsident des Ministerrats der UDSSR, ist der Schweizer Botschaft zugesandt worden mit der Bitte, es im Namen eines Schweizer Bürgers, Max Daetwyler, wohnhaft in Zumikon, als Geschenk an M. Khrouchtchev weiterzuleiten.« Der Emmentaler verschwand hinter den Kreml-Mauern. Es wird für ewig ein Geheimnis der sowjetrussisch-schweizerischen Beziehungen bleiben, wer den Käse aufgegessen hat.

Käse hin, Gastgeschenk her: Am 15. Juli marschierte Daetwyler wieder über den Roten Platz. Erneut griff die Polizei ein und machte nicht viel Federlesens. Noch am gleichen Tag wurde er in den Zug gesetzt und heimgeschickt.

Bereits im Dezember 1960 bekam das politische Departement eine neue Nachricht von Daetwyler. Diesmal ging es nicht um Käse, sondern um eine aus heutiger Perspektive weitsichtige Forderung. In einem Brief an die »geliebten Freunde« forderte er den Beitritt der Schweiz zur UNO: »Die Zeit ist da, wo die Schweiz der UNO beitreten muß. Nicht deshalb, um ihre Lage zu verbessern […] sondern um der UNO zu helfen, weil die UNO in Gefahr ist & sie Mitglieder wie die Schweiz braucht, damit Fortschritt und Gerechtigkeit in ihre Sphäre kommt!«

Das Weihnachtsfest des Jahres 1960 verbrachte Daetwyler in Zumikon. Doch lange hielt er es zu Hause nicht aus, bereits am 10. Januar 1961 fuhr er nach Wien, um von dort nach Budapest weiterzureisen. Zwei Gründe ließen ihm die ungarische Hauptstadt als lohnendes Ziel erscheinen. Zum einen wollte er die kommunistischen Machthaber ins Gebet nehmen, zum andern sich für die Begnadigung von 67 Ungarn einsetzen, die nach dem Oktober-Aufstand von 1956 zum Tode durch den Strang verurteilt worden waren und ihrer Hinrichtung entgegensahen. Der Ungarn-Aufstand war von russischem Militär niedergeschlagen worden, Chruschtschow hatte die Volkserhebung als das Werk von »Gangstern und Rowdys« abgetan. Fast 400 Aufständische, vorwiegend Arbeiter, wurden zum Tode verurteilt, die letzten noch 1963 hingerichtet.

1956 war Daetwyler bekanntlich schon einmal in Wien aufgekreuzt, verhaftet und dann für acht Tage in die Nervenklinik Hoff eingesperrt worden. Diesmal wollte er keinen »Regiefehler« begehen und die Sache anders anpacken. In Wien machte er zuerst dem Sekretär des Bürgermeisters und dem Polizeipräsidenten seine Aufwartung; beide sicherten ihm zu, daß er sich in der Stadt frei bewegen dürfe. Dadurch fühlte sich Daetwyler ermutigt, auf der ungarischen Botschaft um ein Visum nachzufragen. Als man ihn immer wieder vertröstete, stand er sich mit der weißen Fahne vor dem Botschaftsgebäude demonstrativ die Beine in den Bauch. Auch auf dem ungarischen Reisebüro Ibutz bekam er kein Visum für Ungarn. Und wenn er eines bekomme, klärte man ihn auf, würde es noch mindestens 14 Tage dauern, bis es ausgestellt werden könne.

In der Wiener Innenstadt wurde Daetwyler, der auf Gehsteigen Ansprachen hielt, bald zu einer vertrauten Erscheinung. Bei einer Rede packte ihn ein Mann am Kragen des schwarzen Wintermantels und brüllte: »Sie sind Kommunist. Sie entschuldigen die Verbrecher dieses mörderischen Regimes. Ich bin aus Rumänien. Als ich flüchten wollte, hat man mir die Zehennägel aus dem Fleisch gerissen.« Der Mann setzte sich und begann die Schuhe auszuziehen, um seine Worte zu beweisen. Inzwischen hatte sich ein Menschenauflauf gebildet. Daetwyler verteidigte sich: »Wer sagt, daß es auf beiden Seiten gute und böse Menschen gibt, muß noch lange kein Kommunist sein.« Dann schüttelte er versöhnlich die Hand des Rumänen, und die beiden trennten sich in Frieden.

Trotz der Zusage hoher Stellen, daß er in Wien nichts zu befürchten habe, griff nach diesem Zwischenfall die Polizei ein und führte Daetwyler auf die Wache. Aufgrund einer persönlichen Intervention des Polizeipräsidenten kam der Friedensmann aber schnell wieder frei. Nur sein ursprüngliches Vorhaben kam nicht vom Fleck; nach zwei Wochen des Wartens wurde ihm die Sache zu dumm. Er entschloß sich, zu Fuß zur Grenzstelle Nickelsdorf zu gehen und an der österreichisch-ungarischen Grenze ein Visum einzufordern. Es herrschten eisige 20 Grad unter Null, als sich Daetwyler – begleitet von dem indischen Studenten T. N. Zutshi[1] – auf den Weg machte. Um die Hotelrechnung bezahlen zu können, hatte ihm seine Tochter Klara Geld senden müssen.

In Nickelsdorf legte Daetwyler eine Zähigkeit an den Tag, die keinen Zweifel daran ließ, wie ernst es ihm damit war, nach Budapest zu kommen. 15 Tage lang marschierte er in einem der kältesten Winter, den Österreich je erlebt hatte, vor dem Grenzabschnitt auf und ab und sprach wegen des Visums zweimal täglich bei den ungarischen Grenzbeamten vor. Die Nickelsdorfer wußten nicht so recht, was sie von dem alten Mann mit der weißen Fahne halten sollten. Der forderte nämlich den Abbau der Grenzsicherung auf ungarischer Seite, die aus Stacheldraht, Minenfeldern und Wachttürmen bestand. Ein Einwohner sagte zu Daetwyler: »Der Stacheldraht ist nötig, damit das Gesindel von drüben nicht nach Österreich kommt.« Ungarische

Grenzbeamte, die mit Daetwyler inzwischen Witze rissen, versicherten ihm dagegen: »Der Stacheldraht muß sein, damit das Gesindel von drüben nicht nach Ungarn übertritt.«

In seinem Rucksack hatte Daetwyler einen Stapel seiner Friedenszeitungen; vervielfältigen ließ er sie durch die Firma Rotary in Wien und so konnte er mit einem brandaktuellen Text aufwarten: »Ich stehe an der ungarischen Grenze, ein bescheidener hilfloser Mensch. Gleichsam wie ein Kind. Aber ich stehe hier im Namen Gottes, in dieser Beziehung bin ich eine Macht, größer und stärker als alle Mächte des Bösen, alle Mächte der Gewalt. Hier in Nickelsdorf an der Grenze Ungarns besteht heute ein Brückenkopf der Freiheit, der Freundschaft, zur Eroberung Ungarns durch die Macht der Liebe […]. Auf nach Budapest!« Am 16. Februar, nach einer über zwei Wochen dauernden Mahnwache an der ungarischen Grenze, gab Daetwyler resigniert und enttäuscht auf. Er bezeichnete die ganze Sache schließlich als »einen Blödsinn«: »Wer stellt sich schon in meinem Alter und bei dieser Kälte unentwegt ins Freie […]? Und wenn [die Machthaber in Budapest] nicht wollen, dann soll man ihnen gar nicht die Ehre antun und sich weiter mit ihnen befassen.«

Zurück in Wien, hatte er es sich aber wieder anders überlegt, erneut stellte er sich vor die ungarische Gesandtschaft. Nach diesem großen Einsatz war er einfach nicht bereit, eine Niederlage hinzunehmen. Schließlich griff die Polizei ein und Daetwyler landete auf dem Kommissariat. Wieder hielt der Polizeipräsident seine schützende Hand über ihn. Daetwyler wurde der Protest vor der Botschaft erlaubt, er durfte aber nicht direkt vor dem Gebäude stehen, sondern mußte auf die andere Seite der Bankgasse in der Wiener Innenstadt wechseln. Er spielte noch eine Weile mit dem Gedanken, sein Glück in Prag zu versuchen, doch schließlich warf er endgültig das Handtuch.

Ende Februar 1961 war er wieder in Zumikon. Seine auf den Frieden gerichtete Energie mußte in der Tat von einem göttlichen Funken befeuert gewesen sein. Denn statt es sich mit einem Buch aus seiner umfangreichen Bibliothek neben dem warmen Ofen bequem zu machen und sich von den Strapazen zu erholen, beschloß Daetwyler, in den Vereinigten Staaten von Amerika für eine Abschaffung der Atomwaffen einzutreten. Der Haken an diesem Plan: Er war wieder einmal pleite. Und eine Reise nach Amerika war teuer, ein Dollar kostete damals über vier Franken.

Er schrieb an das Eidgenössische Politische Departement und gleichzeitig an den Schweizer Bundespräsidenten Friedrich Traugott Wahlen: Ob man ihm nicht die Reise finanzieren könnte? Denn: »Es ist die Sache des Herrn, die ich zu vertreten die Ehre habe, & Mutter Helvetia sollte ihrem Kinde helfen, das ihren Namen in der Welt bekannt macht.« Doch Mutter Helvetia hatte kein Einsehen. Das Geld mußte anderweitig aufgetrieben werden: Sein Sohn Max, Migros-Gründer Duttweiler, der »Schweizerische Beobachter« und der »Blick« äufneten seine Reisekasse.

Am 28. April 1961 verließ der Weltreisende in Sachen Frieden die Schweiz – ein US-Visum hatte er nach einem Friedensmarsch nach Bern bekommen – und überquerte auf der s.s. Queen Mary den Atlantik. Die Weite des Meeres beeindruckte ihn: »Ich habe heute das große Meer bewundert. Der Anblick ist unerhört, einzig, großartig. Er erhebt die Seele zum Himmel.« Er machte sich aber auch Gedanken darüber, wie er seiner Mission in den USA gerecht werden konnte: »Ich habe mich in eine Lage gebracht, wo ich nur mit Gebet & mit Verbindung zu Gott bestehen kann. Ich muß schauen, wie ich mich in diesem Lande zurechtfinden kann ohne äußere Hilfe, wie gewohnt. Ich muß meine Linie einhalten. Ich muß alles verlangen von den Amerikanern & sie mit meiner Forderung vor den Kopf stoßen. Das gibt ihnen dann zu denken. Ich appelliere an ihren Mut, an ihre Kraft, an ihren Glauben, an Gott & wecke damit die Kräfte in ihnen. Durch die Reinheit meines Herzens kann ich jeden Verdacht über schlechte Absichten zerstreuen.«

In New York mußte er zur Kenntnis nehmen, daß man nicht auf ihn gewartet hatte. Wenn er auf den Straßen Manhattans, etwa am Times Square, in seinem leidlichen Englisch lauthals erklärte, Amerika müsse mit gutem Beispiel vorangehen und alle Atomwaffen abschaffen, klang das in amerikanischen Ohren nicht gut. Der Kalte Krieg hatte sich in den meisten Köpfen als patriotische Pflicht festgesetzt.

Daetwyler besuchte in New York die Lokalredaktionen, doch kein Wort wurde über den Friedenspropheten aus der Schweiz gedruckt. Publizität war aber für seine Missionen unabdingbar, sonst waren alle seine Worte mehr oder weniger in den Wind gesprochen. Blieb die Unterstützung durch die Presse aus, griff er jeweils zum erprobten Mittel des Friedensmarsches – nun auch in den USA. Daetwyler lief auf der Autobahn [!] mit der weißen Fahne zweimal von New York nach Washington. Die Automobilisten wurden zwar »fuchsteufelswild«, doch die Polizei schritt nicht ein, und das Wandern auf dem Highway verschaffte ihm die gewünschte Resonanz. Zwei Jahre später sagte er: »Meine erste Reise nach Amerika war vom propagandistischen Standpunkt aus ein Erfolg für mich. Noch nie wurde mir in einem Land so viel Aufmerksamkeit entgegengebracht.«

Nach seinem zweiten Marsch von New York nach Washington blieb Daetwyler einige Tage in der amerikanischen Hauptstadt und propagierte sein Motto: »One God, One Sun, One Earth, One Fatherland of men!« Er plante natürlich, Präsident John F. Kennedy zu treffen, aber die Schweizer Botschaft wollte ihm dabei nicht helfen. Daetwyler wandte sich mit einem Brief an Kennedys Frau Jacqueline: »I am a friend of your family. A friend of your man.« Das war nur auf den ersten Blick eine vermessene Behauptung, der Friedensapostel betrachtete alle Menschen als seine Freunde, auch den US-Präsidenten; dann fuhr er mit der Bitte um ein Treffen fort, die unbeantwortet blieb.

Washington war ein hartes Pflaster, nur wenige Amerikaner nahmen den Friedensmann aus der Schweiz ernst, was diesen nicht weiter bekümmerte: »Meine Kraft ist ungebrochen. Ich halte mich an die vielen noblen Menschen hier & übersehe die anderen negativen Menschen. Damit habe ich viel Grund, Gott zu danken, der mich in die wundervolle Lage gebracht hat, die großen Ideale der Menschheit zu vertreten in Seinem Namen, so gut ich kann.«

Da Daetwyler mit der Zeit einsehen mußte, daß er nicht über die Schwelle des Weißen Hauses treten würde, wählte er als nächstes Ziel seiner Friedenspilgerschaft Kuba aus. Es könnte ja sein, daß er bei Amerikas Feind, dem Revolutionär Fidel Castro, mehr Glück hatte. Am 17. April 1961 waren 1500 Exil-Kubaner in der kubanischen

Schweinebucht gelandet. Die Invasion – vom amerikanischen Geheimdienst CIA organisiert – hatte zum Ziel, den kommunistischen Diktator zu stürzen, der 1959 das korrupte Batista-Regime hinweggefegt hatte. Die Invasion scheiterte kläglich, die Kombattanten der CIA-Truppe wurden entweder getötet oder eingesperrt. Castro bat die Sowjetunion um Schutz, was auch prompt erfüllt wurde. Die USA hatten nun den Erzfeind praktisch vor der eigenen Haustüre. 1962 eskalierte die Situation: Der Kreml stationierte Raketen auf Kuba, die jedes beliebige Ziel in den USA erreichen konnten. Die Entdeckung der Raketenbasen führten zu einer Seeblockade Kubas durch amerikanische Marine-Streitkräfte, woraufhin russische Schiffe in Position gingen. Es war die gefährlichste Situation der Nachkriegszeit, wie spätere Forschungen zeigten, entging die Welt doch nur haarscharf einer nuklearen Katastrophe. Chruschtschow sollte schließlich nachgeben; er ließ die Raketenstellungen auf Kuba demontieren. US-Präsident Kennedy hatte mit dieser Machtprobe seine Feuertaufe bestanden.

Die große Krise von 1962 lag indessen noch in weiter Ferne, als Daetwyler mit dem Flugzeug in Havanna ankam. Der Zwischenfall in der Schweinebucht war aber schlimm genug, das kommunistische Kuba sah in jedem Fremden einen potentiellen Spion. Dessenungeachtet legte sich Daetwyler in Havanna mit seiner weißen Fahne gleich mächtig ins Zeug und forderte »ein neutrales Kuba wie die Schweiz«. Über seine Agitation setzte er die Schweizer Vertretung in Washington brieflich ins Bild. Anfangs begegnete Botschafter August R. Lindt dem friedensbewegten Landsmann noch mit einer gewissen Sympathie, doch dessen ständige Vorstöße gingen ihm mit der Zeit auf die Nerven. Daß Daetwyler nun bei Castro über die Schweizer Neutralität schwadronierte, konnte Lindt natürlich nicht gefallen. Vermutlich fand er es auch nicht angebracht, daß Daetwyler in Kuba verkündete, Kennedy solle die Gefangenen der Schweinebucht-Operation für 30 Millionen Dollar freikaufen.

In den USA hatte Daetwyler seine letzten 600 Schweizer Franken gewechselt, für die er 137 Dollar bekam. Mit dieser mageren Barschaft landete er am 24. Juni 1961 in Havanna. Die Zuckerrohrinsel wurde für ihn zu einer Strapaze, er litt enorm unter der Hitze, und bald wurde das Geld knapp. Das Zimmer im Hotel Siboney in Havanna mußte bezahlt werden, und ihm blieb kaum mehr etwas, um sich zu ernähren. In sein Tagebuch notierte er: »Bin ohne Mittel & ohne Hilfe. Es gab kein Mittagessen, so kann ich mich an den Hunger gewöhnen.« Es fehlte ihm sogar das Geld für Briefmarken: »Ich muß auf Pressemeldungen verzichten & das Porto sparen.« Da halfen nur noch Illusionen: »Sonntag. Gott hilft in Habana. Ich bin in einer wundervollen Lage. Die weiße Fahne bedeutet den Schutz der Insel vor jedem feindlichen Angriff. Aber sie fordert von der Regierung in Kuba Sozialismus, nicht Diktatur. Freie Wahlen, Freundschaft, Abrüstung der Waffen.«

Es kann nicht überraschen, daß Fidel Castro Daetwyler nicht, wie dieser es wünschte, zu einer Aussprache bat. Die Kubaner hielten den Bärtigen mit der weißen Fahne wohl für einen Verrückten: »Gehen Sie zu den Faschisten. Wir sind Sozialisten und wir sind es gerne.« Bei einem Spaziergang am Quai wurde er von Jugendlichen mit Steinen beworfen, einige zerrten gar an seiner Friedensfahne, es schien bedrohlich gewesen zu sein: »Zusammengefaßt in ihrem Bestreben hätten sie mich ohne Mühe erledigen können.« Schließlich wurde Daetwyler von der Polizei festgenommen und drei Stunden lang verhört, das Mitführen der weißen Fahne wurde ihm verboten: »Ich werde die weiße Friedensfahne nicht mehr mitnehmen hier in Habana, die Leute sollen die rote Fahne von Moskau haben, dann ist alles in Ordnung. Ich kann die Perlen nicht vor die Säue werfen.«

In Havanna fühlte er sich von aller Welt vergessen. Immer wieder finden sich Notizen, in denen er sich bitter beklagt, daß er von niemandem Post bekomme. »Ich nehme an«, spekulierte er, »daß meine Post beschlagnahmt wird, um mich zur Heimreise zu bewegen, sonst kann ich mir die Sache nicht erklären.«

Auch ohne weiße Fahne setzte er seine Friedensmission noch einige Tage fort: »Ich werde ganz bescheiden, höflich, liebevoll, gütig zum Volke sprechen, ohne jemand zu beleidigen. Selbst innerlich beglückt durch meine Aufgabe. Ich bin eine kleine Zelle der Gesundheit in diesem kranken Organismus.« Die Notizen zu einer Rede – er sprach wohl Englisch – lesen sich wie folgt: »Liebe Menschen in

Kuba! Ich bin hierher gekommen, um euch zu beschützen. Im Namen Gottes, des Allmächtigen. Durch Liebe, Güte, Eintracht, Freundschaft. Nicht mit Waffengewalt, das ist alles dummes Zeug. Helft mir, liebe Menschen in Kuba, aus eurer Insel [...] ein menschliches Paradies zu machen [...].« Die Kubaner wollten sich aber einfach nicht helfen lassen. Den Daetwyler loswerden, das wollten sie, und sie setzten ihn in ein Flugzeug nach Miami.

In Florida schritt er erneut zur Tat. Am 23. Juli verfaßte er ein Schreiben, das unter anderem an Botschafter Lindt in Washington und an Präsident Kennedy ging. Der Inhalt des Briefes ließ Daetwyler nun als übergeschnappt erscheinen, denn er erklärte sich kurzerhand zum Präsidenten einer »provisorischen Regierung« Kubas; diese werde solange bestehen, bis das Volk von Kuba durch freie Wahlen sein Parlament und seine Regierung bestellt habe. Das Volk von Kuba glaube an Gott und an das Christentum der Bergpredigt und wolle ein christliches Volk bleiben. Daetwyler lehne den gottlosen Kommunismus ab, er rufe das Volk von Kuba zum passiven Widerstand gegen Fidel Castro auf. Er appellierte außerdem an den Schweizer Bundesrat, ihm als neuem Präsidenten einer provisorischen Regierung Kubas die nötige Unterstützung zu gewähren.

Den geplagten Botschafter Lindt bat er, Jacqueline Kennedy in seinem Namen einen rot-weißen, gewissermaßen schweizerischen, Nelkenstrauß zu überreichen. Jetzt war für die Schweizer Behörden das Faß übervoll. Am 24. August 1961 schrieb der Geschäftsträger ad interim an den Generalsekretär des Eidgenössischen Politischen Departementes, »daß es für Daetwyler an der Zeit wäre, sich zur Heimreise anzuschicken«. Das hatte dieser ohnehin im Sinn, denn immer häufiger wurde er angepöbelt und fand »absolute Ablehnung überall«. Von Washington fuhr er nach New York und ging am 8. September an Bord der s.s. Bretagne, die ihn über den Atlantik in den englischen Hafen Southampton brachte. Von dort kehrte in die Heimat zurück.

In der Schweiz hielt es den Friedensmann nicht lange, bald brach er nach England auf, um eine Mission fortzuführen, die bei seiner Ankunft in Southampton gestoppt worden war. Als Daetwyler mit der s.s. Bretagne am 16. September 1961 an der englischen Küste landete, wollte er eigentlich von Bord gehen, nach London reisen und den englischen Premier Harold Macmillan treffen, die Einwanderungsbehörde verweigerte ihm jedoch die Einreise. Einen Monat später, als er schließlich doch noch nach London gelangte, sondierte er bei der Polizei erst einmal die Lage: In London, so die Auskunft, sei man tolerant, er dürfe ohne weiteres predigen, wobei der Hyde-Park-Corner dafür besonders geeignet wäre; nur vor dem Parlamentsgebäude sei er unerwünscht. Weil Daetwyler aber Premierminister Macmillan sprechen wollte, blieb ihm gar nichts anderes übrig, als sich vor das Parlamentsgebäude zu stellen, wo er alsbald von einem Bobby weggewiesen wurde. Der empfohlene Park war überhaupt nicht nach Daetwylers Geschmack. Er fand es zwar löblich, daß in dieser Parkecke jedermann seinen Senf zur Weltlage abgeben konnte, aber dort gab es jede Menge Friedensapostel und somit viel Konkurrenz. Also kehrte er wieder in die Schweiz zurück.

Im November 1961 überkam ihn eine »spontane Eingebung«: Die Idee der »Neue Genfer Convention«[2], deren Endziel nichts Geringeres als Abschaffung und Ächtung des Krieges war und die zu einer umfangreichen Korrespondenz zwischen Daetwyler und dem Eidgenössischen Politischen Departement, dem Gesamtbundesrat und dem damaligen Bundespräsidenten Wahlen führte. Es zeugte für den Anstand der Berner Politiker, daß sie Daetwylers Interventionen nicht einfach ignorierten, sondern auf seine Forderungen zur Einberufung einer internationalen Konferenz durch die Schweiz ausführlich eingingen. Dabei bekam Daetwyler nicht nur Antworten von der Information und Pressestelle des Politischen Departements des Äußeren, sondern auch von Bundespräsident Wahlen selbst: Dieser hielt die Einberufung einer Konferenz in der Schweiz für sinnlos, zumal sich schon die Vereinten Nationen für einen Versuchsstopp für Kernwaffenexperimente eingesetzt hatten.

Notgedrungen wollte Daetwyler im November 1961 im Alleingang eine Konferenz in Genf einberufen und bat das Politische Departement des Äußeren in Bern, ihm dafür einen Mitarbeiter abzustellen. Der Pressechef ging darauf natürlich nicht ein: »Sie befassen sich gegenwärtig mit dem Gedanken, auf eigene Faust alle Staaten zu einer Konferenz nach Genf einzuladen, um unter Ihrer Leitung eine Weltfriedenskonvention auszuarbeiten. Rein administrativ gesehen, würden für diese Aufgabe die Kräfte eines einzelnen nicht ausreichen. Auch wenn Ihnen ein Mitarbeiter zur Verfügung gestellt werden könnte, was von uns jedoch nicht möglich ist, wären die Arbeiten nicht zu bewältigen.« In einem weiteren Schreiben wies er Daetwyler darauf hin, daß das Internationale Rote Kreuz bereits einen Konventionsentwurf ausgearbeitet habe. Dieses Papier befaßte sich vor allem mit dem Schutz der Zivilbevölkerung im Falle eines Nuklearkriegs. Das focht den Friedensmann allerdings nicht an, er verfolgte sein Ziel einer Friedenskonferenz in Genf unbeirrt weiter. So richtete er an den »hohen Bundesrat« die Worte: »Die Idee der Gründung einer neuen Genfer Convention zur Verwerfung, zur Vernichtung aller AtomWaffen, aller Atombomben ist bereits in weiten Kreisen bekannt geworden [...]. Sie wird überall vom Volke mit Simpathie, mit Begeisterung, mit Genugtuung, mit freudiger Zuversicht begrüßt. Ob die Sache gelingt oder nicht, steht nicht zur Diskussion. Probieren geht über Studieren.«

Bis in den Dezember hinein dauerte der Briefwechsel zwischen dem Bundeshaus und Daetwyler. Am 7. Dezember erhielt er zum zweiten Mal Post von Bundespräsident Wahlen: »Es ist also leider so, daß die Einberufung einer diplomatischen Konferenz durch die Schweiz zur Abschaffung der Atomwaffen keine Aussicht auf Erfolg hat. Der Bundesrat muß darauf verzichten, zum vornherein nutzlose Gesten zu machen und Einladungen ergehen zu lassen, von denen er genau weiß, daß sie nicht angenommen werden. Trotzdem begrüße ich es, daß Sie Ihren Feldzug fortsetzen und immer wieder versuchen, die Gewissen der Menschheit aufzurütteln.«

Genau das tat Daetwyler: Er lud Dutzende von Regierungen zur Friedenskonferenz in Genf ein, indem er sich schriftlich an die verschiedenen Botschaften in Bern wandte, doch nur die wenigsten ließen sich zu einer – ablehnenden – Antwort herab.

Auf diesen Mißerfolg folgte eine weitere Auslandreise. Im Januar 1962 machte sich Daetwyler auf nach Berlin. Von seiner AHV und den regelmäßigen Zuwendungen seines Sohnes konnte er die Reisekosten nicht berappen. Aus seinen Aufzeichnungen geht hervor, daß er unzählige Leute anschrieb und sie bat, ihm unter die Arme zu greifen. Zwei, drei Dutzend Personen gehörten zum Kreis derjenigen, die ihm immer wieder eine Spende – meistens in der Größenordnung von 100 Franken – zukommen ließen. Gottlieb Duttweiler machte zum Beispiel regelmäßig Geld locker, E. Hans Mahler, Generaldirektor des Kaufhauses Globus, schickte einen »Weihnachtsbatzen«. Auch das Steueramt Zumikon unterstützte indirekt seinen rührigen Mitbürger; am 21. Oktober 1961 bat Daetwyler die »geliebten Freunde« vom Steueramt, ihm die Steuern für die Jahre 1960 und 1961 zu erlassen: »Wie Sie wissen, ist meine einzige Einnahme Fr. 103.– pro Monat A.H.V., ferner gelegentlicher Hausierhandel mit Schriften & Büchern. Alles andere sind freiwillige Zuwendungen von meinen Kindern & von meinen Freunden, die oft kaum genügen, um meine großen Auslagen für meine Reisen im Interesse des Weltfriedens zu decken. So daß Sie durch den Erlaß der Steuern einem Mann von 75 Jahren die Arbeit [unterstrichen] für das größte Gut der Menschheit, für den Weltfrieden erleichtern.« Am 13. November entsprach das Steueramt der Gemeinde Zumikon dieser Bitte, indem sie Daetwyler die Steuern zumindest für das Jahr 1960 erließ. Von den Steuern in Höhe von Fr. 145.25 hatte Daetwyler Fr. 45.35 bereits bezahlt. Vom noch ausstehenden Betrag von Fr. 99.90 wurden ihm Fr. 85.40 geschenkt, die Restsumme von Fr. 14.50 bezahlte Daetwyler.

Das Geld kam in die Reisekasse. 1959 hatte Daetwyler Berlin besucht, um gegen die Teilung Deutschlands zu protestieren. Als er im Januar 1962 erneut nach Berlin aufbrach, hatte er für den DDR-Chef einen ganz und gar ungewöhnlichen Vorschlag im Gepäck: Er wollte Ulbricht die Mauer abkaufen, die 1961 gebaut worden war, und die Teilung Deutschlands somit in Stein festgeschrieben hatte. »Lieber Freund! Ich teile Ihnen höflich mit, daß ich Sie besuchen werde. Sie erinnern sich an mich, daß ich Sie bereits im Jahre 1959 besuchen wollte, aber leider noch nicht von Ihnen empfangen wurde. Ich hoffe bestimmt, daß Sie jetzt einsehen, daß Sie es mit mir mit einem Menschen zu tun haben, der das Heil von allen Menschen wünscht, also auch Ihres, Ihres Volkes.« Daetwyler erklärte Ulbricht, dieser könne durch den Abbruch der Mauer Sympathien in der ganzen Welt erwerben, und empfahl seinen Plan für ein geeintes, freies, neutrales Schiller-Deutschland. Er drang in Berlin aber nur bis zum Ostberliner Protokollchef vor.

Zweimal ging der Friedensapostel am Übergang für Ausländer in den Ostsektor, wo er den damaligen Protokollchef Jürgens traf, der ihn einmal zum Mittagessen einlud. Beim Essen überreichte er Jürgens 1000 Franken – eine erste Anzahlung an die Mauer. Den Rest – Daetwyler sprach von einigen Millionen – wollte er in Zürich bei den Banken zusammenbetteln. Jürgens nahm die 1000 Franken tatsächlich entgegen und verschwand für kurze Zeit, um mit einer vorgesetzten Stelle zu telefonieren. Als der Protokollchef wieder erschien, gab er Daetwyler das Geld zurück: »Wir können das Geld nicht annehmen, wir wollen die Mauer weder abbrechen noch verkaufen.« Die Story vom geplanten Mauerkauf durch den Friedensapostel kursierte bald als ulkige Geschichte in Westberlin. Es hieß: Daetwyler tut mehr für die Wiedervereinigung Deutschlands als die ganze Regierung.

Den Ordnungsorganen der DDR ging die Aufmerksamkeit, die der alte Mann an der »Schandmauer« erregte, langsam, aber sicher gegen den Strich. Eine Photographie zeigt ihn, wie er durch den Schneematsch mit der weißen Fahne über der linken Schulter und der unter dem rechten Ellbogen eingeklemmten Mappe wacker eine Grenzbarriere passiert, während ihm ein DDR-Uniformierter entgegenkommt. Dieses Bild vertrieb die Presseagentur UPI, es wurde unter anderem auch in der »New York Times International« abgedruckt.

Am Freitag, dem 9. Februar 1962, schaffte es Daetwyler schließlich als Aufmachergeschichte auf die Titelseite der Schweizer Boulevard-Zeitung »Blick«: »Tränengas gegen Max Daetwyler«. Volkspolizisten der DDR hatten eine Tränengaspatrone auf Daetwyler abgefeuert, als er mit der weißen Fahne an den zugemauerten Häusern der Bernauerstraße entlangmarschierte. Die Petarde war zwei Meter neben ihm gelandet. »Ich war eine Weile auf und ab marschiert und rief den Vopos[3] zu, sie sollten kommen, damit ich mit Ihnen reden kann. Die Vopos riefen etwas zurück, was ich nicht recht verstehen konnte; ich glaube aber, es war nichts sehr Anständiges. Ich rief: ›Ich bringe euch den Frieden‹ ... da kam plötzlich diese Bombe über die Mauer geflogen und fiel neben mir zu Boden. Es gab einen fürchterlichen Gestank und Dunst, und die Tränen liefen mir über das Gesicht herab. Die Tränengasbombe von heute war das erste Mal, daß die von drüben mich nicht anständig behandelt haben«, erzählte Daetwyler dem »Blick«-Reporter.

Was sollte sich Daetwyler noch länger mit Ulbricht und dessen Vopos herumschlagen: Er erkannte, daß er »mit dem Chef von Ulbricht, mit Chruschtschow im Kreml, reden« mußte. Im Oktober 1962 reiste er über Kopenhagen und Stockholm wiederum nach Helsinki. Auf der Anreise nach Helsinki sprühte er noch vor Optimismus, wenn man die ihm eigene Selbstüberschätzung überhaupt Optimismus nennen kann. Am 19. Oktober notierte er: »Der Wendepunkt der Weltgeschichte ist da! Die Abrüstung, die Abschaffung des Kriegs nimmt Gestalt an. Durch die einfache, großartig gestaltete Neue Genfer Convention von Max Daetwyler können jetzt die Regierungen vor den Augen der ganzen Welt ihren guten Willen kundtun. [...] Am 22. October 1962 wird der Schweizer FriedensApostel in Helsinki Finnland eintreffen zur Entgegennahme seines bereits von Kopenhagen aus gewünschten Visums zum Besuche von Herr N. Kruchtchev & der Regierung der SovietUnion. Auf nach Moskau [...]« Anders als zwei Jahre zuvor wurde ihm nun aber das Visum für Moskau verweigert. Immer knapper wurden dagegen seine Mittel, er mußte mit ihnen äußerst sparsam umgehen. So schrieb er, noch in Stockholm: »Um Geld zu sparen, kein Frühstück.«

Auf der Rückreise in die Schweiz passierte Daetwyler in der Nähe von Köln ein Mißgeschick. Ein Familienvater gewährte ihm für eine Nacht seine Gastfreundschaft. Nachdem Daetwyler um fünf Uhr morgens die Wohnung verlassen hatte, bemerkte er an der Busstation, daß er seine Zahnprothese hatte liegen lassen: »Ich wollte den Mann zu schnell von m. Besuch befreien. Und bin davon wie ein Schelm. Ohne Waschen, ohne Frühstück & beinahe ohne seine Adresse.« Offenbar hatte Daetwyler bei diesem Besuch ein intaktes Familienleben beobachten können; er stellte Vergleiche mit seiner Rolle als Familienvater an und kam dabei nach seinem Dafürhalten nicht gut weg:

»Eine sehr traurige Erfahrung mit PrivatBesuch statt Hotel. Eine sehr traurige Sache. Ich habe mir während der Nacht Vorwürfe gemacht über mein vergangenes Leben. Daß ich vor lauter FriedensArbeit meine Familie vernachlässigt habe, statt zuerst an meine Familie zu denken. Dann kamen Vorwürfe an meine Kinder. Aber umgekehrt haben sie Grund, mir Vorwürfe zu machen.«

Daetwyler kehrte nach diesen Abenteuern nach Zumikon zurück; und schmiedete flugs neue Reisepläne. Wenn ihm Chruschtschow die kalte Schulter zeigte – bei US-Präsident Kennedy hätte er vielleicht mehr Chancen. Daß er bei seinem ersten USA-Besuch nicht einmal von einem kleinen Regierungsbeamten, geschweige denn vom Präsidenten, empfangen worden war, schien er vollkommen verdrängt zu haben.

Sei's drum: Anfang Dezember 1962 marschierte Daetwyler wie 1961 von New York nach Washington. 17 Tage brauchte er für die gut 300 Kilometer in winterlicher Kälte. Sechs Tage in der Woche marschierte er, am Sonntag ruhte er sich aus. Vom propagandistischen Standpunkt aus gesehen, war der Friedensmarsch recht erfolgreich. Unter anderen berichtet »The Sun« in Baltimore und die »Washington Post« über den Friedenspilger. Der Zeitung »The Sun« erzählte Daetwyler, daß er nach einem Washington-Besuch wie im Jahr zuvor nach Kuba fliegen wolle. Erst in der amerikanischen Bundeshauptstadt wurde ihm klar, daß das US-Wirtschaftsembargo auch den Reiseverkehr zwischen den USA und Kuba betraf: Man konnte nicht mehr so einfach wie 1961 von Miami nach Havanna fliegen. »The Washington Post« – damals wie heute zusammen mit »The New York Times« die einflußreichste Zeitung des Landes – wußte zu berichten, daß Daetwyler jeden Tag zwei Stunden meditierte und auch auf seinen Fußmärschen in meditative Welten versunken war. In der Tat beteuerte Daetwyler immer wieder, wie wichtig die Meditation für ihn sei, ganz gleich, wo er sich gerade befinde, und sei es auf einer amerikanischen Autobahn. Selbstzweifel und Stimmungstief überwand er so erfolgreich: »Ich habe heute Nacht zwei Stunden meditiert, bis ich meine negativen Gedanken überwunden hatte.«

Alles Meditieren trug aber nichts bei zur Behebung seiner mißlichen finanziellen Lage, über die er akribisch Buch führte. Unter die Liste mit den Spendeneinnahmen schrieb er einmal: »Danket dem Herrn, Es ist alles ein Wunder!« Seine Reise nach Helsinki und sein anschließendes USA-Unternehmen hatten 3500 Franken verschlungen. Als er in Washington eintraf, war er praktisch wieder mittellos: »Ich habe mit meinen Ersparnissen erreicht, bis nach Washington durchzukommen. Gezwungen auf diese Weise eine Verwirklichung der N.G.C. herbeizuführen.[4] Einen anderen Weg gab es nicht. Wenn das nicht hilft, dann Retourreise auf dem billigsten Wege. Ohne Havanna.«

Am 18. Dezember mußte er konstatieren: »Bin jetzt mittellos, ohne 1 Dollar.« Seine Hotelrechnung konnte er erst begleichen, nachdem er den als Notgroschen aufbewahrten Bankcheck in Höhe von 150 Franken eingelöst hatte. Aus den Washingtoner Aufzeichnungen geht hervor, daß Daetwyler rechnete und rechnete, unter dem Strich war er aber immer pleite. Dann wieder warf er sich vor, in einem für seine Verhältnisse zu teuren Hotel gewohnt zu haben, und das drei Wochen lang. Vor der Rückreise in die Schweiz wollte er in New York das billigste Logis beziehen, das sich finden ließe. Als er wieder einmal nachgerechnet hatte und feststellen mußte, daß er sein Überleben in den USA nur durch ein rückzahlbares Darlehen der Schweizer Botschaft hatte finanzieren können, schrieb er: »Wenn ich an diese Summe denke, wird mir schwarz vor Augen.« Es handelte sich um eine zurückzuzahlende Schuld von 643 Franken. Bald kam er sich als »Hochstapler« vor, dann wieder befürchtete er, wegen Geldmangels nicht mehr nach Hause zu kommen. Seine bedrängte Lage ließ ihm nur noch einen Ausweg offen: »Durchhalten als Bettler mit dem Geld von andern. [...] Wieder vom Botschafter abhängig.« Wenn es finanziell eng wurde, versuchte er des öfteren, die Schweizer Botschaft oder die Politiker in Bern anzupumpen. Während er auf den Botschaften in der Regel ein rückzahlbares Darlehen erhielt, stellte sich das politische Bern, wenn es um Geld ging, taub. Das brachte ihn regelmäßig in Rage. So schrieb er in Washington: »Ich bin geschlagen. Ein ganzes Departement mit Angestellten für Abrüstung, für mich keinen Franken in Bern, aber elende Verleumdung im Ausland durch

Beamte in Bern.« Was mit dieser angeblichen »Verleumdung« gemeint war, ist etwas nebulös. Vermutlich wies Bern seine Botschafter an, Daetwyler keinen offiziellen Rückhalt zu geben und ganz allgemein zu diesem Friedensapostel die gebotene Zurückhaltung an den Tag zu legen. Aus der Sicht Daetwylers stellte sich sein Verhältnis zu den offiziellen Stellen wie folgt dar: »Eidgenossen, ich will Euch eine Gasse machen, aber die Eidgenossen in Bern haben es unterlassen, in die Gasse zu treten und zu kämpfen. Und so kann ich nicht gewinnen. Wenn es geht, muß ich im Auslande bleiben, da ist immer noch eine gewisse kleine Hoffnung am Platze. Ich bin dem Herrn dankbar, daß ich für Ihn so viel wagen durfte, offen vor aller Welt. Auch ohne Erfolg.«

Das schlimmste aber war das vollkommene Scheitern seiner Mission: »Ich habe auch keinerlei positive Leistung vollbringen können in Washington. Keine Freunde, keine Verbindungen. Allein, isoliert.« Andererseits war Daetwyler, der mit offenen Augen durch die Welt wanderte, von Washington beeindruckt. Überall traf er »hoffnungsvolle, freudige Jugend«, doch angesichts dieser jungen Menschen ging ihm der Vietnamkrieg nicht aus dem Sinn. »Wie kann eine so aufgeschlossene Nation wie Amerika«, fragte er sich, »noch Krieg führen?« Washington beschrieb er als eine Stadt, die der Welt Impulse gab, und bewunderte die »Macht und Pracht«, die breiten Straßen, eingesäumt von »großartigen Bauten«. Er glaubte aber auch festzustellen, daß die Menschen mitten »im größten Gewühl jeder für sich« seien. Falsch indessen schätzte er die Rassenproblematik ein: »Die Rassenfrage ist hier ein überwundener Standpunkt.« Das war in den 1960er Jahren keineswegs der Fall, Rassismus, Armut, soziale und politische Benachteiligungen bestimmten für den schwarzen Teil der Bevölkerung nach wie vor den Alltag.

Am Ende war es für Daetwyler einzig und allein »eine Sache des Geldes«, daß er seine Friedensidee nicht zum Erfolg führen konnte. Auch dies war eine krasse Fehleinschätzung. Die Amerikaner waren nicht die einzigen, die ihn für einen Phantasten hielten, für eine skurrile Erscheinung, die den Zeitungen im besten Fall ein paar Zeilen wert waren. Er hielt sich aber für den Mann, der der Welt den Frieden bringen würde, wenn man nur auf ihn hören wollte. In dieser Einschätzung blieb er allein auf weiter Flur, selbst Friedenskräfte wie das amerikanische »Peace Corps« lehnten ihn ab. In New York hatte er verschiedentlich versucht, mit diesen Leuten in Kontakt zu treten, doch zu einem Treffen kam es nicht: »Sie sehen in mir einen Konkurrenten«, vermutete Daetwyler, wobei ihm nicht bewußt wurde, daß Organisationen wie das Friedenskorps in einer anderen Liga spielten als er. Das »Peace Corps« war eine von Präsident Kennedy gegründete staatliche Organisation, die Zehntausende von Freiwilligen in die Welt entsandte, vor allem um dem kommunistischen Einfluß in der Dritten Welt entgegenzuwirken.

Geldmangel machte es Daetwyler aber in der Tat unmöglich, noch länger in den USA zu bleiben. Ende Januar reiste er mit der Queen Mary über den Atlantik zurück nach Europa. Auf der Überfahrt konnte er sich erholen, er genoß es, im Speisesaal umsorgt zu werden: »Man wird bedient, statt daß man selber dient.« An Bord hegte Daetwyler – nach seiner Erfahrung von 1961 in Southampton – Zweifel, ob er am Zoll die Einreise nach England schaffen würde: »Es kann mir gleichgültig sein, was sie mit mir machen. Ob ich in England einreise oder nicht. Je nachdem würde ich in London Halt machen.« In Southampton ließ man ihn jedoch anstandslos passieren.

Es war Daetwyler offenbar gelungen, in der Zwischenzeit etwas Geld aufzutreiben. Auf jeden Fall hielt er sich im Januar und Februar 1963 für 15 Tage in London auf, agitierte für den Frieden und suchte verschiedene Zeitungsredaktionen auf. Aber er geriet auch an die Grenzen seiner körperlichen Leistungsfähigkeit, er schlief oft schlecht und fühlte sich krank. Dabei lautete die erste Zeile jedes Texteintrages: »Gott hilft in London.« Dieser Satz setzte sich in den folgenden Jahren als Einleitung seiner Notizen fest: »Gott hilft« – wo immer sich der Friedensprediger gerade befinden mochte.

»Gott hilft in Zumikon«, hieß es am 6. März: »Ich bin aus dem Schlafe erwacht. Wenn ich mich nach Genf begebe, so komme ich mit Max[5] in Conflict, weil er das nicht liebt. So wie Mama meine Reisen nicht liebte. Ich muß ihm aber Rechnung tragen, denn ich habe ihm gegenüber Rücksicht als Vater [zu nehmen] & er gibt mir zu meinem

Leben das Geld.« Daetwyler konnte in diesem Jahr nur sehr wenig selbst verdienen, weil er sich fast die ganze Zeit über gesundheitlich nicht auf dem Damm fühlte. Immer häufiger stand ihm jetzt auch seine Tochter Klara zur Seite, half ihm im Haushalt und sah allgemein in Zumikon nach dem Rechten.

Daetwyler hatte zwar noch immer große Pläne: Im Frühling 1963 überlegte er, wie er nach China oder Indien reisen könnte, um auch dort den Frieden zu predigen: »Aber das geht über meine Kraft, wo sollte ich das Geld hernehmen und die Gesundheit und Energie, um diese Reise zu unternehmen?« Er dachte nun, in seinem 77. Lebensjahr, öfters an den Tod, der für ihn überhaupt nicht Schrecken, sondern vielmehr »Erlösung« bedeutete. In vollkommener innerer Ruhe baute er auf Gott, der alles zum Guten wenden würde: »Ich kann mir kein Weiterleben [nach dem Tod] vorstellen […] sondern beuge mich dem Willen Gottes, der die Welt so eingerichtet hat, daß alles was lebt, stirbt. […] Wozu die Illusion, die meinem Verstand und meiner Vernunft widerstrebt. Ich bin jederzeit bereit, mein persönliches Leben zu verlieren. Es ist nichts dabei.«

Im Frühjahr 1963, so schien es wenigstens auf den ersten Blick, traute sich Daetwyler für die ihm verbleibende Zeit keine großen Unternehmungen mehr zu. Wenn dies tatsächlich der Fall gewesen sein sollte, überraschte er sich wohl selbst mit der Tatsache, daß er später noch dreimal in die USA, einmal nach Moskau und je einmal nach Ägypten und Israel reisen sollte.

Bereits im April fühlte er sich wieder kräftig genug, um am ersten Ostermarsch der Atomgegner von Lausanne nach Genf teilzunehmen, im gleichen Monat unternahm er einen Friedensmarsch von Zürich nach Bern. Ein Journalist des »Badener Tagblatt« traf den Friedensmarschierer unterwegs: »Der alte Mann im tadellosen schwarzen Anzug, ein Päckli Bierstengel in der Tasche, das Abzeichen mit seiner berühmten weißen Fahne im Knopfloch, sprach voll Feuer und gläubiger Überzeugung von seinen Plänen. […] Unser Reporter traf wenig später den alten Mann, wie er rüstig im Kappelerhof stadtauswärts schritt. […] Doch war von seiner fast etwas burschikosen, selbstbewußten Art am Mittagskaffeetisch« – Daetwyler war zuvor von einem

Badener in dessen Haus eingeladen worden – »nicht mehr so viel zu merken. Es ist doch bitter, ein Leben lang für den Frieden aller Welt mit Leib und Seele zu kämpfen – und von niemand ernst genommen zu werden. Und eine winzige Spur dieser Bitterkeit schien auf einmal durchzuschimmern, was uns mit Mitleid und leiser Beschämung erfüllte.«

Daetwyler marschierte nach Bern, weil er die Hoffnung noch nicht aufgegeben hatte, daß sich der Schweizer Bundesrat doch noch hinter seine »Neue Genfer Convention« stellen würde. Wiederum pflegte er einen intensiven Briefkontakt mit verschiedenen Magistraten, so mit Bundesrat Willy Spühler vom Eidgenössischen Militärdepartement, mit Bundesrat Roger Bonvin vom Eidgenössischen Zoll- und Finanzdepartement und mit dem Bundespräsidenten von 1963, Hans-Peter Tschudi.[6]

Im Mai 1963 hatte sich die Genfer Abrüstungskonferenz schon fast ein Jahr lang hingezogen, ohne daß auch nur die geringsten Resultate zu verzeichnen waren. Die Atommächte kümmerten sich keinen Deut um die Voten der acht blockfreien Delegationen und ließen sich auch nicht zu einem Testbann für Atomwaffen und Nuklearversuche verpflichten. Die hohe, internationale Politik brachte in Sachen Abrüstung gar nichts auf die Reihe. Warum nur war nicht einmal die eigene Regierung bereit, auf ihn, Daetwyler, zu hören? Die Politiker fanden seine Mission zwar »lobenswert« und dankten für seine Bemühungen, der Welt den Frieden sichern zu wollen. Man wünschte Daetwyler in Briefen »mit vorzüglicher Hochachtung« Erfolg – aber der Bundesrat ging nicht auf seine Forderung nach einer einzuberufenden Friedenskonferenz in der Schweiz ein. Im Berner Bundeshaus ging man eben auf Parkett, Daetwyler aber marschierte auf der Straße.

Am 11. Juni 1963 resignierte Daetwyler: Im Bulletin Nummer 8 seiner »Welt-Friedens-Zeitung« räumte er den »vollständigen Mißerfolg« seiner Neuen Genfer Convention ein. Keine einzige Regierung war für seine Pläne zu gewinnen gewesen. Und, so seine Attacke gegen die eigene Regierung: [Die Bundesräte] »finden es ganz in Ordnung, daß die Völker weiterhin der Führung der Diplomaten und Regierungen vertrauen sollen, obschon jedes Kind es sieht, daß der heutige Rüstungswahnsinn und der Stand der Weltpolitik uns in die Katastrophe des dritten Weltkriegs führt! Auch unsere Regierung findet es ganz am Platze, wenn die Völker weiterhin ihr Vertrauen den Diplomaten und Regierungen schenken, die sie bereits zweimal an den Rand des Verderbens geführt haben.«[7]

Daetwyler wollte begreiflicherweise nicht mehr auf die Schweizer Regierung setzen. Darum schrieb er mit der Bitte um einen Termin an Charles de Gaulle, den Präsidenten der französischen Republik, dessen »force de frappe«, die Atombewaffnung, ihm schon lange ein Dorn im Auge war. Die Absage vom 14. September 1963 kam immerhin auf dem Briefpapier des Sekretariats des Präsidenten. Trotzdem reiste Daetwyler nach Paris, wo er prompt in Schwierigkeiten geriet. Als er auf der Place de la Concorde mit seiner weißen Fahne eine Rede hielt und anschließend seine Bulletins und Karten verteilte, kam die Polizei und führte ihn auf den Posten. Daetwyler wurde verhört, anders als bei seinem letzten Aufenthalt aber nicht ins »Irrenhaus« gesteckt. Dafür erklärte ihm die Polizei, daß er in Paris weder die weiße Fahne tragen noch Reden halten dürfe. Er wurde auch strikt verwarnt, sich zum Elysée-Palast zu begeben, um womöglich Präsident De Gaulle treffen zu wollen. Paris blieb somit für Daetwyler ein schwieriges Territorium. Er schrieb dazu: »Die Reise nach Paris war möglich, aber viel schlimmer als in Berlin bringe ich in Paris keine Verbindung für meine Sache zustande. Selbst ein Pestalozzi war damals umsonst nach Paris gekommen, er wurde von Napoleon nicht angehört. So kann ich mich mit ihm trösten & getrosten Mutes meine Heimreise antreten.«

Vielleicht hatte Daetwyler auf seiner Rückkehr das Credo des Erziehers und Volksschulgründers Johann Heinrich Pestalozzi im Ohr, das so ausgezeichnet zu einem Mann paßte, der der Welt den Frieden bringen wollte: »Jeder muß sich ein Ziel setzen, das er nicht erreichen kann, damit er stets zu ringen und zu streben habe.«

11.
Tutti fratelli

»Die von Max Daetwyler gegründete Neue Genfer Convention Weiße Friedensfahne blieb bis heute nur ein Programm, solange nicht die Regierungen an dieser Neuen Genfer Convention Anteil nehmen. Absolut unabhängig vom Roten Kreuz, aber nach diesem Vorbild, soll diese neutrale, unabhängige Institution das Forum schmieden, um schrittweise, nach und nach, den Weltfrieden, das größte, längst ersehnte Ziel der Menschheit, zu begründen.«[1]

Zwei Monate nach seinem 80. Geburtstag lud Max Daetwyler erneut alle Regierungen zu einer Weltfriedenskonferenz nach Genf ein. An jenem Sonntag nachmittag, es war der 30. Oktober 1966, erschien kein einziger Regierungsvertreter, auch kein schweizerischer. An der Versammlung im Genfer Plainpalais waren zehn Personen aufgetaucht, darunter drei Reporter und zwei alte Männer, »die offenbar aus der bissigen Kälte in die wohlige Wärme des Saales geflüchtet waren«, wie eine UPI-Meldung festhielt. Vor der kleinen Zuhörerschaft schilderte Daetwyler seine Bemühungen um die Ächtung des Kriegs und verglich sein Wirken mit der Gründung des Roten Kreuzes, als 18 Regierungen einem ähnlichen Appell gefolgt seien. Nicht alle Zuhörer waren jedoch von friedlicher Stimmung beseelt. Ein Mann bezeichnete die Nordvietnamesen als »Metzger«, ein anderer forderte dazu auf, den Kapitalisten »die Kehle durchzuschneiden«. Mit traurigem Gesicht konnte Daetwyler zu diesen Ausbrüchen nur abwehrende Handbewegungen machen.

Die Einberufung einer solchen Konferenz war für Daetwyler zu einer eigentlichen Obsession geworden, jahrzehntelang hatte er sich nun darum bemüht. An das Büro der Vereinten Nationen in Genf richtete er die Bitte, ihm die Anschriften aller Regierungen, die Mitglied der UNO waren, zuzustellen. Der Informationsbeauftragte der UNO empfahl ihm, sich an die Botschaften in Bern zu wenden, deren Adressen finde er im Telefonbuch. Auch vom Eidgenössischen Politischen Departement des Äußeren forderte Daetwyler eine »Liste aller Regierungen der Welt« an. Das Departement legte ihm die Konsultation des Staatskalenders nahe, in dem sich eine Aufstellung aller Regierungen befand, mit denen die Schweiz diplomatische Beziehungen pflegte. Auch das Schweizerische Ragionenbuch [jährlich erscheinendes Verzeichnis der im Schweizer Handelsregister eingetragenen Firmen] enthalte solche Informationen.

Als Daetwyler endlich alle Adressen beieinander hatte, begann er Einladungen zur Genfer Friedenskonferenz zu verschicken, denen er ein Bulletin seiner Friedenszeitung beilegte, und empfahl, die Anmeldungen direkt an den Bundesrat in Bern zu senden. Der Bundesrat wußte natürlich nichts von der ihm zugedachten Rolle als Briefkasten, als er davon erfuhr, monierte das Politische Departement des Äußeren frostig: »Inzwischen haben wir auch Ihr Bulletin Nr. 9 erhalten. Da Ihnen hinlänglich bekannt ist, daß sich die schweizerische Regierung weder mit Ihren Ideen noch mit der Art und Weise Ihres Vorgehens identifizieren kann, erübrigt es sich, zum Inhalt Ihres Schriftstückes Stellung zu nehmen. Immerhin möchten wir Sie ersuchen, wenigstens den Satz: ›Anmeldungen können an den Schweizerischen Bundesrat in Bern geschickt werden, der auch gerne zu jeder weiteren Auskunft bereit ist‹, aus Ihrem Bulletin auszustreichen.«

Fünf Tage nach Erhalt dieses Schreibens vervielfältigte Daetwyler Bulletin Nummer 10 seiner Friedenszeitung und beklagte sich im ersten Satz: »Der Bundesrat lehnt Daetwyler ab.« Der Friedensapostel ortete im Verhalten der Magistraten einen »wirklichen Skandal«. Er empörte sich, daß die Schweizerische Regierung nicht den Mut habe, sich auch nur mit einem Wort für den Frieden in Vietnam einzusetzen und die Bemühungen eines Schweizerbürgers nicht einmal durch Empfehlungen an Regierungen unterstütze: »Ist das im Sinn und Geist der Tradition der Schweiz, eines Dufour, Dunant, Pestalozzi?«

Die ständigen Fehlschläge und Mißerfolge, dieses Nichtbeachten seiner unermüdlichen Arbeit durch alle Instanzen gingen an Daetwyler nicht spurlos vorbei. Er erkannte, daß er »gar keinen Fortschritt« in der Friedensarbeit gemacht hatte: »Wer soll sich erlauben, für den Frieden einzutreten, ohne daß er dabei seinen Namen & sein FamilienLeben aufs Spiel setzt.« Als er das Steueramt der Gemeinde Zumikon im Januar 1964 erneut um den Erlaß der Steuern ersuchte, den Steuerkommissär also um einen Gefallen bat, setzte er an den Schluß des Briefes gleichwohl die Bemerkung: »Ob ich zu meiner FriedensArbeit auch noch Steuern bezahlen muß, das können Sie machen, wie Sie wollen« – und dann unterstrichen – »das berührt mich nicht im geringsten!«

Seine Enttäuschung über das Verhalten der offiziellen Institutionen nahm nun stetig zu und er zieh die gesamte Schweizer Regierung der »Feigheit«, was die Presse genüßlich kolportierte. Der Gemeinde Zumikon machte er wütende Vorwürfe, weil sie im September 1965 ein Jugendschießen veranstaltet hatte: »Nun haben die Militärfreunde in Zumikon ein Schießen für die Jugend durchgeführt & prahlen mit dieser Errungenschaft, obschon im Hintergrund des scheinbar harmlosen Schießens die Freude am Militarismus, am Soldatentum, am Krieg gezüchtet wird. Was einer Verhöhnung der Lehre Christi nach der Bergpredigt gleichkommt & einer Irreführung der Jugend. Wir sehen, wohin dieser Kriegswahn führt, zwei Weltkriege & bereits der Anfang des 3. Weltkrieges & die Zumikoner Militärfreunde bringen es fertig, die unschuldige Jugend auf Irrwege zu führen. Waffen sind verderbliche, fluchwürdige Geräte & die Geschöpfe hassen sie! […] Im Andenken an Albert Schweitzer wiederhole ich die Forderung des Gewissens: Die Waffen nieder!«[2]

Daetwyler hatte an Schweitzer geschrieben und von diesem auch im Februar 1964 eine Antwort erhalten: »Wie schön, ein Wort von Ihnen zu empfangen. Ja, Sie sind ein Vorkämpfer des Friedens. Mein Streben geht in die gleiche Richtung. Aber ich glaube, daß der Friede nur kommen kann, wenn wir andere Menschen werden und in unserem geistigen Dasein uns durch den Geist der Gütigkeit gegen alle

Kreatur leiten lassen. Der Geist der wahren Menschlichkeit muß in uns zur Herrschaft kommen. Dann wird eine andere Politik als die heutige möglich werden. Wir bemühen uns beide in demselben Kampf, jeder an seinem Platz. Also fortgekämpft und [fort]gerungen ... Herzlich Ihr ergebener Albert Schweitzer.« Dieser Brief mußte Daetwyler ganz besonders gefreut haben, entsprach er doch Wort für Wort seiner Auffassung. Mochten alle gegen ihn sein, ein Mann vom Format Albert Schweitzers stand in Gedanken hinter ihm.

Der Brief des »Urwalddoktors« mag Daetwyler zu weiteren Taten beflügelt haben. Im Dezember 1964 reiste er zum zweiten Mal nach Moskau. Die Ära Chruschtschow war inzwischen zu Ende gegangen, Leonid Breschnew saß im Kreml am Ruder – vielleicht hatte ein Friedensapostel bei diesem Mann bessere Karten. Doch Breschnew, der 18 Jahre an der Macht bleiben sollte, entpuppte sich als Betonkopf, der westlichen Einflüssen mit dem Postulat der »Erziehung zum Sowjetmenschen« entgegentrat.

Seine Kinder Max und Klara waren begreiflicherweise gegen diese weite Reise ihres Vaters, der nun schon 78 Jahre alt war. Doch wenn Daetwyler einmal einen Entschluß gefaßt hatte, war er davon nicht mehr abzubringen, und so verließ er am 7. Dezember 1964 Zumikon in Richtung Helsinki. Aus der finnischen Hauptstadt schickte er an die Redaktion der »Zürichsee-Zeitung« und deren Leser fröhliche Weihnachtsgrüße, erhielt ohne Umstände sein Visum für Moskau und kam am 20. Dezember in der russischen Metropole an, wo er sich am ersten Abend durch ein Fischgericht den Magen verdarb. Er bat um das gleiche Zimmer 103 im Hotel National, das er schon 1960 bewohnt hatte; es verfügte über ein Marmorbad, das ihn damals so beeindruckt hatte. Das Zimmer 103 erhielt er zwar nicht, er bekam nur eines mit Dusche; dafür lud ihn die Direktorin des Hotels ein, ohne Bezahlung bis übers Neujahr hinaus zu bleiben. Wie der Friedensapostel das in der sowjetischen Planwirtschaft fertigbrachte, bleibt ein Rätsel. Das »gute Wetter« im Hotel National war aber bald vorbei: Fünf Tage nach der Ankunft wurde er von der Direktorin aufgefordert, ihr Haus zu verlassen. Die Polizei blies ins gleiche Horn und setzte ihn am Weihnachtstag in einen Eilzug Richtung finnische Grenze.

Der Grund für den Rauswurf aus der Sowjetunion war Daetwylers Friedenszug – sein zweiter nach 1960 – über den Roten Platz. Vor dem Lenin-Mausoleum wurde er mitten aus einer Menschenmenge heraus von zwei Polizisten abgeführt. Sie behandelten den Friedensapostel zwar freundlich, verboten ihm aber weitere Reden und das Mitführen der weißen Friedensfahne. Gegenüber Presseleuten meinte Daetwyler: »Ich weiß noch nicht, ob ich die Fahne wieder tragen werde oder nicht. Aber ich hoffe, daß ich den russischen Führer Breschnew sehen kann.«

Er hoffte vergeblich. Vielleicht fürchtete Breschnew ganz einfach, sich lächerlich zu machen, wenn er einen alten Mann mit weißer Fahne, Prophetenbart und verwittertem Gesicht im Kreml vorlassen würde. Vielleicht aber lagen die Mächtigen der Welt auch ganz falsch mit ihrer Weigerung, in der Nähe des Friedensapostels gesehen zu werden, hätte doch etwas von Daetwylers charismatischer Ausstrahlung auf ihr graues, machtbestimmtes Politikerleben abfärben können.

Aus Moskau hatte Daetwyler einige Postkarten an Bekannte gesandt: »Heute weht die weiße Fahne auf dem Roten Platze. Oben auf dem Kreml die rote Fahne Lenins. Welch ein Anblick für die Russen! Wir werden sehen, welche Fahne mächtiger ist. Ich weiß es. Die Herren im Kreml ahnen es.«

Die Reise nach Moskau hatte ihn 1700 Franken gekostet – ziemlich genau die Hälfte seines Jahreseinkommens von 1964 in Höhe von 3386 Franken. Diese Summe setzte sich zusammen aus 1236 Franken AHV und der Unterstützung durch seinen Sohn Max, die sich auf 2150 Franken belief. Davon konnte er die Moskau-Reise wohl kaum berappen; viel eher hatten ihm Spender die Fahrt ermöglicht, was darauf schließen läßt, daß er noch immer über einen Kreis ihm wohlgesinnter Menschen verfügte.

Mit einer UPI-Photographie hatte Daetwyler in Moskau zumindest einen publizistischen Erfolg an Land gezogen. Das Bild zeigt ihn auf dem Roten Platz, er trägt die weiße Fahne, eine Aktentasche und zum schwarzen Mantel eine schwarze Baskenmütze. Hinter ihm ist eine größere Ansammlung von Menschen zu sehen, die seiner weißen Fahne zu folgen scheinen. Das Moskauer UPI-Büro gab dieses

Photo in den internationalen Dienst, und es wurde weltweit in vielen Zeitungen abgedruckt. Daetwyler ließ sich eine Karte mit dem Photo drucken, die er in den kommenden Jahren stapelweise mit sich führte, um sie an Passanten zu verteilen.

Besagte Karten hatte er sicher auch dabei, als er am 27. September 1965 mit der Swissair zu seiner dritten Reise in die USA aufbrach, beklagte er sich doch in New York über den Umstand, daß er viel zu viele Drucksachen eingepackt hatte, die ihm jetzt »Ballast« waren. In New York wollte er U Thant, den Generalsekretär der Vereinten Nationen, treffen, in Washington US-Präsident Johnson, der die Nachfolge des 1963 in Dallas ermordeten Kennedy angetreten hatte. U Thant wollte jedoch nichts von dem Schweizer Friedenspilger wissen, obwohl Daetwyler vor dem UNO-Hauptsitz mit seiner weißen Fahne aufmarschiert war, die nun vereint mit den 117 Fahnen der Mitgliedstaaten im Wind flatterte. U Thant hätte nach Daetwylers Vorstellung den Sicherheitsrat der UNO zu einem Waffenstillstand in Vietnam bewegen müssen. Das tat dieser aber nicht, worauf Daetwyler jedem, der es wissen wollte, erklärte, daß der Generalsekretär unfähig und die UNO zu einer Versorgungsanstalt für gutbezahlte Beamte verkommen sei.

Von New York fuhr er mit dem Greyhound-Bus für 14.85 Dollar nach Washington. Zu seinem Pech lag Johnson zu diesem Zeitpunkt gerade im Krankenhaus, also konnte aus dem angestrebten Treffen ohnehin nichts werden. Dabei hatte er Johnson eine in holprigem Schulenglisch geschriebene Depesche ins Weiße Haus geschickt; deren Postscriptum lautete: »I am a peacemaker like the pope in Rom, yet with less influence, as I am a private man as the head of a great church.« Der Papst hatte zuvor vor der UNO eine Rede gehalten. Mit der »great church« – der »großen Kirche« – konnte Daetwyler nur seine persönliche Auslegung des Christentums nach der Bergpredigt gemeint haben, in ihr sah er die ganze christliche Ethik festgeschrieben.

Johnson auf dem Krankenlager außer Gefecht, versuchte Daetwyler vergeblich in Washington beim State Department vorzusprechen und demonstrierte daraufhin vor dem Weißen Haus gegen den Vietnamkrieg. Dabei lief ihm Fritz Leutwiler, der Präsident der Schweizer Nationalbank, über den Weg. Daetwyler bat Leutwiler, seine weiße

Fahne zu halten, während er aus seiner Mappe einige Schriften hervorkramte. Viele Jahre später erinnerte sich Leutwiler an diese Begegnung: »Schade, daß kein Photograph in der Nähe war; der Nationalbank-Präsident mit weißer Fahne zusammen mit Max Daetwyler, das wäre ein Fressen für die Medien gewesen.«

Am 14. Oktober 1965 flog er mit der Swissair von New York nach Zürich zurück. Das Flugticket hatte 1656 Franken gekostet, insgesamt verursachte dieser USA-Aufenthalt Kosten in Höhe von 2900 Franken. Bezahlt hatten die Reise »Freunde«, wie Daetwyler einem Journalisten erklärte. So hoch die Kosten waren, so gering war der Erfolg seiner Mission, Daetwyler nahm das ohne Wenn und Aber zur Kenntnis: »Eine große Täuschung. Wenn ich mir vorstellte, daß meine Amerika-Reise irgendwie einen Eindruck machte, dann war das falsch. Keine einzige Zuschrift & eine spärliche Presse zeigen das Gegenteil von dem, was ich erwartet habe. Von einer Leistung meinerseits ist kaum die Rede bei den Leuten.« Sich selbst brauchte er aber keine Vorwürfe zu machen: »Um so besser ist es um mein eigenes Urteil bestellt. Es war für meine Verhältnisse eine große Leistung, & weil sie keine Anerkennung fand, so hat sie für mich auch keine Verpflichtung. Denn noblesse oblige, so auch Erfolg. Mißerfolg macht frei, in dem er nicht zum Einsatz verpflichtet, sondern eine Abkehr erlaubt. Ich bin heute zu Hause geblieben, um auszuruhen. Statt mich in Zürich zu betätigen.«

Am 13. Juni 1966 schrieb Daetwyler, nun fast 80 Jahre alt, in Zumikon einen Text, in dem er sich anklagt, eines seiner großen Lebensziele – die Autobiographie zu verfassen – nicht erreicht zu haben. Daß es damit nicht klappte, führte er auf seine Faulheit zurück – in seinen Augen eine seiner größten Charakterschwächen. Angesichts seines unermüdlichen Engagements für den Frieden ist diese Selbsteinschätzung geradezu abwegig, Daetwyler aber schrieb: »Schon als Knabe war ich bereit, ein bequemes Leben zu führen & die Arbeit nicht ernst zu nehmen. Und diese Faulheit hat mich mein ganzes, langes Leben begleitet, & mir vieles geraubt, das ich hätte besser machen können. Aber eine glückliche Naturveranlagung ließ mich diesen Nachteil meines Charakters nicht stark fühlen. Ich war zur Freude bestimmt & die Freude an meinem Leben brachte mir immer wieder den Ausgleich der durch meine Faulheit entstandenen Lücken. […] Ein anderer Grund, daß ich als Schriftsteller nicht fleißig war, lag darin, daß ich bei den Zeitungen für das, was ich schrieb, keinen Erfolg hatte. [Ich] fand niemand, der meine Artikel drucken wollte. […] Henry [sic] Dunant schrieb: Erinnerungen an Solferino, ein Buch, das Erfolg hatte. Pestalozzi schrieb: Lienhard und Gertrud, ein Buch, das Erfolg hatte. Rousseau schrieb den Emil, Gottfried Keller den grünen Heinrich. Aber ich schrieb nichts, das Erfolg hatte. Ich schrieb meine Aufrufe, meine Artikel, meine FriedensZeitung, aber ich raffte mich nicht auf, etwas Eigenes, Selbständiges zu schreiben, dazu war ich zu faul. Ich sammelte Beiträge bei den Leuten & hausierte jahrelang mit Büchern vom Verein guter Schriften. Ohne selbst etwas Gutes zu schreiben. Nun bringt es mein Alter & meine Krankheit[3] mit sich, daß ich nun Zeit habe, mich als Schriftsteller zu betätigen. Ich will es mit Gottes Hilfe wagen. Denn ich muß meine Jdeen zu Papier bringen, damit sie die Leute lesen können.«[4]

Die Weltfriedenskonferenz in Genf blieb eines seiner wichtigsten Anliegen. Die Art und Weise, wie er dieses Ziel verfolgte, kann man stur nennen, besessen, weltfremd, naiv, verbohrt, närrisch, was auch immer. Offenbar aber erkannte er im hohen Alter in dieser von ihm herbeigesehnten »Weltfriedens-Conferenz« die letzte Chance, sein Credo von der Brüderschaft aller Menschen verwirklicht zu sehen. So agitierte er auch im Herbst 1966 zum xten Mal für diese Versammlung aller Regierungen zur Errichtung des Weltfriedens, schimpfte über Bern – »Bern antwortet nicht!« – und über den Waffenfabrikanten Dieter Bührle – »das große Geschäft der blutigen Internationale der Rüstungs-Industrie Filiale Schweiz, mit Bührle & Co.«.

Bereits in den 1940er Jahren hatte Daetwyler dem Zürcher Industriellen Emil Bührle, der Vater von Dieter Bührle, geschrieben und versucht, diesen von der Waffenfabrikation abzubringen. In einem Brief an den Friedensapostel rechtfertigte Bührle seine Tätigkeit unter anderem mit dem Argument, daß er, Bührle, im Gegensatz zu

Daetwyler ein Realist sei: »Überlegen Sie sich einmal, ob es nicht viel einfacher und leichter ist, ein ›Friedens- und Menschenfreund‹ Ihrer Art zu sein, als fest und aufrecht im Getriebe der Welt zu stehen und dabei mögliche Ideale zu verfolgen. Glauben Sie wirklich, daß es nur ein Jota an der Weltgeschichte ändern würde, wenn ich, Ihrem Rate folgend, aufhörte, in meiner Fabrik Waffen herzustellen? Die Welt würde trotzdem in ihrer alten Bahn weitergehen, nur kämen dadurch Tausende um Arbeit und Brot, und ich persönlich wäre nicht mehr in der Lage, sowohl im Allgemeinen als im Einzelnen Leistungen zu vollbringen, die vielleicht mehr Segen stiften als fromme Wünsche.«[5]

Ein Vierteljahrhundert später wandte sich Daetwyler an den Präsidenten des Schweizerischen Nationalrates mit dem gleichen Anliegen, das er gegenüber Bührle vorgebracht hatte: Stoppt die Waffenproduktion! Der Präsident antwortete, daß eine Initiative eingereicht worden sei, die die Schweizer Waffenausfuhr neu und schärfer regeln wolle. Eine neue »Regelung« der Waffenexporte war Daetwyler eindeutig zu wenig; in seiner »Welt-Friedenszeitung« vom 17. November 1966 glaubte er konstatieren zu müssen: »[…] kein Verständnis weder für die Ideen noch für die Person Daetwyler.«

Das politische Bern hatte es inzwischen weitgehend aufgegeben, Daetwyler die Gründe darzulegen, warum der Bundesrat nicht mit ihm kooperierte. Daetwyler schrieb am 16. Januar in einem Entwurf für die nächste Friedenszeitung: »Frieden in Vietnam, durch Verhandlungen, durch Gespräche in Genf […]. Merkwürdige Leute. Sie finden es in Ordnung, daß das große Verbrechen in Vietnam weiter ungestört seinen Lauf nimmt: Sie selbst rühren keinen Finger für den Frieden[6] […] aber Max Daetwyler bekommt auf Telegramme, auf dringende Bitten, weder vom Bundesrat in Bern, noch vom Regierungsrat in Genf auch nur eine Antwort.«

Tat Daetwyler all dies, weil er im Rampenlicht stehen wollte? Ganz sicher nicht – Geltungssucht war nicht Triebfeder seines Handelns. Er tat, was er tat, weil er es tun mußte. Und er mußte es tun, weil er seinem Gewissen folgte, seiner inneren Stimme, auf die er sich ein Leben lang berief und die ihm ein verläßlicher Kompaß war. Darum reiste er 1967 in den Nahen Osten.

Der ägyptische Staatschef Gamal Nasser hatte sich bei den arabischen Massen durch seine aggressive Haltung gegen Israel große Sympathien erworben. Im Frühling 1967 drohte der durch die UDSSR mit Waffenlieferungen unterstützte Nasser mit der Vernichtung Israels, man werde die Israelis ins Meer werfen. Schon 1956 hatte die Suezkrise die arabische Begeisterung für Nasser gesteigert. Damals hatte der Volkstribun die Verstaatlichung der englisch-französischen Suezkanalgesellschaft angeordnet. In Absprache mit Frankreich und England begann darauf der israelische Sinaifeldzug. Die Franzosen und Engländer führten militärische Operationen durch, die Sowjetunion drohte mit einem Nuklearkrieg. Der Suezkanal blieb vorerst für den Welthandel offen, war aber nach dem Sechstagekrieg vom Juni 1967 bis 1975 gesperrt.

Zwischen dem 5. und 10. Juni griffen Ägypten, Syrien und Jordanien Israel an. Israel schlug die arabischen Armeen – die Ägypter verloren rund 14 000 Soldaten, Israel knapp 400, und besetzte die Westbank, die Golanhöhen, den Sinai, den Gazastreifen und Ostjerusalem. Damit war der Keim für weitere Konflikte gelegt, die sich schließlich 1973 und 1982 in weiteren Kriege entladen sollten.

Daetwyler hatte sich ein ägyptisches Visum und ein Flugticket nach Kairo besorgt, was dem Schweizer Nachrichtendienst nicht entgangen war. Dann brach der Krieg aus und alle zivilen Flüge in das Krisengebiet wurden abgesagt. Erst am 27. Juni, also gut zwei Wochen nach Einstellung der Kampfhandlungen, gelangte Daetwyler, »bewaffnet« mit der weißen Fahne und einem Stapel Friedenszeitungen, nach Kairo. In diesem Bulletin Nummer 20 vom 26. Juni 1967 forderte er unter anderem die Aufnahme Israels als Mitgliedstaat in die Vereinigten Arabischen Republiken. Die in seinen Augen wichtigste Voraussetzung für einen Frieden in Nahost war in dieser Ausgabe noch nicht enthalten: die Rückgabe aller durch Israel besetzten Gebiete.[7]

Nach einem Zwischenstopp in Athen landete der fast 81 Jahre alte Daetwyler mit der Swissair in der Bruthitze Kairos. Nur wenige Leute hatten Lust, in die noch immer von der Niederlage aufgewühlte Metropole zu fliegen – das Fluzeug war fast leer. Im Hotel Semiramis, das unter Schweizer Leitung stand, versuchte er einen Spezialpreis auszuhandeln; dieser wurde ihm allerdings nicht gewährt. Mit einem

Taxi fuhr er zum Hotel Corniche, wo er eine kleine Suite zu einem annehmbaren Preis mit Aussicht auf den Nil bekam, was ihn entzückte. Die brodelnde Hauptstadt Ägyptens war für ihn kein neuer Anblick: 1960 hatte er zusammen mit seinem Sohn Max eine Nahostreise unternommen. Max junior hatte seinen Vater damals zu dieser Reise eingeladen – ohne Friedensfahne, es war ein rein touristisches Unternehmen gewesen.

Doch Max Daetwyler hatte die Strapazen dieser weiten Reise nicht auf sich genommen, um schöne Aussichten zu genießen. Mit der vorerst noch eingerollten Friedensfahne, seiner Mappe mit den Friedenszeitungen und den Photokarten aus Moskau wanderte er durch Kairos Straßen. Mit einem »Salam Aleikum« betrat er ein Café, entrollte seine Friedensfahne und verteilte die Moskau-Karten. Als er wieder auf die Straße trat, folgte dem bärtigen Alten eine Gästeschar, wohl verwundert und neugierig, aber in keiner Weise feindlich gestimmt. Er kam indessen nicht weit, zwei Polizisten nahmen ihn in ihre Mitte und führten ihn auf den Posten. Er wollte sich für den Menschenauflauf, den er verursacht hatte, entschuldigen, doch die Polizisten winkten ab, behandelten ihn freundlich und ließen ihn laufen. Sie ermahnten ihn aber vorher, von weiteren Auftritten in Kairos Straßen Abstand zu nehmen, denn wenn ihn irgendein Mensch aus der Menge als einen Feind Nassers titulieren sollte, könnte die Situation außer Kontrolle geraten und für ihn lebensgefährlich werden.

Daetwyler suchte daraufhin die Schweizer Botschaft und die halbamtliche Zeitung »Al Ahram« auf, wo ihn ein Redakteur interviewte und eine kleine Meldung über die Ankunft des Schweizer Friedensapostels verfaßte. Das alles blieb aber nur Geplänkel vor dem eigentlichen Ziel: Daetwyler wollte zu Staatschef Nasser vordringen, und suchte das Innenministerium auf. Nach sechs Stunden empfing ihn schließlich ein Mitarbeiter des Innenministers.[8] Dieser Beamte erklärte ihm ebenfalls, daß sein Friedensmarsch durch Kairo zu einem Unglück führen konnte. Wohl um Daetwyler vor sich selbst zu schützen, bat der Ägypter den Schweizer listig um ein Geschenk: Ob er nicht die weiße Friedensfahne bekommen könne. Das lehnte Daetwyler ab, und er gab nicht auf. Offenbar gelang es dem Zumiker tatsächlich, bis zu Nassers Sekretariat vorzudringen. Dort reichte er ein Photo herum, das ihn mit Bundespräsident Bonvin zeigt, der ihn am 26. Januar 1967 in Bern empfangen hatte. Treuherzig meinte Daetwyler, wenn ihn Nasser zu einer Audienz empfange, dann entstünde ein ähnliches Photo von Nasser und dem Friedensapostel. Diese in der internationalen Presse sicherlich verbreitete Aufnahme könne doch nur gut sein für den ägyptischen Tourismus.

Der darniederliegende Tourismus war aber sicher nicht die Hauptsorge der Ägypter jener Tage, die schmachvolle Niederlage gegen Israel hatte sie tief in ihrem Stolz getroffen. Daetwyler bekam in Kairo immer wieder die gleiche Forderung zu hören: Die vertriebenen Palästinenser müßten ihr Land zurückerhalten, die besetzten Gebiete geräumt werden, sonst könne es im Nahen Osten nie und nimmer Frieden geben. »Die Araber«, schrieb er, »wollen Ausschiffung der Israelis aus Palästina. Eine Utopie.« Aus den geplanten Museumsbesuchen wurde nichts mehr, am Tag nach dem Besuch auf Nassers Sekretariat wurde Daetwyler unter Polizeiobhut auf den Flughafen gebracht und außer Landes spediert; sein Aufenthalt in Kairo hatte eine Woche gedauert. »Ich habe in ein Wespennest gestochen, als ich mich hieher nach Cairo begab, um die Ursachen des Krieges [...] zu erforschen & zu helfen, Frieden in diese Region zu bringen. Viel Liebe und Simpathie & so wollte ich auch der Regierung behilflich sein, den Weg zurückzufinden. Als Grundlage dieser Arbeit dient mir die Gerechtigkeit«, notierte er.

Von Kairo flog der Friedensmann nach Rom und besuchte das Hotel Quirinal, wo er als junger Mann 60 Jahre zuvor als Saalkellner gearbeitet hatte: »Alles ist hier noch wie damals. Aber die Gestalten sind nicht mehr da, ich sehe keinen Schweizer hier, mit dem ich ein Wort wechseln kann.« Dagegen begegnete er einem Libanesen, der ihm eine impertinente Frage stellte: Ob man mit 80 Jahren noch mit einer Frau zusammensein könne, er für seinen Teil könne nicht ohne sein. Daetwyler schrieb dazu: »Und damit haben wir das Problem der Araber, sie sind dem Sinnenleben unterworfen & dadurch in ihrer Arbeit und in ihrem Leben beeinflußt. Da liegt eine Quelle ihrer Unterentwicklung.«

Bei seiner Rückkehr erwartete ihn ziemlicher Ärger, die Ägypten-Reise hatte ihren Niederschlag in der Presse in kleinen Meldungen gefunden. Seine Forderung, daß sich die Israelis aus den besetzten Gebieten zurückziehen müßten, wurde von einigen Redakteuren dahingehend ausgelegt, daß die Araber den Daetwyler praktisch »umgedreht« hätten. Merkwürdig, daß man ihm plötzlich soviel Aufmerksamkeit seitens einer Regierung zutraute, denn über die Wirkungslosigkeit seiner Kairoer Friedensmission war er sich völlig im klaren. Er befürchtete nicht zu Unrecht, daß nach dem Ägypten-Debakel auch noch die letzten Spender abspringen könnten: »Die absolute Ablehnung meiner Aktion durch meine ehemaligen Gönner hat mir reinen Wein eingeschenkt. Wenn ich nun nach Jerusalem gehe, so habe ich mit neuen Kosten zu rechnen, ohne einen positiven Erfolg zu erwarten. Es ist um mich also sehr schlimm bestellt.«

Statt solche Reisen zu unternehmen, würde er gescheiter seiner Gesundheit Rechnung tragen und das viele Geld für sein Wohlbefinden ausgeben, riet eine Nachbarin. Das kümmerte ihn wohl nicht weiter; viel mehr zu Herzen nahm er sich, was Max junior zu seinen Friedensmissionen zu sagen hatte. Im August 1967 hielt er fest: »Max. Ich komme je länger je mehr auf die Güte & Noblesse von Max zurück & den Segen, daß mir der Herr einen solchen Sohn geschenkt hat, ein anderer würde mir Vorwürfe machen über meine Orientreise.«

Max junior stand seinem Vater aber durchaus kritisch gegenüber, und er scheute auch nicht davor zurück, ihm Vorwürfe zu machen, gerade in bezug auf die »Orientreise«. Diese sei sinnlos gewesen, ein neuer Mißerfolg, er, Max junior, wäre nicht erstaunt, wenn die Leute an der geistigen Gesundheit des Friedensapostels zweifelten und ihm eine erneute Internierung in einer psychiatrischen Klinik blühe. Trotz der Vorbehalte hatte Daetwyler junior seinem Vater auch bei dieser Expedition finanziell unter die Arme gegriffen; die Reise nach Kairo hatte 1700 Franken gekostet, eine Summe, die Daetwyler senior schwerlich allein aufbringen konnte.

Wie dem auch sei: Daetwyler blieb nur eine Woche in Zumikon. Dann reiste er am 13. Juli 1967 zwecks Friedensmission nach Israel. Der Entschluß, auch auf die andere Seite des Konflikts einzuwirken, fiel ihm aber nicht leicht. Noch am Tag vor der Abreise notierte er: »Ich bin vollkommen im Zweifel, ob ich meine Reise morgen durchführen soll oder nicht. Ich habe den Fehler gemacht, Nasser als Freund zu deklarieren, & das wird mir nun nicht verziehen. […] Andrerseits machen die Israelis den Fehler, daß sie die wehrlosen Araber ins Unglück bringen. Wenn ich nun in Tel Aviv ankomme, so ist es wie in Cairo, die Regierung ist gegen mich und auch das Volk. Ich habe aber gesagt, daß ich nach Israel gehe, & ich muß mein Wort einhalten, sonst muß ich aufhören, noch weiter für den Frieden wirksam zu sein. […] Was soll ich nun tun, ich weiß es nicht.«

Er tat, was er nicht lassen konnte: Er flog nach Tel Aviv. Der »Jerusalem Post« war die Ankunft des Schweizers eine kleine Notiz wert; in dieser wurde von Daetwylers Besuch in Kairo berichtet, auch seine Forderung nach israelischem Rückzug aus den besetzten Gebieten wurde erwähnt, sicher aber nicht für gut befunden. Noch auf dem Flughafen entrollte er seine weiße Fahne und verteilte seine Bulletins. Eine kleine Episode fand in dem 25-Zeiler der »Jerusalem Post« auch noch Platz: Ein Polizist und ein Pressephotograph gerieten lautstark aneinander. Daetwyler trat auf die Streithähne zu, faßte beide Männer bei der Schulter und sagte: »Shalom, Shalom!«

Dies blieb die einzige, friedenstiftende Aktion während seines Aufenthalts in Israel. Er stieß ab und zu auf Sympathie – es war ja auch schwer, den feurigen, liebenswürdigen Idealisten nicht zu mögen –, doch im allgemeinen eher auf Ablehnung. Das Personal auf der Schweizer Botschaft ließ sich zwar auf eine Diskussion über Daetwylers Friedenspläne ein, hielt sie indessen für ganz und gar unrealistisch. Der Schweizer Botschafter schrieb ihm sogar am 26. Juli nach Zumikon: »Es war mir ein Vergnügen, mich während Ihres Aufenthalts in Israel eine Weile mit Ihnen zu unterhalten, auch wenn ich nicht in der Weise beistehen konnte, wie Sie es wünschten.« Daetwylers Wunsch war ein Treffen mit dem israelischen Ministerpräsidenten Levi Eshkol. Bei Eshkol sollte die Schweizer Botschaft für Daetwyler chambrieren. Am 14. Juli notierte er in Tel Aviv: »Ich habe heute nichts erreicht. Auf der Botschaft Ablehnung. Von der UPI kein Besuch.« Zu allem Unglück blieb noch seine Uhr stehen: »Ein Symbol meiner schlechten Verfassung« – und auf dem Taxi-Büro kam ihm die Brieftasche abhanden.

Um seine Reisekasse aufzubessern, versuchte er seine Karten und Zeitungen zu verkaufen. Doch kein Israeli wollte für den Ratschlag bezahlen, die besetzten Gebiete zu räumen, und so verschenkte Daetwyler seine Drucksachen notgedrungen. Er freute sich zwar an der »herrlichen Landschaft«, doch sein hohes Alter und seine Resignation angesichts der sich jagenden Mißerfolge machten sich nun mehr und mehr bemerkbar, er sprach in Tel Aviv davon, daß Israel »meine letzte Reise sein muß«. Gesundheitlich ging es ihm nicht gut, offenbar machte ihm die Hitze oder sein Magenleiden zu schaffen, oder beides: »Alles geht falsch.« Auch fühlte er sich nicht mehr imstande, öffentlich auf den Straßen anzutreten: »Es fehlt mir die Kraft.« Nach der Nichtbeachtung durch Ministerpräsident Eshkol wollte er in Zukunft »die Staatsmänner beiseite lassen«, dachte gar an die Heimreise, ohne Jerusalem zu besuchen. Eine Stadtrundfahrt in Tel Aviv, bei der er sich als »Menschenfreund« gefeiert fühlte, gab ihm jedoch wieder Auftrieb, und so reiste er mit dem Taxi weiter, am 20. Juli war er in Jerusalem. Dort bezog er ein bescheidenes Logis in einem christlichen Hospiz. Über der Tür seines Zimmers hing ein Kreuz, was ihn die Überlegung anstellen ließ: »Hier in Jerusalem wird es einem bewußt, welche große Leistung Jesus vollbracht hat. Aber auch des Verrats an seiner Sache durch diejenigen, die den Krieg vertreten, die Kirchen. Auch wird es einem bewußt, wie man selbst so wenig Mut & Tatkraft aufbringt, um dem Frieden zu dienen. Das Wenige, das ich getan habe, steht in keinem Verhältnis zu der Größe der Aufgabe.«

Daetwyler brauchte nicht viel, um wieder in glückliche Sphären zu gelangen. Dazu genügte zum Beispiel die Beachtung, die er durch ein TV-Team fand, das ihn in Jerusalem interviewte. Nach diesem Pressetermin meinte er: »Es ist ganz wunderbar, wie ich hier in Israel Erfolg habe. Gottlob, daß ich hierhergekommen bin. Gott sei Dank.«

Auffallend, wie schnell seine Stimmungslage in diesen Tagen kippen konnte. So mochte er schreiben: »Ich habe heute morgen nicht viel getan, fühle mich aber wohl und glücklich.« Und nur einen Tag später: »Ich bin heute seelisch krank. Ich kann nichts tun, das irgend wie gut ist. Ich muß einfach warten, bis ich wieder die seelische Kraft habe, um weiter zu arbeiten.« Er glaubte auch feststellen zu müssen, daß sein Verstand nachließ, weil er nicht mehr auswendig lernen konnte: »Mein Gedächtnis taugt nicht mehr.«

Am 1. August 1967 war Daetwyler wieder in Zumikon. In der Post fand er ein Schreiben von Nasser: Der ägyptische Staatschef bedankte sich anscheinend bei Daetwyler für dessen Friedensbemühungen, wie Daetwyler in seinen Aufzeichnungen hinterließ.[9]

Nachts überfielen ihn ab und zu »schlechte Gedanken«, hervorgerufen zum Beispiel durch seine finanzielle Lage: »[…] bescheiden wie am ersten Tag meines Wirkens sein. Damals mußte ich mit jedem Franken rechnen. Und heute habe ich mich über jede Berechnung hinweggesetzt. So daß, wenn man von mir Rechenschaft will, ich gleichsam einem ungetreuen Haushalter gleichkomme, der sich nicht an seine von Gott gesetzten Grenzen hält. Halt. Halt noch heute. Es gilt, mich fest an die Hand zu nehmen, mich fest zu prüfen, bevor ich auch nur das geringste unternehme.«

Gesundheitliche Probleme schienen ihn wellenartig anzufallen, Ende September heißt es: »Ich bin plötzlich in ein Stadium eingetreten, wo ich machtlos bin. Die Krankheit hat sich wieder entwickelt. Ich habe Schmerzen und muß in der Nacht einige Male aufstehen & muß nachhelfen mit Essen & mit Baden. Damit bin ich am Tage geschwächt & kann nichts arbeiten. Es handelt sich jetzt nicht mehr darum, ob ich etwas unternehmen kann, sondern darum, daß ich wieder gesund werde. Ich habe durch Übertreibung mit Reisen & Reden die Gesundheit von neuem bedroht & damit meiner Arbeit den Boden entzogen.«

So arg war es aber offenbar doch nicht, denn bald konnte er »einen Höhepunkt« seines Lebens feiern: »Die Badenfahrt.« Im August 1967 beging die aargauische Stadt Baden das 120jährige Jubiläum der ersten Fahrt der sogenannten »Spanisch-Brötli-Bahn«, die die erste Bahnverbindung der Schweiz darstellte und von Zürich nach Baden führte.

Daetwyler hatte immer eine Affinität zu Volksfesten gehabt. An 1. Mai-Feiern, am Zürcher Sechseläuten, an den Messen Olma in St. Gallen und Muba in Basel tauchte er sehr oft mit seiner weißen

Fahne auf. So fuhr er auch am 20. August 1967 mit dem Zug von Zürich nach Baden. Dort stand ein großer Umzug mit festlich geschmückten Wagen von Baden nach Wettingen auf dem Programm. In einem Tea-Room setzte er sich an einen Tisch zu zwei Herren in Biedermeier-Kostümen, die zudem mit falschen Schnurrbärten und Zylindern ausgestattet waren. Daetwyler erklärte den Männern, daß er gerne am Festzug teilnehmen würde, nur wisse er nicht, wie er sich mit seiner weißen Fahne eingliedern könne. Kurz entschlossen boten ihm die Kostümierten einen Platz auf ihrem Wagen an. Nachdem man sich mit dem Chef der Gruppe verständigt hatte, setzte er sich mit seiner weißen Fahne auf den Bock neben Kutscher Suter – ein Landwirt und stolzer Besitzer der beiden prächtigen Pferde, die das Fuhrwerk zogen. Nun setzte sich der Zug in Bewegung, vorbei an Tausenden von Menschen, die die Straßen säumten.[10] Zwei Stunden dauerte die Fahrt, zwei Stunden lang wurde Daetwyler von den Zuschauern gefeiert: »Bravo Daetwyler« und: »Schau, hier kommt der Daetwyler«, der Friedensapostel juchzte den Leuten »Salam Aleikum« und »Shalom« entgegen. Das Echo, das Daetwyler in den Spalieren der Zuschauer hervorrief, erfüllte ihn mit Stolz und Genugtuung: »Es war eine Freude, wie die Zuschauer reagierten. Alle hatten Freude, & alle kannten mich & meine Fahne als das Simbol [sic] des Weltfriedens ohne WaffenGewalt, nach dem geistigen Gesetz aller Religionen. Alle erinnerten sich an meinen jahrzehntelangen Kampf um den Weltfrieden, es war gleichsam eine Anerkennung für meinen Einsatz.«

Mit dem Zug kehrte er nach Zürich zurück – müde, aber glücklich. Illusionen, daß nun die Leute endlich seine Mission erfaßt hatten, machte er sich dagegen nicht, er empfand diese »liebevolle Begegnung mit Tausenden von Menschen als eine Bestätigung«. Sehr wohl aber konnte er unterscheiden zwischen einem gutgelaunten Festvolk und den gleichen Menschen im täglichen Trott: »Ich bilde mir nichts ein damit, denn an einem Volksfest kann man ohne Mühe & Opfer meine Forderung gutheißen, im Alltag ist es dann ganz anders.«

Nicht immer stieß Daetwyler bei der Bevölkerung auf so freundliche Zustimmung. Wenn er eine Rede hielt, wurde er fast immer von Zwischenrufen unterbrochen. Diese konnten witzig sein, herausfordernd, aber auch gehässig und voller Spott. Es kam auch vor, daß der Friedensapostel angepöbelt wurde, wie zum Beispiel am 7. Juli 1968 in Zürich: »Intermezzo an der Bahnhofstraße. Ein junger Mann hat mich plötzlich auf eine unflätige Art an der Bahnhofstr. angegriffen. Ich stellte mich diesem frechen Menschen gegenüber & verlangte von ihm seinen Namen. Er fuhr fort, mich zu verhöhnen, & es gab einige Leute, die meine Partei ergriffen. Er war wie in einem Delirium mit seiner Cigarette, aber nicht bereit, seine Adresse bekannt zu geben. Eine Frau sagte, sie mache der Polizei Mitteilung, aber es kam niemand. Ich sagte, daß solche Elemente in Zürich von neuem Unruhe stiften & zu allem bereit seien. Er ging dann ins Hotel St. Gotthard, & ich folgte ihm & setzte mich an seinen Tisch. Er entpuppte sich als ein harmloser, dummer Mensch, & seine Mutter, die ihn begleitete, beschwichtigte mich. Es sei heißes Wetter & so hatte er zu viel getrunken.«

Einige Monate vor diesem Zwischenfall weilte Daetwyler zum vierten Mal in den USA. Damals war es auf dem New Yorker Times Square zu einem Eklat gekommen. Ein Amerikaner schrie ihn an, er solle besser nach Hause gehen und sich nicht in die Verhältnisse der Vereinigten Staaten einmischen. Der Passant entriß ihm die Fahne und versuchte die Fahnenstange an einer Straßenlaterne zu zerbrechen, doch das Bambusrohr erwies sich als äußerst widerstandsfähig. Es entstand ein Menschenauflauf, die Polizei rückte an und verlangte von Daetwyler, die weiße Fahne nur zu zeigen, wenn neben dieser auch eine US-Flagge zu sehen sei.

Daetwyler wußte, daß seine Mission Gefahren bergen konnte: »Immerhin muß ich bei meinem Besuch damit rechnen, daß ich eines Tages von einem Fanatiker niedergeschlagen werde.« Solche Angriffe auf seine persönliche Integrität betrachtete der Friedensapostel als Berufsrisiko und nahm sie nicht weiter tragisch. Was ihn dagegen bekümmerte und zur Verzweiflung treiben konnte, war das ungeheure Gewaltpotential, das die nukleare Rüstung darstellte. Als im November 1967 die UDSSR mit pompösen Militärparaden der Gründung der Sowjetunion vor 50 Jahren gedachte, empörte sich Daetwyler: »Skandal: Haben die Leute in Moskau nichts Dringenderes zu tun, als noch mehr RaketenGeschosse zu fabrizieren, die die ganze Welt verderben können. Die Gleichgültigkeit der Völker diesen verbrecherischen Handlungen gegenüber grenzt ans Unglaubliche. Diese ganz verbrecherischen Handlungen der Regierungen sind kalt berechnet. Solange die Völker einen solchen Schwindel & Verbrechen [in der] Politik dulden, so lange können sie mit ihrem verfluchten Handwerk weiterfahren.« Mit seiner dritten Moskaureise im Herbst 1968 wollte er gegen diesen Rüstungswahnsinn protestieren; auf der russischen Botschaft in Bern mußte er allerdings erfahren, daß er als »unerwünschte Person« kein Visum bekomme.

Im November 1967 jährten sich zum 50. Mal die Zürcher Unruhen, bei denen Daetwyler eine führende Rolle eingenommen hatte. Er empfand es als »keine gute Sache, wenn ich als Urheber dieser Unruhen dastehe. Ohne daß zu meiner Rechtfertigung der Grund meines Auftretens genannt wird.«[11]

Im Herbst 1967 dachte er wieder daran, zu einer Friedenskonferenz in Genf aufzurufen, sah aber schließlich davon ab, weil »die äußeren Verhältnisse gegen mich sind, nicht günstig«. Gegen Ende des Jahres war es auch um seine persönlichen Verhältnisse nicht gut bestellt. Sein Magenleiden machte ihm wieder zu schaffen, und er hatte inzwischen die Hoffnung aufgegeben, je wieder ganz gesund zu werden. Noch als über 80Jähriger verkaufte Daetwyler Blumen, die er in seinem Garten zog; in einem 1973 am Schweizer Fernsehen gezeigten Dokumentarfilm ist er zu sehen, wie er am Bellevue und auf dem Limmatquai in Zürich seine Gebinde an Passanten verkauft. Doch der Blumenverkauf und die Gartenarbeit wurden immer beschwerlicher, er zog sich nun öfters in die beschauliche Stille seines Zumiker Heims zurück: »So bin ich froh, allein zu sein & meinen Gedanken zu leben, was will ich anderes noch machen. Es liegt mir gar nicht mehr daran, etwas zu unternehmen. […] Ich habe mit meinem Leben abgeschlossen. Und will mich fügen, wie Gott will. Nicht wie ich will.«

Noch war aber Daetwylers Friedenszug nicht an seinem Ende angelangt. 1968 und 1969 reiste er zum vierten und zum fünften Mal in die USA. Als er zum letzten Mal vor dem Weißen Haus gegen den

Vietnamkrieg protestierte, war er fast 83 Jahre alt. Das Ziel aller Daetwylerschen Amerikareisen war eine Audienz beim amtierenden Präsidenten – 1968 Johnson, 1969 Nixon. Dazu bediente er sich immer der gleichen Strategie. Zuerst wurden die Schweizerischen Bundesräte und der Bundespräsident über die bevorstehende Abreise in die USA informiert und um ein Empfehlungsschreiben an den US-Präsidenten gebeten, das er aber nie bekam. Dann wurde das Weiße Haus angeschrieben und über die geplante Daetwyler-Visite in Kenntnis gesetzt. In den USA angekommen, schickte er jeweils noch ein Telegramm an den Präsidenten, um seine Absichten zu bekräftigen und Frieden in Vietnam zu fordern. Antwort aus dem Weißen Haus erhielt er nicht. In Washington ging er auf das Büro des »National Park Service«, um die schriftliche Bewilligung für eine Friedensdemonstration vor dem Sitz des Präsidenten zu erlangen, die er jeweils anstandslos bekam; sie wurde für eine Woche ausgestellt, die Zeit, um zu demonstrieren, war jedoch auf zwei Stunden täglich beschränkt. In diesen zwei Stunden marschierte Daetwyler mit der Friedensfahne vor dem Weißen Haus auf und ab. Zur weißen Fahne trug er gelegentlich eine kleinere US-Flagge mit sich.

Der Nachrichtenwert des Friedensapostels nahm indessen für die US-Medien stetig ab. Bei seinen Besuchen 1968 und 1969 erschien kaum noch etwas über ihn. Immerhin brachte die »Washington Post« ein Photo des »peace prophet« mit der weißen Fahne vor dem Weißen Haus, und am 29. Februar 1968 ging eine Meldung über den Ticker der Associated Press: »Max Daetwyler, der Schweizer Friedensapostel, ist wieder in der Stadt. Er wanderte durch die Straßen von Midtown Manhattan und rief den verwunderten Passanten in einem etwas gutturalen Englisch zu ›Frieden in Vietnam! Waffenstillstand jetzt! Alles andere ist Unsinn!‹«[12]

Wie gewohnt mußte Daetwyler feststellen, daß er »überall Ablehnung« vorfand: »Sie lassen sich nicht gern von einem Ausländer belehren. […] Es ist für mich eine Sache des guten Willens, daß ich hier bin. Und wenn ich dann das Menschenmögliche versucht habe, ist meine Pflicht getan.« An anderer Stelle schrieb er im März 1968: »Ich gehe einer großen Demütigung entgegen […] zu der ich mich gerne herablasse, weil es göttlich ist, zu leiden & unten zu sein als sich obenan zu setzen in den Versammlungen wie die Pharisäer. […] Und bei allen äußeren Niederlagen gibt es die starke innere Stimme, die mir lieblich & freundlich klingt.«

Ende Mai 1969 ließ er sich gegenüber einem Journalisten zur unvorsichtigen Äußerung hinreißen, daß er so lange in Washington bleiben werde, bis in Vietnam Friede herrsche. Das konnte er sich aber gar nicht leisten, eine Verlängerung seines Swissair-Tickets hätte ihn – nebst Auslagen für Kost und Logis – 800 Franken gekostet. Darum flog Daetwyler am 28. Mai 1969 von New York nach Zürich zurück. In seiner Mappe befanden sich verschiedene Schriftstücke, so die Charta der Vereinten Nationen, die amerikanische Unabhängigkeitserklärung vom 4. Juli 1776 und die amerikanische Verfassung vom 4. März 1789.

Dieser Amerikabesuch war Daetwylers letzte Auslandreise, seinen Kampf für den Frieden führte er aber bis zu seinem Lebensende weiter. Während der Jugendrevolte, die am letzten Juniwochenende 1968 in den Zürcher Globuskrawallen gipfelte, stand er mit seiner Friedensfahne mitten unter den Studenten. Von einer Verkehrskanzel herab beschwor er die Demonstranten, keine Gewalt anzuwenden, fand aber kein Gehör. Manchmal schrien ihn Ultralinke nieder, meistens wurden aber seine Voten als willkommene Showeinlage wahrgenommen. Am 29. Juni 1968 sandte die Stadtpolizei Zürich an die Bundesanwaltschaft in Bern einen Bericht über eine Veranstaltung im großen Saal des Restaurants Börse unter dem Titel »Studenten-Unruhen auch bald bei uns?« Zu Daetwyler wurde ausgeführt: »Der ›Friedensapostel‹ Max Dätwyler [sic] erntete mit seinen gewohnten Ausführungen viel Gelächter und Applaus […].«

Zwei Jahre nach den Ausschreitungen fand 1970 in Winterthur vor dem Geschworenengericht der Globuskrawall-Prozeß statt. Angeklagt waren elf Rädelsführer, Daetwyler war als Zeuge geladen. »Der erstaunlich frische 84jährige Friedensapostel«, schrieb eine Zeitung, »schilderte in fesselnder Weise seine Rolle am letzten Juni-Wochenende vom Sommer 1968.« Er holte zu einem Rückblick auf die November-Unruhen von 1917 in Zürich aus, zitierte Jesus und forderte eine Amnestie. Wiederholt erzeugten seine Ausführungen »ein befreiendes Lachen des Publikums«. Vor dem Gerichtsgebäude nutzte er die Gelegenheit, seine Publikation zu verteilen. Die »Welt-Friedens-Zeitung« gehörte nach wie vor zu seinem Repertoire; so nahm er im Bulletin Nummer 2 vom 22. August 1968 Stellung zur Unterdrückung des sogenannten Prager Frühlings. Am 20. und 21. August waren Truppen des Warschauer Paktes in die Tschechoslowakei einmarschiert und beendeten damit die demokratischen Reformbestrebungen des Landes. Daetwyler erinnerte an die Niederschlagung des Ungarn-Aufstands von 1956 und rief die Machthaber auf, der Lehre des Jesus von Nazareth nachzufolgen: »Lasset uns Menschen sein! Die Waffen nieder! Ein Vaterland der Menschen!«

Als im September 1968 in Genf die Konferenz der atomwaffenfreien Staaten stattfand, bei der der damalige deutsche Außenminister Willy Brandt die Ächtung aller Atomwaffen forderte, rief Daetwyler wieder einmal alle Staaten auf, seiner »Neue Genfer Convention« beizutreten. Den Atomsperrvertrag, der die Verbreitung von Atomwaffen verhindern sollte, nannte er »einen Diplomaten-Schwindel«, weil er die Arsenale der Atommächte unangetastet ließ, aber einen, wie Daetwyler monierte, »Atomsperrvertrag für die Kleinen« guthieß. Für ihn gab es eben nur eine annehmbare Lösung: sofortige Vernichtung aller Atomwaffen. Unentwegt arbeitete er auch Friedenspläne für den Vietnamkrieg und den Nahen Osten aus. Als 1973 der amerikanische Sonderbeauftragte Henry Kissinger und der nordvietnamesische Hauptunterhändler Le Duc Tho einen Waffenstillstandsvertrag unterschrieben, mochte Daetwyler vielleicht glauben, daß auch er dazu sein Scherflein, und sei es noch so klein, beigetragen habe. Der dritte Nahost-Krieg im gleichen Jahr mußte ihn aber wieder pessimistisch stimmen.

Daetwyler war Ende der 1960er Jahre in der Schweiz zu einer Gestalt geworden, die jedes Kind kannte. Die Zeitschrift »Die Woche« druckte im Anschluß an eine Daetwyler-Serie im Januar 1967 eine Seite mit Leserbriefen ab; von den zwölf veröffentlichten Zuschriften waren sieben negativ, fünf positiv. Das mag in etwa der Meinung entsprochen haben, die die Schweizer Bevölkerung von ihrem Friedensapostel hatte. Für die einen war er »ein Monument an Konsequenz«, »ein Mensch, der den Mut besitzt, für das Gute zu kämpfen«; für die anderen »ein krasser Katholikenhasser«, der »ein Querulantendasein« führte und den »Ehrentitel Friedensapostel« nicht verdiente.

Die meisten Zeitgenossen hatten keine Ahnung von den Geisteskräften, die in Daetwyler sein ganzes Leben lang wirksam waren. Ein »Katholikenhasser« war er nicht, zu Haß war er unfähig, aber er sah die wahre christliche Lehre durch die Kirchen verraten. Er zweifelte kaum jemals an der Richtigkeit seines Handelns, machte aber seine Friedensmission für die familiären Probleme verantwortlich. So schrieb er im Juni 1969: »Die Stellung als FriedensApostel hat mich mein FamilienGlück gekostet. Mama sagte oft, ohne diese FriedensSache wären wir eine glückliche Familie gewesen. So habe ich dieser Sache mein ganzes Interesse zugewendet & dabei meine Familie vernachlässigt.« Der Konflikt zwischen seiner Berufung zur Friedensarbeit und seiner Verantwortung als Familienvater blieb sein lebenslanges Dilemma, aus dem er keinen Ausweg fand. Schreibend setzte er sich damit immer wieder auseinander, so am 3. Dezember 1971: »Ich komme nicht darum herum, eine ernste Prüfung über mein vergangenes Leben abzuhalten […] ich bemerke auch viele, große Charakterfehler, die ich mir zu schulden kommen ließ. […] Vor allem hätte ich mit mehr Ernst meine Pflicht als Familienvater tun sollen. Ich hätte mich mehr anstrengen sollen, um durch mehr Arbeit meiner Familie ein schönes Leben zu schaffen.« Und am 27. Juli 1970: »Plötzlich im Frühjahr 1958 kam die Krankheit über Mama. Es war zu viel Arbeit für sie mit den Schafen, Bienen, Gänsen, Hühnern. Es kam eine Unruhe in unser Leben. Mama nahm sich nicht mehr Zeit zur Ruhe. Und ich machte den Fehler, daß ich sie gewähren ließ. […] Die Hauptunruhe aber brachte meine Arbeit für den Weltfrieden. […] Man kann sagen, es war ein Wahn von mir, seit 1914 mich für den Weltfrieden einzusetzen.«

Mit steigendem Alter fiel seine Bilanz zunehmend resignativer aus: »Die Conditorei Weber hat Hochbetrieb. Sie wird von vielen besucht, mit Autos. Denn es gibt etwas Gutes für den Leib. Ich glaube, ich hätte etwas Gutes für die Seele bereit, aber es kommt niemand.

Und es ist vergebene Liebesmüh, wenn ich mich den Leuten empfehlen wollte. Es ist kein Bedürfnis da für das, was ich geben kann. Und so ist es mit der Friedensarbeit. Das wenige, das ich tun kann, mache ich mit großer Freude, weil ich die Menschen liebe. Aber es ist schon so, daß ich eine Ware feilhabe, die niemand begehrt.« An anderer Stelle: »Es hat keinen Sinn, mich weiter für den Frieden einzusetzen. Dazu fehlt mir das notwendige Interesse völlig. Ich kann nichts mehr unternehmen & muß mich vom Staat fernhalten.« Eines seiner wichtigsten Anliegen, die Entstehung der »Vereinigten Staaten von Europa«, sollte er nicht mehr erleben: »Meine Arbeit für ein einiges Europa hat keinerlei Zustimmung gefunden. Und ich [bin] damit zum Scheitern verurteilt.«

Kurz nach dieser Erkenntnis schrieb er am 16. April 1969 in seiner Friedenszeitung: »Die Vereinigten Staaten von Europa [V.S.E.]. 500 Jahre vor der christlichen Zeitrechnung sagte der größte Philosoph der Weltgeschichte, Laotse in China: Bei jedem Unternehmen ist der Zeitpunkt das wichtigste; im Sommer gibt es keine Äpfel, im Herbst fallen sie von selbst. Die Idee der sofortigen Gründung der V.S.E. ist heute reif. Darum: Auf zur Tat!«

Daetwyler war immer sehr gut informiert über das, was in der Welt passierte. Er hatte die »Zürichsee-Zeitung« abonniert und hörte Radio, ein Fernsehgerät besaß er dagegen nicht. Im Frühling 1970 war es ihm natürlich nicht entgangen, daß im japanischen Osaka die Weltausstellung stattfand, an der die Schweiz mit einem Lichtpalast vertreten war. Er erkannte sofort, daß diese Weltausstellung die ideale Bühne für seine Friedensvision hätte sein können. Im April besuchte er die japanische Botschaft in Bern und überreichte eine weiße Friedensfahne als Geschenk für Kaiser Hirohito: »Ich erlaube mir, Ihre[r] Hoheit [...] eine weiße Friedensfahne zu senden. Es würde mich sehr freuen, wenn diese Friedensfahne gehißt würde auf dem Palast der Residenz des Kaisers, eventuell eine weitere weiße Friedensfahne [...] auf der WeltAusstellung von Osaka.« Dazu kam es zwar nicht, doch 1996, 20 Jahre nach seinem Tod, wehte die weiße Fahne auf dem Bundesarchiv in Bern und auf dem Stadthaus in Zürich.[13]

Im Frühling 1970 erwachte in Daetwyler noch einmal der alte Kampfgeist. Anlaß war die sogenannte Überfremdungsinitiative, die der Nationalrat James Schwarzenbach initiiert hatte. Überfremdungsängste waren in der Schweiz nicht neu, bereits 1964 kam eine vom Bundesrat eingesetzte »Expertenkommission zum Studium der Ausländerproblematik« zum Schluß, daß sich die Schweiz in einem »Stadium ausgesprochener Überfremdungsgefahr« befinde. Diese Einschätzung schlug sich am 7. Juni im Abstimmungsresultat nieder: Bei einer außerordentlich hohen Stimmbeteiligung von 75 Prozent befürworteten 46 Prozent der Stimmbürger die Initiative des Rechtspopulisten Schwarzenbach. Weltbürger Daetwyler legte ein Nein in die Urne, die Schwarzenbach-Initiative sei »überholt, absolut überflüssig«. Am 5. Mai schrieb er in seiner Friedenszeitung, der Nationalismus habe Europa bereits zwei Weltkriege beschert, und ein neuer, wie er in der Überfremdungsinitiative durchschimmere, dürfe nicht geduldet werden. Er forderte vielmehr die Aufhebung der Grenzen und ein Vereinigtes Europa, schon immer hatte er ja »ein Vaterland der Menschen« gefordert, und blieb damit seiner Gesinnung treu.

Allmählich neigte sich ein langes Leben für den Frieden, ganz im Zeichen einer Berufung durch Gott, seinem Ende zu. Immer öfter wurde Daetwyler von seinem Magenleiden geplagt. Dieser »nervöse Magen«, so glaubte er, hinderte ihn »am ruhigen Denken« und machte weitere Reisen ins Ausland unmöglich, obwohl er eigentlich gerne einmal zum Vorsitzenden Mao nach China gereist wäre. Auch gab es gelegentliche Schübe von Zerstreutheit. Einmal hatte er jemandem Geld geliehen, konnte sich aber an den Gläubiger nicht mehr erinnern; ein anderes Mal hatte er kein heißes Wasser mehr, weil sich der Boiler durch eine Fehlmanipulation erhitzt hatte: »Ich war zerstreut, habe zu wenig Aufmerksamkeit gehabt.« An anderer Stelle notierte er: »Ich bin heute so zerstreut, daß ich nicht weiß, welchen Tag wir haben.« Es kam auch zu eigentlichen Bewußtseinsstörungen: »Ich weiß nicht mehr, wo ich bin & wie ich zu meinem Logis komme […]. Ich habe das Vertrauen in meine geistige Gesundheit verloren. Ich kann mich nicht orientieren, wo ich bin, außer im Haus und in der Stube. Ich kann nicht weggehen, weil ich sonst die Orientierung verliere. Das kann aber wieder bessern, & so warte ich ruhig ab, wie es weiter geht. Gott hilft.«

Sein Heim, wo ihn so vieles an die »geliebte Mama« erinnerte, verließ er in der letzten Lebensspanne nur noch selten. Kaum einmal fanden sich Besucher ein, er muß sich manchmal wie ein Eremit gefühlt haben: »Daß jahrelang kein Mensch in Zumikon mein Haus betritt, gehört zu den Folgen meines Handelns.« Doch im allgemeinen war er bis ins hohe Alter von erstaunlicher geistiger Frische. Noch als 85jähriger konnte man ihm am Ufer des Zürichsees begegnen, wo er Ansprachen hielt und den Kontakt zu den Leuten suchte. Bis wenige Monate vor seinem Tod waren seine Gedanken von der Friedensarbeit beherrscht: »Ich muß mich auf meine bescheidene Rolle als FriedensApostel conzentrieren.« Seine letzten Reisen als Friedensmann mit der weißen Fahne führten ihn im August 1974 nach Frauenfeld und im September 1975 – vier Monate vor seinem Tod – in den schweizerischen Jura.

In Frauenfeld schritt er, begleitet von seinem Sohn, mit der Friedensfahne und einem Strauß von 60 Nelken den Kasernenhof ab, auf dem er vor genau 60 Jahren – am 5. August 1914 – den Fahneneid verweigert hatte. Er führte freundliche Gespräche mit den Rekruten und verteilte seine roten Nelken an sie. Dieser Besuch war vom Waffenplatzkommandanten ausdrücklich bewilligt worden; beim Verlassen der Kaserne wurde er von einem Oberst freundlich verabschiedet. »Die Waffen nieder – das wäre Christentum«, sagte er am Ende dieses denkwürdigen Besuchs. In der Schweizer Presse wurde am folgenden Tag der Besuch Daetwylers in der Frauenfelder Kaserne vermeldet; allerdings waren aus den roten Nelken rote Rosen geworden.

Seine letzte Reise, die ihn zusammen mit seinem Sohn Max in den Jura führte, hatte nur zum Teil einen friedensmissionarischen Hintergrund. Weder Vater noch Sohn waren je im Jura gewesen, was sie nun mit einem Ausflug nachholen wollten. Der Friedensapostel fand aber, daß seine Friedensfahne im Jura durchaus am Platz war; dort hatte sich eine Bewegung gebildet, die die Loslösung von Bern und einen eigenen Kanton Jura forderte. Daetwyler hatte sich hinter diese Forderung gestellt und die gegnerischen Parteien aufgerufen, der Gewalt abzuschwören. Auf dem Plakataushang und der Titelseite der »La Suisse« fand sein Jura-Aufenthalt ein wohlwollendes Echo: »Der Friedensapostel im Jura!«

Gemeinsam besuchten Vater und Sohn Moutier, Delémont, Porrentruy, St. Ursanne und Saignelégier. Roland Béguelin, den Generalsekretär der Separatistenbewegung, konnte der Friedensmann jedoch nicht wie gewünscht treffen: Béguelin befand sich in den Ferien.

Auf der Brücke von St. Ursanne kam es zu einer zufälligen, aber bedeutsamen Begegnung: Daetwyler wurde von einem Mann angesprochen – es war Fritz Lyoth. Lyoth hatte den Friedensapostel in seiner Funktion als Gefreiter des Grenzwachtkorps im April 1944 verhaftet, als Daetwyler versucht hatte, illegal über die Grenze nach Deutschland zu gelangen. Die beiden unterhielten sich in freundschaftlichem Ton, keiner trug dem andern die Rolle von damals nach.

Bis an sein Ende blieb Daetwyler seiner Gewohnheit treu, Tagebuch zu führen. Noch im hohen Alter legte er strenge Maßstäbe an, was seine Lebensführung betraf. So hielt er 1975 fest: »Ich habe das geschenkte Tagebuch nicht benützt. Das ist für mich eine Anklage. Wo fehlts? Trotz meinem hohen Alter von 88 Jahren erfülle ich meine Pflicht nicht. Ich lebe ohne Arbeit in den Tag hinein & verliere meine Zeit im Müßiggang. Ich bin 88 Jahre alt, & da kann man sagen: Alter schützt vor Torheit nicht.« Mit einer Selbstanklage, die er nun wirklich nicht verdiente, fuhr er fort: »Aber es ist zu wenig Liebe da von mir, sonst müßte ich über mein Leben nicht diese schlechte Bilanz ziehen. Wo fehlts? Offenbar macht das Alter faul. […] Es gibt für meine faule Lebensführung keine Entschuldigung.«

Während Daetwyler schreibend über sein Leben nachdachte, war natürlich immer ein Leitgedanke vorhanden: Was habe ich mit meiner Friedensarbeit wirklich bewirkt? Vier Jahre vor seinem Tod zog er eine positive Bilanz: »Wir Friedensfreunde der ganzen Welt dürfen mit Genugtuung constatieren, daß der Weltfrieden marschiert. Und wie! Eine totale Änderung der Mentalität der Völker der ganzen Welt hat sich vollzogen. Wenn noch vor wenigen Jahren die Frage

Krieg & Frieden zur Sprache kam, so war die allgemeine Meinung: Krieg, das gehört zum Leben der Völker! Es hat immer Kriege gegeben & der Weltfrieden ist zwar ein schöner Traum, aber leider nicht realisierbar! Heute trifft man in allen Ländern auf die Überzeugung, Krieg gehört [nach] einer abgelaufenen Meinung unwissender Menschen zum Leben der Menschheit! Krieg, Massenmord unschuldiger Menschen im Interesse der blutigen RüstungsIndustrie gehört zum Schicksal der Menschheit!!! Dieser oberflächliche Standpunkt ist überwunden, Gottlob.«

In den letzten Augusttagen von 1975, fünf Monate vor seinem Tod, siedelte der gebrechliche Daetwyler in das Haus seiner Tochter Klara in Waltikon über. Im Dezember hatte er sich noch einer Magenoperation unterzogen, von der er sich nicht mehr erholen sollte. Max Daetwyler starb in der Nacht auf den 26. Januar 1976 im Beisein seiner Kinder Klara und Max. Er wurde 89 Jahre und fünf Monate alt.

Max Daetwyler junior hat in einem Text, der hier gekürzt wiedergegeben ist, die letzten Stunden seines Vaters beschrieben: »Gerade hat es hier im Stübchen […] 10 Uhr geschlagen. Etwa vor einer Stunde bin ich hierhergekommen, um die Nacht zu verbringen. […] Um 23.30 Uhr komme ich zu Klara zurück, nachdem ich vielleicht etwa zwei Stunden geschlafen habe. […] Papa atmet leiser, schneller. Klara hat sich ihr Bett in der Stube noch nicht zurechtgemacht. Wir sitzen zusammen. Hin und wieder gehen wir in die Kammer hinüber, wo Papa auf seinem Bett liegt. Ich zähle: Er atmet 48mal in der Minute. Das ist also schneller als gestern. Keine Reaktion mehr, aber gestern war es ja auch so: Erst so um 02.30 Uhr erwachte er etwas. Wir wollen ihn nicht stören.

Etwa um 01.00 Uhr wollen wir uns doch einen Tee machen. Klara meint, es sei schlimmer geworden. Ich finde, daß in seinem Körper immerhin noch einige Kraft vorhanden zu sein scheint. Als das Wasser für den Tee kocht, setzen wir uns an den Tisch in der Küche. Die Türen sind offen. Klara schenkt mir ein. Ich rühre etwas in der Tasse, nehme etwas Zucker – und da scheint mir, ich habe einen Laut gehört aus der Kammer, der anders war als die andern. Ich stehe auf und gehe zu Papa hinüber. Stelle fest, daß eine Veränderung eingetreten ist. Es ist ganz ruhig, als ich an sein Bett trete. Aber dann atmet er doch noch, aber viel langsamer. Jetzt empfinde ich auch, daß das Ende naht. Ich will Klara holen gehen in der Küche, aber sie ist schon auf dem Weg. Tritt ans Bett, und nun sind wir Zeugen, wie Papa immer langsamer atmet. Vielleicht noch alle Minuten drei Mal, immer langsamer, aber ganz ruhig, und dann ist es plötzlich vorbei. Es kommt kein Atemzug mehr. Es ging alles sehr rasch. Ich bin erstaunt, denn so friedlich, so einfach, habe ich mir das nicht vorgestellt. Ich fühle seine Hand. Sie ist fast kalt.«

Die letzten Worte Max Daetwylers lauteten: »Tutti fratelli. – Alle Menschen sind Brüder.«

»Die weiße Fahne weht nicht mehr.«

Am 29. Januar 1976 wurde Max Daetwyler auf dem tiefverschneiten Friedhof Zumikon beigesetzt. Gegen 300 Personen gaben ihm das letzte Geleit. Der reichgeschmückte Sarg stand offen vor der Friedhofskapelle. Die Trauergemeinde hatte so die Möglichkeit, noch einen letzten Blick auf das Antlitz des Verstorbenen zu werfen. Während der Abdankung in der Kirche Zumikon verlas der reformierte Zumiker Pfarrer Hansjörg Düringer den Lebenslauf und wies darauf hin, mit welchem Mut Daetwyler gegen den Krieg aufgetreten war, auch wenn dies für ihn manchmal schwere persönliche Nachteile brachte. Nach den Worten des Pfarrers zeugte Daetwylers lebenslanger Kampf von einer zutiefst christlichen Gesinnung. »Die weiße Fahne weht nicht mehr«, führte Düringer weiter aus, »und das ist ein Verlust für die ganze Welt!« An der Traueradresse im Haus des Verstorbenen gingen stapelweise Trauerzirkulare ein.

Max Bill hatte sich bereit erklärt, Daetwylers Grabmal zu gestalten, doch starb der Künstler, bevor er ans Werk gehen konnte. Immerhin bestimmte Bill den Platz des Grabs bei der Kirche Zumikon, nachdem er den Friedhof besucht hatte.

Es gab kaum eine Schweizer Zeitung, die nicht einen Nachruf auf den Friedensapostel verfaßte. Hanno Helbling schrieb in der »Neuen Zürcher Zeitung«: »Er erschien mit der weißen Fahne, die er irgendwann zu tragen begonnen hat und die im Alter seine Predigt ersetzte, vor dem Weißen Haus und – darin gerechter als andere Friedensapostel – auch auf dem Roten Platz. Wollte er ›die Strukturen bekehren‹? Solches Latein verstand er wohl nicht. Auch war dies tatsächlich nicht sein Programm. Die ›Strukturen‹, wie er sie sah – Regierung, Verwaltung, Militär –, schienen ihm fragwürdig, weiter nichts. Naiv und direkt, demütig und mit einem Schuß von einem Wahn, den die Psychiater nicht zuverlässig bestimmen konnten, brachte er das zum Ausdruck. In der theologisch grundrichtigen Meinung, daß irdische Ordnungen von ihrem Wesen her anfechtbar sind, ging er umher: als ein Zeichen – das sich im Laufe der Zeit vom harten Ausrufzeichen zum menschlicheren, stilleren Fragezeichen gewandelt hat.«

Werner Wollenberger, der 1963 in der »Zürcher Woche« die Serie »Der Prophet mit der weißen Fahne« verfaßt hatte, sagte in seinem Nachruf »In Liebe zu Max«: »Seine unmögliche Forderung [nach Frieden] trug er vor […] als Mischung aus Kassandra, Don Quijote und Vogelscheuche, nicht ohne Lächerlichkeit, aber auch nicht ohne Humor, nicht ohne unfreiwillige Komik, aber auch nicht ohne scharfen Witz. Zwischenrufen, die ihn während seiner Freiluft-Predigten oft erreichten, begegnete er mit großer Schlagfertigkeit, in Diskussionen entwickelte er Bauernschläue. Auch ein bißchen Anmaßung des Besserwissers [oder des Besserwissenden] war mitunter im Spiele. ›Nein‹, sagte er etwa, ›ich bin kein zweiter Jesus, ich bin der erste Daetwyler!‹ Wie sein Bruder im Geiste, Don Quijote, träumte er den unmöglichen Traum auch dort noch weiter, wo die Wirklichkeit ihn schon geschlagen hatte. Es focht ihn nicht an, daß er keinem der Großen seine Botschaft persönlich vortragen konnte, Breschnjew nicht und Johnson nicht, de Gaulle nicht und Nasser nicht. Er machte sich trotzdem immer wieder auf die Socken, und dann kamen aus Moskau und Washington und Jerusalem und Berlin die Ansichtskarten mit den brüderlichen Grüßen und der immer gleichen Unterschrift: ›In Liebe – Max Daetwyler‹. Verhöhnt, verlacht, verjagt, verwiesen, abgeführt und abgeschoben, brach er immer wieder zu neuen Zielen auf. […] In einer Welt, in der der Wahnsinn Methode hat und in der das Verrückte schon längst zur Norm geworden ist, galt er natürlich als Verrückter, als harmloser Wahnsinniger, als freundlicher Spinner bestenfalls. Weil er wußte, daß es in Wirklichkeit anders war, akzeptierte er die Verrücktheit und trug sie wie eine Auszeichnung und wie jene weiße Fahne, die jetzt für immer auf Halbmast steht.«

Die Schweizerische Depeschenagentur hatte den Friedensapostel als »das wohl bekannteste helvetische Original bezeichnet«. In der Zeitung »Die Tat« griff Alfred A. Häsler diesen Satz auf: »Das war er wohl auch, aber doch auch wieder mehr. Er verkörperte im wahrsten und schönsten Sinne den reinen Tor, den Friedenskämpfer aus innerem Bedürfnis, ohne Hintergedanken und ohne politische Absicht. […] Er gehörte keiner Bewegung an. Er war seine eigene Friedens-Institution. Er wurde verhaftet und bestraft, psychiatrisch begutachtet, schließlich geduldet, belächelt – und dann doch irgendwo geliebt und ernst genommen. Hatte er nicht vielleicht doch recht? Er war ein sanfter, friedlicher Mahner. Aggressives Verhalten war ihm fremd. Was er tat, geschah in lauterer Absicht. Er gehörte zu den wahrhaft Friedfertigen, darum klang seine Friedensbotschaft echt. Wir haben mehr verloren als ein ›Original‹.«

Seine Wohngemeinde Zumikon unterließ es nicht, ihren einstigen Bürger posthum zu ehren: Elf Jahre nach seinem Tod wurde 1987 vor der Eingangshalle der reformierten Kirche ein Max-Daetwyler-Brunnen eingeweiht, weitere zehn Jahre später auf Gemeindegebiet eine Straße nach ihm benannt. Und auf dem Zumiker Dorfplatz steht heute ein bronzenes Daetwyler-Denkmal mit weißer Friedensfahne. Das Friedensdenkmal auf einem Hügelzug nahe Zumikon, für das sich Daetwyler zu seinen Lebzeiten vehement eingesetzt hatte, kam allerdings nie zustande.

Da und dort tauchte seine Gestalt in der Schweiz nach seinem Tod wieder auf. 1997, zum 150. Jubiläum der Schweizer Bahnen, wurde eine Lokomotive mit einem Bild bemalt, auf denen Schweizer Berühmtheiten abgebildet waren – unter ihnen auch Max Daetwyler. In einer Kampagne zum 700. Geburtstag der Eidgenossenschaft 1991 würdigte man neun herausragende Schweizer Persönlichkeiten in Kurzporträts: neben Wilhelm Tell, Winkelried, Paracelsus, Pestalozzi und Dunant auch den Friedensapostel.

Der Ausstellungsmacher Harald Szeemann hat in drei verschiedenen Ausstellungen mit der Symbolfigur des Friedensmannes gearbeitet, so 1991 in der Schau »Visionäre Schweiz«, die in Zürich, Madrid und Düsseldorf gezeigt wurde. Ein Jahr später an der Weltausstellung 1992 in Sevilla gestaltete Szeemann den Schweizer Pavillon mit einer Daetwylerschen Friedensfahne und einem Varlin-Porträt des Friedensapostels. Schließlich ließ er auch an der Schweizer Landesausstellung »Expo.02« mehrere weiße Originalfahnen aus Zumikon wehen. Ebenfalls zur »Expo.02« strahlte der Telekommunikationskonzern Swisscom einen Werbespot aus, in dem neben Martin Luther King, J.F. Kennedy, Gandhi und Mutter Theresa auch Max Daetwyler einen Auftritt hatte.

In den 1970er und 1980er Jahren waren in Radio und Fernsehen verschiedentlich Hörbilder, respektive Filme, über Daetwyler zu hören und zu sehen. Der Friedensapostel wurde 2005 im Zürcher Lehrmittel »Gott hat viele Namen« gewürdigt – ein Buch, von dem 50 000 Exemplare gedruckt wurden. Im sechsbändigen »Schweizer Lexikon« hat er ebenso Eingang gefunden wie in eine Tell-Ausstellung in Schwyz im Jahr 2005. Dort wurde ein Exponat mit einem fiktiven Dialog zwischen dem Schweizer Freiheitshelden Wilhelm Tell und Max Daetwyler versehen: Max Daetwyler: »Schmeiß deine Armbrust weg, Tell! Solange es Waffen gibt, wird es auch Kriege geben.« Wilhelm Tell: »Wenn ich den Gessler nicht erschossen hätte, könntest du jetzt nicht mit der weißen Friedensfahne herumspazieren.« Der Schweizer Nationalrat und UNO-Sonderberichterstatter für das Recht auf Nahrung, Jean Ziegler, meinte 1990: »Für mich bleibt […] er einer der wenigen großen Schweizer dieses Jahrhunderts, ein Visionär von beeindruckendem persönlichen Mut und tiefer menschlicher Klugheit.« Als Knabe sei er vom Friedensapostel so tief beeindruckt gewesen, daß dieser »wahrscheinlich zu meinem Entschluß, als Sozialist zu kämpfen, entscheidend beigetragen hat«. Alt-Staatssekretär Raymond Probst, der während 42 Jahren im diplomatischen Dienst die schweizerische Außenpolitik wesentlich mitgeprägt hatte, nannte Daetwyler in einem Brief an dessen Sohn 1996 einen »alttestamentarischen Propheten«.

Max Daetwyler war im öffentlichen Bewußtsein zu einer historischen Figur der Schweizer Geschichte geworden. Er wurde, so Jürg Ramspeck 1996 in der »Weltwoche«, zum »eidgenössischen Dauerbesitz« und sein Nachlaß für würdig befunden, in die Bestände des Bundesarchivs in Bern integriert zu werden.

An einem Freitag, dem 28. Juni 1996, fuhr vormittags um elf Uhr ein Lieferwagen der Bundesverwaltung an der Küsnachterstraße 25 in Zumikon vor und holte die 148 Schachteln ab, in denen der Nachlaß Daetwylers verwahrt ist. Der Lastwagen fuhr nach Bern zurück, um die Fracht im Bundesarchiv einzulagern. Zuvor war der Nachlaß in einer zweijährigen Erschließungsarbeit von Renate White vorzüglich aufbereitet worden. Dies geschah im Auftrag von Daetwylers Kindern Klara und Max, die im September 1994 eine »Max-&-Clara-Daetwyler-Stiftung« gegründet hatten. Max Daetwyler junior kümmerte sich während vieler Jahre um die dokumentarische Erfassung des Lebens seines Vaters. So stellte er einen Band mit Dokumenten zusammen, die er seinem Vater zu dessen 89. Geburtstag am 7. September 1975 überreichte.

Daetwylers Nachlaß umfaßt Manuskripte, Familiendokumente, Tagebücher, Agenden, Briefwechsel mit Behörden, Fahrscheine und Flugtickets, Zeitungsartikel, Fotografien, Film- und Tondokumente sowie rund 6000 an ihn gerichtete Briefe.

Wenige Monate nach der Überführung dieser Bestände nach Bern, im Herbst 1996, veranstaltete das Bundesarchiv eine Daetwyler-Ausstellung, die später auch in Zürich und Arbon zu sehen war. Während dieser Ausstellung wehte über dem Bundesarchiv vom 16. Oktober bis zum 20. Dezember die weiße Friedensfahne. Daetwyler, hätte er es denn noch erleben können, wäre darüber gewiß beglückt gewesen. Auch über dem Stadthaus von Zürich wurde während der Daetwyler-Schau die weiße Friedensfahne gehißt.

Christof Graf, 13 Jahre lang Direktor des Schweizerischen Bundesarchivs, schrieb in einer Publikation zur Ausstellung unter anderem: »Max Daetwyler ist ganz gewiß für die jüngste Schweizergeschichte von Bedeutung, hat er doch als Zeitgenosse die Ereignisse und Entwicklungen auf seine besondere Art begleitet, dokumentiert und mitgeprägt. Zwar wäre es verfehlt, von einer Leitfigur des 20. Jahrhunderts zu sprechen, seine Präsenz ist aber unübersehbar. Die umfangreiche und umfassende Sammlung von Dokumenten beleuchtet auf besondere Art und Weise die schweizerische Zeitgeschichte.

In willkommener Ergänzung zur behördlichen Aktenüberlieferung wirft der private Nachlaß aus oft entgegengesetzter Perspektive ein besonderes Licht auf den Gang der Ereignisse. Die Archivierung des Nachlasses im Bundesarchiv ist darüber hinaus insofern gerechtfertigt, als Max Daetwyler in seinem ideellen Konzept der Schweiz eine ganz besondere Rolle zugedacht hatte. Mit ihrer demokratischen Tradition und ihrer tief verankerten Neutralitätsmaxime war die Schweiz in seinen Augen in besonderem Maße nicht nur geeignet, sondern geradezu verpflichtet, die Botschaft des Friedens zu unterstützen. Gerade die Schweiz sollte aktiv für den Weltfrieden einstehen und die anderen Nationen von der Notwendigkeit einer weltumspannenden Friedensorganisation überzeugen, in welcher die bisherigen Nationalstaaten aufgehen sollten.«

Anläßlich der Vernissage hielt die damalige Bundesrätin Ruth Dreifuss ein Referat: »Max Daetwyler erfüllte ›einen göttlichen Auftrag‹ und lebte deshalb eine Kompromißlosigkeit, wie wir sie von mittelalterlichen Mystikern kennen. Mit seiner Wahrheit und der weißen Fahne zog er zuerst durch die Schweiz, später rund um die Erde. Allein. Organisierte Unterstützung suchte er außer während der November-Unruhen von 1917 nie. Sein Weg zum Ziel war nicht die Argumentation und der zusammen mit Verbündeten geführte politische Konflikt. Sein Mittel war der Appell. Möglichst an die Mächtigsten. Mochten sie ihn als Boten wahrnehmen oder nicht.

Als eine seiner ›sieben Angestellten‹, wie er die Bundesräte humorvoll bezeichnete, hätte ich ihn sicher gerne und mit viel Respekt vor seinem Mut empfangen. Seinen Individualismus hätte ich jedoch kritisiert. Ich hätte ihm geraten, für seine Mission Gleichgesinnte zu organisieren. Wer die Politik besser machen will, muß dafür kämpfen, argumentieren, sich aktiv in die Politik einmischen.

Das heißt, die sauberen Hände des charismatischen Predigers genügen nicht. Er muß sich dem Konflikt stellen. Sonst bleibt er Außenseiter, Alibi, Hofnarr und Original, schlimmstenfalls ein Fall für die Psychiatrie. [Daetwyler argumentierte gegen die Mißbräuche und Inkompetenz der Psychiatrie politisch weit konkreter als für sein zentrales Friedensziel. Anmerkung des Autors] Doch Daetwyler wäre damit nicht einverstanden gewesen. Ihn kümmerte es nicht, ›unpolitisch‹ nur in der Wüste zu predigen, wenn er dadurch seine göttliche Botschaft unter die Leute bringen konnte.«

Max Daetwyler hat in seinem langen Leben Tausende von Briefen erhalten. Sie waren meistens ganz normal an »Herrn Max Daetwyler« adressiert. Doch einige Absender bemühten sich, was die Anrede betraf, um Orginalität: »Kämpfer für den Frieden, Friedensbekämpfer [!], Friedenskämpfer, Friedensmann, Friedensfürst, Friedenspionier, Friedensfreund, Präsident der Friedensarmee, Friedensprophet, Prediger, Weltenbummler, Bienenzüchter, Kaufmann, Hochwohlgeboren, Siedler und Gemüsepflanzer, Vortragsredner, Propagandist für Frieden, Evangelist, verrückter Pazifist, Naturfreund, Freund Max Daetwyler, Idealpazifist, Spinnapostel, internationaler und sozialer Friedensapostel, Bruder Max.«

Als Daetwyler 78 Jahre alt war, 1964, wurde er von einem Brieffreund gebeten, eine Bilanz seines Lebens zu ziehen. Seine Antwort lautete: »Ich war mit meinem Leben sehr zufrieden. Ich habe immer, so gut ich konnte, mich nach meinem Gewissen orientiert. Und gebe die Fehler, die ich heute noch mache, gerne zu. Wem viel gegeben ist, von dem wird viel gefordert. Wenn ein Mensch, wie ich es in meinem Leben getan habe, sein Möglichstes tut, um ein guter, anständiger Mensch zu sein, so hört jede Kritik auf. Ich würde also den gleichen Weg wieder gehen, wenn ich nochmals anfangen könnte. Mein Leben war wundervoll. In Liebe – Max Daetwyler.«

»Das wenige, das ich getan habe,

steht in keinem Verhältnis zur Größe der Aufgabe.«

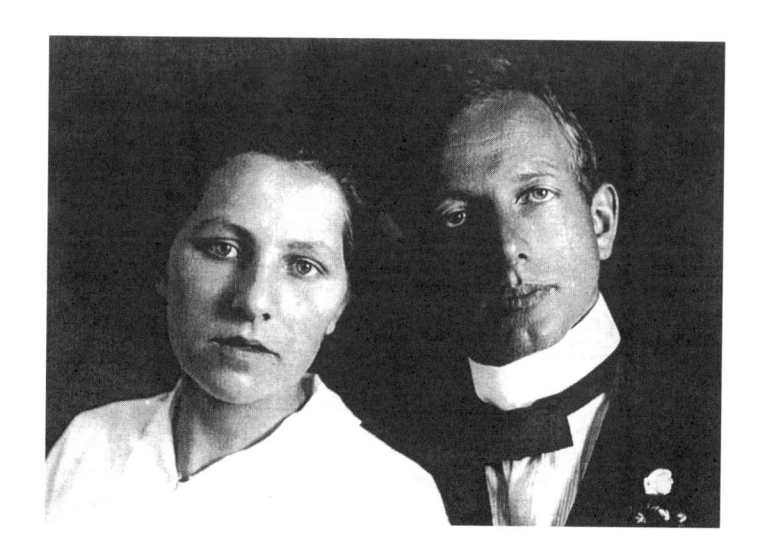

1 — Hochzeitsphoto 1918: Daetwyler heiratete die Berner Bauerntochter Clara Brechbühl. Sie zogen nach Zumikon und verdienten ihren Lebensunterhalt mit einer Gärtnerei.

2 — Familie Daetwyler in ihrem Garten, circa 1938. 1920 wurde Klara, 1928 Max junior geboren. Sie lebten vom Gemüseverkauf, zudem handelte Max Daetwyler mit Büchern.

3 — Das junge Paar vor seiner Wohnstätte in Zumikon. Clara hält die zahme Krähe Schagi. Die Daetwylers kauften das Haus, das 5000 Franken kostete, im Februar 1921.

4 — Max Daetwyler [mit Trompete] im Kreis
seiner elf Geschwister. Seine Eltern Gottlieb
und Pauline führten das am Bodensee gelegene
Hotel Baer in Arbon SG.

5 — Ein Zürcher Taxi begleitete Max Daetwyler im Mai 1958 im Schrittempo auf seinem Marsch von Zürich nach Basel. Er protestierte damit gegen den Krieg in Algerien.

FRIEDENS ARMEE
Verein
zur Beseitigung
des Krieges.

Da die Friedens-Armee die Abschaffung jeden Militärs bezweckt, so ist ihre Arbeit nach dem heutigen Sinne staatsfeindlich.

Somit wird keine behördliche Bewilligung für unsere Sammlung mehr nachgesucht.

Die Beiträge gelten von nun an als Mitglieder-Beiträge.

Hoch! die Idee der Liebe, der Gewaltlosigkeit, der Weltverbrüderung gegen Militarismus & Krieg!

Zumikon, 4. Mai 1922.

Max Daetwyler.

6 — Flugblatt der Friedensarmee vom 4. Mai 1922: Um die Bewilligungspflicht für Sammlungen zu umgehen, deklarierte er die Spenden als Mitgliederbeiträge.

7 — Nach dem Ersten Weltkrieg verkündete Max Daetwyler in unzähligen Zeitungsinseraten die Ziele seiner Friedensarmee. 1922 präsentierte er deren Jahresabrechnung.

8 — Als die Behörden dem Friedensapostel Auftritte auf öffentlichem Grund in der Stadt Zürich verboten, predigte er 1946 auf dem Zürichsee vom Boot aus.

9 — Auf dem Roten Platz in Moskau 1964: Bereits 1960 reiste er in die Sowjetunion. Seine Versuche, mit dem Kremlchef zu sprechen, blieben beide Male erfolglos.

10 — Der Friedensmann Anfang Januar 1963 im New Yorker Stadtteil Manhattan, wo er gegen die Atomrüstung demonstrierte. Insgesamt reiste er fünfmal in die USA.

11 — Daetwyler mit der demontierten Fahne in Manhattan 1963. Zweimal marschierte er von New York nach Washington, wo er vor dem Weißen Haus für den Frieden eintrat.

Max Daetwyler 　　　　　　　　　　BULLETIN No. 1
ZUMIKON / Schweiz 　　WELT-　　　16. April 1970

Friedens-Zeitung

U.P.I.　　DAETWYLER FORDERT WELT - REGIERUNG

Eine Weltregierung mit Sitz in der japanischen Weltausstellung Osaka forderte am Sonntag in Basel der Schweizer Friedensapostel Max Daetwyler in Zumikon. Max Daetwyler besuchte am Sonntag mit seiner weissen Fahne die 54. Schweizer Mustermesse. Nach seinen Gründen befragt, warum er gerade die Rheinstadt für seine erneute Forderung nach Frieden ausersehen habe, erklärte er: Aus Sympathie für die grossartige Sache, der <u>Schweizer Mustermesse, wo ein Volk in Frieden die Leistungen seiner Brüder und Schwestern in der Schweiz bewundern kann</u>, bin ich nach Basel gekommen. Meine weisse Fahne habe ich als Symbol des Lichts in der Finsternis mitgenommen. Als Konsequenz dieser Ansicht fordere ich, dass die Weltausstellungsstadt OSAKA eine Welt-Regierung für den Frieden gründet. Denn nur die <u>Industrie-Nation Japan ist in der Lage, Kapitalismus und Kommunismus zu versöhnen!</u>

Max Daetwyler schenkt an Kaiser Hiroshito eine weisse Friedensfahne.

Eine weisse Friedensfahne, mit Glückwünschen an Japan, an alle Nationen und Menschen der ganzen Welt: <u>Frieden durch Versöhnung, durch Liebe, Güte, Bruderschaft aller Menschen, nach der einfachen weltbekannten Lehre des Jesus von Nazareth und seines herrlichen Evangeliums mit der Bergpredigt und dem Gebet:</u>

Menschen   l i e b e t   einander - die W a f f e n   n i e d e r !

Kein Volk ist so berufen, den Krieg abzuschaffen, wie Japan, das den Schrecken und das Unglück des Abwurfes von zwei Atombomben auf Hiroshima und Nagasaki erlebte.- <u>Jetzt müssen auch die fünf grossen Atommächte:</u> <u>WASHINGTON</u>, <u>MOSKAU</u>, <u>LONDON</u>, <u>PARIS</u> & <u>PEKING</u> ernst machen und alle Atomwaffen und Atombomben vernichten, sonst ist der Atom-Sperrvertrag für die kleinen Nationen eine Ironie.

Der grosse, herrliche Licht-Palast der Schweiz an der Welt-Ausstellung ist eine Verpflichtung!

Möge das   L i c h t   z ü n d e n   in der ganzen Welt!

　　<u>E s   i s t   N a c h t ,   t i e f e   N a c h t ,</u>
　　<u>z ü n d e t   d a s   L I C H T   a n !</u>

Die weisse Friedensfahne auch in die Schweizer Delegation und weitere Delegationen!   A u f   a n s   W e r k !

　　G O T T   H I L F T !

　　　　　　　　　　　　　　　　In Liebe: Max Daetwyler
　　　　　　　　　　　　　　　　　　　　　 Zumikon/Schweiz

12 — In der »Welt-Friedens-Zeitung« vom 16. April 1970 forderte Max Daetwyler eine »Weltregierung«. Diese Flugblätter erschienen während Jahrzehnten regelmäßig.

Akten	Datum	Gegenstand
o18)936.0/0/	16.8.61	aus "Vorwärts" u. Berner Tagwacht: zwei weitere Artikel über D's Ueberseereise.
	25.1o.61	v.EPD: Am 23.1o.61 ist D. auf das Areal der russ. Botschaft eingedrungen. Er war von ca 8 Personen begleitet und es soll nach Angaben von AVRAKOV Konstantin 15, ein Flugblatt provokatorischen Charakter angeschlagen worden sein. Nach Eintreffen der Polizei sind die Begleiter des D. verschwunden, während sich D. ohne weiteres zum Verlassen des Geländes bewegen liess.
	31.1o.61	v.Sikripo BE: Bericht betr. die Protestdemonstration des D. gegen den Abwurf der russ. Superbombe, am 23.1o.61 im Areal der russ. Botschaft. D. wollte ein handgeschriebenes Manifest, worin gegen die Atomversuche protestiert wird, an den Botschafter übergeben. Im Einverständnis mit dem EPD ist D. zum Verlassen des Botschaftsareals veranlasst und auf den Pol.Posten geführt worden. D. zeigt sich absolut uneinsichtig und will sich nicht von weitern Aktionen abhalten lassen. Dass er auch die Presse vor seinem Gang zur russ. Botschaft mobilisiert hatte, zeigt dass es ihm vor allem um die Publizität geht. Er konnte schliesslich zur Rückreise nach Zürich veranlasst werden.
0)923	14.11.61	v.Sikripo BE: Bericht über Kundgebung auf dem Bundesplatz in Bern ; Schweigemarsch und Krawall vor der Sowjetbotschaft anlässlich des Empfanges zur Feier des 44. Jahrestages der Grossen Oktober-Revolution am 7.11.61, ab 1800 in den Räumen in der Sowjetmission. D. war ebenfalls auf dem Bundesplatz anwesend; ergriff u.a. kurz das Wort.
(018)936.0/8/	20.11.61	Welt-Friedens-Zeitung, 1.11.61. Betr. Abschaffung aller Atom-Waffen. Unterzeichnet von D.
	3.1.62	v.Pol.Kdo.GE: Bericht über den Aufenthalt des D. in Genf vom 21.11.-17.12.61. Seine Anwesenheit führte zu keinen Zwischenfällen. D. wurde mehrmals in Begleitung von BABEL Jean-Jacques 19 festgestellt.
	3.1.62	v.do: Nachtrag zu obigem Rapport.

13 — Jahrzehntelang wurde der Friedensmann vom Schweizer Geheimdienst überwacht. Die Namen der Agenten und Berichterstatter sind in der Fiche jeweils geschwärzt.

14 — Nach dem Tod seiner Frau Clara 1959 lebte
der Friedensapostel bis zu seinem Tod im Jahr 1976
allein in seinem Häuschen in Zumikon bei Zürich.

15 — Auf der Straße und in Restaurants – hier 1967 im Berner Ratskeller – verkaufte Max Daetwyler seine Friedens-Zeitung, die er schon 1915 in Bern gegründet hatte.

16 — Winterliche Wanderung durchs Zürcher Oberland 1967: In diesem Jahr reiste der bereits 81 jährige Friedensmahner nach dem Sechstagekrieg nach Kairo und Jerusalem.

Max Daetwyler Zeittafel 1886–1976

1886 Geburt in Arbon am 7. September
1901–1904 kaufmännische Lehre in Wattwil
1906–1908 Rekrutenschule in St. Gallen, Kellner in Grindelwald, Rom, Paris, London
1909–1914 Geschäftsführer im Berner »Ratskeller«
1914 Verweigerung des Fahneneids, Internierung in der Psychiatrie
1915 Gründung der Friedensarmee, Beginn der Sammeltätigkeit
1916 Protest im Nationalrat, Wegzug von Bern nach Zürich
1917 Rädelsführer an den November-Unruhen in Zürich
1918 Heirat mit Clara Brechbühl, Gärtnerei in Zumikon
1920 Geburt von Tochter Klara
1922 Psychiatrisches Gutachten der Zürcher Poliklinik
1928 Geburt von Sohn Max
1931 Rücksendung des Dienstbüchleins
1932 Friedensmarsch nach Genf, Zusammentreffen mit Gandhi
1933 Übermalung eines Soldaten in der St. Antoniuskirche
1934 In München, Rede im Hofbräuhaus
1938 Protest im Völkerbundpalast, Fußmarsch nach Paris
1939 Hungerstreik nach Kriegsausbruch
1940 Erster Brief an Hitler
1941 Erstmals Einsatz der weißen Friedensfahne
1943 Gründung des »Permanenten Neutralen Welt-Friedenskongresses«, Hungerstreik
1944 Versuch des illegalen Grenzübertritts nach Deutschland, Gefängnis
1955 Deutschlandreise
1956 Internierung in die Wiener Nervenklinik Hoff
1959 Tod der Ehefrau Clara, Friedensmarsch nach Berlin
1960 Marsch nach Deutschland, Demonstration vor dem Kreml, Protest an der ungarisch-österreichischen Grenze
1961 Erste Reise in die USA und nach Kuba, »Neue Genfer Konvention Weiße Friedensfahne«
1962 Entwurf einer »Neuen Genfer Konvention«, Reise nach Ost-Berlin
1963 USA, Reise nach Paris
1964–1965 Zweite Moskaureise, in New York und Washington
1967 In Kairo und Jerusalem nach dem Sechstagekrieg
1968 Demonstration vor dem Weißen Haus gegen den Vietnamkrieg
1969 Fünfter USA-Besuch
1970 Stellungnahme gegen die Schweizer »Überfremdungsinitiative«
1974 Besuch der Kaserne Frauenfeld – 60 Jahre nach der Eidverweigerung
1976 Tod in Zumikon im Haus der Tochter

Bibliographie

Die Recherche zu diesem Buch stützt sich hauptsächlich auf den Nachlaß von Max Daetwyler im Bundesarchiv in Bern. In 148 Archivschachteln befinden sich Familiendokumente, Tagebücher, Agenden, Manuskripte, Reiseunterlagen und rund 6000 Briefe an Daetwyler. Nicht berücksichtigt werden konnte die zum größten Teil für die Auswertung gesperrte Familienkorrespondenz. Alle Zitate stammen im Wortlaut aus dem Nachlaß, wobei sprachliche Eigentümlichkeiten beibehalten, offensichtliche ortographische Fehler dagegen korrigiert wurden. Aufgrund veränderter Erfassungssysteme wurde auf die archivarischen Nachweise der einzelnen Zitate verzichtet.

Ausgewertet wurden weiter die zeitgenössische Presse, Film- und Tondokumente. Zudem führte der Autor Gespräche mit Daetwylers Kindern Max und Klara sowie Zeitzeugen. Die verwendete Literatur wird in den Fußnoten zitiert.

»Ohne Soldaten kein Krieg«

1. Die Zahlen sind eine konservative Schätzung. Der Historiker Eric Hobsbawm errechnete 186 Millionen Tote im 20. Jahrhundert, das »Center For International and Security Studies« 216 Millionen.

1. Der erste Dienstverweigerer

1. In der aufgeheizten, kriegerischen Atmosphäre jener Tage waren Dienstverweigerungen in der Schweiz unbekannt. Bei den wenigen aktenkundigen Fällen handelte es sich vor allem in den 1920er Jahren fast ausschließlich um bekennende Kommunisten oder Sozialisten. Innerhalb der politischen Linken haben Antimilitarismus und Pazifismus eine lange Tradition. Daetwyler war aber weder ein Kommunist noch ein Sozialist.
2. Zu diesem Zeitpunkt hatte er bereits seine Friedensarmee gegründet, »die weiße Internationale der Menschen Verbrüderung, der Völker Einigung«.
3. Hermann Wille war mit dem Schweizer General Ulrich Wille nicht verwandt. Psychiater Willes Vorfahren stammen aus dem deutschen Kempten, die Familie des Generals ist aus dem neuenburgischen La Sagne gebürtig. Der Name Wille ist eine Eindeutschung des französischen Namens Vuille.
4. Daetwyler arbeitete nach einer kaufmännischen Lehre als Receptionist und Kellner in Luxushotels in Rom, Paris und London, bevor er als Geschäftsleiter im Berner Ratskeller, der seinem Bruder Alfred gehörte, tätig wurde.
5. Gemeint sind die »späteren Jünglingsjahre«.

6. Die Zeitung hieß »The Visitor« und richtete sich vor allem an die Besucher der damals in London stattfindenden Franco-Britischen Ausstellung.
7. Gemeint ist hier der Ratskeller in Bern, der auch Zimmer vermietete.
8. Hier handelte es sich um Anna Schneider, die Serviertochter im Ratskeller, von der Daetwyler in der Anstalt träumte.
9. Die Arrestzelle in der Kaserne
10. Grund war seine führende Rolle in den Zürcher November-Unruhen 1917, siehe drittes Kapitel
11. Scheinbar ist unterstrichen.
12. Gemeint ist die Untersuchungskommission.
13. Gemeint ist gewesener.
14. Gemeint ist seine Zeit im Ratskeller, die durch die Internierung in Münsterlingen für vier Monate unterbrochen wurde.
15. Das Telegramm ist im Original wiedergegeben.

2. Kegelbub und Kellner

1. Daetwyler blieb dem Bodensee bis ins hohe Alter verbunden. Er war einer der Mitbegründer des Seeclubs Arbon. 1975, im Alter von 89 Jahren, nahm er an der Einweihung eines neuen Bootshauses des Seeclubs teil.
2. Mit einem Saurer-Lastwagen wurde Daetwyler nach seiner Eidverweigerung 1914 von der Arrestzelle der Kaserne Frauenfeld in die Irrenanstalt Münsterlingen gefahren.
3. Daetwyler stand vor der Abreise nach Italien, wo er in Rom seine nächste Kellnerstelle antrat.
4. Max selbst hatte wohl nie in seinem Leben einen richtigen Rausch gehabt, und ab Mitte 1914 lebte er völlig abstinent und wurde Vegetarier. Darin sah er »einen ersten praktischen Ausdruck meines Idealismus und meiner späteren Lebensphilosophie – Herrschaft des Geistes über die Sinne«.
5. Die Ausstellung wurde auch in Zürich und Arbon gezeigt.
6. Gandhi war der Führer der indischen Unabhängigkeitsbewegung. 1932 sollte Daetwyler seinem großen Vorbild in der Schweiz begegnen.
7. Gemeint ist seine Tätigkeit im Ratskeller.
8. Es handelte sich hier um Anna, die ihm während seines Aufenthalts in Münsterlingen einen Korb gegeben hatte.
9. Gemeint ist das Traiteur-Geschäft seines Bruders Alfred.

3. Straßenschlachten

1. Gemeint sind jene von »In Terra Pax«.
2. Die Anspielung auf den 1. August bezieht sich auf die o. e. Ereignisse.
3. Bei der Zeitung »Freie Jugend« handelte es sich um das Organ der Sozialdemokratischen Jugendorganisation. Das Blatt wurde seit 1912 von dem deutschen Emigranten Willi Münzenberg redigiert.
4. Die Zürcher Revolte ist nicht zu verwechseln mit dem landesweiten Generalstreik, der ein Jahr später, im November 1918, ausgerufen wurde.
5. Die Darstellung der folgenden Ereignisse stützt sich vor allem auf Bruno Thurnherrs Dissertation »Der Ordnungsdiensteinsatz der Armee anläßlich der Zürcher Unruhen im November 1917«. Verlag Peter Lang AG, Bern 1978
6. »Geschichte der Schweiz«, 1932–1938, 2 Bde, Hans Nabholz, Leonhard von Muralt, Edgar Bonjour, Richard Feller
7. Bei der Bekanntschaft handelte es sich um Anna Schneider.
8. Hier ist Max Rotter gemeint.
9. Bleuler (1857–1939) wurde bekannt durch seine Beschreibung der Schizophrenie. 1911 prägte er den Begriff Autismus. Seine Lehre war nicht frei von eugenischen und rassistischen Ansichten.
10. Dieser wies aber eine ganz andere Stoßrichtung als der Aufruhr in Zürich auf. 139 000 Arbeiter hatten 1918 dem Streik Folge geleistet. Im Streikaufruf wurden verschiedene Forderungen gestellt, unter anderem die 48-Stunden-Woche, das Frauenstimmrecht und sofortige Neuwahl des Nationalrats auf der Grundlage des Proporzes.
11. Max und Clara waren im Frühling 1916 beide nach Zürich gezogen, ohne daß der eine von dem Umzug des andern gewußt hätte.

4. Der Stern seines Lebens

1. Das Gebiet der Forch bildet den Übergang zwischen Stadtgebiet und Zürcher Oberland und ist seit 1912 durch die Forchbahn mit der Stadt verbunden.
2. Die Spanische Grippe trug ihren Namen, weil Spanien, von Krieg und Zensur verschont, ausführlich über die Epidemie berichtete.
3. Vor allem junge Leute zwischen 20 und 40 Jahren wurden dahingerafft, darunter viele Soldaten unter den anläßlich des Generalstreiks von 1918 aufgebotenen Truppen.
4. Daetwylers Nachlaß liegt seit 1996 im Bundesarchiv in Bern.
5. Gemeint ist hier seine Sammeltätigkeit für die Friedensarmee.
6. Rugle ist die Katze.
7. Ob diese Beherrschung tatsächlich ohne Ausnahme gelang, wird durch die

im Tagebuch 1915 geschilderte Begegnung mit einer Frau in Bern in Frage gestellt. S. Kapitel 1
8. Dem Bartwuchs war ein Treffen Daetwylers mit zwei Freunden vorangegangen. Die drei kamen überein, sich die Bärte sprießen zu lassen. Einer entschied sich auch noch für wallendes Haupthaar, was zu jener Zeit absolut ungewöhnlich war.
9. Friedensarmee
10. Mit »äußerem Vertrag« ist der Friede von Brest-Litowsk von 1918 gemeint.
11. Gemeint ist die Friedensarmee.
12. Bei Gallus handelt es sich um den irischen Mönch, der im 7. Jahrhundert Alemannien missionierte und als Gründer der Stadt St. Gallen gilt.
13. Die angesprochene, vier Jahre zurückliegende Untersuchung bezog sich auf das Gutachten des Burghölzli, wo Daetwyler nach den November-Unruhen von 1917 im Anschluß an die Untersuchungshaft interniert war.
14. Bossharts Roman »Ein Rufer in der Wüste« war ein Jahr zuvor mit dem Gottfried-Keller-Preis und dem Schweizerischen Schiller-Preis ausgezeichnet worden. Bosshart verfaßte »Neben der Heerstraße« ein Jahr vor seinem Tod 1924 in Clavadel bei Davos, wo der Schriftsteller wegen einer schweren Tuberkulose lebte.
15. »Sie können leicht in der Schweiz die Brüderlichkeit verkünden. Aber in Frankreich, in Belgien …«. – »Es kommt nur auf den Glauben an! Wir besitzen ihn! Wir werden siegen.«

5. Ein weißer Soldat

1. »Der Mann mit der weißen Fahne«, Peter Höltschi und Emanuel Schillig, 1964
2. Gemeint ist das Dienstbüchlein.
3. In Aarau befand und befindet sich noch eine große Kaserne.
4. Müller und Daetwyler hatten das Heu auf der gleichen Bühne. 1933, nach einer spektakulären Aktion Daetwylers, war es denn auch Müller, der sich für den erneut mit dem Gesetz in Konflikt Geratenen öffentlich einsetzte.
5. In Freiburg
6. Zwei Marschierer aus Zürich hatten nicht die ganze Strecke mitgemacht.
7. An den Beginn seines Textes hatte Müller den Wortlaut des Inserates von Daetwyler gestellt, in dem dieser im »Tagblatt der Stadt Zürich« den Friedensmarsch nach Genf angekündigt hatte. Darin hieß es unter anderem, daß die Polizei zwar Daetwylers Rede vor dem Völkerbund verbieten, daß aber keine Macht verhindern könne, daß der Völkerbund einer besseren Friedensorganisation Platz machen müsse.

8. »Es lebe der Friede, es leben die Vereinigten Staaten von Europa, die Waffen nieder. Ich bin Daetwyler, Friedensapostel!«
9. Beim Krieg in Spanien handelt es sich um den von 1936 bis 1939 ausgetragenen Spanischen Bürgerkrieg.
10. Abessinien bezieht sich auf Mussolinis Überfall auf Äthiopien 1935.
11. Indien wurde 1947 von England in die Unabhängigkeit entlassen. Das mehrheitlich von Muslimen bewohnte Staatsgebiet wurde zu Pakistan.
12. Als Daetwyler diese Sätze über Gandhi niederschrieb, saß er – zum zweiten Mal seit 1918 – in der psychiatrischen Klinik Burghölzli. Dorthin war er nach einer Aktion in Zürich geraten, die ihm dermaßen große Schwierigkeiten eintrug, daß sie nur noch mit den Folgen seiner Dienstverweigerung 1914 und mit den Auswirkungen seiner Rolle in den Zürcher November-Unruhen 1917 verglichen werden können: Am 8. Dezember 1933 übermalte er das Soldatenbild in der St. Antoniuskirche im Zürcher Kreis 7 mit weißer Farbe.
13. Vorgeladen und bestätigt
14. Am Donnerstag war offensichtlich ein Besuch im Bezirksgefängnis vorgesehen. Was das Helmhaus betrifft: Dies war der vereinbarte Treffpunkt anläßlich des ersten Rendezvous von Max und Clara in Zürich.
15. Die Justizdirektion stützte sich dabei auf das neueste Gutachten des Burghölzlis grub aber auch das bald 20 Jahre alte Gutachten der »Irrenheilanstalt« Münsterlingen wieder aus, in dem Daetwyler nach der Fahneneidverweigerung als psychopathische Persönlichkeit beschrieben worden war.
16. Thomas Huonker; Diagnose: »moralisch defekt«; Orell Füssli Verlag AG, Zürich 2003
17. ebenda

6. In der Höhle des Löwen

1. Man erinnert sich: Vor dem Bezirksgericht hatte während der November-Unruhen 1917 schon einmal eine Menge Daetwylers Entlassung aus der Haft verlangt.
2. Saul Friedländer setzt in seinem Werk »Die Jahre der Vernichtung«, C.H. Beck, München 2006, den Entschluß zur Judenvernichtung auf das letzte Quartal des Jahres 1941 fest.
3. In der Nacht vom 9. auf den 10. Oktober 1938 organisierten die Nationalsozialisten ein Pogrom gegen jüdische Bürger. Weil dabei unzählige Fensterscheiben zu Bruch gingen, bürgerte sich für diese Nacht der Begriff »Kristallnacht« ein.
4. Achteinhalb Monate vor diesem Brief, im Januar 1933, war Hitler zum

Reichskanzler ernannt worden. Er hatte die Macht auf formal legalem Weg erlangt: Reichspräsident und Generalfeldmarschall Hindenburg hatte ihm das Amt übertragen.
5 . Hitler war Vegetarier und Abstinenzler.
6 . Die finanzielle Situation der Familie Daetwyler war nach wie vor alles andere als rosig, mit Honigverkauf, Gemüseanbau und Buchhandel kamen sie gerade so über die Runden. Geld entfiel durch Bußen, Billettsteuern, Inseraterechnungen und Saalmieten für Vorträge. Das alles konnte er sich eigentlich gar nicht leisten. Eine Saalmiete, zum Beispiel im Casino Winterthur am 3. Februar 1934, kostete zehn Franken, ein Inserat vom 23. Dezember 1938 in der »Neuen Zürcher Zeitung« Fr. 30.50, Daetwyler mußte viel Gemüse verkaufen, bis 40 Franken in der Kasse lagen.
7 . »Laßt mich durch, ich muß unbedingt nach vorn.«
8 . Bei dem »Bähnli« handelt es sich um die Forchbahn, mit der Daetwyler jeweils von Waltikon zum Stadelhofen-Platz in Zürich fuhr, wo er dann in der Burgwies, auf dem Kreuz- und Hegibachplatz das in zwei Körben plazierte Gemüse verkaufte.
9 . Sie war zu diesem Zeitpunkt 19 Jahre alt.
10 . Hier sei daran erinnert, daß die Eltern von Max, Gottlieb und Pauline, um die Jahrhundertwende das Hotel Baer in Arbon erworben hatten und das Geschäft sehr erfolgreich führten, Theodor aber, nach Max Daetwylers Ansicht, nicht die Tüchtigkeit der Eltern geerbt hatte.
11 . Für die Versammlungen

7. Herr Hitler bekommt Post

1 . Neben dem bereits erwähnten Versuch 1944 bei Basel wollte Daetwyler auch 1941 in Kreuzlingen und im Frühjahr 1943 nach einem Besuch des Grabes von Heinrich Pestalozzi – eines seiner Vorbilder – über die Grenze. Er scheiterte jedoch, weil er vom deutschen Generalkonsul in Zürich kein Visum ausgestellt bekam, was damals noch erforderlich war.
2 . In einer Artikelserie der »Zürcher Woche« hat Daetwyler 1963 diese verstiegene Behauptung dann auch relativiert. Darin ist zwar noch immer von 21 Tagen ohne Nahrung die Rede, aber nur noch von acht Tagen ohne Flüssigkeit.
3 . Vermutlich verfügte das Generalkonsulat bereits über eine Akte Daetwyler. Denn als der Friedensapostel 1934 in München weilte, holte die Münchner Polizei bei den Zürcher Kollegen Erkundigungen über ihn ein. Die Zürcher Polizei entsprach dem Ersuchen und teilte den Münchner Behörden mit, daß Daetwyler harmlos, aber mehrfach psychiatrisch begutachtet

wurde und nicht ganz richtig im Kopf sei. In der Schweiz würde ihn niemand ernst nehmen.
4. Das erste war das Heilige Römische Reich Deutscher Nation, das zweite das wilhelminische Kaiserreich.
5. Daetwyler hatte seinen Hungerstreik fünf Tage zuvor beendet.
6. Diese Schreiben waren jeweils nur adressiert an Goebbels beziehungsweise Göring, Berlin.
7. Küsnacht war für die polizeilichen Belange auch von Zumikon zuständig.
8. Diesen Brief gab Daetwyler am 28. Januar 1941 in Frauenfeld auf.
9. Bei Itschner handelt es sich um den Mann, der eine führende Rolle bei den Zürcher November-Unruhen 1917 spielte.
10. Die Friedensarmee wurde 1915 gegründet.
11. Es waren zu diesem Zeitpunkt vier.
12. Anlaß war eine Pressekonferenz des von Daetwyler im April 1943 gegründeten »Permanenter Neutraler Welt-Friedenskongreß«.
13. Max hatte schon in den Jahren 1914 und 1915 seinem Bruder Theodor, der das elterliche Hotel Baer in Arbon führte, Unfähigkeit und Geldgier vorgeworfen.
14. Daetwyler hielt am 3. September 1922 in der protestantischen Kirche in Aarau im Anschluß an die Predigt eine Rede, in der er seine Friedensmission propagierte.
15. Insgesamt wurden im Zeitraum von 1942 bis 1945 in der Schweiz 17 Landesverräter füsiliert.
16. Es fällt auf, daß hier für das Wort Feind der Plural steht. Seine nun 24 Jahre alte Tochter Klara lebte nicht mehr bei den Eltern, sie war seit bald vier Jahren verheiratet. Der Sohn Max, 16 Jahre alt, besuchte in Zürich die Kantonale Handelsschule und wohnte noch zu Hause. Offenbar stellten sich in dem aufkommenden Streit Max junior und seine Schwester Klara gegen den Vater auf die Seite der Mutter.
17. Gemeint ist, daß die Zuhörer auf der Forch ihm nur aus der Ferne lauschten, um sich keine Blöße zu geben.
18. Clara wollte wohl mit dem Bild des »In die Arme der Regierung gehen« andeuten, daß Max ja armengenössig werden, also von staatlichen Almosen abhängig werden könne.

8. Sokrates und Sisyphos

1. Am Nachmittag des 30. April 1945 beging Hitler im Führerbunker in Berlin gemeinsam mit der ihm kurz zuvor angetrauten Eva Braun Selbstmord. Die beiden Leichen wurden befehlsgemäß verbrannt.

2 . »In der Welt herrschte immer noch Friede, ginge nur jeder seinem angestammten Berufe nach.«
3 . Gemeint ist Münsterlingen.
4 . Anlaß für den Brief war eine kurz zuvor erschienene »Woche«-Serie über Max Daetwyler.
5 . Griechischer vorchristlicher Dichter
6 . Wohnlich hatte sich schon 1915 mit einem Inserat in der Berner Zeitung »Der Bund« öffentlich von Daetwyler distanziert. Daetwyler hatte damals Wohnlich in einer Annonce als Mitbegründer der Friedensarmee genannt, was nicht den Tatsachen entsprach.
7 . Die Anbauschlacht war die Maßnahme von Bundesrat Wahlen zur Optimierung der Lebensmittelversorgung während des Zweiten Weltkriegs.
8 . Dieser König von Korinth mußte in der Unterwelt ohne Unterlaß einen Felsbrocken auf die Spitze eines Berges schaffen, wobei der Stein immer wieder kurz vor Erreichen des Gipfels hinunterrollte.
9 . Vermutlich hatte Daetwyler nach dem Ende seines ersten Hungerstreiks, als er ebenfalls in der Pension Neptun nächtigte, seiner Frau versprochen, in Zukunft nicht mehr zu hungern, sich aber an dieses Versprechen nicht gehalten und einen zweiten Versuch unternommen.
10 . Gemeint ist das Buch der Vortragenden am Pfarrerkonvent.
11 . Die Zunft zur Kämbel marschiert am Sechseläuten jeweils hinter der grünen Fahne des Propheten.

9. Claras Tod

1 . AHV: Alters- und Hinterlassenenversicherung. Bedeutendster Pfeiler der sozialen Vorsorge in der Schweiz und Teil des eidgenössischen Sozialversicherungsnetzes.
2 . Das Verbot kam von der Stadtpolizei. Der See war aber kantonales Hoheitsgebiet.
3 . Er hielt überall öffentliche Reden, so auf dem Stachus in München, auf dem Schloßplatz in Stuttgart, in den Straßen Frankfurts und auf dem Berliner Kurfürstendamm.
4 . Wie immer auf seinen Reisen lebte er äußerst sparsam. Er finanzierte seine Wanderschaft mit Spenden und durch den Verkauf seiner Schriften. Wohl zweigte er für die Friedensarbeit auch etwas von dem Geld ab, mit dem sein Sohn Max regelmäßig die elterliche Haushaltskasse aufbesserte.
5 . Am 1. Mai des vorigen Jahres war es beim Umzug zu einem kleinen Tumult gekommen, als die Polizei Daetwyler die Fahne wegnehmen wollte und ihn auf den Polizeiposten abführte, als dieser sich wehrte.

6 . Seine letzte Friedensaktion vor ihrem Tod war ein Brief an die »Regierung de Gaulle«, in dem er seinen Friedensplan für Algerien unterbreitete. In diesem Brief blitzte wieder seine ihm eigene Verblendung auf: »Es würde einen Strom der Begeisterung auslösen, wenn mir die französische Regierung erlauben würde, in Paris mit der Weißen Friedensfahne meine Idee zu propagieren.«
7 . Gemeint ist die Tochter.
8 . Helmstedt war bis zum Fall der Mauer 1989 bedeutend als Grenzübergang und Verkehrsknoten für den Verkehr in die DDR.
9 . Die Lauben sind eine überdachte Fußgängerzone in Bern.
10 . Der Titel »Die Waffen nieder!« gehört sowohl zu einem Buch wie zu einer Monatsschrift der Friedensaktivistin Bertha von Suttner, die 1905 – als erste Frau – den Friedensnobelpreis erhielt.
11 . Im Mai 1960 war er tatsächlich nach Paris gereist, um den Mächtigen sein Programm zu erläutern: 1. Sofortige Abrüstung durch Gründung einer Weltregierung, vertreten durch drei Kapitalisten, drei Kommunisten und einen Neutralen. 2. Sofortiger Friedensschluß in Algerien. 3. Gesamtdeutsche Volksabstimmung zur Gründung eines neutralen Schiller-Deutschlands. 4. China in die UNO.
12 . Die Genfer Konvention ist die Bezeichnung für internationale, von nahezu allen Staaten der Welt unterzeichnete Abkommen über grundlegende humanitäre Regeln bei kriegerischen Auseinandersetzungen.

10. Weiße Fahne, Roter Platz

1 . T. N. Zutshi war ein Friedensbewegter, der vorher schon in Berlin für den Frieden demonstriert hatte.
2 . Gelegentlich nannte er sie auch die »Zweite Genfer Convention« in Anlehnung an die erste, von Rotkreuz-Gründer Henri Dunant 1864 initiierte. An der von Daetwyler einberufenen Gründungsversammlung vom 15. Januar 1962 in Bern war nur gerade eine Handvoll Personen erschienen.
3 . Volkspolizisten
4 . Gemeint ist die »Neue Genfer Convention«.
5 . Gemeint ist sein Sohn.
6 . Sowohl Spühler als auch Bonvin sollten Daetwyler Audienzen gewähren, Spühler noch im April 1963, Bonvin 1967. Auch Bundesrat Wahlen empfing den Friedensapostel im Mai 1963.
7 . Er verwies auf den Ersten und Zweiten Weltkrieg.

11. Tutti fratelli

1. »Welt-Friedens-Zeitung« vom 17. Oktober 1966
2. »Die Waffen nieder!« war ein Friedensaufruf, den Daetwyler sehr häufig benutzte. Er stammt aber nicht von ihm und auch nicht von Schweitzer, sondern von Bertha von Suttner (1843–1914), der Begründerin der Deutschen Friedensgesellschaft und Friedensnobelpreisträgerin des Jahres 1905. Schweitzer, Missionsarzt im afrikanischen Lambarene und Friedensnobelpreisträger von 1952, war 1965 als 90Jähriger gestorben.
3. Die Krankheit, von der Daetwyler schrieb, war vermutlich ein Magenleiden.
4. In seinen letzten Lebensjahren – er wurde fast 90 Jahre alt – schrieb er fleißig Tagebuch, in dem er sich an sein bewegtes Leben erinnerte.
5. Bührle an Daetwyler 1942
6. Gemeint sind die Bundesräte.
7. Daetwyler hatte schon kurz nach dem Sechstagekrieg erkannt, daß die besetzten Gebiete zu einem fortwährenden Sicherheitsrisiko werden würden. Diese Einsicht trug er sowohl in Kairo als auch wenig später in Tel Aviv und Jerusalem vor.
8. Daetwyler schrieb später, er habe mit dem Innenminister selbst gesprochen, was aber eher unwahrscheinlich ist.
9. Das Schriftstück ließ sich im Nachlaß nicht auffinden.
10. Daetwyler mußte vorsichtig sein, daß er nicht von seinem hohen Sitz hinunterpurzelte, hielt er sich doch mit einem Arm fest, mit dem anderen schwenkte er seine Flagge. Einmal bekam er Probleme mit seiner zusammengesteckten Fahne, die Bambustange drohte auseinanderzufallen. Suter konnte die Stange aber wieder zusammenstecken. Er tat es so fest, daß Daetwyler später Mühe hatte, die Fahne wieder zu demontieren.
11. Der Grund bestand eben darin, daß er die Waffenproduktion in Zürich stilllegen wollte, um damit ein Fanal gegen den Krieg herbeizuführen.
12. Aus dem Englischen übersetzt
13. Anlaß war eine Ausstellung über den Friedensapostel, die außer in Bern und in Zürich auch in seiner Geburtsstadt Arbon zu sehen war. Zuvor war sein von Renate White geordneter, umfangreicher Nachlaß ins Bundesarchiv verbracht worden.

Personenregister

Abraham 137
Allah 281
Aristophanes 232
Aristoteles 18

Bachmann, Heinrich 18, 21
Baer, Jean 44
Bamberger, Leroi & Co 81-82
Bänziger, Johann 219
Batista, Fulgencio 299
Béguelin, Roland 340
Bill, Max 343
Bleuler, Eugen 100, 167, 372
Bleuler, Manfred 167
Bohny, Walther 231-232
Bonjour, Edgar 81, 372
Bonvin, Roger 312, 325, 379
Bopp, Lehrerin 45-46
Bosshart, Jakob 128-129, 373
Brandt, Willy 278, 335
Brassel, Ruedi 59, 183
Brechbühl, Alfred 105
Brechbühl, Clara 69-70, 101-102, 353, 369
Brechbühl, Hans 105, 107
Brechbühl, Regierungsrat 235
Breschnew, Leonid 317-318
Bretscher, Arzt 274
Brian, Aristide 142
Brunner, Staatsanwalt 93, 118
Brupbacher, Fritz 222
Buddha 75, 246, 267, 268
Bührle, Dieter 321-322, 379
Bührle, Emil 321
Bulganin, Nikolaj 264

Castro, Fidel 298-301
Cervantes, Miguel de 258
Chiquet, Simone 59, 183, 384

Christu 8, 14, 37, 46, 57, 95, 97, 100, 122-124, 130-131, 135, 137, 149, 161, 213, 217, 247, 270, 316
Chruschtschow, Nikita 282, 284, 291-294, 299, 306-307, 317
Churchill, Lady 253
Churchill, Winston Sir 229, 252-253, 258
Coty, René 271
Coudenhove-Kalergi, Richard Graf 142

D'Arc, Jeanne 40
Daetwyler, Alfred 29-30, 34, 38, 56, 61, 67, 105, 107, 235, 370, 371
Daetwyler, Clara 103-108, 110-115, 128, 140, 159, 161-164, 181, 185-187, 189-90, 203-204, 208-209, 222-224, 227-228, 231, 234, 242-243, 245, 255-257, 261, 269-271, 273-277, 347, 355, 366, 369, 372, 374, 376-377
Daetwyler, Gertrud 20
Daetwyler, Gottlieb 43-44, 48, 356, 375
Daetwyler, Klara 108-109, 114, 162, 228, 255, 276, 295, 311, 317, 341-342, 347, 354, 369-370, 376, 303
Daetwyler, Marie 19
Daetwyler, Max junior 108-109, 162, 261-262, 273-274, 276, 297, 317-318, 324, 326, 339, 340-341, 346-347, 354, 369-370, 376-378, 384
Daetwyler, Pauline 16, 18, 23, 42-44, 356, 375
Daetwyler, Theodor 28-29, 31, 56, 191, 217-218, 375, 376
De Gaulle, Charles 313, 344, 378
Denzler, Polizist 77
Dickens, Charles 258

Diogenes 196
Dreifuss, Ruth 348
Dufour, Guillaume Henri 315
Dulcinea 187
Dunant, Henri 258, 284, 315, 321, 345, 378, 381
Düringer, Hansjörg 343
Dürrenmatt, Peter 199
Duttweiler, Gottlieb 105-106, 229, 235, 297, 304

Eden, Anthony 264
Einstein, Albert 131, 137-138, 258
Eisenhower, Dwight 264, 284
Engels, Friedrich 254
Eshkol, Levi 327-328
Etter, Philipp 283

Faure, Edgar 264
Forel, August 167
Franklin, Benjamin 64-65
Fried, Alfred H. 59-60

Gallmann, Gottlieb 77
Gandhi, Mahatma 63-64, 155-157, 163, 165, 258, 268-269, 272, 278, 346, 369, 371, 374
Gibert, Henri 73
Gide, André 130
Goebbels, Joseph 207, 221, 376
Goethe, Johann Wolfgang 18, 258, 265
Göring, Hermann 207, 376
Gotthelf, Jeremias 126, 165, 258
Goumoens, Eduard 93
Graf, Christof 347
Gubser, Taxichauffeur 273
Guggenheim, Willy; Varlin 267-268, 346
Guisan, Henri 192, 199, 221
Gütikofer, Werner 129

Hafner, Karl 165-166, 168, 183, 187, 219
Handloser, Konstantin 45
Häsler, Alfred A. 345
Hebel, Johann Peter 265
Helbling, Hanno 343
Held, Konrad 13-14, 21
Heller, Fürsprecher 37
Henderson, Arthur 144
Herder, Johann Gottfried 265
Hess, Rudolf 176
Hindenburg, Paul von 175, 375
Hirohito, Kaiser 337
Hitler, Adolf 5, 141, 170, 173-179, 181-182, 197-200, 203-209, 213-214, 219, 226, 228-229, 231, 235, 246, 252, 258, 268, 369, 375-376
Hoffmann, Arthur 57-58
Hofmann, Emil 13

Itschner, Hans Heinrich 86, 209, 376

Jesus 46, 64, 111, 120, 133, 136, 159, 163, 165, 184, 247, 250, 270, 284, 328, 334-335, 344
Johannes, Evangelist 196
Johnson, Lyndon B. 319, 333, 344
Jürgens, Protokollchef 305
Judas 37, 138, 159

Kant, Immanuel 137-138, 194, 207, 248, 258
Kassandra 344
Kaufmann, W. 89
Keel, Regierungsrat 217-218
Keller, Gottfried 18, 126, 258, 321, 373
Kennedy, Jacqueline 298, 301
Kennedy, John Fitzgerald 258, 298-299, 301, 307, 310, 319, 346

King, Martin Luther 346
Kirchner, Ernst Ludwig 128
Kissinger, Henry 335
Kleist, Heinrich von 265
Köhler, Ludwig 135
Kunz, Polizeihauptmann 90

Laotse 267-268, 337
Lauchenauer, Jakob 242-243
Lenin, Uljanow 71, 79-80, 219, 254-255, 258, 290-291, 318
Leutwiler, Fritz 319-320
Ley, Robert 176
Lichtenberg, Georg 265
Lincoln, Abraham 258
Lindt, August R. 299, 301
Liniger, Demonstrant 89
Lloyd George, David 11
Lorenz, Jacob 75
Lutz, Major 269
Lyoth, Fritz 227, 340

Machiavelli, Niccolò 258
MacMillan, Harold 302
Mahler, Hans E. 304
Maier, Hans Wolfgang 162, 166-167
Mao Tse-tung 7, 338
Martin, Frédéric 152
Marx, Karl 254-255, 258
Matthäus, Evangelist 284
Mörike, Eduard 258
Moses 198
Motta, Giuseppe 58, 142, 153-154
Müller, Eduard 78
Müller, Max 145-152, 169
Müller, Polizist 125-126
Müller-Daetwyler, Bertha 185
Münzenberg, Willi 83-84, 372
Muralt, Johannes von 188

Muralt, Leonhard, von 372
Mussolini, Benito 141, 199, 228, 374

Naegeli, Robert 88-89
Nansen, Fridtjof 258
Napoleon Bonaparte 172, 213, 258, 313
Nasser, Gamal 323-325, 327, 329, 344
Nietzsche, Friedrich 258

Paracelsus 345
Paul, Jean 265
Peneveyre, Muriel 258
Pestalozzi, Heinrich Johann 18, 241-242, 258, 313, 315, 321, 345, 375
Peter, Demonstrant 87-88
Petitpierre, Max 282
Petrarca, Francesco 258
Platon 18, 258
Plutarch 18
Probst, Raymond 346

Quijote, Don 9, 187, 344

Ramspeck, Jürg 346
Reiser, Hermann 86, 90-93
Ritz, César 54
Ritz, Marie. L. 54
Roesle, Kurt 193, 200, 205, 210-211
Rolland, Romain 155-157
Roosevelt, Franklin Delanoe 229
Roth, Arzt 113
Rotter, Max 78-82, 372
Rousseau, Jean-Jacques 321
Rüssli, Polizist 87-88
S., Alfred 268
Saurer, Adolf 45
Savonarola 40, 194

Schärer, Stadtarzt 119
Scheidegger, Otto F. 292
Scheiwiler, Aloisius 144
Schiller, Friedrich 176-177, 250, 258, 265, 278, 305, 373, 378
Schindler, Dietrich 285
Schirach, Baldur von 176
Schlegel, Friedrich von 265
Schneider, Anna 19, 371-372
Schöpfer, Regierungsrat 125
Schwarz, Jakob 210-211
Schwarzenbach, James 338
Schweitzer, Albert 316-317, 379
Sennhäuser, Hauptmann 91
Shakespeare, William 258
Sisyphos 5, 226, 236, 376
Sloane, Miss 157
Smiles, Samuel 40
Sokrates 5, 18-19, 64, 72, 194, 224, 226, 232, 376, 383
Spengler, Bezirksanwalt 160, 165
Spühler, Willy 312, 379
Stalin, Jossif 7, 229, 245, 254-255, 258, 281, 290
Steiger, Eduard von 235
Sternheim, Carl 130
Sternheim, Thea 130-132
Suter, Landwirt 330, 379
Suttner, Bertha von 258, 378-379
Szeemann, Harald 345-346
Tell, Wilhelm 176, 265, 278, 345-346
Thant, U 319
Theresa, Mutter 346
Tho, Le Duc 335
Tieck, Ludwig 265
Tobler, Hans 219-220
Tolstoi, Leo 64, 72, 118, 126, 131, 163, 258, 268
Tschudi, Hans-Peter 312

Ulbricht, Walter 263, 281, 304, 306

Van Gogh, Vincent 130
Vogelsanger, Jakob 72
Volkart, Otto 78
Voltaire 258

Wagner, Adolf 175-176
Wahlen, Friedrich Traugott 285, 297, 302-303, 377, 379
Walder, Detektiv 73
Walter, Regierungsrat 125
Weber, Franz Carl 144
Wetter, Ernst 207
Wettstein, Paul 188
White, Renate 347, 379, 384
Wieland, Christoph Martin 265
Wilhelm II 11
Wille, Hermann 17, 20-22, 29-30, 55, 93, 370
Wille, Ulrich 57, 93, 370
Wilson, Thomas Woodrow 58
Winkelried 345
Wohnlich, Fanny 233
Wohnlich, Oskar 74, 233, 377
Wolf, Frau 89
Wollenberger, Werner 344
Würtemberg, König von 45
Wüthrich, Polizist 78

Xanthippe 224, 232

Zehnder, Alfred 289-290, 293
Ziegler, Jean 346
Zimmermann, Pfarrer 113
Zwicker, Johann 219-220
Zwingli, Huldrych 258
Zutshi, T.N. 295, 378

Bildnachweis

Cover: RDB/ATP, Stampfli
1|2|3|4: Photograph unbekannt
5|10|11: Kurt Wyss, Basel
6|7|12|13: aus Nachlaß
8|9: RDB/ATP
14|15|16: Rob Gnant, Fotostiftung Schweiz

Dank

Der Autor dankt Simone Chiquet, Leiterin des Ressorts Vermittlung, und ihrem Team im Bundesarchiv Bern für die große Hilfsbereitschaft und professionelle Unterstützung bei der Auswertung von Max Daetwylers Nachlaß.

Max Daetwyler junior hat mir den Zugang zum Nachlaß seines Vaters gewährt. Ohne sein Einverständnis, den Nachlaß zu sichten, wäre dieses Buch nicht möglich gewesen.

Renate White hat mit großer Aufmerksamkeit das Manuskript gelesen und wertvolle Hinweise geliefert.

Gitti Hug, Rechtsanwältin, hat uns mit Sachverstand und großem Engagement in allen juristischen Fragen beraten.

Besonderer Dank gebührt meiner Frau Ise, die treusorgend als guter Geist im Hintergrund die Entstehung dieses Buches begleitet hat.

Daß dieses Buch erscheinen kann, ist das Verdienst zahlreicher privater Persönlichkeiten in Zumikon, die das Andenken an den unermüdlichen Mahner für den Frieden bewahren wollen und deshalb diese Publikation unterstützen; ihnen gebührt unser herzlicher Dank.

Besonders dankt der Verlag:
Florian und Ursula von Meiss-Sauter
Cassinelli-Vogel-Stiftung
Genossenschaft zum Baugarten
Migros-Kulturprozent
Präsidialdepartement der Stadt Zürich
Gemeinde Zumikon